Georg Samuel Albert Mellin

Encyclopädisches Wörterbuch der kritischen Philosophie

1. Band

Georg Samuel Albert Mellin

Encyclopädisches Wörterbuch der kritischen Philosophie
1. Band

ISBN/EAN: 9783743497870

Hergestellt in Europa, USA, Kanada, Australien, Japan

Cover: Foto ©ninafisch / pixelio.de

Weitere Bücher finden Sie auf **www.hansebooks.com**

ENCYCLOPÄDISCHES

WÖRTERBUCH

DER

KRITISCHEN PHILOSOPHIE.

ENCYCLOPÄDISCHES

WÖRTERBUCH

DER

KRITISCHEN PHILOSOPHIE

ODER

VERSUCH EINER FASSLICHEN UND VOLLSTÄNDIGEN ER-
KLÄRUNG DER IN KANTS KRITISCHEN UND DOGMATI-
SCHEN SCHRIFTEN ENTHALTENEN BEGRIFFE UND
SÄTZE;

MIT

NACHRICHTEN, ERLÄUTERUNGEN UND VERGLEICHUNGEN AUS
DER GESCHICHTE DER PHILOSOPHIE BEGLEITET, UND
ALPHABETISCH GEORDNET

VON

G. S. A. MELLIN,

ZWEITEM PREDIGER DER DEUTSCH-REFORMIRTEN GEMEINE
ZU MAGDEBURG.

ERSTER BAND.

ZÜLLICHAU UND LEIPZIG,

BEI FRIEDRICH FROMMANN,

1797.

ENCYCLOPÄDISCHES
WÖRTERBUCH

DER

KRITISCHEN PHILOSOPHIE

VON

G. S. A. MELLIN,

ZWEITEM PREDIGER DER DEUTSCH-REFORMIRTEN GEMEINE
ZU MAGDEBURG.

I. BAND. I. ABTHEIL.

ZÜLLICHAU UND LEIPZIG,
BEI FRIEDRICH FROMMANN,
1797.

ENCYCLOPÄDISCHES

WÖRTERBUCH

DER

KRITISCHEN PHILOSOPHIE

ODER

VERSUCH EINER FASSLICHEN UND VOLLSTÄNDIGEN ER-
KLÄRUNG DER IN KANTS KRITISCHEN UND DOGMATI-
SCHEN SCHRIFTEN ENTHALTENEN BEGRIFFE UND
SÄTZE;

MIT

NACHRICHTEN, ERLÄUTERUNGEN UND VERGLEICHUNGEN AUS
DER GESCHICHTE DER PHILOSOPHIE BEGLEITET, UND
ALPHABETISCH GEORDNET

VON

G. S. A. MELLIN,

ZWEITEM PREDIGER DER DEUTSCH-REFORMIRTEN GEMEINE
ZU MAGDEBURG.

ERSTER BAND.

ZÜLLICHAU UND LEIPZIG,

BEI FRIEDRICH FROMMANN,

1797.

ENCYCLOPÄDISCHES WÖRTERBUCH

DER

KRITISCHEN PHILOSOPHIE

VON

G. S. A. MELLIN,

ZWEITEM PREDIGER DER DEUTSCH-REFORMIRTEN GEMEINE
ZU MAGDEBURG.

I. BAND. I. ABTHEIL.

ZÜLLICHAU UND LEIPZIG,
BEI FRIEDRICH FROMMANN.
1797.

VORREDE.

Der Zweck diefes Wörterbuchs ift, die Lehren der kritifchen Philofophie, in ihrem ganzen Umfange, deutlich, fafslich und überzeugend vorzutragen. Allein, da der Verf. dabei verfchiedene Abfichten hatte, fo mufste er auch auf verfchiedene Mittel denken, jenen Zweck zu erreichen. Zunächft wollte er das Studium derjenigen Philofophie, die der Stolz und der Segen unfers ablaufenden Jahrhunderts ift, befördern und allgemeiner machen. Da es nun ftets des V. Ueberzeugung gewefen ift, man müffe die kritifche Philofophie in Kants Schriften ftudiren, ehe man irgend eine der zahlreichen Schriften feiner Schüler lefe; fo fchrieb er die Marginalien, um durch Darlegung des Hauptinhalts jedes Abfatzes in Kants kritifchen Schriften die Auffaffung des richtigen Sinnes derfelben zu erleichtern, und zu einer fyftematifchen Ueberficht des Ganzen zu verhelfen. Ein fortlaufender Commentár würde zwar den Sinn einzelner Stellen jener unfterblichen Werke erörtert haben, aber es würde dadurch dem Lefer derselben der Ueberblick noch mehr erschwert, und die Auffassung des Ganzen fast unmöglich geworden seyn. Demohngeachtet würde sich Mancher, der mit Hülfe der Marginalien z. B. die Critik der reinen Vernunft zum erstenmal durchgelesen hat, öfters bei dieser und jener Stelle eine Erläuterung gewünscht haben.*) Und diesem so natürlichen Wunsche wollte ich durch gegenwärtige ausführliche Auseinandersetzung einzelner Begriffe und Sätze in alphabetischer Ordnung ein Gnüge thun.

Wer die kritische Philosophie mit Erfolg, d. h. so, daß er nicht nur die Lehren derselben verstehe, sondern sich auch von den Wahrheiten derselben überzeuge, studiren will, der muß Kants sämmtliche critische Schriften, so wie sie in den Marginalien geordnet sind, wenigstens zweimal lesen. Das erstemal mit Hülfe der Marginalien kursorisch. Er lese nehmlich erst den Satz in den Marginalien, den Kant vortragen will, so weiß er, worauf es ankömmt; dann lese er Kants Vortrag selbst, und sodann den Satz in den Marginalien noch einmal, so wird er meistentheils den

---

*) So verlangte ein Recensent in der Oberdeutschen Literaturzeitung, die Marginalien sollten ihm die Dienste eines Commentars leisten, was sie doch nicht sind, und nicht seyn können.

Vorrede.

Sinn des Kantischen Vortrags schon gefasst haben. Nach Endigung einer ganzen Abtheilung, z. B. gleich der Abtheilung I.- in der Einleitung der Critik d. r. V., überlese man, um der Uebersicht des Ganzen willen, alle Marginalien dieser Abtheilung, also zu Abtheilung I. der Einl. die 5 ersten, noch einmal. Und so gehe man von einer Abtheilung zur andern fort. Findet man dennoch Stellen, die unverständlich bleiben, oder Lehren, für die der Beweis die Ueberzeugung nicht erzwingt, so streiche man sich diese Stellen und Beweise vor der Hand an. Nach Endigung dieser kursorischen Lektüre sämmtlicher kritischen Schriften fange man sie von neuem an zu lesen, und recht eigentlich zu durchdenken. Und bei diesem zweiten Cursus soll nun das Wörterbuch hoffentlich seine Dienste thun. In demselben wird man nicht nur über die angestrichenen Stellen und Beweise, unter dem Worte ihres Hauptbegriffs, nähere Auskunft finden, sondern das ganze Wörterbuch kann auch vermittelst des angehängten Registers zu einem fortlaufenden Commentar dienen. Denn es soll keine Seite der critischen Schriften Kants in demselben unerläutert bleiben.

Es kömmt bei diesem Wörterbuche nun hauptsächlich darauf an, ob ich den möglichsten Grad der Fasslichkeit erreicht habe, so daſs es auch wirklich erläutert und nicht noch mehr verdunkelt. Diese Faſslichkeit habe ich theils durch den Vortrag selbst, theils durch die gegebenen Beispiele zu bewirken gesucht. Da aber Beispiele nicht immer möglich sind, oder doch nicht immer ausschlieſsend den Fall enthalten, den sie erläutern sollen; da es ferner unmöglich ist, überall einem Jeden, der ohne alle Vorkenntnisse ist, faſslich genug zu seyn, weil dieses zu einer Weitläuftigkeit ohne Ende führen würde, so kömmt uns hier die alphabetische Ordnung sehr zu Hülfe. Bei einem systematischen Vortrage gewinnt die Ueberzeugung, das ist unläugbar, jede Wahrheit steht bei demselben an ihrer Stelle, aber jede Wahrheit wird auch nur einmal vorgetragen, und von Einer Seite betrachtet, nehmlich der, die an der Stelle des Systems, wo sie steht, die wichtigste ist. Bei einer alphabetischen Ordnung hingegen ist das System zerrissen, und folglich müssen hier alle die Wahrheiten, die auf den zu erläuternden Begriff Einfluſs haben, von der Seite vorgetragen werden, von welcher sie für diesen Begriff wichtig sind; und dies giebt nun Veranlassung, die Hauptsätze eines Systems auf allen Seiten zu betrachten, und dadurch der Deutlichkeit der Einsicht zu Hülfe zu kommen, für die vielleicht hier

Vorrede.

und dort der erwähnte unvermeidliche Mangel an Fafslichkeit beim Vortrage des Hauptfatzes ein Hindernifs war.

Ein anderes Mittel meinen Zweck, die Lehrfätze der kritifchen Philofophie fafslich und verftändlich darzulegen, befteht darin, dafs ich fie nicht felten mit den Lehrfätzen andrer Philofophen über denfelben Gegenftand, z. B. eines Leibnitz, Hume, Wolf, Lambert u. f. w. verglichen und das Unterfcheidende gezeigt habe. Ich habe zuweilen Kants Lehre in der Sprache diefer Männer ausgedrückt, oder fie an den Vortrag derfelben angeknüpft. Hierdurch hoffe ich, die Sache, auf die es ankömmt, vornehmlich denen verftändlich zu machen, die in dem Geift eines diefer Männer zu denken gewohnt, und mit dem Syftem derfelben vertraut find. Durch folche Zufammenftellungen habe ich bloſs Licht über meinen Gegenftand zu verbreiten gefucht, und es mir weder im Herzen, noch in meinem Ausdruck erlaubt, die verdienten Denker der Vorzeit darum zu verachten oder zu mifshandeln, weil fie das Ziel nicht erreichten, zu welchem unfer grofser Zeitgenoffe uns hinführte. Auch fie haben redlich das Ihrige gethan, und ohne Sie würden wir noch heute am Anfange des Weges ftehen, der nun hinter uns ift. Sie haben das Verdienft, dafs fie alle auf Erkenntnifs und Wahrheit hingearbeitet haben, und wir würden wahrlich sehr unrecht thun, wenn wir sie blofs nach dem Erfolg, und nicht zugleich nach ihrem redlichen Willen und der Aufwendung ihrer Talente schätzen wollten. Sie haben uns alle die Irrwege aufgedeckt, vor denen sich der philosophische Denker jetzt hüten kann. Diese liegen nun, wie auf einer Charte vorgezeichnet vor uns. Sollte jemals die nordwestliche Durchfahrt über Amerika gefunden werden, werden dann wohl die verdienten und grofsen Seefahrer nicht mehr die Achtung der Nachwelt verdienen, die jene Durchfahrt in unsern Tagen vergeblich suchten, und dabei manchen Weg fanden, und manche Entdeckung machten, die sie zwar nicht zum Ziel führten, aber darum doch warlich nicht unnütz und ganz umsonst sind. Und so beurtheile ich auch alle die mifslingenden Versuche der achtungswürdigen und verdienten Philosophen, die noch kürzere, noch sicherere Wege auffuchen wollen, als der ist, den die Critik so richtig vorgezeichnet hat. Wenn ich es bedauern mufs, dafs der Aufwand von Kräften und Talenten nicht darauf gerichtet wird, das aufzubauen und in allen seinen kleinsten Theilen zu vollenden, wozu bereits der Grund gelegt ist; so verkenne ich doch nicht den negativen Nutzen, den gewifs jene Bemühungen so vieler wahren Denker haben müssen. Es geziemet übrigens der Würde einer ächten Philosophie, kalt, unpartheiisch und nach Gründen die Lehren ihrer Liebhaber zu würdigen; aber so wie sie keine andre Neigung kennt, als Liebe zur Erkenntnifs und Wahrheit, so sind ehrsüchtige Rechthaberei und verächtliche Behandlung ihrer Verehrer ihr durchaus fremd, und sie zieht nie den Menschen, sondern nur Behauptungen vor ihren Richterstuhl, liebt und schätzt aber auch selbst die Bemühungen der Irrenden.

Auf diese Weise habe ich nun gesucht, vollständig in meinen Erklärungen der in Kants Schriften enthaltenen Lehrsätze und Begriffe zu werden. Und um hierin noch etwas mehr zu leisten, habe ich auch zuweilen Nachrichten und Erläuterungen aus der ältern Geschichte der Philosophie gegeben, und die Lehrsätze der alten Philosophen mit denen des grofsen Denkers, dessen Schriften ich erläutere, verglichen. Allein hierin verspreche ich keine Vollständigkeit. Ein jeder Leser hat nun in seinem Exemplare die Fächer, auf die er bei seiner Lectüre andrer philosophischen Schriften alter und neuer Zeit Rücksicht nehmen kann, und es wird gewifs eine belohnende Arbeit seyn, wenn er für sich selbst nach und nach die Geschichte jedes Artikels dadurch entstehen sieht, daſs er die Meinungen früherer Denker, so wie sie ihm bekannt werden, nach diesem Artikel ordnet.

Nicht alle Artikel können von gleicher Wichtigkeit seyn, nicht alle können auch mit gleichem Erfolg und Intereſſe bearbeitet seyn. Aber alle werden hoffentlich so viel enthalten, als hinreicht, den Begriff, von dem die Rede ist, ins Licht zu setzen. In mehreren Artikeln habe ich versucht, die Wiſſenſchaft zu erweitern; ich wollte dadurch das Werk auch dem Kenner intereſſant machen, so wie es dem Lehrer zum Repertorium dienen kann. Diese Nebenzwecke haben indeſſen nicht nur in dem Maaſse erreicht werden können, als jener Hauptzweck, das Studium der kritischen Philosophie für den Nichtkenner zu erleichtern. Ich nehme dabei an, daſs ein solcher Nichtkenner in der Mathematik nicht bewandert sei, daher bin ich vornehmlich bemühet gewesen, die so unentbehrlichen mathematischen Vorkenntniſſe da, wo es nöthig war, zu ergänzen.

Dieses Wörterbuch umfaſst übrigens nur die kritischen und diejenigen dogmatischen Schriften Kants, die nach seinen kritischen Schriften erschienen sind. Von den ältern kann höchstens nur dann die Rede seyn,

Vorrede.

wenn fie etwas in feinen neuern Schriften erläutern und aufklären.

Die erste Abtheilung des ersten Bandes dieses Werks enthält blofs den Buchstaben A, und man möchte also fürchten, dafs aus vier Bänden zwölf, und aus 8 Abtheilungen 24 werden könnten. Allein, da ich wünschte, dafs die Leser die ersten Abtheilungen sogleich brauchbar finden möchten, ohne erst auf die folgenden Abtheilungen warten zu dürfen, so habe ich manche Artikel in den ersten Abtheilungen weitläuftiger ausarbeiten, und manches hineinbringen müssen, was sonst wohl in andere Artikel zu verweisen gewesen wäre. Dieses kömmt mir also in den folgenden Abtheilungen wieder zu Gute, und ich hoffe daher, schon in der zweiten Abtheilung die Buchstaben B und C, wo nicht auch D, liefern zu können. In dieser Abtheilung werden vielleicht die Artikel Begriff, Bewegung, Bewegungsvermögen der Seele und Beweis einige Aufmerksamkeit verdienen. Der Artikel Bewegung wird eine erläuternde Uebersicht der Hauptsachen aus dem, für so viele noch verschlossenen, aber äufserst interessanten und wichtigen Kantischen Werk über die metaphysische Naturlehre enthalten.

Die historischen Artikel über einzelne Philosophen und ihre Lehrsätze reichen nur so weit, als es zu unserm Zweck dient, und ich hoffe daher, daß sie den Lesern des Wörterbuchs nicht unnütz seyn werden. In der folgenden Abtheilung werde ich auf diese Weise unter dem Worte Berkley eine Nachricht von diesem Philosophen und seinem Idealismus aus einer seiner Schriften geben. Die Schriften, die ich benutzt habe, sind gewissenhaft angegeben worden, und ich habe nicht leicht eine Schrift citirt, ohne die citirte Stelle im Buche selbst, woraus sie genommen ist, im Zusammenhange nachgelesen zu haben.

Uebrigens werde ich mich freuen, wenn dieses Wörterbuch, seinem Zwecke nach, wirklich etwas dazu beitragen wird, philosophische Wahrheiten allgemeiner zu machen, und das Licht immer mehr zu verbreiten, das uns jetzt so wohlthätig vorleuchtet.

A posteriori.

Von hinten her, aus der Erfahrung, empirisch, find Ausdrücke, welche anzeigen, daſs der Menſch diejenige Vorſtellung, von der ſie gebraucht werden, nicht anders, als durch ſeine Sinne erlangt haben könne. Eine gewiſſe Erkenntniſs iſt *a poſteriori*, heiſst alſo, ſie kann ihre Erkenntniſsquelle nur allein in der Erfahrung haben (C. 2.); oder, man kann dieſe Erkenntniſs nur durch Eindrücke auf die Sinne erlangen; ſie kann nur durch eine Empfindung entſtehen, deren man ſich bewuſst iſt. Daſs ein Haus brennt, kann ich nur wiſſen, wenn man mirs ſagt, oder wenn ich es mit Augen ſehe. Dann macht nehmlich etwas einen Eindruck auf mein Gehör oder mein Geſicht, den ich vorher nicht hatte, dieſes Eindrucks bin ich mir bewuſst, und er verhilft mir nun zu der Erkenntniſs, daſs ein Haus brennt.

1. Der Ausdruck *a poſteriori* (von hinten her) iſt, nach dieſer Bedeutung, von der Ordnung hergenommen, in der die Erkenntniſs, von der man ihn braucht, mit dem erhaltenen Eindruck auf die Sinne, oder mit der Erfahrung, ſtehet. Erſt muſs nehmlich der Eindruck geſchehen, und dann erſt kömmt die Erkenntniſs, die daraus entſpringt, hinten her, *cognitio experientia poſterior eſt*, die Erkenntniſs kömmt hinter der Erfahrung her. Erſt muſs man wahrnehmen, oder ſich erzählen laſſen, daſs ein Haus in Flammen ſtehet, ehe man das wiſſen kann.

2. Die Eindrücke auf die Sinne, die wir erhalten, können entweder bloſs die Veranlaſſung zu einer Erkenntniſs ſeyn, bewirken, daſs ich bey Gelegenheit derſelben eine gewiſſe Erkenntniſs erlange, oder ſie ſind

wirklich das, woraus allein die Erkenntniſs entstehen kann. Ich sehe z. B. Aepfel, und will ihre Anzahl wissen, ich zähle sie zu dem Ende so, daſs ich immer zwei zusammen nehme, und finde, daſs wenn ich dieses zweimal thue, ich vier Aepfel habe. Diese Aepfel sind also dadurch, daſs ich sie wahrnahm und zählte, die Quelle der Erkenntniſs, daſs diese Aepfel, die ich vor mir habe, ein jeder von ihnen in der Ordnung genommen, in der ich sie faſste, vier ausmachen. Nun kann ich aber die Ordnung, in welcher ich diese vier Aepfel, je zwei und zwei, zusammen faſse, 24 mal verändern. Um nun gewiſs zu seyn, daſs es nicht in der zufälligen Ordnung liege, in der ich sie nach zweien zusammen genommen habe, daſs ich vier Aepfel zähle, müſste ich sie nach allen 24 Ordnungen durchzählen. Dann wüſste ich erst wirklich aus der Erfahrung, daſs zwei von den gezählten Aepfeln zweimal genommen, deren vier sind, aber ich wüſte es auch nur von den vieren, die ich wirklich 24 mal nach immer veränderter Ordnung gezählt hätte. Noch wüſste ich es aber nicht von andern Aepfeln, wären sie auch derselben Art, nur nicht die nehmlichen, ich wüſte es auch noch nicht von andern Dingen. Gesetzt nun, es läge in uns selbſt ein Grund, der jeden Menschen, auch selbſt denjenigen, der diesen Grund nicht kennt, nöthigte, sobald er vier Aepfel nach zweien durchgezählt hat, zu behaupten, zwei mal zwei sei immer vier, es möchten diese oder andre Aepfel, Aepfel oder Birnen seyn, man möge die Ordnung ändern, wie man wolle; so hätte der Eindruck der Aepfel auf die Sinne zwar diese Behauptung veranlaſst, aber er wäre doch nicht der Grund derselben. Giebt nun ein Eindruck auf die Sinne, so wie hier, die Veranlassung zu einer Erkenntniſs, so sagt man, die Erkenntniſs entstehe mit der Erfahrung, sie fange der Zeit nach mit der Erfahrung an (M. I. 1. C. 1.); ist aber der Eindruck auf die Sinne von der Art, daſs nur durch ihn allein die Erkenntniſs entstehen kann (1), so sagt man, die Erkenntniſs entspringe aus der Erfahrung (M. I. 2.). Im letzten Fall heiſst sie *a posteriori*, und die Erfahrung ist dann eine Erkenntniſsquelle *a posteriori*.

3. Alle Erkenntniſs fängt, der Zeit nach, mit der Erfahrung an (M. I. 1.). Euler drückt dieſes (Briefe an eine deutſche Prinzeſſin, Leipzig, 1773. 8. Br. 81.) ſo aus: „Der erſte Stoff (zur Erkenntniſs, der Zeit nach,) wird ihr (der Seele) von den Sinnen zugeführt, vermittelſt der (Sinnen-) Werkzeuge ihres Körpers, daher es (der Zeit nach) das erſte Vermögen der Seele iſt, gewahr zu werden, oder zu empfinden." Denn erhielten wir keine Eindrücke durch die Sinne, ſo würde das Erkenntniſsvermögen nicht zur Ausübung geweckt und in Thätigkeit geſetzt, und erhielte weder Stoff zur Erkenntniſs, noch Veranlaſſung, etwa einen Stoff zur Erkenntniſs aus ſich ſelbſt zu nehmen. Heydenreich ſagt daher (deutſche Monatſchr. Oct. 1794. S. 135.): „Die philoſophiſchen Empiriker (welche alle Erkenntniſs von der Erfahrung ableiten) haben in ſo fern recht, als ohne Erfahrung kein Begriff zu unſerm Bewuſstſeyn gelangt, und man die veranlaſſende Urſach (der Entwickelung) aller unſerer Begriffe in Empfindungen des äuſsern und des innern Sinnes ſuchen muſs."

4. Eine Erkenntniſs kann nun **unmittelbar** oder **mittelbar** aus der Erfahrung entſpringen. Wenn ich ein Haus brennen ſehe, ſo entſpringt meine Erkenntniſs davon unmittelbar aus der Erfahrung, denn es iſt zwiſchen dem Sehen und dem Erkennen nicht noch ein Vernunftſchluſs nöthig, ſondern wenn ich nur weiſs, was das heiſst, ein Haus brennt, ſo kann ich gleich beim Anblick des in Flammen ſtehenden Hauſes ſagen, das Haus brennt. Daſs aber dieſes Haus werde in einen Aſchenhaufen verwandelt werden, das kann ich durch Schlüſſe folgern, zu denen einer der Vorderſätze iſt, wenn das Feuer nicht werde gelöſcht werden. Dieſe Folgerung iſt alſo, weil ſie ebenfalls Erfahrung vorausſetzt, **mittelbar**, durch Schlüſſe von Erfahrungen abgeleitet. Aber nur von der Erkenntniſs der erſten Art ſagte man gemeiniglich vor Kant, ſie ſei *a poſteriori*, und nannte die Erkenntniſs der letzten Art eine Erkenntniſs *a priori*, weil die unmittelbare Erfahrung erſt darauf folgen muſste.

5. Kant hingegen nennt alles Erkenntniſs *a poſteriori*, was irgend, ſei es auch durch Schlüſſe, wenn ſie auch von der unmittelbaren Erfahrung, durch noch ſo

viele Zwischensätze und Schlüsse, noch so entfernt sind, aus der Erfahrung folgt. Ist also ein noch so entfernter Vordersatz einer ganzen Reihe von aneinander hängenden Schlüssen eine Erfahrung, so ist die ganze Reihe der daraus gefolgerten Wahrheiten, bis auf die allerletzte Schlussfolge (Consequenz), ins Unendliche (*in infinitum*), wenn auch keine Erfahrung sich weiter einmischt, *a posteriori*. S. *a priori*.

6. Der Ausdruck *a posteriori* wird also von Kant *absolute* (nicht vergleichungsweise) und im strengsten Verstande genommen. Er bedeutet weder auf Veranlassung der Erfahrung, noch bloss unmittelbar aus derselben entsprungen, sondern überhaupt, ursprünglich aus der Erfahrung her; und die Erkenntnissquelle aller Erkenntniss *a posteriori* ist (unmittelbare oder mittelbare) Empfindung, welche eben, mit Bewusstseyn verknüpft, Erfahrung heisst.

Kant Cr. der r. Vern. S. 1 — 3. 60.
Lambert Org. 1 Th. S. 348. 412 — 416.

A priori.

Von vorne her, unabhängig von aller Erfahrung (Pr. 112.), sind Ausdrücke, welche in der kritischen Philosophie anzeigen, dass der Mensch diejenige Vorstellung, von der sie gebraucht werden, nicht durch seine Sinne erlangt habe, sondern dass sie von aller Erfahrung und von allen Eindrücken auf die Sinne ganz unabhängig sei. Dass zweimal zwei vier ist, können wir nicht aus der Erfahrung wissen, denn wir behaupten damit, dass jedesmal, wenn wir zu zwei Dingen noch zwei derselben hinzufügen, wir vier haben müssen, und dass uns folglich nie eine Erfahrung vorkommen könne, in der einmal zweimal zwei weniger, oder mehr, als vier machen werde. Diese Behauptung schreibt also der Erfahrung ein Gesetz vor, und kann folglich unmöglich aus derselben entsprungen seyn, weil wir nehmlich zwar oft erfahren haben können, dass zwei Dinge zweimal genommen vier dergleichen sind, aber über alle wirklichen Dinge in der ganzen Welt können wir doch diese Erfahrung nicht angestellt haben. Aus der Erfahrung würde daher nur folgen, es sei wahrscheinlich, daſs jedesmal zwei mal zwei vier machen werde, weil das Gegentheil noch Niemanden vorgekommen sei. Unsere Behauptung aber gehet weiter; wir sagen nehmlich, es muſs durchaus so seyn, das Gegentheil ist schlechthin unmöglich, und es kann zwei mal zwei nimmermehr weniger oder mehr als vier seyn.

1. Der Ausdruck *a priori* (von vorne her) ist, nach dieser Bedeutung, von der Ordnung hergenommen, in der die Erkenntniſs, von der ich ihn brauche, mit der Erfahrung stehet. Ehe ich noch eine Erfahrung darüber anstelle, kann ich vorher bestimmen, wenn ich zu zwei Aepfeln noch zwei hinzu thue, so habe ich zwei Aepfel zweimal genommen, und das müssen jetzt und allemal vier Aepfel ausmachen, kein Mensch wird jemals mehr oder weniger heraus zählen, *cognitio experientia prior est*, die Erkenntniſs gehet der Erfahrung (dem Ursprunge, obwohl nicht immer der Zeit nach) vorher. Man weiſs gewiſs, daſs zwei mal zwei Aepfel vier seyn müssen, ohne sie je durchgezählt zu haben.

2. Nach Baumgarten (Metaphys. §. 22.) wird etwas *a priori* erkannt, wenn die Erkenntniſs desselben aus seinem Grunde, und *a posteriori*, wenn sie aus seiner Folge hergeleitet wird. Allein dieser Grund, oder ein andrer, von welchem derselbe abgeleitet wird, kann eine Erfahrung seyn. Wenn jemand das Fundament eines Hauses untergräbt, so weiſs ich vorher, ehe ich die Erfahrung mache, also, nach Baumgartens Sprachgebrauch, *a priori*, daſs das Haus einfallen werde, weil es dann keine Unterstützung mehr haben wird. Denn die Körper sind schwer, und müssen also ohne Unterstützung fallen. Aber daſs sie schwer sind, weiſs ich aus der Erfahrung, folglich ist die Behauptung, daſs das Haus einfallen werde, nur in Baumgartens, aber nicht in Kants Bedeutung des Worts, *a priori*; und was in Rücksicht darauf, daſs es durch eine Reihe von Schlüssen aus Gründen hergeleitet wird, *a priori* heiſst, ist in Rücksicht darauf, daſs die erste Erkenntniſsquelle doch eine Erfahrung ist, *a posteriori* (M. I. 4. C. 2.).

3. Eigentlich nimmt Baumgarten die beiden Kunstwörter, *a posteriori* und *a priori*, in einer logischen, Kant aber in einer metaphysischen Bedeutung. Baumgarten, und mit ihm die Leibnitzwolfische Schule, gebrauchten sie, um den verschiedenen Gang des menschlichen Verstandes, bei Untersuchung der Wahrheit, dadurch anzugeben, ob er nehmlich von der Folge zu den Gründen hinauf, oder von den Gründen zu den Folgen hinab gehe. Den Schluss von den Folgen auf die Gründe nannten sie Erkenntniss *a posteriori*, und den Schluss von den Gründen auf die Folgen Erkenntniss *a priori*. Kant hingegen gebraucht diese Kunstwörter, um dadurch die Erkenntniss, nicht etwa nach ihrer willkührlichen Behandlung durch den Verstand (logisch), sondern nach der Quelle, woraus sie ursprünglich entspringt (transcendental) zu classificiren, und nennt Erkenntniss *a posteriori* solche, die allein aus einer Empfindung vermittelst der Sinne, und Erkenntniss *a priori* solche, die allein aus der Beschaffenheit der Empfindungsfähigkeit und Denkkraft überhaupt entspringen kann.

4. Da alle Erfahrung Erkenntniss von Dingen ist, die als Wirkungen gewisser Ursachen betrachtet werden müssen, so nannte man „alle Erfahrung, und was man aus derselben bewies, Erkenntniss von hinten her (*cognitio a posteriori*), die übrige vernünftige Erkenntniss (Erkenntniss aus Vernunftgründen) aber die Erkenntniss von vorne her (*cognitio a priori*)" (Meier Auszug aus der Vernunftlehre §. 205). Diese Unterscheidung betrifft aber wiederum nur die Art der Ueberzeugung von der Wahrheit einer Erkenntniss (die Erkenntnissart), nicht aber die Art ihres eigenthümlichen Ursprungs (die Erkenntnissquellen), oder wie eine gewisse Erkenntniss nur allein in uns erzeugt werden kann; welches auch daraus erhellet, dass man behauptete, man könne zwar (noch) nicht alle Dinge auf beiden Wegen erkennen, allein es sei doch an sich nicht unmöglich, dass eine jede mögliche Sache auch auf beiderlei Art erkannt werden könne. Man nannte sie auch Erkenntnisse aus der Erfahrung und Erkenntnisse aus der Vernunft, und deutete damit bloss an,

dafs im erften Falle die Sinne, im letztern das blofse Nachdenken zur Erforfchung der Wahrheit wären gebraucht worden. Diefes betrifft alfo blofs das Inftrument, womit der Baum der Erkenntnifs gezogen wird, aber nicht den natürlichen Boden, aus welchem er allein hervorfchiefst.

5. Die metaphyfifche Bedeutung der Worte *a pofteriori* und *a priori* finden wir indeffen fchon vor Kant bei einigen Philofophen. Cudworth (*de aeternis iufti et honefti notionibus* C. III. §. V.) fagt *): „Der Sinn nimmt die einzelnen äufsern Körper durch etwas von ihnen ausfliefsendes wahr, und alfo *a pofteriori*. Die Empfindungen, weil fie hinterher kommen, find Abdrücke (Abbildungen). Die Notionen, welche von den Empfindungen erzeugt werden, find nur unbedeutende und fehr veränderliche Bilder der in die Sinne fallenden Dinge, und gleichen den Schatten, aber die Erkenntnifs *a priori* ift ein anticipirtes Begreifen der Dinge. Doch wir wollen die Vorfchriften und Kunftwörter der Metaphyfiker bei Seite fetzen."

6. Lambert giebt (Organon B. I. Dianoiol. §. 634.) auch verfchiedene Bedeutungen der Wörter *a pofteriori* und *a priori* an. „So fern, fagt er, fich aus dem, was man fchon weifs, Sätze u. f. w. finden laffen, ohne dafs man erft nöthig habe, diefe unmittelbar aus der Erfahrung zu nehmen; fo fern fagen wir, dafs wir folche Sätze u. f. w. *a priori* finden. Müffen wir aber die unmittelbare Erfahrung gebrauchen, um einen Satz u. f. w. zu wiffen, fo finden wir es *a pofteriori*." Ferner (§. 636.): „Da wir die Vorderfätze haben müffen, ehe wir den Schlufsfatz ziehen können, fo gehen die Vorderfätze dem Schlufsfatz vor, und diefes heifst demnach allerdings *a priori* gehen. Hingegen, wenn wir die Vorderfätze nicht haben, oder

---

*) *Senfus corpora fingularia externa ope rei alicuius ab illis fluentis, et propterea a pofteriori percipit.* ὑςεραι οὐσαι αἰσθησεις εἰκονες εἰσι, senfus, quia pofteriores funt, rerum funt imagines. *Notiones, quas fenfus pariunt, inania tantum funt et parum conftantia rerum in fenfus incurrentium fimulacra, umbrarumque non diffimilia, at cognitio anticipata eft rerum comprehenfio, quae a priori fit. Sed mittamus tandem Metaphyficorum praecepta et vocabula.*

uns derselben nicht zugleich bewufst sind, um
den Schlufssatz ziehen zu können, so haben wir kein
ander Mittel, als die Erfahrung, und wir müssen es,
um den Satz zu wissen, auf die Erfahrung ankommen lassen. Da nun dieses nicht *a priori* ist, so hat man es *a posteriori* genennt. Dieses stimmt mit Baumgartens Erklärung
(2. 3.) überein, und ist, wie gezeigt worden, eine logische Bedeutung.

7. Lambert stöfst aber nun auf die metaphysische Bedeutung (§. 637). „Man sieht aber leicht ein,
fährt er fort, dafs diese beiden Begriffe müssen verhält-
nifsweise genommen werden (d. h. dem Grade nach,
aber nicht wesentlich, specifisch, verschieden sind).
Denn wollte man schliefsen, dafs nicht nur die unmittelbaren Erfahrungen, sondern auch alles, was wir
daraus finden können, *a posteriori* sei, so würde sich
der Begriff *a priori* bei wenigen von den Fällen gebrauchen lassen, wo wir etwas durch Schlüsse vorausbestimmen
können, weil wir in solchem Falle keine von den Vor-
dersätzen der Erfahrung müsten zu danken
haben." Gerade in dieser Bedeutung allein nimmt Kant
den Ausdruck *a priori*, obgleich Lambert fortfährt:
Und so wäre in unserer ganzen Erkenntnifs so
viel als gar nichts *a priori*. Und (§. 639.) sagt
er: Wir wollen es demnach gelten lassen, dafs man *absolute* und im strengsten Verstande nur das *a priori*
heifsen könne, wobei wir der Erfahrung nichts zu
danken haben. Ob sodann in unsrer Erkenntnifs etwas dergleichen sich finde, das ist eine
ganz andere, und zum Theil wirklich unnöthige Frage." Die Gründe für diese seine Behauptung giebt er
nicht an. Das ist aber die eigentlich metaphysische Frage.

8. Kant nimmt also das Wort *a priori*, nach Lamberts Ausdruck, *absolute* und in der strengsten
Bedeutung, und versteht darunter, dafs die Erkenntnifs schlechterdings gar nicht aus der Erfahrung sei und
seyn könne, so dafs der Mensch zwar bei Gelegenheit einer
Erfahrung sich derselben bewufst werden kann, aber ohne
dafs unter ihren auch noch so entfernten Erkenntnifsquellen irgend eine Erfahrung sei. Hingegen nennt er nicht,

wie Lambert (§. 639.), „alles im weitläuftigſten Verſtande *a priori*, was wir voraus wiſſen können, ohne es erſt auf die Erfahrung ankommen zu laſſen;" denn dabei iſt noch immer die Frage, ob die Regel, nach der wir es voraus wiſſen können, nicht doch aus der Erfahrung entſprungen ſei, in welchem Falle es dennoch nach Kants Sprachgebrauch, und Lamberts ſtrengſter Bedeutung, *a poſteriori* ſeyn würde.

9. In der kritiſchen Philoſophie iſt nehmlich die metaphyſiſche Frage (in 7.), von der Lambert ſo wegwerfend ſpricht, von der gröſsten Wichtigkeit, und ihre Beantwortung das Fundament aller philoſophiſchen Speculation und aller Gewiſsheit, welche das Schlieſsen aus Begriffen gewähren kann. Hume in ſeinen Verſuchen über den menſchlichen Verſtand (5. Verſ. 1. Anm.) beantwortet dieſe Frage verneinend, leugnet alle Erkenntniſs *a priori*, in metaphyſiſcher Bedeutung, und dieſes war der Grund ſeines ganzen Skepticismus. Lambert, der nicht überdacht hatte, wohin dieſe Behauptung führt, ſcheint nach der (in 7.) angeführten Stelle derſelben Meinung geweſen zu ſeyn. Kant hingegen bejahet dieſe Frage, zeigt, daſs es Erkenntniſs *a priori*, in der ſtrengſten Bedeutung, giebt, welches die Kennzeichen derſelben ſind, woraus ſie entſpringt, und wie dadurch allein alle unſere Erkenntniſs gewiſs, aber auch nur darauf eingeſchränkt iſt, das Feld der Erfahrung kennen zu lernen. Dies zu zeigen, iſt die Abſicht der ganzen Critik der reinen Vernunſt; wodurch alſo nicht der Skepticismus begünſtigt, ſondern vielmehr gänzlich vernichtet wird. Wir wollen, um dieſes ins Licht zu ſetzen, Humes Behauptungen und Gründe und Kants Gegenbehauptungen und Gründe einander gegenüberſtellen.

10. Hume behauptet nehmlich (Verſ. 2.): „Alle unſere Perceptionen (Vorſtellungen, deren wir uns bewuſst ſind) ſind von zweierlei Art. Die weniger ſtarken und lebhaften nennt man gemeiniglich Ideen oder Gedanken (Begriffe des Verſtandes); die der zweiten Art, welche einen gewiſſen Grad der Stärke haben, will ich Impreſſionen (ſinnliche Eindrücke) nennen. Die Ideen ſind die Copeien, Abriſſe (nach Cudworth (5.)

Notionen, Abdrücke, unbedeutende Schattenbilder) der Impreſſionen, und jede ſchwächere Perception iſt eine nur geſchwächte lebhafte Perception." Er hat dafür zwei Gründe:

a) Wenn wir unſere Gedanken oder Ideen analyſiren, ſo laſſen ſie ſich immer in einfachere auflöſen, wovon jede die Copei einer der Idee correſpondirenden Empfindung iſt.

Da Hume die Allgemeinheit dieſes Satzes nicht beweiſen kann, ſo fordert er diejenigen, welche ihn leugnen wollten, auf, einen Begriff, der nicht aus dieſer Quelle, ſondern *a priori*, ſei, anzugeben, dann wolle er den ſinnlichen Eindruck (die Erkenntnifsquelle *a poſteriori*) angeben, der ihm correſpondire.

b) Wenn ein Menſch, wegen eines Fehlers ſeiner Organe, gewiſſer ſinnlichen Eindrücke (Empfindungen) nicht empfänglich iſt, ſo fehlen ihm auch die Begriffe, die aus dieſen Empfindungen entſpringen.

11. Kant giebt nun Humen ſeines Beweiſes (10. b.) wegen zu: daſs alle Erkenntnifs, der Zeit nach, mit der Erfahrung anfange (ſ. M. I. 1. und den Artikel: *a poſteriori*, 2. C. 1.). Hat alſo Jemand einen Fehler in ſeinen Organen, ſo daſs er gewiſſer ſinnlichen Eindrücke nicht empfänglich iſt, ſo müſſen ihm nicht nur die Begriffe fehlen, die aus dieſen Empfindungen entſpringen, ſondern auch diejenigen, zu denen die ſinnlichen Eindrücke bloſs die Veranlaſſung geben. Wäre z. B. ein Menſch blind und fühllos, ſo könnte er nicht Aepfel zählen, und wenigſtens nicht dadurch Veranlaſſung zu der Erkenntnifs bekommen, daſs zwei mal zwei vier iſt (ſ. *a poſteriori* 2). Denn wie könnte das Erkenntnifsvermögen zu wirken anfangen, wenn nicht ſinnliche Eindrücke „Vorſtellungen bewirkten, und unſere Verſtandesthätigkeit in Bewegung brächten, dieſe Vorſtellungen zu vergleichen, zu verknüpfen oder zu trennen, und ſo den rohen Stoff ſinnlicher Eindrücke zu einer Erkenntnifs der Gegenſtände zu verarbeiten, die Erfahrung heiſst." (C. Einl. I. S. 1.)

12. Gegen Humes Beweis (10. b) behauptet aber Kant, daſs aus dem, was er jetzt (in 11.) zugegeben habe, nicht folge, daſs alle unſere Erkenntniſs urſprüng-

lich aus der Erfahrung herrühre, oder, wie Hume sich ausdrückt, alle Gedanken blofse Copeien der Impressionen wären, so dafs es, in strengster Bedeutung, gar keine Erkenntnifs *a priori* gebe. Denn es lasse sich wenigstens denken, dafs unter unserer Erfahrungserkenntnifs etwas seyn könne, was nicht die Copei einer Impression sei, sondern was unser Erkenntnifsvermögen, durch eine Impression veranlafst, aus sich selbst hergebe; so wie etwa von dem Gefäfs, in welches ich eine Flüfsigkeit giefse, die Gestalt, welche diese Flüfsigkeit bekömmt, und die Verbindung der Tropfen unter einander abhängt (s. Form). Wäre das nun, so liefse sich in jeder Erkenntnifs *a posteriori* immer etwas finden, was *a priori* wäre, oder ursprünglich aus dem Erkenntnifsvermögen herrührte, und eben so wenig durch Impressionen in uns kommen, als das, was in dieser Erkenntnifs ursprünglich *a posteriori* ist, aus dem Erkenntnifsvermögen entspringen kann.

13. Es kömmt also nur darauf an, Humes Forderung (10, a) eine Genüge zu thun, und durch ein Beispiel zu zeigen, dafs es wirklich Erkenntnisse *a priori* gebe, von denen Hume keine ihnen correspondirenden Impressionen angeben kann, und das wollen wir leisten. Dafs zwei mal zwei bestimmte Aepfel vier sind, diesem Gedanken correspondiren Impressionen, wenn ich nehmlich die Aepfel sehe oder fühle, und 24 mal, nach immer veränderter Ordnung, durchzähle (*a posteriori*. 2). Allein, dafs das so seyn müsse, und dafs es mit allen möglichen Aepfeln, ja mit allen möglichen Dingen in der Welt so sei, dafs man ganz allgemein behaupten könne, zwei mal zwei ist vier, diesem Gedanken kann keine Impression correspondiren. Ferner, wenn etwas nicht ist, so kann es auch keine Impression machen, noch viel weniger also, dafs es nicht seyn kann. Wie könnten wir also durch Impressionen wissen, dafs zwei mal zwei nicht eine Million seyn kann? Dafs aber etwas allemal so sei, dem kann nicht anders eine Impression correspondiren, als so, dafs wir alle Impressionen, für alle mögliche Fälle, erhielten, welches unmöglich ist. Gesetzt aber, es wäre auch möglich, so könnten wir doch nicht einmal wissen, ob wir auch alle mögliche Fälle hätten, das wäre

eine neue Impreſſion nöthig, welche es aber nicht geben kann, weil ſonſt das Nichtſeyn mehrerer Fälle eine Impreſſion machen müſte, welches unmöglich iſt.

14. Von dem nun, was ſo ſeyn muſs, deſſen Gegentheil gar nicht möglich iſt, ſagen wir, es iſt **nothwendig ſo**, und wenn es davon keine Ausnahme giebt ſagen wir, es iſt **allgemein ſo**. Da nun beides nicht durch Impreſſionen in uns kommen und erkannt werden kann, ſo folgt, daſs Nothwendigkeit und (ſtrenge) Allgemeinheit die beiden Kennzeichen ſind, woran man erkennen kann, daſs eine Erkenntniſs *a priori* ſei. Ohne allwiſſend zu ſeyn, könnte es nehmlich das erkennende Subject unmöglich vorherbeſtimmen, daſs eine beſtimmte Erfahrung eine gewiſſe Beſchaffenheit haben werde, deren Gegentheil unmöglich ſei, und welche immer ſtatt finden müſſe, daſs z. B. der Inhalt einer jeden Pyramide immer heraus kommen müſſe, wenn man ihre Grundfläche mit dem dritten Theil ihrer Höhe, oder ihre Höhe mit dem dritten Theil ihrer Grundfläche multiplicirt (C. 3.).

15. Da nur eine Erkenntniſs eben darum *a priori* iſt, weil ſie nicht durch die Sinne entſpringt, ſo muſs ſie allein aus dem Erkenntniſsvermögen des erkennenden Subjects hervorgehen. Und hieraus läſst ſich auch die Nothwendigkeit und ſtrenge Allgemeinheit, die mit der Erkenntniſs *a priori* verbunden, und ihr Character (Kennzeichen) iſt, vollkommen erklären. Wenn nehmlich das Erkenntniſsvermögen ſo beſchaffen iſt, daſs daſſelbe nicht anders erkennen kann, als ſo, daſs bei dem Geſchäft des Erkennens immer jene Erkenntniſs *a priori* erzeugt wird, welche durch ihre Verbindung mit den Impreſſionen dieſe eben erkennbar macht, ſo iſt das Gegentheil jener Erkenntniſs *a priori* unmöglich, und ſie muſs immer, ohne Ausnahme, bei der nehmlichen Erkenntniſs ſtatt finden, d. i. nothwendig und ſtrenge allgemein ſeyn. S. Nothwendigkeit. (M. I. 6.)

16. Es laſſen ſich aber zwei Arten des Urſprungs der Vorſtellungen *a priori* aus dem Erkenntniſsvermögen denken; entweder iſt

a) nach Platos Meinung, die Vorstellung selbst mit dem Subject, welches diese Vorstellung hat, zugleich da, so dass das vorstellende Subject, vor allem sinnlichen Eindruck (Impression), diese Vorstellung hat, und sich derselben bewusst ist; dann heisst sie **angebohren**, f. **Angebohren**; oder

b) nach Kants Behauptung, das Erkenntnisvermögen ist nur so **beschaffen**, dass Vorstellungen *a priori* daraus entspringen können, doch so, dass erst sinnliche Eindrücke vorhergehen müssen, die das Erkenntnisvermögen zur Vollbringung seines Auftrags, Vorstellungen und Erkenntnis hervorzubringen, gleichsam wecken und in Thätigkeit setzen. Dann bringt das Erkenntnisvermögen eine solche Vorstellung *a priori*, zwar bei Gelegenheit eines sinnlichen Eindrucks, und um denselben zur Erkenntnis zu formen, aber doch **aus sich selbst** hervor; die Vorstellung ist *a priori* und dennoch **erworben**, aber die Möglichkeit derselben liegt nicht in den sinnlichen Eindrücken, sondern diese öffnen nur die Quelle der Vorstellungen *a priori*. Die Möglichkeit derselben liegt vielmehr in der Beschaffenheit des Erkenntnisvermögens, und kann nicht erworben, sondern muss vor allen Vorstellungen vorhanden, d. i. **angebohren seyn**. So ist z. B. die Möglichkeit der Raumesanschauung, aber nicht die Raumesanschauung selbst, angebohren.

17. Dass aber die Vorstellungen *a priori* selbst nicht angebohren sind, und folglich nicht nach 16, a, sondern nach 16, b, entspringen, folgt daraus, dass es immer der sinnlichen Eindrücke bedarf, ehe sie zum Bewusstseyn gelangen, und dass ihr Entstehen z. B. das der Categorien gezeigt werden kann. S. **Deduction der Categorien**. Dieser Unterschied ist auch sehr wichtig, weil man auf angebohrne Begriffe leicht eine Theorie des Uebersinnlichen gründen könnte, woraus eine Schwärmerei ohne Ende entstehen würde.

18. Noch muss eine Erkenntnis *a priori* von einer **reinen** unterschieden werden. Eine Erkenntnis *a priori* ist nehmlich nur dann **rein**, wenn gar nichts aus der Erfahrung (Empirisches) beigemischt, und auch nichts in derselben aus einer auch noch so entfernten Erfahrung ab-

geleitet ift. S. *a pofteriori*. Zwei mal zwei Aepfel fin vier Aepfel, ift eine Erkenntnifs *a priori*, denn da ich e nicht von allen Aepfeln erfahren kann, und es doch von alle mit ftrenger Gewifsheit behauptet wird, fo mufs der Grun dazu im Erkenntnifsvermögen liegen; allein Aepfel fin doch Erfahrungsgegenftände, und die Erkenntnifs ift alf nicht rein. Aber der Satz, zwei mal zwei ift vier, if eine reine Erkenntnifs, denn ihr ift gar nichts Empi rifches beigemifcht, ihre Gewifsheit beruhet auf der rei nen Anfchauung, dafs, wenn ich mir vermittelft de Einbildungskraft zwei Puncte zweimal vorftelle ::, es eber diefelbe Anzahl giebt, als wenn ich die erften zwei Puncte neben die andern fetze ...., und fie durchzähle, nehm lich vier. Da ich nun an die Stelle der Puncte alle mögliche Gegenftände fetzen kann, fo gilt der Satz auch für jeden einzelnen Erfahrungsfall, und ich brauche nun nicht erft bei einem Erfahrungsfall die Probe zu machen, fondern weifs mit Sicherheit, dafs es allemal fo feyn mufs (M. I. 5.).

19. Dafs es Vorftellungen oder Erkenntniffe *a priori* giebt, (M. I. 5. C. 4.) ift fchon aus dem Beifpiele erwiefen, mit welchem der Begriff ift erläutert worden (13). Diefes Beifpiel ift aus der Arithmetik, einem Theile der Mathematik, hergenommen. Alle eigentlichen Sätze der Mathematik, z. B. dafs zwifchen zwei Puncten nur eine grade Linie möglich fei, dafs die grade Linie die kürzefte unter allen möglichen zwifchen zwei Puncten fei, dafs die drei Winkel in einem Triangel zufammen zwei rechten gleich find, dafs es einerlei Summe gebe, ob ich z. B. 5 zu 7, oder 7 zu 5 hinzuthue, oder allgemein, wenn ich die eine Zahl a, die andre b nenne, a zu b, oder b zu a; find Sätze, deren Wahrheit zwar durch Proben in der Erfahrung gezeigt, aber nicht bewiefen werden kann, fondern mit einer Nothwendigkeit und Allgemeinheit verbunden ift, die ihren Urfprung aus dem Erkenntnifsvermögen beurkundet, welches daher auch diefe Wahrheit ohne alle Erfahrung und Verfuche einzufehen vermögend ift (M. I. 7).

20. Ein Beifpiel eines Satzes *a priori* aus dem gemeinften Verftandesgebrauche ift der Satz: dafs alle

Veränderung eine Urfache haben müffe (C. 5). In demfelben find zwei Vorftellungen *a priori*: 1. die Verknüpfung des Subjects Veränderung mit dem Prädicat Urfache, und 2. das Prädicat Urfach felbft.

a) Die Copula, welche die Art der Verbindung zwifchen Subject und Prädicat angiebt, heifst: müffen haben, und drückt Nothwendigkeit aus, zugleich hat der Satz das Zeichen allgemeiner Urtheile, es heifst: alle Veränderung. Allgemeinheit und Nothwendigkeit find aber die beiden Merkmale, dafs die Erkenntnifs *a priori* ift (15). Folglich kann der Satz nicht aus der Erfahrung feyn, fondern ift ein Product des Erkenntnifsvermögens aus fich felbft, oder *a priori*.

b) Aber auch der Begriff der Urfache, oder das Prädicat des Satzes, ift *a priori*. Denn eine Urfache ift das, was einer Veränderung allemal vorhergehet, und worauf die Veränderung jederzeit nothwendiger Weife folgt. In diefem Begriffe find drei wefentliche Merkmale. 1. Dafs das, was man Urfache nennt, der Veränderung vorhergehet; 2. dafs es jederzeit vorhergehet; und 3. dafs die Veränderung nothwendiger Weife darauf folgt. Die beiden Merkmale der Apriorität einer Erkenntnifs gehören alfo wefentlich zum Begriff Urfache, und daher kann diefer Begriff nicht empirifch, oder aus der Erfahrung entfprungen, fondern mufs *a priori* feyn. Humes Zweifel dagegen, und die Widerlegung derfelben f. im Artikel: Urfache.

c) In dem Satze, zu welchem das Prädicat Urfache gehört, war aber auch ein empirifcher Begriff, nehmlich das Subject Veränderung. Veränderung ift eine Art zu exiftiren, welche auf eine andere Art zu exiftiren eben deffelben Gegenftandes folgt, oder der Uebergang eines Dinges aus einem Zuftande in den andern (C. 213.). Diefer Uebergang ift aber zufällig, und wird erft durch feine Urfache nothwendig, fo wie auch die Art zu exiftiren, oder der Zuftand eines Dinges, deffen Gegentheil, wenn nur feine Urfache nicht vorhergegangen wäre, gar wohl möglich ift. Die Veränderung eines Dinges mufs ich erft wahrnehmen, und das erfordert Erfahrung, aber die Urfache kann ich nicht wahrnehmen, fondern die

Merkmale der Nothwendigkeit und Allgemeinheit, welche in diesem Begriffe enthalten sind, nöthigen mich, eine dem Zustande vorhergehende Erscheinung zu unterfuchen, ob sie sich auch durch Gründe unter den Begriff der Ursache subsumiren lasse, d. h. ob ich sie aus Gründen für die Ursache anerkennen kann. In dem Begriff der Veränderung hingegen liegt kein Merkmal, das ich nicht wahrnehmen könnte, und das mir übrig bliebe, wenn ich alle Wahrnehmung wegdenke. S. Veränderung.

d) Der Satz: eine jede Veränderung hat ihre Ursache ist daher *a priori*, ja ein reines Urtheil *a priori*, und dennoch das Erkenntniſs nicht rein (C. 3 u. 5). So widersprechend das scheint, so richtig ist es dennoch. Denn ein Satz ist ein categorisches Urtheil (d. i. ein solches, das seine Behauptung ohne alle Bedingung ausſagt), als Satz und Urtheil ist nun obiger Satz nicht nur *a priori*, ſondern auch rein, denn in der Copula, was eigentlich das Urtheil zum Urtheil macht, oder in der für jeden Verstand gültigen Verbindung, die das Urtheil ausdrückt, ist nichts empirisches; aber als Erkenntniſs überhaupt ist der Satz nicht rein, weil Veränderung ein empirischer Begriff ist (18).

21. Man kann sogar beweisen, daſs es Erkenntniſſe *a priori* geben müſſe, und daſs es nicht möglich sei, daſs es keine gebe, welches, wenn es geleiſtet wird, alle Beispiele zum Belage überflüſſig macht, mehr ist, als Hume (in 10, a) gefordert hat, und zugleich selbst ein Beiſpiel einer Erkenntniſs *a priori* ist. Es muſs in aller Erkenntniſs etwas *a priori* seyn. Denn

a) wenn wir erkennen, so sind wir uns bewuſst, daſs dasjenige, was wir uns vorſtellen, nicht ein bloſses Hirngeſpinſt ist, sondern einen wirklichen Gegenſtand hat, den wir uns dadurch vorſtellen. Sollen aber unsere Vorstellungen den Gegenstand wirklich vorstellen, so müssen sie mit ihm übereinstimmen, so muſs der Inhalt unſrer Gedanken ganz an dem Gegenstande zu finden seyn, wie etwa der Inhalt der Beschreibung einer Stadt an und in dieser Stadt selbst. Stimmen auf diese Weiſe unsere Vorſtellungen mit dem Gegenstande, den sie

A priori.

vorstellen sollen, überein, so ist unsere Erkenntniſs vom Gegenstande wahr. Dieser Wahrheit unsrer Erkenntniſs müssen wir uns aber auch bewuſst seyn, denn sonst können wir nicht wissen, daſs wir Erkenntniſs und keine Träume und Spiele der Phantasie haben. Wir müssen uns aber der Wahrheit unsrer Erkenntniſs aus Gründen bewuſst seyn, die nicht etwa nur bloſs uns überzeugen, denn sonst könnte unsere vermeintliche Ueberzeugung auch eine bloſse Ueberredung seyn, die aus der besondern Beschaffenheit unsers individuellen Erkenntniſsvermögens entspränge. Folglich müssen unsere Gründe für die Wahrheit unserer Erkenntniſs für Jedermann gelten oder Jedermann überzeugen, das heiſst, unsere Erkenntniſs muſs gewiſs seyn. Daſs unsere Erkenntniſs gewiſs sei, oder unsere Gründe für die Wahrheit derselben für Jedermann gelten, können wir nur daraus wissen, daſs sie mit Nothwendigkeit verknüpft sind, und das Gegentheil also unmöglich ist, welches dann Jedermann einsehen muſs, wenn er nur Vernunft hat. Folglich ist in jeder Erkenntniſs etwas mit Nothwendigkeit verknüpft, das heiſst, etwas *a priori*, und es ist in jeder Erkenntniſs nur so viel Gewiſsheit, als sie *a priori* ist.

b) Eben darum muſs in jedem Urtheil die Verbindung zwischen Subject und Prädicat Nothwendigkeit haben. Denn obwohl ein Erfahrungsurtheil auf einer Wahrnehmung beruhet, z. B. daſs die Sonne den Stein erwärmt, und die Wahrnehmung also etwas zufälliges, den Sonnenschein und das Warmwerden des Steins betraf; so ist doch der Begriff des Erwärmens der, daſs die Sonne die Ursache ist, daſs der Stein warm wird. Das kann ich aber nicht erfahren, weil das so viel heiſst, der Stein muſs **nothwendig** und **allemal** warm werden, wenn ihn die Sonne unter den gehörigen Umständen bescheint. Und diese **Nothwendigkeit** ist es, welche allein macht, daſs jenes Urtheil gewiſs ist. Eben dadurch wird nun aber die Wahrnehmung, welche als Wahrnehmung bloſs für mich Gültigkeit hatte, so, daſs ich sagen konnte, ich habe es wahrgenommen, Erfahrung, oder eine Wahrnehmung, von der ich gewiſs bin, daſs sie Jedermann muſs gelten lassen (Prolegom. S. 89. *).

B

22. Es giebt aber fogar gewiffe Erkenntniffe, die in gar keiner Erfahrung anzutreffen find (M. I. 8. C. 6.), die alfo ftets unvermifcht und rein von aller empirifchen Erkenntnifs in unferm Verftande gefunden werden. Diefe Erkenntniffe, da fie keinen Gegenftand in der Erfahrung haben, den wir durch fie erkennen, follten uns auf die Gedanken bringen, dafs wir mehr erkennen können, als blofse Erfahrungen, dafs wir uns mit unferm Verftande in eine Region wagen, und etwas in derfelben erkennen können, bis zu der wir mit unfern Sinnen nicht reichen können. Und in diefem Wahn haben auch viele Menfchen, durch diefe Erkenntniffe verleitet, geftanden.

23. **Gott, Freiheit und Unfterblichkeit** find nirgends mit unfern Sinnen zu finden. Sie find nicht finnliche Gegenftände, und dennoch ift ein Begriff von ihnen in den Menfchen, von dem wir fragen müffen, wie diefer Begriff in dem Menfchen entfteht, ob er auch wirklich einen Gegenftand hat, und ob auch, in diefem Falle, der Begriff mit dem Gegenftande übereinftimme. Diefe Erkenntniffe, bei denen uns die Erfahrung gänzlich verläfst, find uns fogar wichtiger, als alle übrigen Erkenntniffe, weil fie mit unferer Moralität und mit unferm Intereffe fehr genau verbunden find. S. **Gott. Freiheit. Unfterblichkeit.** (M. I. 9. C. 7.)

24. Man kann die verfchiedenen Arten der Erkenntniffe *a priori* (im weitern Sinne des Worts) fo claffificiren. Es giebt

1. **unmittelbare** Erkenntniffe *a priori*.

Das find die Anfchauungen *a priori*, oder dasjenige, was in den unmittelbaren Vorftellungen des Objects (Anfchauungen) **nothwendig und allgemein** ift, und daher aus der Anfchauungsfähigkeit entfpringen mufs. Ihrer find zwei:

a) was in **allen** unmittelbaren Vorftellungen des Objects überhaupt nothwendig ift — die **Zeit**;

b) was in **allen äufsern** unmittelbaren Vorftellungen des Objects nothwendig ift — der **Raum**.

2. **mittelbare** Erkenntniffe *a priori*, und zwar

a) **Begriffe** *a priori*, oder das, was von allen Objecten nothwendig mufs gedacht werden, z. B. dafs es

Subſtanz ſei oder Accidens, daſs es eine Urſach habe und Wirkungen hervorbringe u. ſ. w.

b) Urtheile, und zwar

α) analytiſche, oder ſolche, wo das Prädicat durch bloſse Entwickelung des Subjects gefunden werden muſs, und alſo mit dem Subject nothwendig verbunden iſt, z. B. ein Körper kann mit einem andern nicht an demſelben Ort ſeyn; oder

β) ſynthetiſche, d. i. ſolche, wo das Prädicat durch ein Drittes mit dem Subject verbunden iſt, welches ſeinen Grund in dem Erkenntniſsvermögen des erkennenden Subjects hat, und daher dieſe Verbindung nothwendig macht; z. B. alles, was geſchieht, muſs eine Urſache haben.

c) Ideen, oder das, wodurch die Vernunft ſich die Vollſtändigkeit aller Erfahrungsreihen vorſtellt, und welches in keiner Erfahrung, die ſtets unvollſtändig iſt und wieder auf eine andere hinweiſet, vorkömmt, z. B. Gott, d. i. die Idee von der letzten Urſache der ganzen Reihe aller Urſachen und Wirkungen; Freiheit, d. i. die Idee von dem Erſten der ganzen Reihe alles Gegründeten, und daher Nothwendigen; Unſterblichkeit, die Idee von einem Zuſtande, der das Fortſchreiten zur Erreichung des höchſten Guts möglich macht; das höchſte Gut oder die Seligkeit iſt eine Idee von der gerechten Verbindung der Glückſeligkeit mit der Heiligkeit zu Einem Object, als der Gränze einer unendlichen Annäherung moraliſcher und endlicher Weſen. S. Freiheit. Unſterblichkeit. Seligkeit.

25. Die Wiſſenſchaft, die ſich mit allen dieſen Erkenntniſſen *a priori* beſchäftigt, heiſst die Metaphyſik. In dieſer kann man entweder gewiſſe Sätze *a priori* zum Grunde legen, ohne zu prüfen, wie der Verſtand zur Erkenntniſs derſelben gelangt, und was man dadurch erkennen kann, dann iſt die Metaphyſik dogmatiſch; oder man ſtellt dieſe Prüfung vorher an, ehe man dieſe Sätze gebraucht, dann iſt die Metaphyſik critiſch. Die Prüfung des Erkenntniſsvermögens ſelbſt, um den Umfang und die Gränzen ſolcher Begr[iffe] [zu er]forſchen, heiſst die Critik der Erk[enntniſs]

mögen. Derjenige Theil der Metaphyſik, welcher das Syſtem aller Erkenntniſſe *a priori* critiſch erforſcht, abhandelt, heiſst die Transcendentalphiloſophie; der Theil aber, welcher ſie auf einen einzelnen empiriſchen Begriff, z. B. den der Natur, eines Weſens mit Naturtrieben u. ſ. w. anwendet, Metaphyſik dieſer beſondern Begriffe.

>Kant Crit. der reinen Ver. S. 2 — 6. 60.
>Deſſ. Ueb. eine Entd. S. 68. ff
>Schultz Präf. der Kant. Crit. S. 1. ff.
>Lamberts Organ. 1 Th. S 348. 412 — 416.
>Baumgartens Metaphyſ. §. 22.

Aberglaube.

Superſtition, δεισιδαιμονια, *ſuperſtitio*, *ſuperſtition*. Das Vorurtheil, ſich die Natur ſo vorzuſtellen, als ſei ſie den Regeln nicht unterworfen, die der Verſtand ihr als ſein eigenes, weſentliches Geſetz zum Grunde legt (U. §. 4w. 158). Wer dieſe Erklärung des Aberglaubens verſtehen, und die Richtigkeit derſelben einſehen will, der muſs von der ganzen Theorie der Erkenntniſs, nach den Grundſätzen der critiſchen Philoſophie, richtige Begriffe haben. Ich will daher dieſe Theorie hier deutlich vorzutragen ſuchen.

I. Es iſt nehmlich in obiger Erklärung dreierlei zu erörtern:

1. Was das für ein eigenes, weſentliches Geſetz iſt, das der Verſtand hat;
2. Was für Regeln der Verſtand durch dieſes Geſetz (in 1.) der Natur zum Grunde legt;
3. Wie man ſich die Natur ſo vorſtellen könne, als ſei ſie dieſen Regeln (in 2.) nicht unterworfen, und daſs dieſes ein Vorurtheil ſei.

1. Um demnach deutlich einzuſehn, was das für ein eigenes, weſentliches Geſetz iſt, was der Verſtand hat, müſſen wir uns zuvörderſt einen deutlichen Begriff vom Verſtande und ſeinem Geſchäft machen.

a) Der Verſtand iſt, nach Kant, das Vermögen, nicht bloſs deutlicher Erkenntniſſe, ſondern der Erkenntalle überhaupt; weil eine critifche Unterfuchung der Erkenntnifsvermögen zeigt, dafs die Sinne nicht etwa blofs undeutlich, fondern gar nicht erkennen, vielmehr nur die Werkzeuge find, vermittelft welcher uns der Stoff zur Erkenntnifs geliefert wird. Nach der critifchen Philofophie find nehmlich alle die Gegenftände, die uns in die Sinne fallen, die wir fühlen, fchmecken, fehen, hören und riechen, uns felbft, in fo fern wir uns durch die Sinne wahrnehmen, nicht ausgefchloffen, nicht Dinge, die, wenn es keine Menfchen gäbe, welche fie wahrnähmen, dennoch fo vorhanden wären, als wir fie wahrnehmen. Sondern fie find felbft Vorftellungen, die eben fo wohl aus dem Erkenntnifsvermögen des Menfchen entfpringen, als feine Gedanken, nur mit dem Unterfchiede, dafs dasjenige, was wir durch die Sinne wahrnehmen, nicht willkührlich durch unfer Erkenntnifsvermögen hervorgebracht werden kann, fondern dafs in ihnen etwas ift, das unferm Erkenntnifsvermögen anders woher gegeben wird, indem wir nicht machen können, dafs z. B. ein Garten, den wir fehen, aus unfern Augen eben fo verfchwinde, als ein Gedanke aus unferm Innern; oder dafs z. B. ein Elephant auch wirklich vor unfern Augen da ftehe, wenn wir an ihn denken. Wir haben daher eine Fähigkeit, irgend wodurch, folche Eindrücke zu bekommen, durch die es möglich wird, dafs wir folche unwillkührliche Vorftellungen, z. B. den Garten, den wir fehen, die Töne, die wir hören, bekommen. Diefe Fähigkeit, folche Eindrücke zu erhalten, heifst die Sinnlichkeit. Allein diefe Eindrücke bekommen wir nicht mit einemmale, fondern nach und nach, und ob es uns gleich vorkömmt, als fähen wir z. B. gleich den ganzen Garten auf einmal, fo rührt das doch nur von der Schnelligkeit her, mit der die Eindrücke auf einander folgen, und von der eben fo grofsen Schnelligkeit, mit der fie verbunden werden, fo wie ein Lichtpunkt z. B. an dem Feuerrade eines Feuerwerks auch, feiner Schnelligkeit wegen, ein feuriger Kreis zu feyn fcheint. Wir können nehmlich in jedem Augenblick nur einen einfachen Eindruck erhalten, der dem einfachen Eindruck des folgenden Augenblicks weicht, aber doch mit ihm und dem auch ihm folgenden Eindruck des dritten Augenblicks und den Eindrücken mehrerer folgenden verbunden werden und so Ein Ganzes vorstellen kann. Kant nennt diese Eindrücke auf unsre Sinnlichkeit, wenn er sie so unverbunden, wie sie durch die Sinne in uns kommen, vorstellen will, das gegebene Mannichfaltige. Dieses verbindet der Verstand nun, und bildet oder verarbeitet es zu einem Ganzen sinnlicher Vorstellungen, so dass nun z. B. ein Garten u. s. w. vor unsern Augen liegt. Die weitere Entwickelung s. in dem Artikel Anschauung.

b) Das Geschäft des Verstandes nun bestehet eigentlich im Erkennen, oder Erkenntnisse hervorzubringen. Zu einer jeden Erkenntniſs gehört aber

α) ein Object, oder ein Gegenstand, der erkannt werden, oder von dem der Verstand ein Erkenntniſs hervorbringen soll;

β) Vorstellungen, die irgend woher, vermittelst der Sinnlichkeit, dem Verstande gegeben werden, und durch die das Object erkannt werden soll (C. 137.).

c) Die Erkenntniſs bestehet nehmlich

α) in der Beziehung gewisser Vorstellungen (b, β) auf ein Object (b, α), d. i. darin, daſs der Verstand sich denkt, jene Vorstellungen (b, β) stellen ein gewisses Object vor, und sind nicht etwa ein bloſses Gedankenspiel ohne Sinn und Bedeutung;

β) darin, daſs auch diese Beziehung, der Vorstellungen auf ein Object, bestimmt ist, d. h. daſs ihr gewisse Prädicate beigelegt werden, vermittelst welcher diese Beziehung so und nicht anders ist. So wird z. B. eine Vorstellung von einem gewissen Object so gedacht, daſs sie nur von diesem Einen, oder von allen derselben Art gilt; daſs sie entweder dem Begriff des Objects beigelegt, oder von demselben verneint wird. Dies sind Bestimmungen der Beziehung einer Vorstellung auf ihr Object.

d) Dieser jetzt erörterte Begriff der Erkenntniſs wird daher noch deutlicher, wenn wir das durch die Erkenntniſs entstandene Product, oder das Erkenntniſs, als ein Urtheil betrachten, in welchem der Begriff des zu erkennenden Objects (b α) das Subject, und jede Vorftellung (b, β), durch die etwas vom Object vorgeftellt werden foll, ein Prädicat ift. Die Erkenntnifs beftehet nun in der (durch die Befchaffenheit des Urtheils, ob es allgemeines oder befonderes, ein bejahendes oder verneinendes u. f. w. ift) beftimmten Verbindung beider, des Subjects und Prädicats, d. i. des Begriffs des Objects und der Vorftellungen (in b, β) zu einem Urtheil. Der Begriff des Objects im Subject) ift nehmlich derjenige Begriff, in welchem ich mir dasjenige Mannichfaltige vereinigt denke, welches, durch die Eindrücke der Sinnlichkeit einzeln gegeben, aber durch den Verftand zu einer folchen Vorftellung verbunden worden, die das Object unmittelbar vorftellt, und daher Anfchauung beifst. So habe ich jetzt, da ich einen Garten vor mir fehe, die unmittelbare Vorftellung eines Objects, fo, dafs zwifchen dem Gegenftande, den mein Verftand, feiner Natur gemäfs, der Anfchauung fetzen oder unterlegen mufs, und der Anfchauung felbft keine Vorftellung weiter in der Mitte liegt. Wenn ich daher den Garten fehe, oder wenn ich eine Mufik höre, fo habe ich die Anfchauung eines Objects; wenn ich mir aber den Garten, die Mufik denke, ohne dafs ich mir die Merkmale derfelben entwickele, fo habe ich den Begriff eines Objects, oder eines Etwas, deffen Mannichfaltiges in einer Anfchauung vereinigt, unmittelbar vorgeftellt oder wahrgenommen, und in einem Begriff vereinigt, mittelbar vorgeftellt oder gedacht wird. Der Begriff des Objects ift nun das Subject möglicher Urtheile. So ift mir z. B. jetzt vermittelft meiner Sinnlichkeit, welche Eindrücke erhält, und insbefondere des Gefühls und Gefichts, ein Mannichfaltiges gegeben, das von dem Verftande zu einer Anfchauung vereinigt, von mir erkannt, oder auf ein Object bezogen wird, das ich Schreibtifch nenne. Der Verftand vereinigt nehmlich, um diefe Erkenntnifs hervorzubringen, jenes in der Anfchauung befindliche Mannichfaltige in einen Begriff, von dem Prädicate möglich find, der aber, weil noch keine Prädicate von ihm angegeben find, weiter nichts ift, als der noch gänzlich unbeftimmte Begriff eines gewiffen Objects. Nun fange ich an, diefen Begriff zu beftimmen. Zuerft denke ich die in ihm,

vermittelst der Anschauung, gegebenen Vorstellungen eines
Tischblatts, der Füfse, der Farbe (welches noch kein Erkennen, sondern ein blofses Denken ist); aber zweitens stelle ich mir diese Vorstellungen als durch die Anschauung gegeben, und daher in dem Begriff des Objects,
Schreibtisch, nothwendig enthaltene Prädicate vor, d. h.
mein Verstand bringt diese Vorstellungen in eine Beziehung mit dem Object, Schreibtisch; endlich drittens
wird auch noch diese Beziehung bestimmt, oder so gedacht, dafs ich die Prädicate nur Einem Schreibtisch,
nehmlich dem meinigen, nicht allen möglichen, oder auch
nur einigen beilege; dafs ich sie nicht von ihm verneine,
sondern bejahe, und zwar ohne alle Bedingung
und endlich so, dafs ich nicht behaupte, der Schreibtisch
könne die ihm durch jene Prädicate beigelegten Beschaffenheiten haben, sondern vielmehr, er habe sie wirklich. So ist nun diese Beziehung der Vorstellungen in den
Prädicaten, auf den Begriff des Objects im Subject, nach
der verschiedenen Beschaffenheit, die ein Urtheil haben
kann, völlig bestimmt.

e) Wir sehen hieraus, dafs zu einer jeden Erkenntnifs eine dreifache Vereinigung oder Verbindung (Synthesis) von Vorstellungen erfordert wird:

α) Die Vereinigung des, vermittelst der Sinnlichkeit,
gegebenen Mannichfaltigen sinnlicher Eindrücke zu einer
unmittelbaren Vorstellung des Objects, welche Anschauung heifst.

β) Die Vereinigung des in der Anschauung befindlichen Mannichfaltigen zu einer mittelbaren (durch diejenige Mittelvorstellung, welche Anschauung heifst,
auf das Object gehenden) Vorstellung des Objects, die
zum Subject eines möglichen Urtheils diene, welche der
(noch unbestimmte) Begriff des Objects heifst.

γ) Die Vereinigung der durch die Anschauung gegebenen Vorstellungen mit dem Begriff des Objects, so dafs
sie nun in einer bestimmten Beziehung mit demselben gedacht werden, so dafs derselbe wieder, unter gewissen
Bestimmungen, dadurch bestimmt wird, worin nun eigentlich die Erkenntnifs besteht.

27

bjects setze, bejahe,
u. s. w. Diese Be-
llgemein, und daher a
i dem Geschäft des Er-
ringen, oder durch die
wird, indem sie die ge-
lich Gewissheit hinein
verbindungen möglich

et also die Möglichkeit
n Wesen desselben, und
s-Begriffe oder Ca-
gorien.
chfaltige in einer gege-
er Categorien.

eigentlich die Regeln,
ch sein eigenes, wesentli-
hfaltige in Ein Bewusst-
egt. Denn da alles ge-
n Categorien stehet, so
tegorie die Regel ange-
zelne Categorie aussagt,
ichfaltige unter ihr ste-
Größe eine solche Ca-
nd der Natur die Regel
r nicht zu, daß für uns
als nach dieser Regel,
heinungen oder Ob-
r Anschauung, eine
da die Sinnlichkeit, ver-
ige in der Anschauung ge-
n und Zeit, hat, in denen
verden müssen, so müssen
n und Zeit ausgedehnte
Größen seyn.

tur selbst beruhet also auf
liegt auch die Nothwen-
lben für die ganze Natur.
el Verstand.

es noch nicht bestimmt ist (1, c, *), eine Erscheinung, um damit anzudeuten, daſs es nicht an und für sich, sondern nur in der Reihe der Vorstellungen des anschauenden Subjects, ohwohl unabhängig von seiner Willkühr, d. i. durch Eindrücke auf seine Sinnlichkeit, vorhanden ist. Folglich ist die Natur der Inbegriff aller Erscheinungen, oder aller sinnlichen Objecte, womit folglich alle nicht sinnlichen Objecte, alles was an und für sich existiren mag, daher nicht erscheinen, folglich nicht sinnlich angeschauet und also nicht erkannt werden kann, gänzlich ausgeschlossen wird.

b) Das in einer sinnlichen Anschauung gegebene Mannichfaltige gehört nun nothwendig unter die alles vereinigende Einheit des Bewuſstseyns (C. 143), weil durch diese allein die Einheit der Anschauung möglich ist, ohne welche das gegebene Mannichfaltige immer unverbunden vor unserm Bewuſstseyn vorübergleiten, und nie zu einer unmittelbaren Vorstellung oder Anschauung eines Objects tauglich werden würde (1. i).

c) Derjenige Actus des Verstandes aber, oder diejenige Handlung desselben, durch welche die Vereinigung des gegebenen Mannichfaltigen in den Vorstellungen (sie mögen nun Anschauungen oder Begriffe seyn) in Ein Bewuſstseyn geschieht, ist keine andere als die, wodurch die Vereinigung des Prädicats mit dem Subject zu einem Urtheil bestimmt wird (1, d), welche Handlung Kant die logische Function der Urtheile nennt. Dieser Functionen der Urtheile giebt es aber mehrere (eigentlich zwölfe), so viel nehmlich, als die Beziehung des Prädicats aufs Subject verschieden bestimmt werden kann (1, d).

d) Also muſs alles Mannichfaltige, sofern es in einer Anschauung gegeben ist, in Ansehung dieser logischen Functionen der Urtheile bestimmt, und dadurch in Ein Bewuſstseyn verbunden werden.

e) Jede dieser logischen Functionen muſs aber einen Begriff enthalten, welcher die Beziehung des Prädicats auf das Subject bestimmt, z. B. von welchem Umfange die Bestimmung des Subjects durch das Prädicat sey, es von einem einzigen, vielen, oder allen gelte; oder von welcher Beschaffenheit die Bestimmung ob fie etwas in dem Begriff des Subjects fetze, bejahe, oder davon ausfchliefse, verneine u. f. w. Diefe Begriffe aber find nothwendig und allgemein, und daher *a priori*, fie find Begriffe, die ftets bei dem Gefchäft des Erkennens aus dem Verftande entfpringen, oder durch die vielmehr alle Erkenntnifs möglich wird, indem fie die gehörige Nothwendigkeit und folglich Gewifsheit hinein bringen und fo alle Verftandesverbindungen möglich machen.

f) Auf diefen Begriffen beruhet alfo die Möglichkeit des Verftandes, fie gehören zu dem Wefen deffelben, und heifsen daher reine Verftandes-Begriffe oder Categorien. S. Aggregat. Categorien.

g) Alfo fteht auch das Mannichfaltige in einer gegebenen Anfchauung nothwendig unter Categorien.

h) Diefe Categorien find nun eigentlich die Regeln, welche der Verftand der Natur, durch fein eigenes, wefentliches Gefetz, alles gegebene Mannichfaltige in Ein Bewufstfeyn zu verbinden, zum Grunde legt. Denn da alles gegebene Mannichfaltige unter diefen Categorien ftehet, fo läfst fich auch für jede einzelne Categorie die Regel angeben, welche eben das für diefe einzelne Categorie ausfagt, dafs nehmlich das gegebene Mannichfaltige unter ihr ftehe. So ift z. B. der Begriff der Gröfse eine folche Categorie; folglich legt der Verftand der Natur die Regel zum Grunde, d. i. er läfst es gar nicht zu, dafs für uns eine andere (finnliche) Natur, als nach diefer Regel, möglich fey, dafs alle Erfcheinungen oder Objecte in der Natur, in der Anfchauung, eine Gröfse haben müffen, und da die Sinnlichkeit, vermittelft welcher das Mannichfaltige in der Anfchauung gegeben wird, zwei Formen, Raum und Zeit, hat, in denen alle Erfcheinungen angefchauet werden müffen, fo müffen auch alle Naturdinge, da Raum und Zeit ausgedehnte Gröfsen find, felbft ausgedehnte Gröfsen feyn.

i) Die Möglichkeit der Natur felbft beruhet alfo auf diefen Regeln, und eben hierin liegt auch die Nothwendigkeit und Allgemeinheit derfelben für die ganze Natur. S. das Weitere unter dem Artikel Verftand.

3) Dennoch stellen sich Manche die Natur so vor, als sei sie diesen Regeln nicht unterworfen, und das ist ein Vorurtheil.

Da die Natur jenen Regeln wirklich unterworfen ist, und also nicht anders vorhanden seyn kann, und dennoch, wie wir gesehen haben, nichts anders als ein Inbegriff gegebener und durch die Gesetze des Verstandes verbundener Vorstellungen ist, wie kann man sich denn die Natur anders vorstellen, als sie wirklich ist? Das geschieht durch ein Vermögen, welches wir haben, einen Gegenstand, auch ohne dessen Gegenwart, in der Anschauung darzustellen, welches die Einbildungskraft heifst. Diese Einbildungskraft ist zu jeder Erkenntnifs durchaus nothwendig, denn sie mufs eben bei jedem neuen Eindruck auf die Sinnlichkeit den vorhergehenden nicht mehr gegenwärtigen und die mit ihm schon verbundene Reihe aller vorhergehenden Eindrücke wieder in der Anschauung darstellen, damit der neue Eindruck zu ihnen hinzugethan und so eine Anschauung erzeugt werden kann. Allein diese Einbildungskraft verbindet auch nach empirischen Gesetzen der Association, sie setzt nehmlich zusammen, so wie das Gedächtnifs, ein Zweig der Einbildungskraft, Stoff dazu liefert, und stellt es bildlich dar, gesetzt, dafs es auch nie vermittelst der Sinne in uns gekommen wäre. Wenn nun der Verstand diese Zusammensetzung nicht gehörig nach den Verstandesgesetzen verbindet, sondern die Einbildungskraft vielmehr Einflufs auf den Actus des Verstandes hat, so entstehet der Irrthum, dafs wir etwas für Natur halten, was doch nur durch die Einbildungskraft erdichtet oder geträumt ist. Denn wird die Einbildungskraft nicht durch die Verstandesgesetze gezügelt, so entstehen auch wachend solche Producte, als unsere Träume sind, wenn wir schlafen, die wir aber, eben weil wir wachen, und uns dadurch das Kennzeichen des Schlafs abgehet, desto eher für etwas Wirkliches halten können. So setzt z. B. die Einbildungskraft aus Gliedern von verschiedenen Thieren einen Leib zusammen, und giebt ihm einen Pferdehals und einen Menschenkopf, überzieht alles mit Federn von verschiedenen Vögeln, und setzt ihm einen Fischschwanz an (*Ho-*

rat. ars poet. v. 1. *sq.*); sie kümmert sich aber nicht um die Möglichkeit und Wirklichkeit dieses Phantoms, denn sie urtheilt nicht. Wenn der Verstand nun solche Dichtungen der Phantasie wie gegebene Eindrücke der Sinnlichkeit behandelt, und sie für möglich oder gar wirklich erklärt, so hat er einen Hang, sich andere Gesetze als seine eigenen aufdringen zu lassen, nehmlich hier die empirischen Associationsgesetze der Einbildungskraft, nach welchen sie verbindet, wie es dem Gedächtniss einfällt, statt der Verstandesgesetze, nach welchen allein etwas möglich und wirklich seyn kann; ein solcher Hang aber heisst ein V o r u r t h e i l. Der Verstand stehet dann gleichsam unter der Vormundschaft der Phantasie, welche statt seiner verbindet, und er verhält sich gegen sie nicht thätig und selbsthandelnd, wie ein Vermögen, das S p o n t a n e i t ä t S e l b s t t h ä t i g k e i t) hat, sondern l e i d e n d (p a s s i v).

B e i s p i e l. So ist das Vorurtheil, dass Cometen unmittelbare Wirkungen der erzürnten Gottheit sind, und allgemeine Landplagen verkündigen, eine von der Phantasie hervorgebrachte Verbindung, welche voraussetzen würde, dass etwas in der Natur (nehmlich Cometen, die wir am Himmel sehen, und also Naturdinge sind), nicht den Naturgesetzen unterworfen sei, sondern unmittelbar von der Gottheit hervorgebracht oder gelenkt werde. Hier verbindet also die Phantasie den Vernunftbegriff der Gottheit, dem nie ein sinnlicher Eindruck correspondirt, mit dem Cometen, den wir sehen. Nach den Naturgesetzen nehmlich muss eine jede Veränderung ihre N a t u r u r s a c h e haben, durch die sie entstehet. Gott aber ist die Grundursache aller Ursachen, das ist nicht die unmittelbare Ursache der einzelnen Naturbegebenheiten, denn die unmittelbare Ursache einer Wirkung in der Natur muss zur Natur gehören, und in der Natur zu finden seyn, und können wir sie auch nicht in der Natur wirklich finden, so müssen wir sie unsern Verstandesgesetzen nach, zu welchen auch das, e i n e j e d e V e r ä n d e r u n g m u s s i h r e U r s a c h e h a b e n, gehört, dennoch aus der Wirkung als vorhanden schliessen. Der Satz aber, Gott ist die Ursache des Cometen, heisst so viel, als dass der Comet jetzt da ist, hat keine Ursache in der Natur, folglich wäre hier die Natur der Regel (Von der Nothwendigkeit einer Naturursache für jede Wirkung in der Natur) nicht unterworfen, welche der Verstand ihr durch sein wesentliches Gesetz (hier den Cometen mit den Veränderungen, die vorher gehen und darauf folgen, in Ein Bewufstseyn zu verbinden) zum Grunde legt, und das ist Aberglaube. Dennoch ist Gott die Ursache des Cometen, aber so, wie er die Ursache der Welt ist, nehmlich, dafs wir uns die Eindrücke unsrer Sinnlichkeit und selbst das Vermögen, sie durch Verstandesgesetze in Ein Bewufstseyn zu verbinden (und so Erfahrung hervorzubringen, deren Inbegriff eben Natur heifst) als in ihm gegründet vorstellen müssen. S. Gott. Schöpfer. Vorsehung.

II. Kant giebt (Berlin. Monatsschr. Oct. 1786. 327.) noch eine andere Erklärung des Aberglaubens, nehmlich, er sei die gänzliche Unterwerfung der Vernunft unter Facta. Alle Erkenntnifs ist nehmlich entweder die *a priori*, oder die *a posteriori*. Die erste ist unumstöfslich, denn ihr Character ist, dafs sie nothwendig und allgemein ist, und ihr Gegentheil ist also nie und in keinem Falle möglich. Die Erkenntnifs *a posteriori* ist die aus Erfahrung, die also zufällig, und deren Gegentheil also so wohl möglich ist, als sie selbst. Alle Erfahrung betrifft aber Veränderungen, oder das, was geschieht, folglich ein Factum oder eine Thatsache. Nun beruhet aber die Sicherheit und Gewifsheit aller Erfahrungen, folglich aller Erkenntnifs aus Erfahrung eben auf den Naturgesetzen, oder den Regeln, welche der Verstand der Natur durch sein eigenes, wesentliches Gesetz zum Grunde legt (s. *a priori* 21.). Wer also das Vorurtheil hat, dafs die Natur jenen Regeln nicht unterworfen sey, dem bleibt nichts übrig als Facta, als Thatsachen, und der unterwirft also seine Vernunft diesen gänzlich, ohne eine Gewährsleistung für die Sicherheit derselben zu haben, welche allein in den unumstöfslichen Gesetzen zu finden ist, nach welchen jedes Factum erfolgen mufs, und welchen sich nichts in der Natur entziehen kann, weil es sonst ewig aufser unserm Empfinden und Erkennen bleiben,

Aberglaube.

nie zu unserm Bewustseyn gelangen, und folglich kein Theil der Natur seyn würde.

III. Der Aberglaube soll aber entweder die Stelle des Wissens oder des moralischen Handelns vertreten, und in so fern kann man ihn in den theoretischen und practischen eintheilen. Das Wort theoretisch bedeutet nehmlich, in der critischen Philosophie, nicht blofs, was zur Erkenntnifs eines Gegenstandes, und practisch, was zur Anwendung dieser Erkenntnifs gehört; sondern theoretisch ist, was nach Naturgesetzen erkannt und angewendet oder ausgeübt wird, und practisch, was nach dem Sittengesetz erkannt und ausgeübt wird. Der theoretische Aberglaube ist also der, welcher sich die Stelle der Erkenntnifs und Handlungen nach Naturgesetzen, und der practische, welcher sich die Stelle der Erkenntnifs und Handlungen nach dem Sittengesetz anmafst. Die Zahnschmerzen durch Vernageln vertreiben wollen, heifst daher einen theoretischen Aberglauben haben; aber das Vorurtheil, am Abend Gott wieder abbeten zu können, was man den Tag über sündliches gethan hat, ist ein practischer Aberglaube.

IV. Da die Erkenntnifs aller unserer Pflichten als göttlicher Gebote Religion heifst, so kann der practische Aberglaube auch der religiöse genannt werden, und in dieser Rücksicht erklärt ihn Kant so: er ist der Wahn, durch religiöse Handlungen des Cultus etwas in Ansehung der Rechtfertigung vor Gott auszurichten (R. IV. St. §. 2. 267). Der Wahn ist nehmlich diejenige Täuschung, wenn man sich einbildet, die blofse Vorstellung einer Sache sei gleichgeltend mit der Sache selbst, so ist z. B. der Besitz eines Mittels zu irgend einem Zweck, der Besitz desselben blofs in der Vorstellung. Da nun religiöse Handlungen des Cultus, (der äufseren Gottesverehrung) z. B. Beten, Singen u. s. w. in der Befolgung solcher für göttlich gehaltenen Verordnungen (Statuten) einer Kirche bestehen, welche zu Gottes Absichten als Mittel dienen sollen, z. B. zur Belebung solcher Gesinnungen, die der Pflichterfüllung zum Grunde liegen müssen; so ist derjenige, der schon solche gute Gesinnungen zu haben glaubt, wenn er nur betet, singet u. s. w. in einem Wahn. Es ist aber ein abergläubischer Wahn, durch Handlungen, die ein jeder Mensch thun kann, ohne dafs er eben ein guter Mensch seyn darf, Gott wohlgefällig werden zu wollen, und also dadurch sein sündliches Leben wieder gut zu machen, d. h. sich vor Gott zu rechtfertigen, z. B. durch Beten und Singen, durch Bekenntnifs statutarischer Glaubenssätze, d. i. dadurch, dafs man öffentlich erkläre, man nehme gewisse Lehrsätze für wahr an, durch Beobachtung kirchlicher Observanz und Zucht, d. i. dadurch, dafs man gewisse Kirchengebräuche, z. B. Fasten, beobachtet oder sich Büsungen auflegt u. d. g. Paulus nennt das (Coloss. 2, 23.) eine selbsterwählte Geistlichkeit (Ἐθελοθρησκεία), welches die Vulgata durch Superstition übersetzt, und Hammond *spontaneus diuini numinis cultus* paraphrasirt. Dieser Wahn ist aber darum ein Aberglaube, weil er sich blofs Naturmittel (nicht moralische) wählt, die zu dem, was nicht Natur ist (d. i. dem sittlich Guten und dem Wohlgefallen Gottes) für sich schlechterdings nichts wirken können. Die Natur wird also hier als Ursache mit Wirkungen in Verbindung gebracht, die nicht ihre Wirkungen seyn können, und sie folglich blofs der willkührlichen Verbindung, welche die Einbildungskraft hervorbringt, unterworfen, aber nicht den eigentlichen Verstandesgesetzen, nach welchen nach Naturgesetzen nur natürliche Wirkungen, aber nicht übernatürliche und moralische, dergleichen das Wohlgefallen Gottes und gute Gesinnungen sind, hervorgebracht werden können. S. Afterdienst.

V. a) Die älteren Griechen kannten den Unterschied zwischen religiösem Aberglauben und einer auf richtigen Vorstellungen von der Gottheit gegründeten Religiosität nicht, und nannten daher beides mit Einem Namen, Gottesfurcht (δεισιδαιμονία). Darum sollte (Ap. Gesch. 25, 19. 17, 22.) statt des Worts Aberglauben, nach unserm heutigen Sprachgebrauch, eigentlich Religion oder Gottesdienst stehen, wie es Hammond auch in seiner Paraphrase ausdrückt (*de ratione*, qua Paulus *colit Deum*).

Aberglaube.

b) So sagt auch Theophraſt: der Aberglaube ſcheint nichts anders zu ſeyn, als Furcht vor der Gottheit: Ἀμέλει ἡ δεισιδαιμονία δόξειεν εἶναι δειλία πρὸς τὸ δαιμόνιον; doch ſagt er *metus*, nicht *timor*, worin ſchon ein dunkel gefühlter Unterſchied zu liegen ſcheint.

c) Wir finden im Clemens von Alexandrien (*Stromat. lib.* II. *p.* 377. *Colon.* 1688.) eine ſchöne Stelle über dieſen Unterſchied. „Obgleich die Furcht, ſagt er, wie einige wollen, ein Affect iſt, ſo iſt doch nicht alle Furcht ein Affect. Der religiöſe Aberglaube (δεισιδαιμονία) nehmlich iſt (ſubjective) ein Affect, denn er iſt die Furcht vor den Göttern, die den Menſchen ganz durchdringt (ἐκταράσσων τε καὶ ἐμπλήσσων). Allein dieſe Furcht vor dem affectloſen Gott iſt affectlos. Denn man fürchtet nicht Gott, ſondern von Gott abzufallen. Wer aber das ſcheuet, der fürchtet dem Böſen unterzuliegen, und ſcheuet das Böſe. Wer nun den Fall ſcheuet, der will ſich unverdorben und affectlos erhalten, der fürchtende Weiſe meidet das Böſe."

d) Die römiſchen Schriftſteller fingen zuerſt an, von dieſem Unterſchied zu reden, den nachher die chriſtlichen, ſowohl griechiſchen als lateiniſchen, auch neuern Schriftſteller z. B. Wyttenbach (*Compend. theol. Dogm. et. Mor.* II. 43. Sch. 2.) darin ſetzten, daſs beim Aberglauben falſche Götter, hingegen bei der Religioſität der wahre Gott der Gegenſtand der Verehrung wäre; welches auch richtig wäre, wenn ſie nur darauf aufmerkſam gemacht hätten, daſs auch derjenige nicht der wahre Gott ſeyn könne, der durch religiöſe Handlungen des Cultus zu verſöhnen ſei.

e) Varro machte ſchon einen Unterſchied zwiſchen (religiöſer) Superſtition und Religion (*Angustinus de ciuit. Dei. l.* IV. *c.* 9.). „Der Religiöſe, ſagt er, verehret die Götter, wie man Eltern verehrt, der Abergläubiſche fürchtet ſie, wie man Feinde fürchtet (*Deos a religioſo vereri, ut parentes, a ſuperſtitioſo timeri, ut hoſtes*).

f) Nicht ſo gut unterſcheidet Cicero beides (*de natura Deorum l.* II. *c.* 28). „Diejenigen, ſagt er, welche ganze Tage beteten und opferten, damit ihre Kinder ſie überleben möchten (*ſibi ſuperſtites eſſent*) wurden davon

Superstitiöse genannt. Die aber alles, was zu den Handlungen des Cultus gehört, fleisig wiederholten (*retractarent et tanquam relegerent*) hiefsen religiös (*ex relegendo*). So bekam der Superstitiöse einen Namen, der einen Tadel, und der Religiöse einen Namen, der ein Lob ausdrückt. Augustinus (*de ciu. Dei lib. IV. cap.* 30.) macht aber über diese Stelle des Cicero die ganz richtige Bemerkung: „Es falle in die Augen, dafs Cicero hier blofs aus Furcht vor den Landesütten einen Versuch mache, Religion von Aberglauben zu unterscheiden, aber eigentlich kein Unterscheidungsmerkmal angeben könne, weil allerdings der ganze Götterdienst ein Aberglaube sei.

Laetantius (*de vera sapient. l. IV. c.* 26.) tadelt mit Recht auch die Etymologie des Cicero, und macht eben die Bemerkung als Augustinus, dafs auf diese Art kein specifischer Unterschied zwischen Aberglauben und Religion sei, wenn derjenige religiös wäre, der für das Heil seiner Kinder einmal, und derjenige superstitiös, der zehnmal dafür bete. Vielmehr müsse das letzte desto besser seyn, wenn das erste schon gut sei, und umgekehrt. Es sei unbegreiflich, wie man dadurch das Prädicat der Religiosität verlieren könne, dafs man das ganze Tage thue, was derjenige doch fleifsig wiederholen müsse, dem jenes Prädicat zukommen solle. Das Wort Superstitiös rühre vielmehr davon her, dafs diejenigen, die es wären, ihre verstorbenen Verwandten als ihre Hausgötter verehrten, und so machten, dafs das Andenken derselben sie überlebe (*qui superstitem memoriam defunctorum colunt*); Religiös aber müsse der Mensch seyn, weil er zum Gehorsam gegen die Gottheit verbunden sei. (*quod hominem sibi Deus religaverit*).

g) Seneca sagt, die Religion verehrt (*colit*), der Aberglaube beleidigt (*violat*) die Götter. Maximus Tyrius (4. Abh.): der Fromme ist ein Freund Gottes, der Abergläubische ein Schmeichler (κολαξ) desselben.

Wir haben eine Schrift über den Aberglauben vom Plutarch, in der er ganz richtig von der Frömmigkeit sagt, sie liege in der Mitte zwischen dem Aberglauben und dem Atheismus. In neuern Zeiten hat schon Limborch

Aberglaube. Abgeleitet. 35

Kants Erklärung des Aberglaubens (*Theolog. chrift. l. V. c. 2§.40*). Religiöser Aberglaube, heifst es bei ihm, ift das zu große Vertrauen 1, auf die von Gott vorgeschriebenen und auf Moralität hinzuwirkenden religiösen Handlungen des Cultus, mit Vernachläfsigung der Moralität; 2, auf die von Gott nicht vorgeschriebenen, mit der Moralität in gar keiner Verbindung ftehenden, religiösen Handlungen des Cultus.

IV. Was den deutschen Namen dieses Vorurtheils, das Wort Aberglauben betrifft, so giebt das aber in der Zusammensetzung mit Glaube und Witz eine sehr schlimme Bedeutung. Es zeigt nehmlich in beiden etwas Vernunftwidriges an, oder eine Verrückung der Erkenntnifsvermögen. Der Aberwitzige delirirt, oder wirft alles, was seinen Sinnen gegeben wird, mit dem, was ihm sein Gedächtnifs liefert, unter einander, und fieht, hört, u. f. w. daher alles anders, als andere Menschen, blofs subjectiv; der Abergläubische hingegen phantafirt, oder fetzt das, was er durch Eindrücke auf die Sinne auffafst zwar, ordentlich zusammen, ohne aus seinem Gedächtnifs etwas mit einzumischen, aber er fetzt es mit andern, ihm nicht durch die Sinne gegebenen Gegenständen zusammen, und hält diese Verbindung für Wahrheit. Beim Aberwitzigen ift schon die Anschauung, beim Abergläubischen das Urtheil falsch. Jeder Aberglaube ift eine Phantafie, aber nicht jede Phantafie ein Aberglaube. Man kann den Aberglauben daher auch einen aus der Phantafie entsprungenen Glauben, so wie den Aberwitz einen aus der Verrückung der Phantafie entsprungenen Witz nennen.

Kant Crit. der Urtheilskraft §. 40. S. 158.
Deff. Rel. in der Grenz. &c. 4 §. 2
Berlin. Monatsschr. Oct. 1786. S. 327.

Abgeleitet,

principiorum, derere Licita hier gebrauch das
dasjenige, wovon es gebraucht wird, z. E. Prine. ein
griff u. f. w. in einem andern, welches hier Princip heifst. gegründet sei. Es ift dem Ursprünglichen entgegengesetzt. S. d. A.   —Bose

lung ein abgeleiteter Begriff (C. 107.), weil er in dem Begriff der Kraft gegründet ist, indem Handlung die Aeuserung einer Kraft ist, und also ohne den Begriff der Kraft nicht gedacht werden kann. Der Begriff der Handlung setzt also den Begriff der Kraft voraus, dieser aber ist wiederum abgeleitet und in dem Begriff der Causalität gegründet, welcher ein Grundbegriff, oder ein Princip vieler Begriffe ist, nehmlich aller derer, die von ihm abgeleitet werden können, und mittelbar oder unmittelbar in ihm gegründet sind (C. 89). Abgeleitete Verstandesbegriffe oder Prädicabilien sind daher diejenigen Verstandesbegriffe, die aus den ursprünglichen Verstandesbegriffen oder Prädicamenten, auch Categorien genannt, abgeleitet werden können, oder aus mehreren derselben zusammengesetzt sind. Man findet sie, wenn man die Categorien unter einander, oder auch mit den *Modis* der reinen Sinnlichkeit verbindet, z. B. die Categorien der Causalität und Substanzialität mit einander verbunden, giebt die Prädicabilie der Kraft, welche nichts anders ist, als die Causalität einer Substanz, oder eine Substanz als Ursache betrachtet; die Wirkung dieser Kraft ist die Prädicabilie der Handlung; die Dependenz einer andern Substanz von dieser Causalität ist die Prädicabilie des Leidens. Die Categorie der Gemeinschaft in Verbindung mit Ort, einem *Modus* des Raums, und Zugleichseyn, einem *Modus* der Zeit, giebt die Prädicabilie der Gegenwart oder der örtlichen Gemeinschaft; die Gemeinschaft oder Concurrenz durch Kräfte, die einander entgegen wirken, giebt die Prädicabilie des Widerstandes. Die Wirklichkeit, ein Prädicament der Modalität, in Verbindung mit der Folge, einem *Modus* der Zeit, giebt den Uebergang aus dem Zeitpunct, in dem ein Accidenz noch nicht wirklich war, in den, in welchem es vorhanden ist, oder die Prädicabilie des Entstehens, und eben so den Uebergang aus dem Zeitpunct, in welchem es da ist, in den, in welchem es nicht mehr ist, oder die Prädicabilie des Vergehens; der Uebergang selbst, ohne darauf zu sehen, ob er aus dem Zeitpunct des Daseyns in den des Nichtseyns, oder

Abgeleitet. Abhängigk. Abſicht. Abſolut.

umgekehrt, geſchieht, iſt die Prädicabilie der Veränderung. Die Categorie der Gröſse als Einheit giebt die Prädicabilie des Maaſses u. ſ. w. (C. 108).

Noch fehlt uns ein vollſtändiges Syſtem aller reinen abgeleiteten Begriffe oder Prädicabilien des reinen Verſtandes, welches in einer vollſtändigen Transſcendentalphiloſophie nothwendig aufgeſtellt, und die Ableitung derſelben von den Stammbegriffen, oder ihre Stammtafel, nebſt der Vollſtändigkeit derſelben nachgewieſen werden muſs (M. L. 120. 121.). Wenn dieſes geleiſtet iſt, ſo iſt der ganze Verſtand gleichſam ausgemeſſen, und ſein ganzes Geſchäft, jedes Object durch alle die Begriffe zu denken, welche entweder unmittelbar aus ihm ſelbſt, oder aus dieſen Stammbegriffen hervorgehen, erſchöpft. Die Ableitung der Prädicabilien aus den Categorien iſt daher nichts anders, als die Darſtellung ihres Urſprungs aus dem reinen Verſtande, vermittelſt der Categorien oder primitiven Begriffe. So iſt dieſe Ableitung metaphyſiſch, im Gegenſatz gegen die logiſche, die nur darauf ſiehet, daſs es niedere Begriffe ſind, die unter höhern enthalten ſind.

Kant Crit. der rein. Vern. §. 10. S. 107. 108.

Abhängigkeit.

S. Verbindlichkeit und Nöthigung, moraliſche.

Abſicht.

S. Zweck; Abſicht der Critik der reinen Vernunft, ſ. Critik der reinen Vernunft.

Abſolut,

ſchlechterdings, *interne*, *abſolute*, *abſolu*. Dieſes Wort hat zweierlei Bedeutungen.

1. bedeutet es das, was dem Relativen entgegengeſetzt iſt, und zeigt alſo an, daſs etwas von einer Sache an ſich ſelbſt, ohne ſie mit andern zu vergleichen, alſo bloſs innerlich (*interne*) gelte. So iſt z. B. etwas abſolut möglich, wenn die Prädicate deſſelben einander nicht widerſprechen, und es alſo denkbar

ist das Wenigste, was man über die Möglichkeit eines Dinges sagen kann. In diesem Sinne sagt man, die absolute Bewegung der Materie, und verstehet darunter diejenige Bewegung derselben, welche an und für sich, in gar keinem Verhältniss auf eine andere Materie, ausser der bewegten, gedacht wird, aber daher nie wahrgenommen werden kann (C. 380. f.)

2. bedeutet es aber auch das, was dem Comparativen entgegen gesetzt wird, und zeigt dann an, dass etwas von einer Sache in aller Beziehung, man mag sie vergleichen, womit man will, kurz unter jeder Bedingung, also uneingeschränkt gelte. So heisst z. B. etwas absolut möglich, was unter jeder Beziehung existiren kann. Das ist das Meiste, was man über die Möglichkeit eines Dinges sagen kann. In diesem Sinne sagt man, eine absolute Herrschaft, und meint damit eine solche, die in jedem Falle gilt; ein absolutes Subject, oder dasjenige, was in Beziehung auf jeden Begriff Subject ist, z. B. unser Ich (Proleg. S. 136.), welches nicht als Prädicat eines andern Subjects kann gedacht werden, sondern auf das sich alle Prädicate des innern Sinnes, als auf ihr Subject, beziehen; die absolute Simplicität eines Dinges, die gänzliche Unmöglichkeit, dass es zusammen gesetzt ist, in Beziehung auf irgend eine Anschauung desselben (C. 465.).

Zuweilen fallen beide Bedeutungen zusammen, z. B. was innerlich unmöglich ist, das ist es auch in aller Beziehung. Aber in den meisten Fällen sind sie unendlich weit auseinander, z. B. dasjenige, dessen Gegentheil innerlich unmöglich, und was also innerlich nothwendig ist, das ist es zwar auch in aller Beziehung, aber umgekehrt gilt dieser Satz nicht. Manches nehmlich ist in aller Beziehung nothwendig, von dessen inneren Nothwendigkeit wir uns keinen Begriff machen können. Z. B. ein schlechthin oder absolut nothwendiges Wesen heisst ein solches, das in Beziehung auf alles Mögliche nothwendig ist; von seiner innern Nothwendigkeit aber haben wir keinen Begriff, daher sich auch Manche das Nichtseyn desselben als möglich, und dieses Wesen folglich als innerlich zufällig denken. (M. I, 429. C. 482.).

Kannt braucht in der transfcendentalen Dialectik das Wort abſolut nur in der letztern Bedeutung, nehmlich von dem, was ohne alle Reſtriction oder Einſchränkung gilt (M. I. 430.). Abſoluter Raum, ſ. Raum.

    Kant. Crit. der rein. Vern. Elementarl. II. Th. II. Abth. 1 Buch. II. Abſch. S. 380. f.

Abſondern,

abſtrahiren, abtrennen, abziehen, iſoliren, *abſtrahere*, *abſtraire*. 1. Von einem Object, es ſei nun Anſchauung oder Begriff, gewiſſe Bedingungen oder Merkmale wegdenken, heiſst, ſie davon abſondern, abtrennen, oder von ihnen abſtrahiren; und ſich das Object ohne dieſe Merkmale vorſtellen, heiſst, es iſoliren. So wird z. B. die Sinnlichkeit iſolirt, wenn wir uns bloſs die Fähigkeit, Eindrücke zu erhalten, mit dieſen ihren Eindrücken vorſtellen, und wir ſondern das Geſchäft des Verſtandes davon ab, oder abſtrahiren davon, wenn wir alles davon wegdenken, oder in unſerm Bewuſstſeyn verdunkeln, was der Verſtand, durch ſeine Begriffe, bei jenen Eindrücken denkt. Vermittelſt der Abſonderung bleibt alſo von einer Vorſtellung nur das übrig, was nicht weiter davon abgetrennt wird (M. I. 59. C. 36.).

    a) So abſtrahiren wir von unſrer Art, uns ſelbſt innerlich anzuſchauen, und vermittelſt dieſer Anſchauung auch alle äuſsern Anſchauungen in der Vorſtellungskraft zu befaſſen, wenn wir von den Gegenſtänden alles das wegdenken, was ſie dadurch erhalten, daſs wir nicht anders, als durch die Vorſtellungskraft, zum Bewuſstſeyn derſelben gelangen können. Ein Tiſch z. B., den ich ſehe, iſt eben dadurch, daſs ich ihn ſehe, meine Vorſtellung, die nicht anders möglich iſt, als dadurch, daſs meine Sinnlichkeit Eindrücke erhält, welche ich nicht weiter davon ableiten kann, und daſs meine Vorſtellungskraft dabei thätig iſt. Will ich mir nun nicht die Vorſtellung, Tiſch, nehmlich eben den, den ich ſehe, vorſtellen, ſondern das, was dieſer Tiſch wohl ſeyn mag, wenn er nicht, von mir, mir ſelbſt vorgeſtellt wird, oder, was er ſeyn mag, auſser meiner Empfindung deſſelben, kurz unempfunden und ungedacht, wie er an und für sich ist; so muſs ich die Art davon wegdenken, wie wir uns selbst innerlich anschauen, nehmlich als einen continuirlichen Fluſs von Vorstellungen in der Zeit, denn zu diesen Vorstellungen gehört auch die äuſsere Vorstellung Tisch. Dann ist der Tisch nicht mehr in der Zeit, welche auſser unsrer Vorstellung, an und für sich, nicht vorhanden ist; dann ist er folglich auch kein Tisch mehr, sondern ein mir gänzlich unbekanntes Ding. Denn ich will von allem, was aus dem Vorstellungsvermögen entspringt, abstrahiren, und die Zeit ist eben die Form, welche die Vorstellungen von dem Vorstellungsvermögen erhalten; denke ich also die Art, wie das Vorstellungsvermögen anschauet, weg, so fällt auch die Zeit weg, und ist unabhängig, ohne Wirkung des Vorstellungsvermögens zu seyn, nichts. Man kann also nicht sagen, alle Dinge überhaupt sind in der Zeit, denn dann abstrahirt man von dem Vorstellungsvermögen, und denkt nicht bloſs solche Dinge, die von dem, mit Empfindung geschwängerten, Vorstellungsvermögen gebohren sind, sondern denkt vielmehr diese Bedingungen weg, und dann heiſst der Satz so viel als alle Dinge, sie mögen in der Zeit seyn, oder nicht, sind in der Zeit (M. I. 63. C. 51.).

β) Eben so abstrahiren wir in der allgemeinen Logik von allen empirischen Bedingungen, unter denen unser Verstand denkt, d. i. wenn wir uns die Gesetze vorstellen wollen, nach welchen der Verstand verfährt, wenn der denkt, so denken wir uns alles weg, was auf ihn Einfluſs haben kann, aber doch nicht zu ihm gehört, oder seine alleinige Wirkung ist, was folglich von den Sinnen herrührt, und was bei jedem Subject anders seyn kann, folglich zufällig ist, z. B. allen Inhalt der Begriffe und Urtheile, den Einfluſs der Sinne darauf u. s. w. (M. I. 84. C. 77.).

2. Einen Begriff abziehen oder abstrahiren heiſst nach den neuern Logikern (Lambert neues Organon. Dianoiolog. §. 17. *La Nie Essais conc. l'Entend. hum. liv. II. ch. XI. §. 9.*) aber auch, die gemeinsamen Merkmale mehrerer Vorstellungen von den eigenen Merk-

Abfondern.

malen diefer Vorftellungen, in Gedanken, trennen, die letztern im Bewufstfeyn verdunkeln, und die erftern allein in Eine Vorftellung des Verftandes, welcher ab- ftracter Begriff heifst, zufammenfaffen. Z. B. ich fehe eines Freundes Pferd und Hund vor mir, ich trenne von den Merkmalen diefes Pferdes diejenigen, die es mit die- fem Hunde gemein hat, dafs es einen Körper hat, und lebt, und denke nicht an die eigenthümlichen Merkmale des Pferdes und Hundes, als da find der Huf, die Pferde- geftalt, die gefpaltenen Klauen, und die ganze Hundege- ftalt, die Merkmale lebendig und Körper faffe ich in einen Begriff zufammen, und bekomme dadurch den Be- griff lebendiger Körper, d. h. Thier, welches man den abftracten Begriff nennt. Allein das ift ganz unrich- tig. Man abftrahirt nicht den Begriff Thier als ge- meinfames Merkmal des Pferdes und Hundes, fondern man abftrahirt in dem Gebrauche des Begriffs Thier von der Verfchiedenheit zwifchen dem Pferde und dem Hunde, von denen die Begriffe unter dem Begriff Thier enthal- ten find. Denn der Begriff als abftracter Begriff hat keinen Gegenftand, es giebt kein abftractes Thier. Die Chemiker find allein im Befitz etwas zu abftra- hiren, wenn fie eine Flüffigkeit von andern Materien ausheben, um fie befonders zu haben. Der Philofoph, der das nicht kann, weil er nur mit den Begriffen der Gegenftände zu thun hat, abftrahirt von demjeni- gen, worauf er in einem gewiffen Gebrauche des Be- griffs nicht Rückficht nehmen will, oder denkt es nicht mit. Wer Erziehungsregeln entwerfen will, kann es fo thun, dafs er entweder blofs den Begriff eines Kindes *in abftracto*, oder eines bürgerlichen Kindes (*in concreto*) zum Grunde legt, ohne zu fagen abftractes oder con- cretes Kind. Die Unterfchiede von abftract und con- cret gehen nur den Gebrauch der Begriffe, nicht die Begriffe felbft an. Die Vernachläffigung diefer Pünkt- lichkeit der Schule verfälfcht öfters das Urtheil über ei- nen Gegenftand. Wenn man fagt, die abftracte Zeit, oder der abftracte Raum haben diefe oder jene Eigen- fchaften, fo hat es das Anfehen, als ob Zeit und Raum an den Gegenftänden der Sinne, fo wie die rothe Farbe an den Rofen, dem Zinnober, den Wangen eines gefunden Mädchens u. f. w. zuerft gegeben und nur logifch davon abftrahirt würden. Sagt man aber, an Zeit und Raum *in abſtracto* betrachtet, d. i. von allen Bedingungen aus der Erfahrung, find diefe oder jene Eigenſchaften zu bemerken, fo behält man es wenigftens noch offen, dieſe auch als unabhängig von der Erfahrung (*a priori*) erkennbar anzufehen, welches, wenn man die Zeit als einen von der Erfahrung abftrahirten Begriff anfiehet, nicht frei fteht. Ich kann im erftern Falle von der reinen Zeit und dem reinen Raume, zum Unterfchiede der in der Erfahrung beftimmten, durch Grundfätze *a priori* urtheilen, wenigftens zu urtheilen verfuchen, indem ich von allem Empirifchen abftrahire, welches mir im zweiten Falle, wenn ich diefe Begriffe (wie man fagt) nur von der Erfahrung abftrahirt habe (wie im obigen Beifpiele von der rothen Farbe), verwehrt ift (E. 26.).

Kant. Crit. der rein. Vern. Elementarl. I. Th. Transfc. Aefth § 1. S. 36. — II. Abfchn. §. 6. C. S. 51. — II. Th. Transfc. Logik. Einleit. I. S. 77.
Deff. Ueb. eine Entdeck. S. 26. *).

Abfprung,

μετάβασις εἰς ἄλλο γένος, *saltus*, *saut*. Wenn man in einem Beweife das Princip, aus welchem man ihn führt, verläfst, und auf ein anderes übergehet, um eine Lücke im Beweife auszufüllen. Wer fich z. B. anheifchig macht, das Daféyn Gottes aus dem cosmologifchen Argument, d. h. aus der Zufälligkeit der Welt zu beweifen, wird etwa fo fchliefsen: alles, was exiftirt, mufs eine wirkende Urfache haben, wodurch es exiftirt, jede folcher Urfachen hat aber wieder ihre Urfache, da dieſes nun ins Unendliche fortgehet, fo muſs es irgend eine abfolut erfte Urfache der ganzen Reihe von Urfachen und Wirkungen geben, die nicht mehr Wirkung einer Urfache, aber wohl Urfache aller jener Wirkungen ift. Hier ift nun ein folcher Abfprung. Denn nach dem Gefetze der Caufalität giebt es allerdings eine folche aufſteigende Reihe von Wirkungen zu Urfachen, die wiederum Wirkungen anderer Urfachen find, und der

Beweis bleibt alſo, ſo lange er es mit dieſer Reihe zu thun hat, bei den Naturgeſetzen, die nichts anders als Geſetze unſers Verſtandes ſind, wodurch die Natur möglich iſt; und ſo lange iſt er auch cosmologiſch. Da man aber in dieſer Reihe keinen abſolut erſten Anfang, und abſolut erſtes Glied finden kann, ſo ſpringt der Beweis aus den Grenzen der Naturgeſetze und folglich des Verſtandes heraus, behält bloſs den Begriff Urſache, und bildet ſich, durch die Forderung der Vernunft, welche Vollſtändigkeit der Reihe will, verleitet, daraus ein intelligibeles Object, d. i. ein ſolches, das nirgends in der Natur zu finden iſt, nehmlich eine **unbedingte Urſache**, die nicht Wirkung einer andern Urſache iſt. Ein ſolcher **Abſprung** im Beweiſe iſt nicht erlaubt; denn, da er ſein erſtes Princip, hier die Reihe zufälliger, oder von Urſachen abhängender Wirkungen verläſst, ſo wird daſſelbe dadurch ganz müſsig und unnütz für den Beweis. Es müſte nehmlich nun bewieſen werden, daſs es eine ſolche unabhängige Welturſache gebe, da es nun ſo etwas nicht in der Welt giebt, ſo könnte der Beweis nur aus dem Begriff des Unbedingten geführt werden; das wäre aber der Beweis aus dem **ontologiſchen Argument**, oder der ſogenannte **Carteſianiſche** aus dem Begriff des allervollkommenſten Weſens. So ſpringt alſo derjenige, welcher aus dem **cosmologiſchen Argument** ſchlieſsen will, zuletzt doch aber auf das **ontologiſche Argument** (M. I. 553. a. 486).

Abſprung, Ueberſprung, Sprung, wird überhaupt gebraucht, um den Uebergang aus einem Zuſtand in den andern, ohne durch alle Zwiſchenzuſtände zu gehen, zu bezeichnen. In der Reihe der Erſcheinungen giebt es keinen Abſprung (*in mundo non datur ſaltus*). Man nennt dieſen Satz das **Geſetz der Continuität der Veränderungen**. Das iſt ſo zu ſtehen. Ein Ding wird verändert, wenn es aus einem Zuſtande in einen andern übergehet, der dem erſten entgegen geſetzt iſt. Da dieſe Zuſtände nicht zugleich ſeyn können, ſondern auf einander folgen müſſen, ſo geſchieht der Uebergang in der Zeit, deren beide Grenzpuncte die zwei Zeitpuncte ſind, in welchen die Zuſtände vorhanden ſind (C. 281.). Wir wollen die Zeit des Ueberganges durch eine grade Linie vorſtellen, welche AD heiſse Fig. 1. Was die Puncte A, B, C, D in der Linie ſind, das ſind die Augenblicke in der Zeit, nehmlich nicht Theile, ſondern Grenzen der Zeit. Ein Ding ſei nun im Zeitpunct A, in dem Zuſtande a (ein Menſch ſei z. B. geſund) und gehe über in den Zuſtand d (der Menſch werde krank), in welchen er kömmt, wenn er den Zeitpunct D erreicht. Da zwiſchen zwei Zeitpuncten, A und D, wären ſie auch noch ſo nahe an einander, immer eine Zeit AD ſeyn muſs, weil ſie ſonſt auf einander, A auf D, fallen, und nur einen einzigen Zeitpunct ausmachen würden; ſo muſs auch das Ding, indem es AD durchläuft, ſo viel Zwiſchenzuſtände durchlaufen, als Puncte in AD ſind, d. h. unzählige. Denn, wenn das Ding A verläſst, ſo iſt es nicht mehr im Zuſtande a, und kömmt doch nicht eher in den Zuſtand d, als bis es in D anlangt, folglich befindet es ſich zwiſchen A und D in einem Zwiſchenzuſtande zwiſchen a und d (in $\frac{d-a}{2}$), den wir c nennen wollen (der Menſch iſt nicht mehr geſund, aber auch noch nicht recht krank, er iſt halb krank und halb geſund). Aber auch zwiſchen A und C iſt eine Zeit AC, und ein Zwiſchenzuſtand ($\frac{c-a}{2}$) den wir b nennen wollen, in dem Zeitpunct B. Und ſo kömmt man zwar an Puncte, die A immer näher und näher ſind; da aber keiner derſelben A ſelbſt ſeyn kann, ſo ſind immer noch, ob zwar immer kleinere und kleinere Zeiten dazwiſchen, die wiederum ihre Zeitpuncte haben, in welchen das Ding in einem Zwiſchenzuſtande iſt, der zwar immer weniger und weniger von a unterſchieden, aber dennoch nicht a ſelbſt iſt (M l. 297. C. 253. f.). Dieſes Geſetz heiſst das der Continuität der Veränderungen. Gäbe es aber zwei Zeitpuncte, zwiſchen welchen keine Zeit wäre, und folglich zwei Zuſtände ohne Zwiſchenzuſtand, ſo hieſse der Uebergang aus einem Zuſtand in den andern ein Abſprung, welcher, wie wir geſehen haben, unmöglich iſt. Ein ſolcher Abſprung, Ueberſprung oder Sprung müſste auch nicht die kleinſte Zeit erfüllen, und kann darum auch nur in ſo ferne mit einem eigentlichen Sprunge verglichen werden, als bei einem eigentlichen Sprunge nicht die Theile der geraden Linie, z. B. AB durchlaufen werden; aber eine Linie wird dennoch auch bei einem eigentlichen Sprunge durchlaufen, nehmlich die krumme Linie AB. Der Abſprung wäre aber eine Succeſſion oder Folge zweier Zuſtände auf einander, d. i. ein Geſchehen, ohne daſs irgend eine Zeit zwiſchen beiden Zuſtänden läge, welches ſich widerſpricht; weil alle Succeſſion oder alles Geſchehen eben das Aufeinanderfolgen in der Zeit bedeutet. Eben ſo verhält es ſich auch mit dem Uebergang aus einem Grad der Intenſität (Realität) in den andern, z. B. eines Lichts aus dem Zuſtande des heller Leuchtens in den des minder hellen Leuchtens. Wenn ein Licht jetzt dreimal heller leuchtet als vorher, ſo muſs es nothwendig erſt $\frac{1}{4}$, $\frac{1}{3}$, $\frac{1}{2}$, 1 und 2 mal weniger geleuchtet haben, ja es läſst ſich immer noch eine Zwiſchenzahl angeben, nach der es geleuchtet hat. Leuchtete nun ein Licht gleich dreimal ſchwächer, ohne alle Zwiſchenzuſtände des Leuchtens zu durchlaufen, ſo wäre das ein Abſprung, welcher wegen der Continuität der Zeit, in welcher alle Veränderungen vorgehen müſſen, unmöglich iſt (M. I. 295.).

Man ſieht, daſs hier nicht von der Wahrnehmung dieſes Ueberganges durch alle Zwiſchenzuſtände die Rede ſeyn kann, welche eben ſo wenig möglich iſt, als eine Kanonenkugel auf ihrem Fluge, in jedem Puncte des Raums, den ſie durchläuft, wahrzunehmen. Daher ſcheint uns das ſchnelle Durchlaufen der Zwiſchenzuſtände zuweilen ein Sprung zu ſeyn.

Kant Crit. der rein. Vern. Elementarl. II. Th. I. Abth. II. Buch II. Hauptſt. III. Abſchn. 3. B. S. 253 — 256; 4. °.° S 281; II. Abth. II. Buch. II. Hauptſt. II. Abſchn. Anmerk. zu 4. Ant. 1. zur Theſis. S. 486.

Abſtrahiren.

S. **Abſondern.**

Abziehen.

S. Abſondern.

Acceleration.

S. Beſchleunigung.

Accidenz,

Zufälligkeit, συμβεβηκος, *accidens*, *accident*. C. 229. Die poſitive Beſtimmung (Realität) einer Subſtanz, oder die Art, wie ſie exiſtirt, z. B. die Zerbrechlichkeit des Glaſes; das Urtheil hingegen, daſs das Glas nicht weich iſt, legt demſelben kein Accidenz bei, ſondern verneint bloſs ein Accidenz, die Weiche, von demſelben. Das heiſst, die Realitäten oder poſitiven (bejahenden) Beſtimmungen ſind bloſs Accidenzen, aber nicht die Negationen oder negativen (verneinenden) Beſtimmungen: ſ. Beſtimmung, Subſtanz. Die Prädicate der categoriſchen Urtheile bezeichnen jedesmal Accidenzen, z. B. das Glas iſt zerbrechlich; ausgenommen in den unendlichen Urtheilen, in welchen die Prädicate das Nichtſeyn eines Accidenz enthalten, z. B. die Seele iſt unſterblich. Die Sterblichkeit iſt nehmlich ein Accidenz, deſſen Nichtſeyn im Prädicate ausgedrückt wird. S. unendliche Urtheile (M. I. 269.).

1. An einem jeden Dinge, das wir erkennen, iſt nehmlich zweierlei zu unterſcheiden (C. 224.).

a) etwas, vermöge deſſen es, bei allen Veränderungen, dennoch immer daſſelbe iſt, und das nennt man die Subſtanz; und

b) etwas, vermöge deſſen es in dem folgenden Augenblick nicht mehr vollkommen ſo vorhanden iſt, oder ganz auf dieſelbe Art exiſtirt, als in dem vorhergehenden, und das heiſst das Accidenz.

Das Holz verbrennt z. B. zu Rauch, Kohlen und Aſche. Daſſelbe Ding alſo, was als Holz exiſtirte, iſt nun, durch die Veränderung, welche vermittelſt des Feuers mit ihm vorgegangen iſt, als Rauch, Kohlen und Aſche vorhanden. Diejenigen poſitiven Beſtimmungen nun, vermöge deren daſſelbe Ding vorher Holz, und nun Rauch,

Kohlen und Aſche iſt, ſind ſeine Accidenzen, z. B. der verſchiedene Zuſammenhang ſeiner Theile, die verſchiedene Farbe, ſpecifiſche Schwere, Brennbarkeit, u. ſ. w. (M. I. 264.).

2. **Es giebt keine Subſtanz ohne Accidenz**, d. i. jedes Ding muſs auf irgend eine Art beſtimmt ſeyn, es läſst ſich kein Ding denken, und noch weniger kann es uns wirklich vorkommen, welches nicht mit gewiſſen poſitiven Beſtimmungen vorhanden wäre. Das Accidenz iſt alſo ein Begriff *a priori*, der allen unſern Begriffen von wirklichen Gegenſtänden nothwendig anhängt. S. *a priori* (M. I. 265.).

3. **Der Begriff des Accidenz iſt ein Stammbegriff des reinen Verſtandes (eine Categorie)**, nehmlich derjenige, ohne welchen wir nicht categoriſch urtheilen könnten. Hätte Unſer Verſtand nicht die angebohrne Anlage, Vorſtellungen als poſitive Beſtimmungen eines Dinges (Accidenzen) zu denken, ſo könnten wir einem Object nicht unbedingt ein Prädicat beilegen. S. Categorie.

4. **Accidenzen aber ſind nur an ſolchen Dingen realiter möglich**, welche wir wahrnehmen können, und dieſe müſſen ſie haben. Ueberſinnliche Dinge ſind nicht in der Zeit, weil ſie nicht im innern Sinn, deſſen Form die Zeit iſt, vorgeſtellt werden. Daher laſſen ſich wohl poſitive Beſtimmungen von ihnen denken, weil ſich von einem jeden Subject ein Prädicat bejahen läſst, ohne daſs man dabei an die Zeit denken darf. Allein dann iſt auch nur von logiſcher Exiſtenz im Verſtande die Rede; nehmlich, daſs kein Widerſpruch entſtehet, wenn wir ein Subject, welches dadurch gedacht wird, ſinnlich oder überſinnlich, mit einem Prädicate zu einem bejahenden categoriſchen Urtheile verbinden. Wird aber einer Subſtanz ein Accidenz ſo beigelegt, daſs damit zugleich behauptet wird, die Subſtanz exiſtire auch auſser dem innern Sinn mit dieſem Accidenz, welches das Accidenz eſt von einem bloſs logiſchen Prädicat unterſcheidet, ſo muſs das Accidenz, das in dem Prädicat eines Urtheils der unter dem Subject gedachten Subſtanz beigelegt wird, entweder immer an dem Dinge vorhanden ſeyn,

dann wäre es aber das Ding oder die Subſtanz ſelbſt, oder es iſt nicht immer daran vorhanden, dann iſt es ein wahres Accidenz; beides aber ſetzt voraus, daſs es in der Zeit exiſtirt, und alſo ein ſinnlicher, und kein überſinnlicher Gegenſtand iſt. Daher hat ſchon Auguſtinus bemerkt daſs der Begriff des Accidenz auf Gott nicht anwendbar ſei, ſo wenig, als die übrigen Prädicamente des Ariſtoteles *).

5. Wir ſehen, der reine Verſtandesbegriff Accidenz läſst ſich nur, vermittelſt der Anſchauung der Zeit, bloſs auf den empiriſchen Stoff der Erfahrung, zum Behuf der Erfahrungskenntniſs anwenden. Eine ſolche vermittelnde Vorſtellung, welche die Anwendung der Categorien auf die empiriſchen Anſchauungen möglich macht, um ſie durch Begriffe zu beſtimmen, oder zu denken, heiſst ein transcendentales Schema. S. Schema. Das Schema des Accidenz iſt der Wechſel des Realen in der Zeit, d. i. die Vorſtellung der Succeſſion des Wandelbaren, deſſen Daſeyn in der Zeit verläuft. Dadurch nehmlich, daſs ich mir an dem Beharrlichen einen Wechſel denke, wird die Zeit vorgeſtellt, und dadurch, daſs etwas in der Anſchauung gegebenes Reales in dem Beharrlichen wechſelt, wird die Zeit wahrgenommen. Soll daher die Erſcheinung in der Zeit ſeyn, ſo muſs ſie Accidenzen haben, welche wechſeln, oder wovon das eine dem andern folgt, und wieder einem andern weicht; und ſoll etwas an einem Dinge erkannt werden, ſo muſs es als eine poſitive Beſtimmung deſſelben gedacht werden können, dann muſs es aber auch mit andern poſitiven Beſtimmungen an einem beharrlichen Dinge wechſeln, weil es ſonſt weder von einem bloſs logiſchen Prädicate, noch von dem zufälligen Wechſel bloſser Gedanken würde unterſchieden

---

*) *Auguſtinus de cognitione verae vitae*, Cap. *III. Nempe nomine et verbo cuncta exprimuntur, quae ſub x praedicamentis humano corde concipiuntur, ſed quod ex his nullum proprie deo conueniat, manifeſta ratio comprobat. — His x praedicamentis cuncta humana conditio includitur, et ab his omnibus proprietates ſummae eſſentiae euidenti ratione penitus excludantur. Cuncta enim, quae vel oppoſitionem, vel contrarietatem, vel accidens ſuſcipiunt, nulla ratione deo proprie conveniunt.*

werden können. Diese Accidenzen nun find es, welche in der Zeit verfliefsen, entstehen und vergehen, und dadurch die Wahrnehmung der Zeit möglich machen; wodurch nicht sie selbst, sondern die Substanzen, an denen sie wechseln, verändert werden.

6. Man erklärt das Accidenz gemeiniglich, es sei dasjenige, was den Substanzen inhärirt (*est ens, cuius esse est inesse*), und nennt das Daseyn derselben die Inhärenz, zum Unterschiede vom Daseyn der Substanz, welches die Subsistenz heifst. Das Accidenz kann nehmlich nie wirklich (realiter), sondern blofs in Gedanken (logisch, durch Abstraction) von der Substanz abgesondert werden. Allein ob die Accidenzen gleich jederzeit real, oder etwas an der Substanz wirklich vorhandenes, nie blofse Negationen find, so find sie doch weder Theile der Substanz, noch eine Art wirklicher Wesen, denen etwa die Substanz zur Stütze dient; denn diese würde auch abgetrennt von der Substanz, nur nicht gestützt, d. i. nur nicht in ihrem gehörigen Zustande, vorhanden seyn können. Nun ist aber eben der Inbegriff der vorhandenen Accidenzen einer Substanz ihr Zustand: folglich hiefse obige Behauptung, dafs die Substanzen die Stützen der Accidenzen find, nichts anders, als die Accidenzen wären Substanzen, und die Substanzen, die ihnen zur Stütze dienen, ihre Accidenzen. Die Accidenzen find also nicht Dinge, sondern Bestimmungen eines Dinges (M. l. 269. C. 230.).

7. Die Categorie Substanz und Accidenz drückt eigentlich kein solches Verhältnifs aus, wie etwa die der Ursache und Wirkung. Man kann eigentlich nicht sagen, es ist ein Verhältnifs zwischen den Accidenzen und der Substanz, der sie inhäriren. Denn die Accidenzen lassen sich nicht wirklich von der Substanz absondern, sondern es ist nur eine logische Absonderung (Abstraction), wenn wir sie für sich allein, und dann im Verhältnifs zu ihrem Substrat der Substanz betrachten. Allein die Categorie der Substanz und des Accidenz macht alle Verhältnisse möglich, sie ist die Bedingung aller Verhältnisse, und daher gehört sie unter den Titel der Relation (des Verhältnisses (C. 230.). Denn die Dinge stehen nur durch ihre

Accidenzen im Verhältnifs mit einander. Die Subftanzen werden z. B. als Urfachen betrachtet, welche auf einander wirken, das ift, einen Wechfel ihrer Accidenzen hervorbringen. Ja, diefe Categorie liegt fogar allen übrigen zum Grunde. Denn was drücken alle übrigen Categorien anders aus als Accidenzen der Subftanz? Daher können auch alle Accidenzen in 4 Arten eingetheilt werden, in die Quantität, Qualitäten, Relationen und Modalität der Subftanz. Nur ift zu merken, dafs die Quantität der materiellen Subftanzen nur durch Hinzukunft oder Abfonderung der Theile wechfelt. S. Quantität. Die Modalität ift ein Accidenz der Subftanz, das nicht eigentlich an dem Dinge befindlich ift, fondern nur die Art ausdrückt, wie es vorhanden ift, ob blofs in Gedanken (als möglich), oder in der Reihe der Erfcheinungen (als wirklich), oder nach nothwendigen Verftandesgefetzen (als nothwendig). S. Modalität.

8. Man kann die Accidenzen auch nach der zweifachen Form der Sinnlichkeit eintheilen, in äufsere, oder die des äufsern Sinnes, z. B. die Bewegung der Materie, und innere, oder die des innern Sinnes, z. B. das Denken; die erftern find im Raume und in der Zeit, die letztern blofs in der Zeit vorhanden. Daher kann auch ein Object einen äufsern und einen innern Zuftand haben, der letztere ift aber nur möglich, wenn das Object ein Vorftellungsvermögen hat.

9. Man kann die Accidenzen auch eintheilen in wefentliche und aufserwefentliche. Die erftern find diejenigen, welche mit der Subftanz zufammengenommen das Wefen derfelben ausmachen, und heifsen Eigenfchaften (*Attributa*); die letztern aber find folche, welche wechfeln, ohne dafs das Wefen aufhört, und heifsen Modificationen (*Modificationes*).

10. Die Subftanzen bekommen von den wefentlichen Accidenzen ihren Namen; fo lange z. B. an einer gewiffen Subftanz gewiffe Beftimmungen find, heifst fie Holz, find diefe vermittelft des Feuers andern gewichen, fo heifst fie Kohle.

11. Man kann endlich auch die Accidenzen in reine und empirifche, und die erftern in logifche und me-

taphyſiſche eintheilen. Der Grund und die Bedeutung der erſtern Eintheilung iſt aus den Artikeln *a poſteriori* und *a priori* deutlich; der Grund der letztern aber beruhet darauf, daſs die Accidenzen entweder ſolche Beſtimmungen ſeyn können, die den Objecten dadurch beigelegt werden, daſs ſie überhaupt gedacht werden, oder ſolche, die ihnen aus der Erkenntniſsquelle *a priori* anhängen, aus der ſie entſpringen, z. B. diejenigen, welche durch die Categorien möglich werden, z B. daſs jedes Ding die Wirkung einer Urſache iſt, und mit andern Dingen in Wechſelwirkung ſtehet. Der logiſchen zählten die Alten fünf, das Geſchlecht (*genus*), die Art (*ſpecies*), die Verſchiedenheit (*differentia*), das Eigenthümliche (*proprium*) und die Inhärenz (*Accidens in ſpecie*), welches letztere aber, wie wir geſehen haben, eigentlich ein metaphyſiſches iſt.

Kant. Crit. der rein. Vern. Elementarl. II. Th. I. Abth. II. Buch. I. Hauptſt. S. 183. II. Hauptſt. III. Abſchn. 3. A. S. 227, 229 f. — Anhang. 3. S. 321.

Lamberts Architectonik, 20. Hauptſt. §. 613. ff. I. Th. S. 253. ff.

Achtung,

moraliſches Gefühl, moraliſches Intereſſe, *ſenſus moralis*, *ſens moral*, *intérêt moral*. So heiſst die Vorſtellung von einem Werthe, der unſrer Selbſtliebe Abbruch thut (G. 16. *)). Ein Weſen nehmlich, das Naturtriebe hat, macht die Befriedigung derſelben, alſo ſich ſelbſt, zum Gegenſtand ſeiner Begehrungen; der Hang dazu, oder der in ihm liegende Grund der Möglichkeit der aus den Naturtrieben entſpringenden Neigungen dazu, heiſst die Selbſtliebe. Nun beſtehet der Werth einer Sache in derjenigen Beſchaffenheit derſelben, daſs ſie für uns ein Gegenſtand des Begehrens ſeyn kann. Folglich hat alles das, wodurch unſere Neigungen, oder die Quelle derſelben, die Naturtriebe befriedigt werden, für uns einen Werth. Geſetzt aber, es gäbe für uns noch andere Gegenſtände des Begehrens, deren Werth ſich nicht auf unſere Neigungen

gründete, sondern denen vielmehr uns[e]
friedigung unserer Neigungen nachstehen
ten diese Gegenstände für uns einen
Werth, und die Vorstellung von diesem
eben zu Gegenständen des Begehrens [
hiesse Achtung. Wir begehrten dann [
nicht um unsertwillen, sondern um ih[
setzten unser eignes Selbst und unsre [
nach, wenn sie nicht mit einander z[u
d. i. die Vorstellung von einem solchen [
rer Selbstliebe Abbruch. Es läſst sich a[
Gegenstand denken, für den wir Achtun[g
als das Sittengesetz, oder solche Wesen, i[
auch das Sittengesetz als Bewegungsgrund
gen denken.

1. Diese Achtung ist eigentlich ei[n
ches durch die bloſse Idee des Sittenge[
wirkt wird. Es ist aber von allen übrig[en
cifisch verschieden. Denn

a) von allen übrigen Gefühlen kön[nen
ren Ursprung *a posteriori* erkennen; wir
uns ein Gegenstand mit Lust oder Unlu[st
aber die Idee des Gesetzes muſs ein Ge[
vorbringen, das allen Gefühlen der N[
het; denn sonst könnten wir es unmöglic[h
uns denken, d. i. der Befriedigung u[
vorziehen. Dieses Gefühl muſs also so [
als das Sittengesetz selbst, und wir sehen
es möglich ist.

b) Alle übrigen Gefühle empfan[gen
den Einfluſs der Vorstellung des Object[s
fühlsfähigkeit vermittelst unsrer Neigu[ng
wird von uns durch den Vernunftbegri[ff
Sittengesetzes selbst gewirkt; denn w[
wären wir nicht frei bei der Befolgung
zes, sondern ein Spiel des durch dasselbe ge[

c) Jedes andere Gefühl läſst sich b[
empfinde Lust am Genuſs einer wohlschme[
und ich begreife warum. Denn wie soll
Lust machen, was mir wohlschmeckt,

meinen Hunger ftillt. Das Gefühl der Achtung für das Sittengefetz ift unbegreiflich; denn wie eine blofse Idee alle Luft an wirklichen Gegenftänden, die den Sinnen fchmeicheln, und ungeftüm fordernde Naturtriebe befiegen, und trotz ihnen das Begehrungsvermögen lenken kann, das begreift Niemand.

2. Noch deutlicher wird uns die Vorftellung werden, die wir uns von der Achtung machen müffen, wenn wir uns deutlich denken, wie der Wille oder das Begehrungsvermögen zum Wollen oder Begehren beftimmt wird. Wenn irgend ein finnlicher Gegenftand, z. B. eine Frucht, uns in die Sinne fällt, und der Naturtrieb, z. B. der Hunger, wirkt, fo entftehet eine Begierde nach dem Gegenftande, und alfo, wenn wir die Frucht bereits einmal genoffen haben, und ihren Wohlgefchmack und ihre hungerftillende Kraft kennen, eine Neigung zu derfelben, deren Befriedigung mit Luft verknüpft ift. Nun kömmt aber die Vorftellung des Gefetzes dazu, das oft wider unfre Neigung fpricht, oder uns das verbietet, wozu wir Neigung haben. Gefetzt nun, die Frucht wäre eines Andern Eigenthum, fo fagt das Gefetz: du follft nicht ftehlen. Hier kämpfen nun zwei Vorftellungen gegen einander, die Neigung und die Vernunftvorftellung des Verbots. Soll nun die letztere die Neigung in uns überwinden, und zwar fie ganz allein, ohne dafs etwa Furcht vor der Schande, oder vor der Strafe, die vielleicht in der bürgerlichen Gefellfchaft mit dem Diebftahl verknüpft ift, mit wirke (denn da möchte zuweilen eine Abneigung entftehen, die gröfser wäre, als jene Neigung, und die Ueberwindung natürlich, und unwillkührlich, folglich nicht verdienftlich feyn); fo mufs

a) etwas in uns feyn, was jener Neigung entgegen wirkt, folglich Abneigung vor der Befriedigung derfelben hervorbringt, d. h. die Vorftellung von der Befriedigung jener Neigung mufs mit Unluft verknüpft feyn, fobald diefes Etwas wirkt. Diefes Etwas ift nun die blofse Vorftellung des Verbots, welche ein Gefühl gegen jene Neigung in uns wirken mufs.

b) Aber diefes Gefühl, das der Neigung entgegen wirkt, kann auch nicht unwillkührlich feyn, wie etwa die Furcht vor der Schande oder der Strafe, sondern es muſs durch die Wirkung unsers eignen Willens auf unsre Fähigkeit, Luſt oder Unluſt zu fühlen, hervorgebracht werden.

c) Daher entſtehet hier das Unbegreifliche, daſs eine bloſse Vorſtellung der Vernunſt das bewirkt, was ſonſt nur die Vorſtellung eines ſinnlichen Gegenſtandes bewirken kann, und daſs der Wille vor dem durch die Vorſtellung des Gegenſtandes möglich werdenden Gefühl hergehet, und es hervorbringt, da ſonſt das Begehren auf das Gefühl (der Neigung) folgt, und durch daſſelbe hervorgebracht wird. Wir ſehen hier nur die Richtigkeit dieſer Vorſtellung ein; warum ſie unbegreiflich ſeyn muſs, werde ich in der Folge zeigen.

Dieſes unbegreifliche Gefühl nun iſt die **Achtung für das Geſetz** (P. 138. 139).

3. Die Achtung für das Geſetz iſt alſo zwar ein Gefühl, aber doch ein ſolches, das von jedem andern **ſpecifiſch** verſchieden iſt. Denn alle andere Gefühle werden durch Einfluſs der Vorſtellung eines ſinnlichen Gegenſtandes auf unſre Fähigkeit des Gefühls **empfangen**; dieſes allein aber muſs **ſelbſt gewirkt** werden, wie (in 1, b. 2, b.) gezeigt worden. Da wir nun das Wohlgefallen, was wir an der Vorſtellung der Exiſtenz eines Gegenſtaudes finden, das **Intereſſe am Gegenſtande** nennen, ſo können wir ſagen, alle ſinnlichen Gegenſtände, zu denen wir Neigung haben, **intereſſiren** uns, oder flöſsen uns ein **Intereſſe** für ſich ein, aber an der Befolgung des Geſetzes nehmen wir ein **Intereſſe** (G. 38.); das Vermögen, ein ſolches m**oraliſches Intereſſe** am Geſetze zu nehmen, oder zur **Achtung fürs Geſetz**, heiſst auch das **moraliſche Gefühl** (P. 141, 142), welches auch einige den **moraliſchen Sinn** nennen. Es iſt eigentlich das Vermögen der Vernunſt, den Willen durch die Vorſtellung des Geſetzes wider die Neigung zu beſtimmen (die **practiſche Vernunſt**); welches wegen der Unterdrückung der Neigung und des daraus entſpringenden Einfluſſes des Geſetzes auf den Willen das **moraliſche Gefühl** heiſst. S. **Intereſſe**.

4. Dennoch ist das Gesetz, als solches, d. i. abstrahirt von allen Belohnungen und Strafen, die etwa als mit der Befolgung oder Uebertretung desselben verbunden gedacht werden, weder ein Gegenstand der Neigung, noch der Furcht; nicht der Neigung, weil die Befolgung des Gesetzes kein Genuſs ist, Neigung aber ist der Hang zu einem gewohnten Genuſs; nicht der Furcht, weil die Uebertretung des Gesetzes kein Schmerz ist, Furcht aber ist Abneigung vor Schmerz. Die Vorstellung des Gesetzes selbst also hat auf die Gefühlsfähigkeit keinen Einfluſs, da sie weder Zuneigung noch Abneigung gegen das Gesetz erregt. Wir haben aber das besondere Vermögen, Regeln des Handelns als Gesetze für uns zu erkennen, welches Vermögen die practische Vernunft heiſst. Wir erkennen eine Regel des Handelns, z. B. die, nicht zu stehlen, als Gesetz für uns, heiſst nichts anders, als, wir sind uns bewuſst, daſs unser Wille dieser Regel untergeordnet, ihr unterworfen seyn soll, und dieses Bewuſstseyn ist eben die Achtung fürs Gesetz.

5. Die Achtung bestehet also darin, daſs

a) unser Begehrungsvermögen, durch die Vorstellung des Gesetzes, willkührlich bestimmt wird, und eben darum den Namen eines Willens verdient;

b) daſs wir uns dessen bewuſst sind, daſs es das Gesetz, und nicht etwa ein sinnlicher Gegenstand, etwa Furcht vor Strafe, oder Hoffnung der Belohnung ist, welches das Begehrungsvermögen bestimmt.

Und in so fern kann man die Achtung eine Wirkung des Gesetzes nennen, und sie auch so erklären: sie ist das Bewuſstseyn einer freien Unterwerfung des Willens unter das Gesetz, doch als mit einem unvermeidlichen Zwange, der allen Neigungen aber nur durch eigene Vernunft angethan wird, verbunden (P. 143.). Wir werden in der Folge sehen, daſs andre Philosophen dieses umgekehrt, und das Gesetz als eine Wirkung des moralischen Gefühls betrachtet haben.

6. Die Achtung hat indessen doch etwas analogisches mit Furcht und Neigung (P. 143. f.). Denn

a) als Unterwerfung unter ein Gesetz, wider alle Neigungen, d. j. unter ein Gebot, mit dessen Befolgung für das Subject, das eine Neigung zum Gegentheil hat, Zwang verbunden ist, enthält das Gefühl der Achtung keine Lust, sondern so fern vielmehr Unlust an der Handlung in sich; daher auch eine jede Pflicht ungern erfüllt wird, wenn die Erfüllung wirklich aus Pflicht geschieht. Dazu kömmt, dass dasjenige, was unsrer Selbstliebe Abbruch thut, uns zugleich zurücksetzt, indem es unsern Eigendünkel, oder das unbedingte Wohlgefallen an uns selbst, niederschlägt, oder uns demüthigt. Also demüthigt die Vorstellung des moralischen Gesetzes jeden Menschen, indem dieser mit derselben den sinnlichen Hang seiner Natur vergleicht. Und dieses ist ein negatives Gefühl, und wirklich pathologisch, oder ein solches, das aus unsern Neigungen wider unsern Willen entspringt; denn wir können nicht machen, dass die Vorstellung des Gesetzes uns nicht afficire, d. i. die practische Vernunft gänzlich aus uns wegschaffen, so dass wir in uns selbst alle Handlungen, ihrem Werthe nach, für einerlei erklären könnten. Die Vernunft zwingt uns unmittelbare Achtung für das Sittengesetz ab (G. 20). Wo das sittliche Gesetz spricht, da giebt es auch weiter keine freie Wahl in Ansehung dessen, was zu thun sei (U. 16.). Und wir wären Sklaven des Sittengesetzes, wenn wir uns nicht dasselbe selbst gäben, und die Wirkung der practischen Vernunft, welche wir Achtung fürs Gesetz nennen, nicht Wirkung unsrer eigenen Causalität (einer unbegreiflichen Willkühr) wäre. Die Achtung ist in so fern so wenig ein Gefühl der Lust, dass man sich ihr in Ansehung eines Menschen nur ungern überläfst. Man sucht etwas ausfindig zu machen, was uns die Last derselben erleichtern könne, irgend einen Tadel, um uns wegen der Demüthigung, die uns durch solches Beispiel widerfährt, schadlos zu halten. Selbst Verstorbene sind, vornehmlich wenn ihr Beispiel unnachahmlich scheint, vor dieser Critik nicht immer gesichert. Sogar das moralische Gesetz selbst, in seiner feierlichen Majestät, ist diesem Bestreben, sich der Achtung dagegen zu erwehren, ausgesetzt. Deswegen sucht

Achtung.

man sich einzubilden, es zwecke lediglich auf unsern Vortheil ab, um der lästigen Achtung los zu werden, und es zum Gegenstande unsrer Neigung zu machen (P. 137.).

b) Da dieser Zwang aber durch Gesetzgebung der eigenen Vernunft ausgeübt wird, enthält es auch ein erhebendes Gefühl, welche Wirkung der practischen Vernunft auf die Fähigkeit des Gefühls die Selbstbilligung (ein angenehmes Gefühl der Billigung unseres moralischen Zustandes) genannt werden kann. Dadurch nehmlich, dafs jenes Gefühl der Unlust den Widerstand der Neigung gegen das Gesetz aus dem Wege schafft, wird die Wirkung des Gesetzes auf das Subject positiv befördert, und in dieser Rücksicht ist jenes Gefühl zugleich Achtung für das Gesetz, welches Verhältnifs eigentlich nichts sinnliches ist, sondern im Urtheil der Vernunft liegt. Hat man daher erst den Eigendünkel abgelegt, und der Achtung practischen Einflufs verstattet, so ist in diesem Gefühl wiederum so wenig Unlust, dafs man sich an der Herrlichkeit des Sittengesetzes nicht satt sehen kann, und die Seele sich in dem Maafse selbst zu erheben glaubt, als sie das heilige Gesetz über sich und ihre gebrechliche Natur erhaben siehet (P. 138. U. 16.). Darum kann dieses Gefühl nur auch ein Gefühl der Achtung fürs moralische Gesetz, aus beiden Gründen (a und b), zusammen aber ein moralisches Gefühl genannt werden (P. 133.). Dieses Gefühl kann nun, zum Unterschiede von den pathologischen, ein practisches genannt worden.

7. Alle Achtung für Personen ist eigentlich nur Achtung fürs Gesetz, z. B. der Rechtschaffenheit, der Wahrheit u. s. w., wovon die Person in sich das Beispiel aufstellt. Weil wir die Erweiterung unserer Talente auch als Pflicht ansehen, so stellen wir uns an einer Person von Talenten auch gleichsam das Beispiel eines Gesetzes vor, das uns auffordert, ihr, durch Uebung, hierin ähnlich zu werden; darum haben wir auch Achtung für eine Person von ausgebildeten Talenten (P. 138. 139.). Auf Sachen geht Achtung gar nicht. Diese können Neigung, und wenn es Thiere sind, z. B. Pferde, Hunde,

Katzen u. f. w., fo gar Liebe, andre Dinge, z. B. das Meer, ein Vulcan, ein Raubthier, Furcht, niemals aber Achtung in uns erwecken. Selbft Bewunderung, z. B. der Stärke eines Thiers, ift noch nicht Achtung. Man kann fogar über die Macht eines Menfchen erftaunen, ohne ihn zu achten. Nur für einen rechtfchaffenen Mann, der uns die Thunlichkeit des Gefetzes durch die That beweifet, haben wir Achtung, wenn wir uns gleich felbft eines gleichen Grades der Rechtfchaffenheit bewufst find. Denn, da beim Menfchen immer alles Gute mangelhaft ift, fo fchlägt das Gefetz, durch ein Beifpiel anfchaulich gemacht, doch immer unfern Stolz nieder, da hingegen die Unlauterkeit des Mannes, den wir vor uns fehen, uns nicht fo bekannt ift, als unfere eigene, daher er uns in einem reinern Lichte erfcheint. Achtung ift ein Tribut, den wir dem Verdienfte nicht verweigern können, wir mögen wollen oder nicht; wir mögen allenfalls äufserlich damit zurückhalten, fo können wir doch nicht verhüten, fie innerlich zu empfinden (P. 135 — 137.).

8. Das moralifche Gefetz alfo beftimmt nicht nur objectiv, oder allgemein geltend für alle vernünftige Wefen, den Gegenftand der Handlung, oder was gut und böfe ift*), fondern auch fubjectiv das Begehrungsvermögen (des Einzelnen) durch das Gefühl der Achtung, und in fofern ift daffelbe Triebfeder, indem es auf die Sittlichkeit des Subjects Einflufs hat, und ein Gefühl bewirkt, welches dem Einfluffe des Gefetzes auf den Willen beförderlich ift (P. 158.).

9. Heinrich Home (Verfuche über die erften Gründe der Sittlichkeit V. II. K. 2.) fagt: „Wir haben ein befonderes Gefühl, vermöge deffen wir billigen oder mifsbilligen, und diefes Gefühl ift überflüfsig hinreichend, uns zu zeigen, was wir thun, oder was wir nicht thun follen." Hiernach geht alfo ein Gefühl, das auf Moralität geftimmt ift, im Subject vor dem Gefetz her, oder es wird durch diefes Gefühl beftimmt, was Gefetz

---

*) Sollte nicht das αἰσθητήριον Hebr. 5, 14. das moralifche Gefühl, als Anlage feyn?

Achtung.

für unsere Handlungen ist. Das ist aber unmöglich, weil alles Gefühl sinnlich ist; die Triebfeder der sittlichen Gesinnung darf aber nicht sinnlich, sondern muſs das Gesetz selbst seyn. Hätten wir keine sinnlichen Gefühle, so hätten wir freilich keine Neigungen, und also auch nicht das Gefühl, welches Achtung heiſst; aber die Ursache der Bestimmung der Gefühlsfähigkeit zur Achtung liegt doch in der reinen practischen Vernunft, und dieses Gefühl kann daher seines Ursprungs wegen nicht pathologisch, oder unwillkührlich aus der Neigung entsprungen, sondern muſs practisch gewirkt, oder durch die reine Vernunft hervorgebracht, heiſsen. Dadurch, daſs die Vorstellung des moralischen Gesetzes der Selbstliebe den Einfluſs und dem Eigendünkel den Wahn benimmt, als sei das Subject der Gegenstand eines unbedingten Wohlgefallens, wird das Hinderniſs der reinen practischen Vernunft vermindert, und die Vorstellung des Vorzuges ihres objectiven oder allgemeingültigen Gesetzes vor den Antrieben der Sinnlichkeit, mithin das Gewicht des Gesetzes durch die Wegschaffung des Gegengewichts der Neigung, also relativ, oder im Verhältnisse auf einen durch die Antriebe der Sinnlichkeit afficirten Willen, im Urtheile der Vernunft hervorgebracht. Und so ist die Achtung fürs Gesetz nicht Triebfeder zur Sittlichkeit, sondern sie ist die Sittlichkeit selbst, welche objectiv als ein Sittengesetz, subjectiv als Triebfeder betrachtet wird. Die practische Vernunft verschafft nehmlich, als Vermögen der Sittlichkeit, dadurch, daſs sie der Selbstliebe oder dem Inbegriff aller Neigungen (im Gegensatze mit practischer Vernunft) alle Ansprüche abschlägt, dem Gesetze, das dann allein Einfluſs hat, Ansehn. Noch ist hierbei zu merken: daſs, weil die Achtung eine Wirkung auf die Gefühlsfähigkeit ist, mithin auf die Sinnlichkeit eines vernünftigen Wesens, sie diese Sinnlichkeit voraussetzt. Da nun jede Empfindung, folglich auch jedes Gefühl, also auch das moralische, Grade haben muſs, über welche noch immer höhere Grade gedacht werden können, so setzt das moralische Gefühl die Endlichkeit solcher Wesen voraus, denen das moralische Gesetz Achtung auflegt. Achtung fürs Gesetz kann also einem höchsten, oder auch einem von aller Sinnlichkeit freien Wefen, wie Gott gedacht wird, nicht beigelegt werden. Denn da es für daffelbe kein Hindernifs der practifchen Vernunft geben kann, dergleichen die Sinnlichkeit ift, fo kann es auch weder gedemüthigt, noch erhoben werden, oder das Gefühl der Selbftbilligung haben (P. 134. 135.). Das moralifche Gefühl dient alfo nicht zur Beurtheilung der Handlungen, oder wohl gar zur Gründung des objectiven Sittengefetzes felbft, fondern blofs zur Triebfeder, um das Sittengefetz in fich zur Maxime oder zur Regel der Handlungen zu machen (P. 135.).

10. Diefe Achtung fürs Gefetz wird nun hauptfächlich erfordert, wenn eine Handlung aus Pflicht gefchehen feyn foll. Denn die Pflicht ift die Nothwendigkeit einer Handlung aus Achtung fürs Gefetz. Es wird alfo zweierlei erfordert, wenn es von einer Handlung gelten foll, dafs durch fie eine Pflicht, aus Pflicht, erfüllt worden fei:

a) die **objective Befchaffenheit** derfelben, d. i. diejenige, vermöge welcher fie für eine jede Vernunft gültig ift, nehmlich, fie mufs mit dem Sittengefetz übereinftimmen. Dann ift die Handlung **pflichtmäfsig**, und diefe Befchaffenheit heifst auch die **moralifche Nothwendigkeit, die Gefetzmäfsigkeit** oder **Legalität** der Handlung;

b) die **fubjective Befchaffenheit** derfelben, d. i. diejenige, vermöge welcher fie aus der befondern Triebfeder des Subjects entfprungen ift; da mufs der Wille blofs durch die Achtung fürs Gefetz zu derfelben beftimmt worden feyn. Dann erft ift die Handlung **aus Pflicht**, blofs um des Gefetzes willen, d. i. **aus Achtung fürs Gefetz** gefchehen, und diefe Befchaffenheit heifst auch die **Moralität** oder der **moralifche Werth** der Handlung (P. 144.).

11. Wir müffen alfo das **moralifche Gefühl** oder die **Achtung fürs Gefetz** ja nicht für einerlei mit dem fogenannten **guten Herzen** halten. Derjenige hat ein **gutes Herz**, deffen Neigungen auf folche Gegenftände gerichtet find, welche das Sittengefetz zum Inhalt ihrer Maximen oder Lebensvorfchriften macht. Dann gefchicht das aus Neigung, was aus Achtung fürs

Gefetz gefchehen follte, die Handlung ift legal, aber nicht moralifch. „Es ift fehr fchön, aus Liebe zu Menfchen und theilnehmendem Wohlwollen ihnen Gutes zu thun, oder aus Liebe zur Ordnung gerecht zu feyn, aber das ift noch nicht die ächte moralifche Maxime unfers Verhaltens, die unferm Standpuncte, unter vernünftigen Wefen, als Menfchen, angemeffen ift, wenn wir uns anmaafsen, gleichfam als Volontaire (Menfchen, die nicht dazu verbunden find) uns mit ftolzen Einbildungen über den Gedanken von Pflicht (d. h. dafs wir wider unfre Neigungen genöthigt werden,) wegzufetzen, und uns fchmeicheln, als wollten wir, vom Gebote unabhängig, dasjenige aus eigener Luft thun, was das Gebot andern gebietet, und wozu folglich für uns kein Gebot nöthig wäre. Wir ftehen unter einer Difciplin oder Zucht der Vernunft, und müffen in allen unfern Maximen der Unterwürfigkeit unter derfelben nicht vergeffen, ihr nichts entziehen, oder dem Anfehn des Gefetzes (ob es gleich unfere eigene Vernunft giebt) durch eigenliebigen Wahn dadurch etwas abkürzen, dafs wir den Beftimmungsgrund unferes Willens, wenn gleich dem Gefetze gemäfs, doch worin anders, als im Gefetze felbft, und in der Achtung für diefes Gefetz fetzen. Pflicht und Schuldigkeit, nicht aber Liebe und freies Wohlwollen find die Benennungen, die wir allein unferm Verhältniffe zum moralifchen Gefetze geben müffen. Wir find zwar gefetzgebende Glieder eines durch Freiheit möglichen, durch practifche Vernunft uns zur Achtung vorgeftellten Reichs der Sitten, aber doch zugleich Unterthanen, nicht das Oberhaupt deffelben, und die Verkennung unferer niederen Stufe, als Gefchöpfe, und Weigerung des Eigendünkels gegen das Anfehn des heiligen Gefetzes ift fchon eine Abtrünnigkeit von demfelben, dem Geifte nach, wenn gleich der Buchftabe deffelben, etwa aus Liebe zur Ordnung, erfüllt würde (P. 146. 147.).

12. Das Gebot der Liebe Gottes und des Nächften (Matth. 22, 37.) widerfpricht dem nicht. Denn als Gebot fordert es Achtung für ein Gefetz, das Liebe befiehlt, und überläfst es nicht der beliebigen Wahl eines guten Herzens, fich diefe Liebe zum Grund-

satz seiner Handlungen zu machen. Es ist aber hier **bloſs von einer practischen Liebe** die Rede. Denn Gott können wir nicht sinnlich lieben, weil er kein Gegenstand ist, der uns in die Sinne fällt, und also Einfluſs auf unser Gefühl, und so eine Neigung in uns hervorbringen könnte. Bei Menschen ist nun das wohl der Fall, aber es ist nicht möglich, auf Befehl zu lieben, oder eine Neigung in uns hervorzubringen, wenn der Gegenstand nicht liebenswürdig ist. Ich kann unmöglich Zuneigung zu einem, der Gesinnung nach verworfenen, und dem äuſsern Ansehn nach, höchst widerlichen Räuber haben. **Gott lieben heiſst also, seine Gebote gerne thun, den Nächsten lieben, alle Pflichten gegen ihn gerne erfüllen.** Das Gebot aber kann auch nicht gebieten, diese Gesinnung wirklich zu haben, sondern darnach zu streben. Das drücken auch die Worte Jesu aus, **von ganzem Herzen, von ganzer Seele, von ganzem Gemüthe, und von allen deinen Kräften** (Marc. 12, 30.). Denn thäte man das gerne, was das Gebot gebietet, so wäre das Gebot überflüssig, thun wir es aber nicht gerne, sondern aus Achtung fürs Gesetz, ja macht das Gebot gar diese Achtung zur Triebfeder, so würde es das Gegentheil (das Thun der Pflicht mit Unlust) von dem wirken, was es gebietet (das Thun der Pflicht mit Lust). Dieses Gesetz stellt also das Ideal der Heiligkeit auf, oder die sittliche Gesinnung in ihrer ganzen Vollkommenheit, dem wir uns nur in einem unendlichen Fortschreiten nähern können. Könnte nehmlich ein vernünftiges Geschöpf jemals alle moralische Gesetze **völlig gerne** thun, so müſste es keines Selbstzwangs mehr bedürfen. Das ist aber nicht möglich. Denn da es immer abhängig bleibt in Ansehung dessen, was zu seiner Zufriedenheit erfordert wird, so kann es nie ganz frei von Begierden und Neigungen werden; da nun diese mit dem moralischen Gesetze nicht einerlei Quelle haben, so wird ihre Zusammenstimmung immer zufällig, mithin ihre Nichtzusammenstimmung immer möglich seyn, also immer Achtung fürs Gesetz, die aber mit Unlust verknüpft ist (6, a), der Grund der Befolgung desselben seyn müssen (10, b); das Gesetz wird daher immer **Gebot** für ein solches Wesen bleiben (6, a), und seine Tugend nie in Heiligkeit übergehen, d. i. die Achtung fürs Gesetz wird sich nie in Liebe zu demselben verwandeln (P. 147 — 150.).

13. Hierdurch wird nicht nur der Religionsschwärmerei (Ueberschreitung der Grenzen der Vernunft in Beziehung auf den Begriff der Gottheit) in Ansehung der Liebe Gottes, sondern auch der moralischen Schwärmerei (der Ueberschreitung der Grenzen, die die practische reine Vernunft der Menschheit setzt) in Ansehung der Liebe des Nächsten, vorgebeuget. Die sittliche Stufe, worauf jedes vernünftige Geschöpf (endliche Wesen) stehet, ist Achtung fürs moralische Gesetz, sein moralischer Zustand ist Tugend, d. i. moralische Gesinnung im Kampfe, und nicht Heiligkeit im vermeinten Besitze einer völligen Reinigkeit der Gesinnungen. Wenn man die Gemüther in den Wahn versetzt, der Bestimmungsgrund ihrer Handlungen sei nicht Pflicht, d. i. Achtung fürs Gesetz (10, b), dessen Joch sie tragen müsten, dem sie gehorchen müsten, sondern die Handlung sei ein Verdienst, das sie sich machen könnten, so ist das moralische Schwärmerei; denn nicht zu gedenken, dass die Triebfeder alsdann pathologisch ist, weil sie in der Selbstliebe bestehet, so ist es phantastisch, sich mit einer freiwilligen Gutartigkeit des Gemüths zu schmeicheln, für welches gar nicht einmal ein Gebot nöthig sei. Es lassen sich wohl Handlungen andrer, wenn sie blofs um der Pflicht willen, und mit grofser Aufopferung geschehen sind, unter dem Namen edler und erhabener Thaten preisen, und doch nur so fern Spuren da sind, dafs sie ganz aus Achtung für die Pflicht geschehen sind. Will man sie aber Jemanden als Beispiel zur Nachfolge vorstellen, so mufs durchaus die Achtung für Pflicht (als das einzige ächte moralische Gefühl (10, b)) zur Triebfeder gebraucht werden, welche es nicht unterm Eigendünkel (eiteln Selbstliebe) überläfst, uns auf verdienstlichen Werth was zu Gute zu thun. Wir werden auch gewifs zu allen preiswürdigen Handlungen

ein Gebot finden, folglich, dafs fie nicht von unferm Belieben abhängen (P. 150 — 152.).

14. Kant giebt (in der Critik der Urtheilskraft §. 27. S. 95.) noch eine andere Erklärung von der Achtung, nehmlich fie fei das Gefühl der Unangemeffenheit unferes Vermögens zur Erreichung einer Idee, die für uns Gefetz ift. Es ift nun die Frage: wie ftimmt diefe Erklärung mit der vorher gegebenen überein?

a) Wir haben gefehen, dafs die Achtung ein Gefühl ift, das durch die blofse Idee des Sittengefetzes in uns gewirkt wird (1); folglich mufs bei dem Gefühl der Achtung eine Idee in unferm Vorftellungsvermögen feyn, die für uns Gefetz ift; aber

b) foll auch diefe Idee durch das Vermögen unfers Willens ganz allein Einflufs auf unfere Willensbeftimmung haben, fo dafs wir nichts weiter wollen, als was das Gefetz will. Nun haben wir aber Neigungen, die oft ganz was anders begehren, als was das Gefetz will, und diefe Neigungen können wir unterdrücken und dadurch dem Gefetz Eingang bei uns verfchaffen. Da diefes nun durch das Gefühl der Achtung gefchieht, fo ift diefes Gefühl des Widerftandes gegen die Neigung zugleich ein Gefühl davon, wie unangemeffen wir noch dem Sittengefetz find, oder wie fehr wir immer noch hinter der Idee deffelben zurückbleiben, und wie unangemeffen alfo immer noch das Vermögen unfers Willens zur Erreichung der Idee des Gefetzes ift.

c) Da es nun unfere eigene Vernunft ift, die die Erreichung jener Idee von uns fordert, und durch den Einflufs auf unfern Willen auch zeigt, dafs es unfre Beftimmung ift, nach jener Angemeffenheit zu ftreben, fo ift die Achtung fürs Gefetz zugleich Achtung für unfern eigenen, durch die Vernunft beftimmten Willen, und für unfre Beftrebung, nehmlich die, die Angemeffenheit unfers Willens zur Idee des Sittengefetzes in uns zu bewirken.

15. Wie unterfcheidet fich aber Achtung von Hochachtung, Ehrfurcht und dem Gefühl des Erhabenen?

a) Ehrfurcht ist auch ein Gefühl, es wäre nehmlich, der Etymologie nach, das Gefühl der Furcht vor der Ehre, die einem Gegenstande gebührt. Nun ist Furcht die Abneigung vor Schmerz, und Ehre ist das Interesse für die Achtung, die einem Gegenstande gebührt, und welches entweder in dem zu ehrenden Wesen selbst, oder in einem Andern ist, der dasselbe ehret. Ehren heist aber dieses Interesse äussern, oder durch gewisse Zeichen die Achtung zu erkennen geben. Da nun alle Achtung unsrer Selbstliebe Abbruch thut, und uns demüthigt, so mischt sich unter das Interesse an der Achtung, die dem (zu ehrenden) Wesen gebührt, eine Unlust, die etwas Analogisches mit Schmerz hat, ohne doch wegen des Interesse daran selbst Schmerz zu seyn, und dieses Gefühl ist die Ehrfurcht, welche Achtung erweckt, aber nicht die Achtung selbst, sondern die mit einem Interesse an der Achtung verbundene Unlust ist. Die Majestät des Gesetzes flöst Ehrfurcht ein, welche Achtung des Untergebenen gegen seinen Gebieter erweckt (R. 11.*).

b) Schiller sagt (in der neuen Thalia 3. B. S. 217.). „Man darf die Achtung nicht mit der Hochachtung verwechseln. Achtung geht nur auf das Verhältnifs der sinnlichen Natur zu den Forderungen reiner practischer Vernunft überhaupt, ohne Rücksicht auf eine wirkliche Erfüllung. Hochachtung hingegen geht schon auf die wirkliche Erfüllung des Gesetzes, und wird nicht für das Gesetz, sondern für die Person, die demselben gemäfs handelt, empfunden. Daher ist Achtung kein angenehmes, eher drückendes Gefühl, Hochachtung hat hingegen etwas ergötzendes, weil die Erfüllung des Gesetzes (da sie das Interesse am Gesetz befriedigt Vernunftwesen erfreuen mufs. Achtung ist Zwang, Hochachtung schon ein freieres Gefühl. Aber das rührt von der Liebe her, die ein Ingrediens der Hochachtung ausmacht. Achten mufs auch der Nichtswürdige das Gute, aber um denjenigen hochzuachten, der es gethan hat, müfste er aufhören, ein Nichtswürdiger zu seyn." Allein das Interesse am Gesetz ist nicht pathologisch, sondern selbstgewirkt, und das Gesetz kein Gegenstand der Neigung (5/+.), es kann daher auch der Anblick der Realisirung desselben nicht Liebe unter die Achtung mifchen. Das Wort Hoch zeigt allerdings an, dafs Hochachtung nicht eine abfolute Achtung ift, wie die Achtung fürs Gefetz, welche in Beziehung aufs Gefetz keine Grade haben kann, aber in Beziehung auf ein Wefen, welches das Gefetz unvollkommen befolgt, und daher mehr oder weniger Achtung erweckt, relativ, und folglich gegen ein Wefen, welches das Gefetz felten übertritt, Hochachtung genannt wird. Wenn der Nichtswürdige keine Hochachtung für den Tugendhaften hat, fo rührt das davon her, dafs er zu feiner eigenen Entfchuldigung fich überredet, alle übrigen heuchelten nur Tugend, bei keinem wirke die fubjective moralifche Triebfeder (Achtung fürs Gefetz) die gefetzmäfsigen Handlungen; folglich rührt es von feinem Unglauben an die Tugend der Menfchen her (R. 10. *)).

c) Das Gefühl des Erhabenen ift ebenfalls ein Gefühl der Achtung, nehmlich der Achtung für unfere eigene Beftimmung. Wir nennen nehmlich etwas erhaben, wenn das Vermögen unferer Einbildungskraft nicht zureichen will, die Gröfse deffelben zu faffen, z. B. den fürchterlich tobenden Ocean, eine unüberfehbare egyptifche Pyramide u. f. w. Nun ift unfere Vernunft das Vermögen, welches die Vollendung deffen fordert, was der Verftand denkt, und die Vernunftbegriffe oder Ideen find nichts anders, als Vorftellungen von der Vollendung der Reihen von Begriffen, welche der Verftand liefert (f. *a priori.* 24, c. Idee); die Einbildungskraft aber ift nur ein Vermögen, fich der Gränze, welche die Vernunft in der Idee aufftellt, ohne Ende zu nähern. Die Unangemeffenheit der Einbildungskraft für die Ideen der Vernunft überhaupt erregt daher, beim Anblick eines erhabenen Gegenftandes, ein Gefühl in uns, welches das Gefühl des Erhabenen ift, und um deffentwillen wir eben den Gegenftand erhaben nennen, ob es wohl eigentlich unfere Gemüthsftimmung ift. Die Vernunft fchreibt uns nehmlich, beim Anblick eines folchen Gegenftandes, die Zufammenfaffung deffelben durch die Einbildungskraft als ein Gefetz vor, die Einbildungskraft vermag es aber nicht vollkommen, daher entftehet das Gefühl, welches wir Achtung nennen. Nun ift es aber nicht der Gegenstand, den wir achten, sondern das Gesetz der Vernunft, welches uns hier die Zusammenfassung des Gegenstandes in der Anschauung eines Ganzen vorschreibt, d. i. unsere eigene Bestimmung (14, c.); nur dafs wir hier diese unsere Bestimmung mit dem sinnlichen Gegenstande verwechseln, und letztern erhaben nennen, weil er uns die Ueberlegenheit unserer Vernunft über unser sinnliches Vermögen der Einbildungskraft, folglich unsere Vernunftbestimmung, gleichsam anschaulich macht (U. 96.). Man kann also sagen, das Gefühl des Erhabenen ist das Gefühl der Achtung, wenn es durch einen sinnlichen Gegenstand erweckt wird, welcher alsdann erhaben heifst, und welcher uns Achtung einzuflöfsen scheint, die aber eigentlich Achtung für das Gesetz unserer Vernunft ist. S. Erhaben.

16. Wie nun die blofse Vernunftidee des Sittengesezzes unsern Willen bestimmen kann, so dafs derselbe auf die Gefühlsfähigkeit wirkt, und Achtung fürs Gesetz hervorbringt, ist unbegreiflich. Wir können aber einsehen, warum es unbegreiflich seyn mufs. Die Willensbestimmung ist nehmlich ein Phänomen, oder eine Erscheinung im innern Sinn, diese kann nur wieder aus andern Erscheinungen, die ihre Ursachen sind, erklärt werden. Daher ist es begreiflich, wie ein Gegenstand in der Natur eine Begierde erwecken kann. Das Sittengesetz ist aber kein Gegenstand in der Natur, sondern ein blofser Vernunftbegriff, oder eine Idee. Nun können wir blofs sinnliche Gegenstände als Ursachen erkennen, s. Ursache; übersinnliche hingegen, z. B. Gott, und hier, das Sittengesetz, sind nur die Vorstellung von einer Ursache überhaupt, sie lassen sich blofs als Ursache denken. Wir können also einsehen, dafs bei einer moralischen Handlung das Sittengesetz als Triebfeder wirken müsse. Da nun moralische Handlungen von unmoralischen im Begriff des Werths einer Handlung unterschieden werden müssen, so sehen wir die Nothwendigkeit und Allgemeinheit, oder die Apriorität der Achtung fürs Gesetz ein, ohne von ihrer Möglichkeit den mindesten Begriff zu haben, weil dazu Erkenntnifs des Uebersinnlichen gehören würde, welche uns unmöglich ist.

17. Noch eine Schwierigkeit will ich zum Schluſs dieſes Artikels löſen. Es ſcheint ein Widerſpruch zu ſeyn, zwiſchen der Behauptung, das Gefühl der Achtung wird **von uns ſelbſt gewirkt** (1, b.), es kann nicht **unwillkührlich ſeyn** (2, b.), und der, die Achtung entſpringt **aus unſern Neigungen wider unſern Willen, wir können die practiſche Vernunft nicht gänzlich aus uns wegſchaffen,** ſo daſs wir alle Handlungen, ihrem Werthe nach, für einerlei erklären könnten. Die Vernunft zwingt uns unmittelbare Achtung für das Sittengeſetz ab (6, a.). Dieſer Scheinwiderſpruch hat ſogar Manchen auf den Gedanken gebracht, ſich die Achtung, die das Geſetz wirkt, und die Neigung, die der ſinnliche Gegenſtand wirkt, als zwei Triebfedern vorzuſtellen, die in uns unwillkührlich gegen einander wirken, und der Freiheit das Geſchäft aufzutragen, ſich für eine von beiden Triebfedern zu erklären, und dadurch den Ausſchlag für die moraliſch gute oder ſchlechte Handlung zu geben. Allein, **die practiſche Vernunft zwingt uns Achtung für das Sittengeſetz ab,** heiſst, wir können die Anlage zur Moralität nicht ſo gänzlich in uns ausrotten, daſs wenn wir an die Idee des Sittengeſetzes denken, gar keine Achtung für daſſelbe mehr in uns gewirkt werden ſollte. Dieſes kömmt uns nun als ein Naturmechanismus vor, wider den wir nicht können. Das rührt nun daher, weil die practiſche Vernunft hier als eine Urſache gedacht werden muſs, welche die Achtung hervorbringt. Die Achtung als ein Gefühl iſt eine Wirkung in der Natur, und läſst ſich als Wirkung begreifen, nehmlich daſs ſie entſtehen muſs, wenn ihre Urſache vorhanden iſt. Die practiſche Vernunft iſt aber keine Urſache in der Natur, ſondern nur ein Analogon derſelben. Nun iſt aber die Nothwendigkeit ihrer Wirkung eben das, was bei derſelben wegfällt, weil ſie eine Urſache durch Freiheit iſt. Folglich kann ſie nur als **Urſache gedacht und nicht begriffen** werden. So lange der Menſch alſo practiſche Vernunft hat, iſt es **begreiflich,** daſs die Wirkung, die Achtung fürs Geſetz, nicht ganz aufhören kann, weil die Wirkung aus der Urſache entſpringen muſs; aber es iſt **nicht begreiflich,**

dafs die practifche Vernunft diefe Wirkung durch Freiheit, alfo willkührlich, hervorbringe, von welcher Caufalität wir keine Begriffe haben, ob fie gleich bei dem Moralgefetz vorausgefetzt wird. Daher wird alfo die Achtung, als Wirkung aufs Gefühl, für **nothwendig erkannt**, aber ift in fo fern nichts moralifches, fondern etwas pathologifches, oder den Neigungen mechanifch widerftehendes; aber als von der practifchen Vernunft bewirkt, als **willkührlich und felbftgewirkt gedacht**, und ift fo fern nichts phyfifches oder pathologifches, fondern das reine Urtheil der Vernunft.

Kant Grundl. zur Met. der Sitt. S. 14. 16. 20. 38.
Deff. Critik der pract. Vern. I. Th. I. B. III. Hauptft. S. 126 — 159.
Deff. Critik der Urtheilskr. S. 15. 95. 96.

Acroamatifch.

Acroamatifche, discurfive, philofophifche Beweife nennt Kant diejenigen Beweife, **die aus Begriffen geführt werden.** Wenn man nehmlich eine Behauptung beweifen will, fo kömmt es darauf an, wie die Behauptung befchaffen fei. Ift fie von der Art, dafs wir mit Hülfe der Einbildungskraft das, was wir behaupten, gleichfam felbft machen können, fo wird dadurch daffelbe gleichfam hervorgebracht, oder in Gedanken finnlich dargeftellt, und folglich damit bewiefen. Dies Hervorbringen, oder finnliche Darftellen in Gedanken, heifst die **Conftruction**, und ift bei folchen Behauptungen, die nur **acroamatifch** bewiefen werden können, nicht möglich. In den acroamatifchen Beweifen hat man den Gegenftand der Begriffe, von denen geredet wird, blofs in Gedanken, und drückt die Begriffe blofs durch Worte, aber nicht durch finnliche Darftellung aus. Das Wort **acroamatifch** ift griechifch, und bedeutet etwas, das zum Hören gehört. In den acroamatifchen Beweifen hört man blofs die Beweisgründe, in den **mathematifchen**, die daher auch **intuitive** (zum Sehen gehörige) heifsen, fieht man fie in der Conftruction. Man nennt diefe Beweife auch discurſive, nach dem Lateiniſchen, welches ausdrückt, daſs ſie nur durch Worte geführt werden. In der Philoſophie giebt es keine andern Beweiſe, da ſie hingegen in der Mathematik gar nicht verſtattet ſind, weil in derſelben alles demonſtrirt, d. i. durch ſichtbare Darſtellung (Conſtruction) bewieſen werden muſs.

Für diejenigen, welche mit der Geometrie, oder der Wiſſenſchaft vom Raum vermittelſt ſolcher Conſtructionen, nicht bekannt ſind, wird es nöthig ſeyn, erſt das Beiſpiel eines ſolchen nicht acroamatiſchen Beweiſes zu geben, damit ſie alsdann das Eigenthümliche des acroamatiſchen deſto deutlicher einſehen.

1. Der Geometer nennt einen jeden von drei Seiten eingeſchloſſenen Raum einen Triangel, ABC ſei das Bild eines ſolchen Triangels. Der Geometer macht nehmlich ſolche Bilder der Gegenſtände, die er ſich in Gedanken vorſtellt, um ſich ſelbſt und andern deutlicher zu werden. Dieſe Bilder ſtellen aber niemals den Gegenſtand ſelbſt vollkommen dar. Denn der Triangel ABC ſchlieſst z. B. einen beſtimmten in der Erfahrung gegebenen Raum ein, dahingegen der Geometer unter einem Triangel jeden groſsen oder kleinen, von Linien ungleicher oder gleicher Länge eingeſchloſſenen Raum verſtehet, welches kein Bild darſtellen kann. Von einem ſolchen Triangel wird nun z. B. behauptet, er ſei gleichſeitig, oder die drei einſchlieſsenden Linien ſeien von gleicher Länge, wenn er unter folgenden drei Bedingungen gemacht werde:

a) Um den Endpunct (A) einer geraden Linie (AB), deren Länge man beſtimmen kann, wie man will, und die man daher die gegebene oder beſtimmte Linie nennt, mache man eine krumme Linie (BCD) ſo, daſs alle gerade Linien, die von jedem möglichen Punct dieſer krummen Linie bis zu jenem Endpunct gezogen werden können, gleiche Länge haben. Eine ſolche krumme Linie heiſst ein Kreis oder Cirkel. Der Endpunct heiſst dann der Mittelpunct dieſes Kreiſes, und jede ſolche vorher angeführte gerade Linie wird der Halbmeſſer des Kreiſes genannt, und ſei, in dieſem Fall, ſo lang als AB.

Acroamatisch.

b) Um den andern Endpunct (B) derselben Linie (AB) mache man einen gleichen Kreis (ACE), dessen Halbmesser auch die Linie (AB) sei, deren Endpunct (B) der Mittelpunct des Kreises ist.

c) Endlich ziehe man von dem Durchschnittspunct, beider Kreise (C) die andern beiden Linien des Triangels nach den beiden Endpuncten (A und B).

2. Der Beweis, dass die drei Seiten eines solchen Triangels einander gleich sind, ist nun nicht acroamatisch, sondern **intuitiv** oder **anschauend**, denn er wird nicht blofs mit Worten, sondern durch sinnliche Anschauungen geführt, obwohl *a priori*, denn er gilt nicht blofs von dem hier auf dem Papier gezeichneten, sondern jedem möglichen Triangel, und man sieht aus demselben, dafs das Gegentheil nicht möglich ist. Es heifst nun so:

a) Die Linie (AC), welche vom Durchschnittspunct der Kreise nach dem Endpunct (A) der gegebenen Linie gehet, ist mit dieser von gleicher Länge, denn sie sind beide Halbmesser eines und desselben Kreises (ABC).

b) Die andere Linie vom Durchschnittspunct (C) nach dem andern Endpunct (B) der gegebenen Linie (AB) ist ebenfalls von gleicher Länge mit derselben, denn sie sind auch beide Halbmesser eines und desselben Kreises (ACE).

c) Nun ist es ein Grundsatz, dafs, wenn zwei Dinge so grofs sind, als ein Drittes, sie nothwendig beide von gleicher Gröfse seyn müssen. Da nun hier beide Linien (CA und CB) vom Durchschnittspunct (C) nach den Endpuncten (A und B) der gegebenen Linie (AB) mit dieser von gleicher Länge sind, so müssen sie vermöge jenes Grundsatzes beide, und folglich alle drei Linien (AC, AB und BC), von gleicher Länge, das heifst, der Triangel mufs gleichseitig seyn; welches eben bewiesen werden sollte.

3. So beweisen, heifst **demonstriren**, oder einen **sichtbaren, intuitiven** oder **anschauenden** Beweis führen, welches allein durch die **Construction** (in 1, a. b. c.) möglich war.

4. Ganz anders ist es hingegen mit einem acroamatischen Beweise. Es sei z. B. der Satz zu beweisen: **die Erscheinungen stehen, sofern sie zugleich sind, als Substanzen, in Ansehung ihrer Accidenzen, in durchgängiger Wechselwirkung.** Könnten wir hier das, was in den Erscheinungen, d. h. in jedem sinnlichen Erfahrungsgegenstande, die Substanz ist, oder das, was immer bleibt, wenn sich der Gegenstand auch noch so sehr verändert, in der Einbildungskraft darstellen, und uns sogar, wie vom Triangel, ein Bild davon auf dem Papier entwerfen, und dann davon zeigen, dafs die Accidenzen, die wir an derselben anschaueten, durch die Wirkung beider Substanzen auf einander so wechselten, dafs kein Accidenz in der einen Substanz B durch die Substanz A einem andern weichen müsse, ohne dafs die Substanz A durch die Substanz B gleichfalls eine Veränderung leide, d. i. dafs keine Wirkung entstehen könne, ohne eine Zurückwirkung, so wäre der Beweis anschauend, Satz und Beweis ein Theil der Mathematik, und der Beweis selbst eine Demonstration. Allein das ist nicht möglich. Nur Gröfsen können construirt werden, **Substanz, Accidenz, Wechselwirkung** sind Begriffe und keine Anschauungen, oder sinnliche Vorstellungen *a priori*, und können daher nur durch ihre Merkmale gedacht, aber nicht angeschauet, oder sinnlich vorgestellt, und nicht construirt oder sinnlich dargestellt werden. Der ganze Beweis mufs daher blofs durch die Gedanken gehen, ohne alle Beihülfe einer in Worten anzugebenden Darstellung der Sache selbst, und kann also nur durch Worte geführt werden. Zu dem Ende mufs ich mir erst deutlich denken, was **Erscheinung, Substanz, Accidenz, Wechselwirkung** ist, oder die Merkmale dieser Begriffe in Gedanken aufsuchen. Weifs ich nun, dafs **Erscheinung** jeden sinnlichen Gegenstand in der Erfahrung, der noch nicht durch Begriffe bestimmt ist, sondern blofs angeschauet wird, **Substanz** das, was in diesem Gegenstande immer bleibt, **Accidenz** das, was an diesem Gegenstande immer wechselt, und **Wechselwirkung** diejenige Wirkung des Gegenstandes auf ei-

nen andern, die nicht ohne Zurückwirkung des letztern auf den erstern erfolgen kann, bedeutet, z. B. dafs ich mit dem Fufs nicht auf den Fufsboden meines Zimmers treten kann, ohne dafs der Fufsboden auf meinen Fufs zurückdrückt; dann sind mir die Begriffe deutlich, und der Beweis erst möglich. Da der Beweis nun blofs durch Begriffe geführt wird, so mufs ich wieder alle diese Begriffe verstehen, oder die Gegenstände, welche durch sie gedacht werden, begreifen, und ihre Verbindung unter einander und mit dem zu beweisenden Satze durchdenken, wodurch es mir erst möglich wird, den Beweis selbst zu fassen und seine beweisende Kraft zu erfahren.

5. Der zu beweisende Satz ist also: **alle sinnliche Gegenstände, wenn sie zugleich seyn sollen, müssen nothwendig so auf einander wirken, dafs die Wirkung ohne Zurückwirkung nicht möglich ist.** Es wird hier etwas von sinnlichen Gegenständen behauptet, d. h. von etwas, was weder ein Ding an sich ist, das, unabhängig von unsrer Art zu erkennen, wirklich so vorhanden wäre, wie wir es erkennen (s. an sich), noch ein blofses Spiel unserer Einbildungskraft. In unserer Wahrnehmung folgt eine Vorstellung auf die andere, wir können uns nicht mehrere Vorstellungen auf einmal, sondern nur nach einander bewufst werden. Soll nun eine Erfahrung von gleichzeitigen Dingen möglich seyn, d. h. sollen wir sinnliche Gegenstände nicht für eben so nach einander existirend halten, als wir sie nach einander wahrnehmen, so mufs in unserm Verstande etwas seyn, wodurch die Ordnung, in der wir sie wahrnehmen, für willkührlich erkannt, also diese Willkührlichkeit der Ordnung nothwendig und allgemein wird. Es mufs jedermann begreifen können, dafs es von ihm abhängt, in welcher Ordnung er die vorhandenen Dinge wahrnehmen will; worin eben ihre Gleichzeitigkeit besteht. Dieses ist nun nicht anders zu begreifen, als durch einen reinen Verstandesbegriff, d. i. einen solchen Begriff, der aus dem Verstande entspringt, und welchem der Stoff zur Anschauung gleichzeitiger Dinge unterworfen seyn mufs.

Dieses ist der Begriff der Wechselwirkung, vermöge dessen alle gleichzeitigen Dinge als solche erkannt werden müssen, die alle so auf einander wirken, daß die Wirkung des einen ohne Zurückwirkung des andern nicht möglich ist. Ohne diesen Verstandesbegriff wäre keine Erfahrung von gleichzeitigen Dingen möglich, wir würden vielmehr die Dinge für solche halten, die zu denselben verschiedenen Zeiten (also nach einander) existiren, in welchen wir sie wahrnehmen. Drückte z. B. der Fufsboden nicht auf meinen Fuſs zurück, und wüſste ich also nicht, daſs auch auf die Wahrnehmung des Fuſsbodens etwas in meinem Fuſs als nothwendig folgt, so wüſste ich nicht, daſs der Fuſsboden mit meinem Fuſs zugleich existirte, sondern da ich ihn erst bei der Wirkung meines Fuſses wahrnähme, so wüſste ich bloſs, daſs diese Wahrnehmung auf die meines Fuſses folgte. Ich würde daher beide in verschiedene Zeiten nach einander setzen, weil ich sie so wahrnehme. Der Begriff der Wechselwirkung macht es also möglich, daſs ich Dinge als gleichzeitig erkenne, die ich doch der Beschaffenheit meines Wahrnehmungsvermögens nach zu verschiedenen Zeiten wahrnehme.

6. Dieser Beweis ist unumstöſslich. Es wird gewiſs Niemand zeigen können, wie es möglich sei, Dinge als gleichzeitig wahrzunehmen, wenn sie nicht Accidenzen an sich hätten, die als wechselseitige Wirkungen von einander erkannt werden müssen, so daſs das Gegentheil, daſs sie nehmlich auch wohl nach einander seyn können, gar nicht möglich ist. Allein die Gewiſsheit davon, daſs alle Erscheinungen in durchgängiger Wechselwirkung stehen müssen, so unumstöſslich sie ist, ist dennoch nicht so in die Augen springend, daſs man sagen könnte, ich sehe es gleichsam, daſs es nicht anders möglich ist, so wie ich mit den Augen meiner Einbildungskraft deutlich sehe, daſs zwei gerade Linien, ich mag sie dr... und wenden, wie ich will, keinen Raum ...... bei aller meiner Bemühung darum ..... llen.

7. Die Entwick... ....r der Begriffe in den acro... Be... ...t das Zusammensein derselben ....hluſs.

die dabei gemacht werden können, entziehen sich leicht unserer Aufmerksamkeit, und daher, und weil der Gegenstand nicht unmittelbar angeschauet, sondern nur durch Begriffe erkannt wird, ist die Gewißheit in dem philosophischen Beweise nie so zwingend und siegend, als in dem mathematischen, obwohl darum nicht weniger Gewißheit. S. Apodictisch).

Kant. Crit. der rein. Vern. Meth. I. Hauptst. I. Abschn. S. 762. 763.

Adelsgewalt.

S. Aristocratie.

Aehnlichkeit,

similitas, *ressemblance*, ist die Einerleiheit der Beschaffenheit (Qualität). Zwei Dinge A und B sind nehmlich einander ähnlich, wenn ihre Beschaffenheiten a und b einerlei sind, hingegen sind A und B unähnliche Dinge, wenn ihre Beschaffenheiten verschieden sind, so daß A die Beschaffenheiten a, b, c u. s. w. und B die Beschaffenheiten α, β, γ u. s. w. hat. Sind die Dinge in allen ihren Beschaffenheiten einerlei, so ist ihre Aehnlichkeit vollkommen, oder die Dinge sind identisch; sind sie nur in weniger Beschaffenheiten einerlei, so ist ihre Aehnlichkeit unvollkommen. Die Aehnlichkeit der Dinge hat also Grade, und fängt von der vollkommensten Verschiedenheit an, welches die unvollkommenste Aehnlichkeit ist, und gehet durch alle Grade der Aehnlichkeit, bis zu der Identität, welche die vollkommenste Aehnlichkeit oder die Einerleiheit aller ihrer Qualitäten ist, wo alle Verschiedenheit aufhört. Man nennt die Grade der Aehnlichkeit auch die Affinität oder Verwandtschaft (Affinität).

1. Wolf giebt (vernünftige Gedanken von Gott u. s. w. §. 19.) folgendes Exempel der vollkommensten Aehnlichkeit: „Wir wollen setzen, es wären zwei Häuser erbauet worden, die einander in allem ähnlich sind. Wir setzen ferner, daß einer mit verbundenen Augen in das eine Haus geführt würde, damit er die

Gegend nicht sehen kann, wo es liegt, und hernach in dem Haufe alles, was er in demfelben fiehet, forgfältig auffchreibet. Setzet endlich, dafs er, nach verrichteter Arbeit, mit verbundenen Augen wieder herausgeführt und in das andere gebracht wird, wo er mit gleicher Sorgfalt alles auffchreibt, was er darin wahrnehmen kann. Wenn er nun beides gegen einander hält, was er in beiden Häufern aufgezeichnet hat, fo wird es einerlei feyn, und die Häufer werden nicht zu unterfcheiden feyn."

2. Das Wort **ähnlich** fagt Lambert (Architectonik, §. 136.) ift aus den zwei Ableitungstheilchen **an** und **lich** zufammengefetzt, wovon erfteres ein Vorwort (Präpofition), daher ein localer Verhältnifsbegriff ift.

3. Der Begriff der Aehnlichkeit ift ein logifcher **Vergleichungs- oder Verhältnifsbegriff (Reflexionsbegriff),** durch welchen die allgemeinen Begriffe Gefchlechte und Arten gebildet werden.

4. Begriffe werden öfters nach **Aehnlichkeiten** gepaart (C. 92.), wenn nehmlich folche Begriffe zufammengeftellt werden, die gewiffe Befchaffenheiten mit einander gemein haben. So paarte Ariftoteles feine Categorien nach der Aehnlichkeit zufammen, dafs fie von allen Dingen gedacht werden müffen. Da er aber beim Sammeln derfelben nicht nach einem eigentlichen Princip, von dem fie vollftändig abgeleitet werden könnten, fondern blofs nach jener Aehnlichkeit verfuhr, fo bekam er Stammbegriffe und abgeleitete Begriffe des reinen Verftandes, *Modi* der reinen Sinnlichkeit, und fogar einen empirifchen Begriff unter feinen Titel der Categorien, und war überdem nicht ficher, ob es nicht noch mehr dergleichen gebe, die feiner Aufmerkfamkeit auf jene Aehnlichkeit etwa entgangen wären.

5. Vermittelft der Aehnlichkeit laffen fich die Dinge **analogifch** ordnen, denn **Analogie** heifst das Verhältnifs der Aehnlichkeit. S. **Analogie.**

6. Die Aehnlichkeit ift felbft ein Verhältnifsbegriff, denn es müffen wenigftens zwei Dinge mit einander verglichen werden, um ihn anzuwenden. Die Subftanzen find einander ähnlich durch ihre Accidenzen, und es kömmt nun darauf an, wie viel derfelben an beiden ei-

nerlei find, und ob es wefentliche Stücke oder Modificationen find.

Aefthetik,

Sinnenlehre, Theorie der Sinnlichkeit, *Aefthetica*. Diefe Namen gebühren eigentlich der Wiffenfchaft von den Regeln der Sinnlichkeit überhaupt (C. 76.). Es läfst fich nehmlich ein Syftem aller Regeln denken, nach welchen wir durch finnliche Eindrücke Vorftellungen erhalten. In diefer Bedeutung ift das Wort Aefthetik fehr richtig zuerft von Kant und nach ihm von feinen Schülern gebraucht worden. Es ift griechifchen Urfprungs und bedeutet Sinnenlehre.

1. Diefe Wiffenfchaft hat Kant zuerft gänzlich von der Logik getrennt, da man bisher nur einen Theil derfelben, die Theorie des Schönen, unter dem Namen der Aefthetik vortrug, und die andern Theile derfelben zur Logik und Rhetorik fchlug, oder ganz vernachläffigte. Die Aefthetik und Logik enthalten beide die Regeln ganz verfchiedener Gemüthsfähigkeiten, die Aefthetik nehmlich die Regeln der Sinnlichkeit, die Logik die Regeln des Verftandes. Die Aefthetik zerfällt wieder in drei verfchiedene Wiffenfchaften, in zwei wirkliche Wiffenfchaften *a priori*, und eine empirifche Sinnenlehre. Die erftern heifsen die transfcendentale und die metaphyfifche, die letztere die empirifche oder pfychologifche Aefthetik.

2. Kant entdeckte nehmlich, dafs die Fähigkeit, Eindrücke von Gegenftänden zu erhalten, wodurch Vorftellungen in uns entftehen, oder die Sinnlichkeit, eine gewiffe urfprüngliche Befchaffenheit haben müffe, die in jedem Subject, das eine Sinnlichkeit habe, vor allen wirklichen Eindrücken vorhanden fei, wodurch die Eindrücke einer gewiffen Art eine ihnen allen anhängende Form erhalten; dafs hierdurch allein das Räthfel aufgelöfet werde, wie gewiffe finnliche Gegenftände gewiffe ihnen allen zukommende Eigenfchaften haben müffen, wie daher alles, was zur Natur gehört, es fei am

Himmel, oder auf der Erde, fogar gewiffe Eigenfchaften haben müffe, die wir vorher, ehe wir die Gegenftände noch mit unfern Sinnen erreichen, mit Sicherheit von ihnen behaupten können, z. B dafs wir behaupten können, ohne erft den Verfuch anzuftellen, ein Menfch, welcher in einer geraden Linie von Magdeburg nach Brandenburg gehe, werde eher hinkommen, als ein anderer, der mit gleicher Gefchwindigkeit in lauter Schlangenlinien diefen Weg mache.

3. Kant mufste alfo nothwendig darauf fallen, zu unterfuchen (C. 35.), ob fich die Kenntniffe von dem Urfprung aller der finnlichen Vorftellungen, die den Gegenftänden nothwendig und allgemein, folglich *a priori*, anhängen, nicht vollftändig und als Principien aller finnlichen Vorftellungen (Anfchauungen) *a priori* vortragen, und als folche apodictifch beweifen liefsen. Und das hat er in dem Theile der Critik der reinen Vernunft, welcher den Namen der transfcendentalen Aefthetik führt C. 31 — 37.), geleiftet, wenigftens die Idee diefer Wiffenfchaft genugthuend für die Ueberzeugung entworfen. Sie macht alfo einen Theil der Transfcendentalphilofophie aus, oder der Wiffenfchaften von dem Urfprung unferer Vorftellungen *a priori*, und zwar den erften Theil der transfcendentalen Elementarlehre, oder desjenigen Haupttheils der Transfcendentalphilofophie, welcher die Regeln der Wiffenfchaft felbft vorträgt (M. I. 58. C. 35.), im Gegenfatz gegen den zweiten Haupttheil, der Methodenlehre, welcher von der Methode handelt, den Regeln von dem Urfprung der Vorftellungen *a priori*, zur Beförderung einer richtigen Erkenntnifs, Einflufs zu verfchaffen.

4. In der transfcendentalen Aefthetik wird alfo die Sinnlichkeit ifolirt, f. abftrahiren, d. h. alles davon abgefondert,

    a) was der Verftand durch Begriffe denkt;

    b) was durch Eindrücke auf die Sinnlichkeit Gegenftand unfrer Vorftellung wird, und alfo zur Empfindung gehört, d. i. die Vorftellung von einem Eindruck in uns hervorbringt.

Dann bleibt nichts übrig als folche Vorftellungen, die ihren Grund in der unveränderlichen Befchaffenheit unferer Sinnlichkeit haben, und daher **reine Anfchauungen** heifsen. Diefe reinen Anfchauungen müffen alfo allen übrigen finnlichen Vorftellungen, fie mögen uns nun vermittelft der Werkzeuge der Sinne als in der Erfcheinung wirklich vorhanden, oder durch die Einbildungskraft erdichtet, vorgeftellt werden, als ihre Formen anhängen (M. I. 39. C. 36.).

5. Nun findet fich, bei diefer Unterfuchung, dafs es zwei folcher reinen Formen finnlicher Anfchauungen, als Principien der Erkenntnifs *a priori*, gebe, nehmlich Raum und Zeit, wodurch die transfcendentale Aefthetik in zwei Abfchnitte zerfällt, nehmlich in die Lehre vom Raum und von der Zeit, als Quellen der Anfchauungen *a priori*. In dem erften Abfchnitt wird gezeigt, wie Anfchauungen *a priori* entfpringen können, die für alle äufserlichen, finnlichen Anfchauungen *a pofteriori*, Nothwendigkeit und Allgemeinheit haben; in dem zweiten wird daffelbe für alle finnlichen Anfchauungen *a pofteriori* überhaupt gelehrt (M. I. 39. C. 36.).

6. In der transfcendentalen Aefthetik können aber auch nicht mehr als diefe zwei Elemente enthalten feyn; weil alle andere zur Sinnlichkeit gehörige Vorftellungen, felbft die der Bewegung, etwas Empirifches oder was nicht nothwendig und immer ift, vorausfetzen. Denn alles, was durch die Augen uns vorgeftellt wird, Licht und Farben, alles, was durch die Ohren uns vorgeftellt wird, Schall und Töne, ift für den Blinden und Tauben nicht mehr vorhanden, folglich zufällig und fubjectiv, oder kann bei jedem einzelnen Menfchen anders feyn. So lange aber noch irgend Anfchauungen, wäre es auch nur in der Phantafie, möglich find, müffen fie, auch von dem Blinden und Tauben, die äufsern im Raum, und alle in der Zeit, vorgeftellt werden (C. 58.).

7. Kant hängt der Lehre von diefen beiden Elementen der reinen Anfchauung noch einige **allgemeine Anmerkungen** an, die von der gröfsten Wichtigkeit find, wovon ich hier nur die erfte erläutern will,

weil fie die transfcendentale Aefthetik überhaupt angehet, die übrigen drei werden in den Artikeln **Erfcheinung** und **Idealismus** ihre Erläuterung finden (C. 59.).

8. Diefe erfte Anmerkung nun beftehet aus zwei Bemerkungen.

a) Die transfcendentale Aefthetik lehrt: **dafs alle unfere Anfchauungen nichts als Vorftellungen von Erfcheinungen find.** Dies ift Kants wahre Meinung über die Grundbefchaffenheit unferer Sinnlichkeit (M. I. 69.). Er behauptet damit, dafs die Dinge, die wir in Raum und Zeit anfchauen, kurz alle Körper, nur Vorftellungen find, die als Erfcheinungen mit dem Raume und der Zeit, darin fie fich befinden, nur in uns, in unfern Vorftellungen, exiftiren (M. I. 70.). Denn ein Ding, das unabhängig von unferm Anfchauungsvermögen vorhanden, oder was anders als Vorftellung wäre, könnte unmöglich im Raum und in der Zeit feyn, da diefe allem, was uns in die Sinne fällt, nur durch die unabänderliche Befchaffenheit unferer Sinnlichkeit anhängen, und folglich, wenn z. B. der Raum wegfällt, auch die Möglichkeit der Ausdehnung, Undurchdringlichkeit u. f. w. kurz des ganzen finnlichen Gegenftandes wegfällt.

9. Die Leibnitz-Wolfifche Philofophie lehrt, dafs eine undeutliche, das ift, eine dunkele oder verworrene Vorftellung **finnlich** (*repraefentatio fenfitiva*) fei (Baumgartens Metaphyf. §. 383.), dafs alfo die Sinnlichkeit das Vermögen verworrener Vorftellungen fei. Die finnlichen Vorftellungen (*idées fenfitives*) hingen von den einzelnen Theilen (*du détail*) der Figuren und Bewegungen der Dinge an fich ab, und drückten diefe Figuren und Bewegungen genau aus, obwohl wir diefe Zufammenhäufung von Merkmalen und Theilvorftellungen nicht mit Bewufstfeyn auseinander fetzen könnten, weil die Anzahl der mechanifchen Wirkungen auf unfere Sinne zu grofs, und diefe Wirkungen felbft zu klein wären (*Oeuvres philofophiques de Leibnitz par Raspe: Nouveaux Effais fur l'Entendem. humain Liv. IV. Ch. VI. p. 368.*). Allein das ift eine Verfälfchung des Begriffs von Sinnlichkeit und von Erfcheinung (*phantôme fenfitif*), welche die ganze Lehre

derselben unnütz und leer macht. Der Unterschied zwischen einer undeutlichen und deutlichen Vorstellung ist blofs logisch (M. l. 71. C. 60.) und betrifft nicht den Inhalt; es kömmt dabei blofs darauf an, wie weit ich den Gebrauch der Erkenntnifsvermögen zur Auseinanderlegung (Analysirung) der Merkmale getrieben habe, oder treiben kann, welches die Logik lehrt, nicht aber auf die nothwendige Beschaffenheit der Dinge selbst, welches allein der Gegenstand der Metaphysik ist. Kant giebt das Beispiel des Begriffs eines Rechts. Der gesunde Verstand denkt sich unter demselben eben dasselbe, was die subtilste Speculation aus demselben entwickeln kann, nehmlich dafs wenn derselbe mit einer Handlung verbunden werden kann, sie mit einer Forderung verknüpft sei, die Jedermann, vermöge des ihm gebietenden Moralgesetzes, für gültig anerkennen und ihr genügen sollte. Allein im gemeinen und practischen Gebrauche ist man sich dieser mannichfaltigen Vorstellungen im Begriff eines Rechts nicht deutlich bewufst. Daraus folgt aber nicht, dafs dieser Begriff dann sinnlich sei, und eine blofse Erscheinung enthalte; denn das Recht kann gar nicht erscheinen, sondern der Begriff desselben liegt in der Vernunft, und stellet eine gewisse moralische Beschaffenheit der Handlung vor, nehmlich nicht die moralische Beschaffenheit derselben in Beziehung auf das handelnde Subject, denn diese heifst Pflicht, sondern diese Beschaffenheit in Beziehung auf das vernünftige Wesen, gegen das gehandelt wird, und das ist eine Beschaffenheit, die den Handlungen an ihnen selbst, und nicht in der blofsen Erscheinung, oder der in die Sinne fallenden That, zukommt. Dagegen enthält ein Körper in der Anschauung gar nichts, was einem Gegenstande an sich selbst zukommen könnte, sondern blofs die Erscheinung von Etwas, und die Art, wie wir dadurch afficirt werden oder Eindrücke erhalten, und diese Fähigkeit, solche Eindrücke zu erhalten (Receptivität), heifst die Sinnlichkeit und kann uns folglich die Erkenntnifs des Gegenstandes sich selbst nicht liefern, wenn man auch die Empfindung bis auf den Grund durchschauen möchte.

10. Die Leibnitz-Wolfische Philosophie hat daher allen Unterſuchungen über die Natur und den Urſprung unſerer Erkenntniſſe einen ganz unrichtigen Geſichtspunct angewieſen (M. I. 72. C. 61.). Sie betrachtet nehmlich, wie wir geſehen haben, den Unterſchied zwiſchen dem Sinnlichen und Intellectuellen (durch den Verſtand Erkannten) bloſs als logiſch, und ſuchte ihn in dem Grade der Deutlichkeit der Vorſtellungen. Allein dieſer Unterſchied iſt offenbar transcendental, oder hängt von dem Urſprung der Vorſtellungen *a priori*, und der darin liegenden Möglichkeit der ſinnlichen und Verſtandes Gegenſtände ſelbſt, ab. Durch die Sinnlichkeit erkennen wir die Beſchaffenheit der Dinge an ſich ſelbſt, wie ſie nehmlich unabhängig von dem, was ihnen unſer Erkenntniſsvermögen leihet, ſeyn mögen, nicht bloſs nicht deutlich, ſondern gar nicht. Sobald wir nehmlich unſere ſubjective Beſchaffenheit, uns die Dinge in Zeit und Raum vorzuſtellen, wegnehmen, ſo iſt das vorgeſtellte Object, z. E. der Tiſch, mit den Eigenſchaften, die ihm die ſinnliche Anſchauung beilegte, Ausdehnung, Undurchdringlichkeit, Geſtalt, Gröſse, überall nirgend anzutreffen, ja kann nirgend anzutreffen ſeyn, denn es iſt die ſubjective Beſchaffenheit des Subjects, welches die Vorſtellung Tiſch hat, wodurch derſelben die Form der Ausdehnung überhaupt, Raum, beigelegt wird, ohne welche weder Undurchdringlichkeit, noch Geſtalt, noch Gröſse möglich iſt. Und das heiſst nun eben, dieſer Tiſch iſt eine Erſcheinung, und nicht ein Ding an ſich. S. An ſich.

11. Es iſt hier freilich noch ein Unterſchied merkbar. An einer jeden Anſchauung iſt etwas zu finden, was ihr weſentlich anhängt, das für die Sinnlichkeit eines jeden Menſchen überhaupt gilt. An einer Anſchauung iſt aber auch zuweilen etwas zu finden, was ihr nur zufälliger Weiſe zukömmt, was nicht von der Beſchaffenheit der Sinnlichkeit überhaupt, ſondern von der beſondern Stellung oder Organiſation der Sinnenwerkzeuge eines jeden Einzelnen (*Individui*) herrührt. Siehet man bloſs auf dieſen Unterſchied, ſo pflegt man das Erkenntniſs des erſtern eine ſolche zu nennen, die den Gegenſtand an ſich ſelbſt vorſtellt, die zweite aber nur die Erſchei-

ung deſſelben. Dieſer Unterſchied iſt aber nur empiriſch (M. I. 73.), oder betrifft nur einen Unterſchied in der Erfahrung, nicht aber den Unterſchied zwiſchen den Erfahrungsgegenſtänden (den Erſcheinungen überhaupt) und dem, was ſie an ſich ſelbſt mögen, wenn ihnen nichts von dem anhängt, was ihnen unſere Sinnlichkeit überhaupt leihet, welcher Unterſchied transcendental heiſst. Bleibt man aber bei jenem empiriſchen Unterſchied ſtehen, (wie es gemeiniglich geſchiehet) und ſieht jene empiriſche Anſchauung, welche man in der Erfahrung das Ding an ſich, das wirkliche Ding nennt, nicht wiederum (wie es geſchehen ſollte) als die Vorſtellung von einer bloſsen Erſcheinung an, ſo daſs darin gar nichts, was irgend die Sache an ſich ſelbſt anginge, anzutreffen iſt, ſo iſt der transcendentale Unterſchied verlohren, und wir glauben alsdann doch, Dinge an ſich zu erkennen, ob wir es gleich überall (in der Sinnenwelt), ſelbſt bis zu der tiefſten Erforſchung der Gegenſtände, mit nichts weiter, als mit Erſcheinungen zu thun haben (C. 62.). S. Erſcheinung.

12. Die Anmerkung in 8. beſtehet ferner aus der Bemerkung:

b) Dieſe transſcendentale Aeſthetik iſt nicht bloſs ſcheinbare Hypotheſe, ſondern ununſtöſslich gewiſs (M. I. 741. C. 63.). Denn die Wiſſenſchaften vom Raum und der Zeit, vermittelſt der Conſtructionen, die Geometrie und Chronometrie, und die Wiſſenſchaften, welche ihre Sätze nur durch Anſchauungen in der Zeit zu Stande bringen, Arithmetik und reine Mechanik, geben unumſtöſsliche Sätze, die für alle Erfahrungen gelten müſſen, und folglich nicht empiriſch ſeyn können, alſo in einem Anſchauungsvermögen *a priori* gegründet ſeyn müſſen, von dem eben die tanſc. Aeſthetik die Principien aufſtellt. S. objectiv.

13. Der Beſchluſs der transcendentalen Aeſthetik (in Kants Critik der reinen Vernunft) ſtellt nun das ganze Reſultat derſelben auf. Sie zeigt, daſs durch reine Anſchauungen *a priori*, Raum und Zeit, ſynthetiſche Sätze *a priori* möglich ſind, welches die Aufgabe der reinen Vernunft iſt, die durch

die Critik derselben soll gelöset werden. S. **Anschauungen** und **Transcendentalphilosophie**.

14. Die **metaphysische Aesthetik** könnte noch von der transcendentalen getrennt werden, und würde die Wissenschaft von den Regeln der Sinnlichkeit *a priori* seyn, im Gegensatz der transcendentalen, welche die Principien der Sinnlichkeit *a priori* vorträgt. Sie würde alle metaphysische Begriffe vom Raum und der Zeit befassen und auf den einzigen empirischen Begriff einer **empirischen Anschauung** überhaupt anwenden, und z. B. die Lehre von den *Modis* des Raums und der Zeit, dem Ort, der Lage, der Dimension, der Beharrlichkeit, dem Vorherseyn und Nachherseyn, dem Zugleichseyn u. s. w. vortragen. Wir haben jetzt noch kein abgesondertes, vollständiges und ausführliches System dieser Wissenschaft, welches doch nöthig ist, um z. B. die abgeleiteten Begriffe des reinen Verstandes, oder die Prädicabilien vollständig zu finden, um das, was an einer Anschauung rein ist, von dem Empirischen an derselben abzusondern, u. s. w.

15. Die **empirische Aesthetik** ist die Wissenschaft von den Regeln der Sinnlichkeit *a posteriori*, und gehört zur **Psychologie** (s. Psychologie) oder **Anthropologie** (s. Anthropologie). Sie giebt die Kunst zu beobachten, zu erfahren u. s. w. und ist wie jede empirische Wissenschaft unerschöpflich, dahingegen die beiden angeführten Theile der **rationalen Aesthetik** vollständig ausgeführt werden können.

16. Die Deutschen sind die einzigen, welche sich vor **Kant** des Worts **Aesthetik** bedienten, um dadurch das zu bezeichnen, was andere Nationen **Critik des Geschmacks** nennen. **Baumgarten** hatte nehmlich die Hoffnung, dass die Critik des Geschmacks auf Vernunftprincipien gebracht werden, und die Regeln desselben zur Wissenschaft erhoben werden könnten. Allein diese Bemühung ist vergeblich, weil das **Schöne** nicht durch die **Vernunft** erkannt, sondern durch den **Geschmack gefühlt** wird. S. **Geschmack**. Auch sind die Regeln oder Criterien des Schönen blofs empirisch, denn man kann nicht *a priori* behaupten, dafs etwas schön seyn müsse. Daher ist es rathsam, die Cri-

tik des Geschmacks entweder nicht ferner Aesthetik
zu nennen, und diese Benennung nur der Wissenschaft
zu geben, welche wir rationale Aesthetik genannt
haben, oder sie als einen Theil der empirischen
Aesthetik zu betrachten, und Aesthetik des Schönen oder des Geschmacks zu nennen.

>Kant. Critik der reinen Vernunft. Einleitung S. 29.
— 30. Elementarlehre I. Th. S. 31 — 33. 36. 58 —
64 73. II. Th. Transfc. Logik. Einl. S. 76.
Deff. Prolegom. §. 10 — 13. S. 52 — 71.
Baumgarten Metaphyf. §. 383. 395.

Aesthetisch,

'αισθητον. So heisst das Prädicat, welches das Verhältniss einer Vorstellung zur Sinnlichkeit angiebt; insbe-
sondere aber zum Gefühl der Lust oder Unlust. S. den
vorhergehenden Artikel. Ein Urtheil ist ästhetisch (M. II, 464. U. 23.) heisst z. B. das Gefühl
des Subjects und kein Begriff vom Object ist sein
Bestimmungsgrund. Das Wohlgefallen ist ästhetisch,
wenn es aus der Sinnlichkeit entspringt, wie z. B. das
am Schönen, im Gegensatz gegen das intellectuelle,
welches seine Quelle lediglich in der Vernunft hat und
daher selbst gewirkt ist. S. Achtung (M. II. 510.). Eine Idee ist ästhetisch, wenn sie sich auf eine Anschauung bezieht (M. II. 749, 2.), z. B. die Idee eines vollkommenen englischen Gartens. Die Deutlichkeit ist ästhetisch (C. Vorr. 12. der ersten Ausgabe) d. i. sinnlich, durch Beispiele und Gleichnisse hervorgebracht,
welche die abgezogenen Vorstellungen und Urtheile anschauend machen; sie ist der logischen entgegengesetzt,
welche durch Entwickelung der Begriffe entstehet.

Aeufsere.

S. Innere.

Affecten.

S. Leidenschaften.

Affectionspreis.

S. Preis.

Affectlosigkeit,

Apathie, Phlegma, 'ἀπάθεια, *phlegma (in significatu bono)*, *apathie*. Diejenige Gemüthsbeschaffenheit, bei der das Gemüth keinen solchen stürmischen und unvorsetzlichen Gefühlen unterworfen ist, die seine Freiheit hemmen. Diese Beschaffenheit ist relativ, eine absolute Affectlosigkeit ist nicht in der Natur, sondern nur ein höherer Grad derselben.

1. Das Phlegma ist entweder natürlich, oder hängt vom freien Willen ab und ist erworben; in dem letztern Sinn ist es nicht eine Neigung zur Trägheit, sondern eine Festigkeit der Gemüthsfassung, wodurch es dem Anreitz zur Bewegung des Gemüths widerstehet. Eine solche Affectlosigkeit zeigt eine starke Seele an, bestehet aber nicht darin, dass ein Mensch mit sich spielen läst, wie man will. Diese Affectlosigkeit eines seinen Grundsätzen nachdrücklich nachgehenden Gemüths ist, und zwar auf eine vorzügliche Art, erhaben, weil sie zugleich das Wohlgefallen der reinen Vernunft an dem Widerstande gegen das Interesse der Sinne auf ihrer Seite hat. Orientalische Völker, z. B. die Chinesen, sind ohne Affecten. Zorn, Erbitterung, grimmige Entrüstung ist unter den Chinesen selten, besonders unter dem gemeinen Mann. Heftig ist der Chinese nie, nicht etwa von Natur, sondern weil er von Kindheit an dazu gewöhnt wird, sich zu beherrschen und zu mäsigen. Sie scheinen daher langsam, kalt und phlegmatisch zu seyn, aber es fehlt ihnen nicht an Munterkeit und natürlichem Feuer. So beschreibt sie du Halde (Beschreibung des chinesischen Reichs und der grossen Tartarei). Sie hören die bittersten Vorwürfe mit der grösten Gelassenheit an, und entrüsten sich nicht, wenn ihr Gegner auch noch so zornig ist. Sie verabscheuen sogar jedes Wort, ja jede Miene, die etwa von Zorn zeugen könnte.

2. Die Stoiker hielten viel auf diese Apathie, und sahen sie für das wahre Criterium des Weisen an. Das Fundament derselben war die Behauptung, dass nicht die äussern Dinge, oder sogenannte Güter dieses Lebens,

Affectlosigkeit.

sondern allein die Tugend den Menschen glücklich machen, und dafs ihm folglich die erstern gleichgültig seyn müfsten. Man kann hiervon den Artikel höchstes Gut nachsehen.

3. Bei den Stoikern waren Affectlosigkeit und Weisheit identische Ideen. Diese Weisheit wurde also auch in absoluter Bedeutung genommen, als eine Weisheit, die unter den Menschen, in ihrer Vollkommenheit, nicht zu finden ist. Die Stoiker unterschieden aber viererlei beim Affect:

a) die durch ein Object auf das Gemüth gewirkte unwillkührliche Rührung (ὁρμή, propehsio, motus non voluntarius, ictus, pulsus);

b) die unwillkührliche Begierde nach dem Object (ὄρεξις, cessio);

c) die willkührliche Begierde nach demselben (συγκατάθεσις, consensio);

d) den eigentlichen Affect (ὁρμή, incitatio, impetus).

Die drei ersten Momente sahen sie nicht für etwas Sittliches an, nur das letzte Moment tadelten sie, als etwas unmoralisches, und verlangten von ihrem Weisen, dafs er sie unterdrücken müsse. Die Stoiker unterschieden zweierlei Affectlosigkeit:

a) die des Weisen, der sich von seinen Rührungen und Begierden nicht hinreifsen läfst, und

b) die des Thoren, der keine Rührung und Begierde hat *), welches wir Fühllosigkeit nennen.

Die letztere hielten indessen Stilpo, Pyrrho, Diogenes der Cyniker, Heraklit und Timon für die eigentliche sittliche Affectlosigkeit. Hieraus erhellet, dafs die Affectlosigkeit der Stoiker im Grunde nicht viel verschieden war von der Affectmäfsigung, oder Metriopathie der Peripatetiker **).

---

*) Seneca sagt (Epist. IX.) *Noster sapiens vincit quidem incommoda omnia, sed sentit; illorum ne sentit quidem.*

**) Τὸν σοφὸν μετριοπαθῆ μὲν εἶναι, ἀπαθῆ δὲ οὐκ εἶναι sagen Pythagoras, Plato und Aristoteles. Das ist die Meinung des Augustinus (de Civ. IX. cap. IV.): *Aut nihil, aut pene nihil distat inter Stoicorum aliorumque philosophorum opinionem de passionibus et pertur-*

4. Die Aristoteliker lehrten nehmlich, daſs die Affecten nicht moralisch wären, sondern nur gemäſsigt werden müſsten.

Eine Affectlosigkeit dieser Art ist edel, d. i. erregt Bewunderung.

> Kant. Crit. der Urth. I. Th. §. 29. Allgem. Anm. S. 121.
>
> J. *Lipſii manuductionis ad Stoicam philosophiam lib. III. Diſſ. VIII. p. 151.*

Afficirt

werden, ἀλλοιουσθαι, *affici*, heiſst, eine Einwirkung auf das Gemüth leiden, wodurch ein Eindruck entspringt, der den Stoff zur Vorstellung eines Gegenstandes giebt. Ohne ein solches afficirt werden kann sich das Gemüth nur mit Vorstellungen beschäftigen, die es durch ehemalige Eindrücke erhalten hat, oder die bei Gelegenheit derselben entsprungen sind. Ohne solche Eindrücke können wir nicht einmal zum Bewuſsseyn der Vorstellungen *a priori* gelangen, und diejenigen, deren wir uns schon bewuſst sind, sind ohne diese Eindrücke leer, ohne Stoff, der den Vorstellungen *a priori*, die nur Formen der empirischen Vorstellungen sind, einen Inhalt gäbe. Alle empirischen Vorstellungen setzen ein solches afficirt worden seyn voraus, d. h. es ist etwas in ihnen vorhanden, was nicht aus dem Gemüth selbst entspringt, und welches wir daher, der Beschaffenheit unsers Gemüths gemäſs, auf eine uns unbekannte Ursache auſser dem Gemüth beziehen müſsen,

---

bationibus animorum. Vtrique enim mentem rationemque Sapientis ab earum dominatione defendunt. Et ideo fortaſſe dicunt eas in sapientem non cadere Stoici: quia nequaquam eius sapientiam, qua utique sapiens est, vllo errore obnubilant, aut labe subuertunt. Accidunt autem animo, salva serenitate sapientiae, propter ea quae commoda vel incommoda appellant. Wahrscheinlich sprachen die Stoiker zuweilen von dem Weisen, als Ideal, wie wir uns Gott denken müſsen, und behaupteten dann von ihm eine absolute Affectlosigkeit; zuweilen aber von dem Weisen in der Erfahrung, wie er unter Menschen möglich sei, und verwarfen dann bloſs jenen eigentlichen Affect (3, d.) und nannten diese Beherrschung seiner selbst Affectlosigkeit. Cicero behauptet schon (*De Finib. lib. III. et IV.*) daſs die Stoiker mehr in den Worten als in den Sachen von den Platonikern und Peripatetikern verschieden gewesen wären.

welches man das Ding an sich, s. An sich, nennt. Daraus folgt aber noch nicht, daſs es ein solches Ding an sich gebe, sondern diese Beziehung ist blofs die Folge davon, daſs wir, der Beschaffenheit unsers Verstandes gemäſs, alles, und also auch den Stoff der empirischen Vorstellungen, für eine Wirkung erkennen müssen, wodurch folglich auf eine Ursache hingewiesen wird. Dieser Stoff ist nehmlich gegeben, er ist nicht Wirkung des Gemüths, er ist ein Eindruck auf das Gemüth (Empfindung), das Gemüth ist afficirt worden, sind alles gleich bedeutende Ausdrücke.

2. Wir finden den Ausdruck afficirt werden schon von Cudworth (*de aeternis iusti et honesti notionibus. lib. III. c. I. §. II.*) in der nehmlichen Bedeutung gebraucht. „Darin stimmen alle überein, sagt er *), daſs diejenigen, welche empfinden, nicht selbst wirken, sondern leiden, oder daſs die Empfindung ein Leiden sei. Kein Vernünftiger zweifelt nehmlich daran, daſs bei jeder Empfindung der Körper desjenigen, welcher empfindet, afficirt werde und etwas leide." Kant redet nur nicht davon, daſs der Körper afficirt werde, denn das ist eine Erfahrung, sondern davon, daſs das Gemüth eine Einwirkung leide, wodurch es erst möglich wird, daſs wir sinnliche Gegenstände wahrnehmen; weil sonst keine Vorstellung von einem Erfahrungsgegenstande entstehen, sondern das Gemüth die Gegenstände aus sich selbst hervorbringen, und sich also eine Welt nach Belieben müſste schaffen können.

Kant. Critik der rein. Vern. Element. I. Th. §. I. S. 34.

Affinität,

(logische oder analytische) Verwandtschaft, *affinitas, connexion des espèces*. So heiſst diejenige Eigenschaft der Begriffe, daſs sie gewisse Merkmale mit andern Begriffen gemein haben, oder einander

---

*) *Principio igitur inter omnes convenit, eos, qui sentiunt, non agere, rerum perpeti, aut sensum perpessionem esse. Primum anno sanus dubitat, in omni sensu corpus eius, qui sentit, affici atque perpeti aliquid.*

ähnlich find; dafs gewiffe Merkmale des reinen Begriffs mit gewiffen Merkmalen des andern Begriffs einerlei (identifch) find. S. Aehnlichkeit. Der Begriff der Laugenfalze ift z. B. der, dafs fie Salze find, welche einen fcharfen, brennenden, urinöfen, aber nicht fauern Gefchmack haben, aus den Säuern die darin aufgelöfeten Materien niederfchlagen, den Veilchenfyrup grün färben u. f. w. Der Begriff der Kalkerden ift, dafs fie diejenigen Erden find, welche im natürlichen Zuftande mit allen Säuren braufen, durch die Wirkung des Feuers aber die Kennzeichen des lebendigen Kalks annehmen. Die Laugenfalze und Kalkerden haben aber in ihren Begriffen ein gemeinfchaftliches Merkmal, wodurch fie folglich mit einander verwandt find, oder in Affinität ftehen, nehmlich, dafs fie beide abforbiren, oder fich mit Säuern zu verbinden im Stande find.

A. Es giebt nun in der Vernunft ein logifches Gefetz der Affinität aller Begriffe (C. 685.), nehmlich dafs die Verwandtfchaft zweier Begriffe, wäre fie auch noch fo nahe, fo lange beide nicht identifch find, nie von der Art ift, dafs fich nicht noch eine nähere denken liefse. Beide können alfo fo gedacht werden, dafs fie mit andern Begriffen in noch näherer Verwandtfchaft ftehen, als unter fich, oder noch weniger von ihnen unterfchieden find, als von einander. Diefes Gefetz gebietet alfo einen continuirlichen Uebergang von einer jeden Art zu jeder andern durch ftufenweifes Wachsthum der Verfchiedenheit, d. h. der Uebergang gefchieht nicht durch Sprünge (f. Abfprung), fondern durch einen Uebergang nach dem Gefetz der Continuität, nach welchen zwifchen zwei Begriffen immer noch ein Begriff in der Mitte liegt, der mit beiden näher verwandt ift, als beide unter fich verwandt find.

2. Kant nennt diefes Gefetz auch das Gefetz der Continuität der Formen, nehmlich der logifchen Formen, worunter die Logiker die Arten verftehen *).

---

*) *Cicero Top. 7. Formas funt, quas Graeci ἰδέας vocant, noftri, fi qui haec forte tractant, fpecies appellant — utroque verbo idem figni-*

S. Form.. Diefes Gefetz entfpringt eigentlich aus der Vereinigung zweier anderen logifchen Gefetze.

1. **Man mufs die Anfänge nicht ohne Noth vervielfältigen.** Es läfst fich denken, dafs zwei noch fo heterogene (ungleichartige) Begriffe immer noch etwas mit einander gemein haben werden, welches der höhere Begriff ift, unter welchem fie beide ftehen, und vermittelft deffen fie homogen oder gleichartig find. Dies heifst daher das Gefetz der **Homogeneität**. S. Homogeneität.

2. **Man mufs die Arten nicht ohne Noth auf eine zu kleine Anzahl herabfetzen.** Es giebt keinen Begriff, der nicht weiter als ein folcher angefehen werden könnte, unter dem noch andere Arten ftehen. Wenn daher ein Begriff auch noch fo zufammengefetzt ift, fo läfst fich doch denken, dafs er noch wieder mit andern Merkmalen verbunden werden könne, fo dafs Arten, die unter ihm ftehen, entfpringen. Dies heifst das Gefetz der **Specification** oder der **Verfchiedenheit**.

Durch das erftere Gefetz fteigt man zu höheren Gattungen hinauf, durch das letztere zu niedern Arten hinunter. Stellt man fich nun die Idee der Vollendung des fyftematifchen Zufammenhangs der Begriffe nach beiden Gefetzen vor; dann find alle Begriffe mit einander verwandt, weil fie alle insgefammt, fie mögen durch noch fo viele Merkmale logifch beftimmt worden feyn, dennoch nur von einer einzigen oberften Gattung abftammen. In dem ganzen Umfange diefes fyftematifchen Zufammenhanges aller möglichen Begriffe giebt es folglich keine leere Stelle, die nicht ein Begriff einnähme (C. 687.). Wir können uns diefen Zufammenhang etwa unter folgendem Bilde vorftellen:

Formae igitur funt hae, in quas genus, fine ullius praetermiffio- ... , ut fi quis ius in legem, morem, aequitatem dividat.

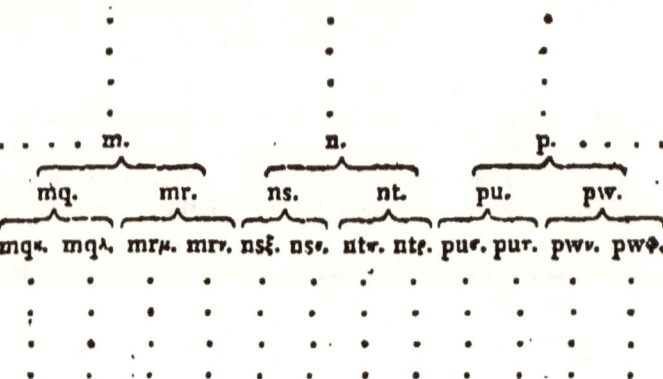

Diese einzelnen und mit einander verbundenen Buchstaben machen zusammen, so wie sie hier dargestellt sind, ein Feld des ganzen systematischen Zusammenhanges aller möglichen Begriffe aus. Jeder einzelne Buchstabe sei ein Begriff, der andre unter sich hat, welche zusammengesetzter sind, und daher hier aus mehreren Buchstaben bestehen. Der Begriff pwφ z. B. ist verwandt mit dem Begriff mrμ, dies fällt zwar nicht sogleich in die Augen, denn in den beiden Begriffen ist, dem ersten Anschein nach, kein gemeinschaftlicher Begriff; allein nach dem Gesetz der Homogeneität haben die Begriffe m und p, wenn man sie in ihre Merkmale auflöset (analysirt), gewiss ein gemeinschaftliches Merkmal; m hat z. B. etwa die Merkmale oder bestehet aus den einfachen Begriffen c, d und e, und p aus c, f und g, folglich sind pwφ und mrμ mit einander verwandt durch den Begriff c, welcher sowohl ein Merkmal von m, als auch von p ist. Aber näher als mrμ ist nsξ mit pwφ verwandt, wenn n die Merkmale c, f und h hat; noch näher endlich ist pwv mit pwφ verwandt, und noch näher pwφx mit pwφy u. s. w., und so läst sich zwischen zwei Begriffen keine Stelle denken, in die sich nicht ein Begriff setzen liefse, welcher mit einem von beiden noch näher verwandt wäre, als beide unter sich. Es läfst sich aber auch nicht aufser dem Umfange aller möglichen Begriffe etwas denken, was mit ihnen allen gar nicht verwandt wäre. Dieses giebt daher nach dem Gesetz der Homogeneität, von den zusammengesetzten Begriffen pwφ und mrμ hinauf zu den einfachern m und p, wodurch alle Begriffe unter einen Gesichtspunct gebracht werden, oder nach dem Gesetz der Specification von den einfachen m, n und p hinab zu den zusammengesetztern mqx, mqλ, mrμ u. s. w., wodurch alle Begriffe durchgängig eingetheilt werden, einen logischen Grundsatz, der so heisst: **es giebt nicht verschiedene ursprüngliche und erste Gattungen, die gleichsam isolirt (s. absondern) und von einander (durch einen leeren Zwischenraum) getrennt wären, sondern alle mannichfaltige Gattungen sind nur Abtheilungen einer einzigen obersten allgemeinen Gattung** (*non datur vacuum formarum, il n'y a point de vuide dans les formes* *)). Die Begriffe m, n, p sind keinesweges die obersten, gesetzt, dass wir auch in der Erfahrung mit unserm Denken nicht weiter kommen könnten; denn auch m muss noch mit n und p verwandt seyn, und daher mit ihnen unter höhere Gattungen gebracht werden können, bis wir auf einen einzigen obersten Begriff kommen, von dem alle übrigen abgeleitet werden können. Daraus folgt nun ferner unmittelbar der logische Grundsatz der Affinität: **Alle Verschiedenheiten der Arten grenzen an einander und erlauben keinen Uebergang zu einander durch einen Sprung, sondern nur durch alle kleinere Grade des Unterschiedes, dadurch man von einer zu der andern gelangen kann** (*datur continuum formarum*) (M. l. 811.). Die Begriffe pwφx und pwφy sind Unterarten von der Art pwφ, also sehr nahe mit einander verwandt, und viel näher als pw und pwφ, aber die Vernunft kann sich doch noch Arten denken, die zwischen pwφx und pwφy in der Mitte stehen, z. B. pwφz, so dass x aus dem Begriff ιξ, z aus ζτ und y aus ντ bestände, dann ist offenbar pwφz oder pwφζτ näher verwandt mit pwφx d. i. pwφιξ als pwφy d. i. pwφντ, und so fort.

---

*) *Leibnitz: Nouveaux essais sur l'entendement humain. lib. IV. d. XVI, ed. d. Raspe.*

3. Dieses Gesetz der Affinität hat also eigentlich den Nutzen, dass es die Gesetze der Homogeneität und Specification, indem es durch einen stufenartigen Uebergang eine Art von Verwandtschaft der verschiedenen Zweige erzeugt, insofern sie insgesammt aus einem Stamm entsprossen sind, mit einander verbindet. Die Arten mq^x und mr^y sind beide aus dem Begriff m entsprossen, also verschiedene Zweige dieses Stammes, und bei aller Mannichfaltigkeit der aus diesem Stamm entsprossenen Begriffe, sind sie dennoch alle homogen, oder gleichartig, und es giebt unter allen aus diesem Stammbegriff entsprungenen Arten dennoch nicht zwei Species oder Arten, die so nahe mit einander verwandt wären, dass nicht eine noch nähere Verwandtschaft, und der Uebergang von einer zur andern allein durch einen Sprung sich denken liessen (M. I. 811. C. 688.).

4. Dieses logische Gesetz der Affinität (*continui specierum s. formarum logicarum*) wäre aber umsonst, wenn es in der Erfahrung ganz anders wäre. Daher könnte ein logisches Gesetz nicht möglich seyn, wenn nicht auch der Verstand wirklich durch ein solches Gesetz Einheit in den gegebenen Stoff der Anschauung zu einer möglichen Erfahrung brächte. Es muss daher wirklich für den menschlichen Verstand unmöglich seyn, anders, als nach diesem Gesetz, den vermittelst der Sinnlichkeit gegebenen Stoff zu einem Ganzen der Erfahrung mit einander zu verbinden. Das logische Gesetz der Affinität setzt daher auch ein transcendentales Gesetz der Affinität (*lex continui in natura*) voraus, so dass wir nicht nur logisch so denken, sondern dieses auch in der Natur so finden müssen, weil die Natur nichts anders ist, denn der durch die Verstandesgesetze zu einer Erkenntniss verbundene Stoff der Sinnlichkeit. Gäbe es aber nicht ein solches transcendentales Gesetz der Affinität, so würde der Verstand durch jenes logische Gesetz, in seinem Gebrauch zur Erkenntniss der Natur, nur irre geleitet werden, und würde vielleicht einen Weg nehmen, der dem Wege, welchen die Natur nimmt, ganz entgegengesetzt seyn möchte. Dieses Gesetz muss also auf einem transcendentalen Grunde beruhen, oder aus dem Erkenntnissvermögen selbst entspringen, aber

nicht auf empirischen Gründen, d. i. uns etwa durch die Erfahrung aufgedrungen werden, weil es sonst später kommen würde, als die Systeme. Nun ist aber die Natur unerschöpflich, und wir würden daher nie zu einem System, oder zu einem Zusammenhang der Naturdinge, nach dem Zusammenhange unsrer Begriffe von ihnen kommen, wenn wir das Gesetz der Affinität von den Naturdingen abstrahirten (s. absondern). So aber trieb nicht die Natur, sondern der Verstand den Linné dazu an, ein System der Pflanzen aufzuführen, und diese nach Verwandtschaften zu ordnen, und so Einheit in die Pflanzenkunde zu bringen. Das Gesetz der Affinität ist also nicht etwa eine blosse Hypothese, welche die Absicht hat, dafs wir durch Versuche zusehen sollen, wie weit wir durch einen gewissen Begriff, z. B. Linné durch die Geschlechtstheile der Pflanzen, in der Zusammenordnung der Naturdinge ausreichen; obwohl auch nicht zu leugnen ist, dafs, wenn wir es in dieser Zusammenordnung weit bringen, dieses ein mächtiger Grund ist, die hypothetisch ausgedachte Einheit, die wir durch jenen Begriff (z. B. der Geschlechtstheile der Pflanzen) in die Sammlung der Naturdinge hineinbringen, für gegründet zu halten. Und auch in dieser Absicht hat das Gesetz der Affinität seinen Nutzen. Eigentlich aber setzt das Gesetz der Affinität voraus, dafs es vernunftmäfsig sei und der Natur angemessen, zu behaupten, dafs alle Glieder der Natur mit einander in Verwandtschaft stehen (C. 688). Man siehet aber leicht ein, dafs diese Continuität der Formen, oder das erklärte Gesetz der Affinität, einen Fortgang ohne Ende gebietet, also in der Erfahrung nicht vollkommen zu finden sei, weil ja sonst das Ende erreicht wäre, und es zwei Dinge gäbe, die näher als alle übrigen verwandt wären, welches dem Gesetz der Continuität der Formen, oder der Affinität widerspricht. Ein solcher Begriff aber, dem kein Gegenstand in der Erfahrung wirklich congruirt, oder vollkommen ähnlich und gleich ist, ist ein Vernunftbegriff, weil die Vernunft zu jedem Fortschritt, den der Verstand gebietet, die Vollendung sucht, welche hier in dem Begriff der vollkommensten Affinität, oder Continuität der Formen gedacht wird. Ein solcher Vernunftbegriff, in welchem die in der Erfahrung nicht mögliche Vollendung einer Reihe, oder eines beständigen Fortschreitens gedacht wird, heifst eine Idee. In der Natur find nehmlich die Species oder Arten wirklich abgetheilt, fie hängen nicht zusammen wie die Theile einer geraden Linie, fie müffen daher ein *quantum difcretum*, d. h. von einander abgefonderte Gröfsen, ausmachen. Wenn das nicht wäre, und der ftufenartige Fortgang in der Verwandtfchaft fo continuirlich wäre, oder fo an einander hinge, wie die Theile einer geraden Linie; fo gäbe es auch eben fo eine wahre Unendlichkeit der Zwifchenglieder, wie zwifchen zwei Puncten in einer geraden Linie immer wieder eine Linie liegt, und das ins Unendliche, fo lange die Puncte nicht auf einander fallen, welches aber bei den Arten unmöglich ift. Allein der Hauptgrund, woraus erhellet, dafs das Gefetz der Affinität eine blofse Idee ift, liegt darin, dafs in demfelben kein Merkmal angegeben wird, wann die vollkommenfte Affinität erreicht ift, wie weit wir alfo gehen follen, um die geringfte Verfchiedenheit zwifchen zwei Dingen zu finden. Folglich können wir diefes Gefetz in der Erfahrung nicht beftimmt gebrauchen, fondern es fagt uns nur im Allgemeinen, dafs wir das Suchen der Affinität immer fortzufetzen haben (M. I. 8,3. C. 689.).

5. Die Vernunft gehet nehmlich nicht unmittelbar auf die Erfahrung, fondern fie fetzt Verftandeserkenntniffe voraus, durch die fchon Einheit in die Erfahrung gebracht ift. Die Vernunft bringt aber wieder Einheit in die Verftandeserkenntniffe, um damit dem ganzen Gefchäft der Erkenntnifs Vollendung zu geben, dazu braucht fie nun ihre Ideen, und bringt dadurch eine Einheit der Verftandeserkenntniffe hervor, die viel weiter gehet, als Erfahrung reichen kann. Nicht aber blofs über die Dinge, fondern auch über ihre Eigenfchaften und Kräfte erftreckt fich das Gefetz der Affinität. Bei aller Verfchiedenheit derfelben müffen fie dennoch alle unter einem Princip, oder oberften Begriff (f. Anfang) ftehen, und nach demfelben mit einander verwandt feyn. Die Alten fanden z. B. durch eine noch rohe, nicht genug berichtigte,

Erfahrung, die Planeten bewegten sich in Kreisen um die Sonne. Die neuern Astronomen fanden aber nach und nach, durch weitere Erfahrungen, dafs sie von dieser kreisförmigen Laufbahn abweichen. Sie vermutheten daher, dafs auch diese Abweichung durch eine Kraft verursacht werde, die sie regelmäfsig macht, so dafs auch sie nach einem beständigen Gesetz alle unendlichen Zwischengrade der Abweichungen durchlaufen. Sie fielen daher darauf, dafs die Planeten, weil sie sich nicht in Kreisen bewegen, sich vielleicht in solchen in sich selbst zusammenlaufenden Linien bewegen möchten, die dem Kreise am nächsten kommen. Diese Linien nennt man Ellipsen, welche nehmlich die Eigenschaft haben, dafs nicht wie bei dem Kreise ein gewisser Punct c (Fig. III und IV) innerhalb von allen Puncten der in sich laufenden Linie gleichweit entfernt ist, sondern dafs zwei Puncte (A und B) innerhalb der krummen Linie sich befinden, deren Entfernung von jedem Punct des Umkreises zusammen einander gleich sind, nehmlich die Linie AD und BD zusammen so lang als die Linie AE und BE. Diese Puncte heifsen die Brennpuncte der Ellipse. Die Cometen weichen aber, wie die Erfahrung lehrt, auch von der Ellipse ab, da sie, so weit die Beobachtung der Astronomen reicht, nicht einmal immer zurückkehren. Hevel vermuthet daher, dafs sie wohl eine Laufbahn haben möchten, die wieder der Ellipse am nächsten kommt. Eine solche Laufbahn ist diejenige krumme Linie, die man eine Parabel nennt (Fig. V), welche die Eigenschaft hat, dafs ihre beiden Brennpuncte nicht, wie bei dem Kreise, auf einander fallen, und daher nur einen einzigen ausmachen, auch nicht wie bei der Ellipse in einer bestimmten Entfernung von einander liegen, sondern unendlich weit von einander abstehen, so dafs also der eine nie erreicht wird, und daher eigentlich wieder nur ein einziger Brennpunct vorhanden ist, und die krumme Linie nach der Seite des unendlichen Brennpuncts zu sich nicht schliefst, weil sie sonst um den unendlichen Brennpunct herum kommen, d. h. über das Unendliche heraus gehen müfste, welches sich widerspricht. Wenn wir uns nun eine Ellipse vorstellen, deren Brennpuncte fehr weit von einander entfernt find, fo ift die gerade Linie, welche durch die beiden Brennpuncte gehet, und welche die grofse Axe heifst, fehr weit geftreckt, und der parabolifche Lauf des Cometen kann von dem elliptifchen, wenn die grofse Axe der Ellipfe (die Linie FG) fehr lang angenommen wird, in allen Beobachtungen nicht unterfchieden werden. So kommen wir alfo, nach Anleitung der Principien der Homogeneität, Specification und Affinität, auf Einheit der Gattungen der Bahnen der Wandelfterne (Planeten und Cometen) in ihrer Geftalt. Wir hatten

1) die krumme Linie, deren beide Brennpuncte auf einander fallen, oder den Zirkel (Fig. III);

2) die krumme Linie, deren beide Brennpuncte eine beftimmte Entfernung von einander haben, welche durch alle Gröfsen derfelben durchgehen kann, oder die Ellipfe (Fig. IV);

3) die krumme Linie, deren beide Brennpuncte unendlich weit von einander entfernt find, oder die Parabel (Fig. V).

Der Zirkel und die Parabel find alfo eigentlich die beiden äufserften Grenzen der Ellipfe, wenn man fie nach der Entfernung ihrer beiden Brennpuncte von einander beftimmt. Und folglich machen alle drei krumme Linien eine und diefelbe Gattung aus, nehmlich derjenigen krummen Linien, deren Puncte durch zwei Puncte innerhalb derfelben vollkommen beftimmt find. Durch diefe Einheit in den Geftalten der Bahnen kommen wir nun weiter auf die Einheit der Urfache aller Gefetze, nach welchen fich die Wandelfterne in diefen Bahnen bewegen, nehmlich, dafs diefe grofsen Weltkörper fich wechfelfeitig fo einander anziehen, dafs derjenige, welcher zweimal, dreimal u. f. w. fo viel Mafse hat, als ein andrer, die andern Körper auch zweimal, dreimal fo ftark anziehet, und wenn fie 2, 3, 4 mal fo weit entfernt find, 2 mal 2 oder 4 mal, 3 mal 3 oder 9 mal, 4 mal 4 oder 16 mal weniger anziehen, welches die Gravitation heifst. Wenn nehmlich ein Wandelftern während feiner Bewegung, durch irgend eine Kraft, wie die anziehende Kraft der Sonne, welche in dem einen Brennpunct ihrer Ellipse stehet, nach ihr zu gezogen wird, so verliert er nicht ganz, sondern nur zum Theil die Richtung, die er vorher hatte, und da das in jedem Augenblick geschiehet, so wird die Bewegung krummlinigt, nehmlich elliptisch. Der Verstand gehet aber noch weiter. Die Planeten und Cometen weichen ab von ihren regelmäsigen Bahnen, hieraus entstehen Varietäten oder Verschiedenheiten der Bahnen selbst und auch Regellosigkeiten derselben, die aber wieder auf Regeln gebracht werden, indem der Einfluſs benachbarter Weltkörper, vermittelst ihrer anziehenden Kraft, auf die Planeten und Cometen in ihren Bewegungen um die Sonne, also dasselbe Princip der Gravitation, uns diese scheinbaren Abweichungen erklärt.

Endlich gehet der menschliche Verstand noch weiter, und denkt sich sogar solche Cometenbahnen, welche die Erfahrung niemals bestätigen kann. Mit der Parabel ist nehmlich noch eine krumme Linie verwandt, deren Brennpuncte nicht nur unendlich weit von einander sind, sondern sogar in entgegengesetzter Richtung liegen, so daſs die krumme Linie nicht nur, wie bei der Parabel, sie nicht einschlieſst, sondern sogar beide Krümmungen, welche die Brennpuncte bei der Ellipse einschlieſsen, sich einander ihre erhabene Seite zukehren Fig. VI. Hierdurch entstehet die Beschaffenheit der krummen Linie, daſs sich ihre Zweige von der Parallelität mit der Axe immer weiter entfernen, dahingegen die Zweige der Parabel sich dem mit der Axe parallelen Laufe immer mehr nähern. So würden also Cometen, die eine hyperbolische Laufbahn hätten, und durch keine andern Kräfte aus derselben herausgezogen würden, unsere Sonne gänzlich verlassen, und endlich nach einem andern Sonnensystem kommen, und so von Sonnen zu Sonnen wandern. Diese Cometen wären also diejenigen Körper, durch deren Laufbahnen die entferntern Sonnensysteme eines Weltsystems, für das wir uns keine Grenzen denken können, vermittelst einer und derselben bewegenden Kraft, nehmlich der Gravitation, zusammenhängen würden (C. 690.).

6. Bei dem Princip der Affinität, wie bei den andern beiden angeführten Principien ist nun etwas besonders merkwürdig, und in der Transfcendentalphilofophie allein wichtig, was wir hier noch auseinander setzen wollen. Das Princip scheint transfcendental oder ein Naturgefetz *a priori* zu seyn, aus welchem Beftimmungen *a priori* für die Erfahrungen abgeleitet werden können. Es enthält zwar blofs die Idee einer Annäherung ohne Ende zur nöthigen Identität zweier Begriffe, damit man im empirifchen Gebrauch nie der Meinung sei, man habe die allernächfte Verwandtfchaft zwifchen zwei Begriffen fchon erreicht. Man nennt in der Mathematik eine Linje, der fich eine andere immer mehr nähert, aber doch nach einem folchen Gefetz, dafs fie diefelbe nie vollkommen erreicht, eine Afymptote. So kann man alfo fagen, dafs der empirifche Gebrauch der Vernunft der Vernunftidee gleichfam afymptotifch folgen kann, d. i. fo, dafs man in der Erfahrung z. B. zu immer näher und näher verwandten Begriffen kommt, aber nie die nächfte Verwandtfchaft erreicht. Der Grundfatz der Affinität, **dafs alle Verfchiedenheiten der Arten an einander grenzen, und keinen Uebergang zu einander durch einen Sprung, fondern nur durch alle kleinern Grade des Unterfchiedes erlauben,** ist ein fynthetifcher Satz *a priori*. Er ift *a priori*, weil er von allen Verfchiedenheiten der Arten gilt, und alfo die Unmöglichkeit des Gegentheils ansfagt, folglich die Kennzeichen der Allgemeinheit und Nothwendigkeit hat. Er ift fynthetifch, denn wenn man auch den Begriff der Verfchiedenheiten der Arten noch fo viel analyfirt, fo wird man doch den Begriff der Continuität der Arten nicht darin finden. Nun kann aber ein fynthetifcher Satz *a priori* nicht blofs fubjectiv, für diefe oder jene Menfchen gelten, fondern mufs objectiv, für Jedermann Gültigkeit haben, und zu einer Regel dienen, nach welcher allein Erfahrung möglich ift; denn diefes ift das Kennzeichen der Wahrheit und objectiven Gültigkeit aller acroamatifch-fynthetifchen Sätze *a priori*. Der Grundfatz der Affinität wird auch wirklich in Bearbeitung der Erfahrung mit gutem Glück

Affinität.

als heuriſtiſch, d. i. zur Entdeckung der Arten und Unterarten gebraucht, wozu z. B. das Linnéiſche Pflanzenſyſtem ein Beleg iſt. Das Merkwürdige iſt nun, daſs man, ohngeachtet aller dieſer Beſchaffenheiten des Grundſatzes der Affinität, dennoch keine transſcendentale Deduction deſſelben zu Stande bringen kann (M. I. 815.).

7. Eine ſolche Deduction, oder Erklärung, wie ſich das Princip der Affinität auf wirkliche Objecte beziehen könne (ſ. Aberglaube I. 1, e, γ.), iſt in Anſehung der Ideen jederzeit unmöglich. Denn, weil ſie nur Ideen ſind, ſo beziehen ſie ſich nicht (wie es bei den Categorien der Fall iſt) auf ein Object, was dadurch allein möglich wäre und für ſie gefunden würde, ſo daſs daſſelbe ihnen völlig congruent wäre. Ideen nehmlich ſind Vorſtellungen von einer Annäherung ohne Ende zu einer gewiſſen in der Erfahrung nicht gegebenen Grenze. Die Annäherung ohne Ende iſt aber auch in der Erfahrung nicht gegeben, eben weil ſie ohne Ende iſt (C. 393. S. dee.).

Kant nennt Grundſätze conſtitutiv, wenn ſie die Erſcheinungen, oder ſinnlichen Gegenſtände, möglich machen, und nach den Regeln einer mathematiſchen Verknüpfung durch die Einbildungskraft darſtellen (conſtruiren ſ. acromatiſch 1.) lehren. Das Geſetz der Affinität iſt nun nicht conſtitutiv, denn es betrifft nicht die Möglichkeit der Anſchauungen, ſondern es iſt regulativ, oder es dringt auf die möglichſt gröſste Fortſetzung und Erweiterung der Erfahrung. S. Regulativ.

Es fragt ſich nun, wie kann das Princip der Affinität für Gegenſtände der Erfahrung objective Gültigkeit haben, d. h. wie iſt es möglich, daſs Jedermann zugeben muſs, daſs in der Erfahrung nie zwei Objecte zu finden ſind, deren Verwandtſchaft die nächſte wäre, ſondern daſs es noch immer nähere verwandte geben muſs, da das Princip doch nicht conſtitutiv iſt, oder nicht a priori die Gegenſtände ſelbſt auf dieſe Art möglich macht, ſondern blos ein ſubjectiver oder regulativer Gebrauch, oder dringt nur auf die möglichſt gröſste Fortſetzung und Erweiterung der Erfahrung (M. 1. 816. C. 692)?

8. Regulative Grundſätze haben allerdings objective Gültigkeit für die Erfahrung, aber nur um das Verfahren anzuzeigen, nach welchem der Verſtand in ſeinem Erfahrungs-Gebrauche mit ſich ſelbſt zuſammenſtimmen kann. Das Geſetz der Affinität iſt nur für Jedermann gültig, als eine **Maxime der Vernunft**, welche ausſagt, daſs man nicht meinen muſs, man habe ſchon die **vollkommenſte Affinität** erreicht, wenn man in der Erfahrung bis zu einem gewiſſen Punct der Affinität gekommen iſt, ſondern, daſs wir der Vernunft nicht zuwider, vielmehr gemäſs, verfahren, wenn wir in der Erfahrung immer noch eine **nähere** Affinität zu finden bemühet ſind. Wäre das nicht, ſo wäre keine Einheit in den Handlungen des Verſtandes, die Begriffe hingen nicht mit einander zuſammen; z. B. ohne das Princip der Affinität wäre zwiſchen den beiden Begriffen, die am nächſten mit einander verwandt wären, eine nie auszufüllende Kluft, folglich alle Begriffe wie lauter von einander getrennte, iſolirte Puncte zu betrachten. Die Vernunft muſs nehmlich durch ihre Idee (hier, die Idee der **Continuität der Formen**) Einheit in das Chaos der Merkmale bringen, wodurch wir zwar die Gegenſtände nicht ſelbſt erkennen, aber, da doch die Gegenſtände durch Begriffe erkannt werden, **indirect**, durch Vereinigung der Begriffe in eine Einheit, die Gegenſtände beſtimmen. Und ſo gelten die regulativen Principien auch, nur **indirect**, von den Gegenſtänden, nicht um ſie ſelbſt zu beſtimmen, ſondern nur um zu beſtimmen, **wie weit wir den Verſtand zum Behuf der Erfahrung gebrauchen müſſen**, wenn Einheit oder Zuſammenſtimmung des Verſtandes in der ganzen Reihe aller Erfahrungen ſeyn ſoll. S. **Regulative Principien.**

9. Ein Beiſpiel hierzu iſt das Geſetz der continuirlichen Stufenleiter der Geſchöpfe. **Leibnitz** hat dieſe Stufenleiter in Gang gebracht. Er ſagt (*Nouveaux eſſais ſur l'entendement humain*, liv. III. ch. 6. p. 265): „wenn wir von uns anfangen, und bis auf die

niedrigsten Dinge hinabgehen, so ist das ein Hinabsteigen durch sehr kleine Grade (*de fort petits degrés,*) und durch eine continuirliche Folge der Dinge, von denen die nächst aneinander grenzenden sehr wenig von einander unterschieden sind. Es giebt Fische, welche Flügel haben, und denen die Luft nicht fremd ist; und es giebt Vögel, welche im Wasser wohnen, die, wie die Fische, kaltes Blut haben, und deren Fleisch so sehr wie Fisch schmeckt, dass man sogar den Andächtigen erlaubt, sie an Festtagen zu essen. Es giebt Thiere, welche dem Geschlecht der Vögel, und dem der vierfüßigen Thiere, so nahe kommen, dass sie zwischen beiden in der Mitte stehen. Die Amphibien haben gleichviel von den Land- und Wasserthieren an sich. Die Seekälber leben auf dem Lande und im Meere, und die Meerschweine haben warmes Blut, und Eingeweide, die denen der Schweine ähnlich sind. Es giebt Thiere, welche eben so viel Verstand und Einsicht zu haben scheinen, als diejenigen, welche man Menschen nennt; und die Thiere und Vegetabilien grenzen so nahe an einander, dass wenn man das unvollkommenste des einen Geschlechts und das vollkommenste des andern nimmt, man kaum einen merklichen Unterschied zwischen beiden gewahr werden kann. So finden wir überall, dass die Arten, bis zu den niedrigsten und am wenigsten organisirten Theilen der Materie (*plus basses et moins organisées parties de la matiere*) hinab, zusammenhängen, und nur durch fast unmerkliche Grade von einander unterschieden sind." Bonnet hat dieses Gesetz (Betrachtungen über die Natur 2. 3. und 4. Th.) treflich aufgestutzt. „Die Natur, sagt er (2. Th. 10. Hauptst.), leidet keinen Sprung; alles geht in ihr stufenweise und gleichsam durch Schattirungen. Wenn zwischen zwei Dingen irgend ein Leeres wäre, was hätte wohl der Uebergang des einen zum andern für einen Grund? Es ist daher kein Wesen vorhanden, das nicht über oder unter sich andere hätte, welche sich ihm durch einige Charactere näherten, oder durch andre von ihm entfernten. Von diesen Characteren, welche die Dinge unterscheiden, entdecken wir nun die mehr oder weniger allgemeinen. Daraus entstehen unsre Eintheilungen in Classen, in Geschlechter, in Arten. Diese Eintheilungen lassen sich inzwischen nicht trennen. Denn es finden sich allemal zwischen zwei Classen, oder zwischen zwei angrenzenden Geschlechtern, einige mittlere Naturstücke, die weder zu einem noch zum andern gehören, sondern sie nur zu verbinden scheinen. Der Polype verbindet das Gewächs mit dem Thiere, das fliegende Eichhorn verknüpfet den Vogel mit dem vierfüsigen Thiere, und der Affe hat vieles vom vierfüsigen Thiere und vom Menschen an sich." Bonnet fängt nun diese Stufenleiter mit dem Einfachen, dem Atomus an, und gehet bis zu dem Zusammengesetztesten, worunter er sich den erhabensten Cherub denkt, fort.

10. Für diejenigen, für welche meine in (4) gegebene Vorstellung noch zu abstract ist, will ich jetzt die dort gebrauchten Buchstaben nach Bonnets Stufenleiter bestimmen; wodurch das Gesetz der Affinität vermittelst wirklicher Theile in der Natur erläutert wird.

m bedeute flüssiger Körper.
n — fester unorganischer Körper.
p — fester organischer Körper.
q — leuchtender Wärmestoff, mq bedeutet also den flüssigen leuchtenden Wärmestoff, d. i. das Feuer.

s bedeute chymisch unzerlegbar, folglich ns fester chymisch unzerlegbarer unorganischer Körper, d. i. Erde.

t bedeute eine aus ungemein grofser Dichtigkeit entspringende Undurchsichtigkeit und Zurückwerfung des Lichts (Glanz), folglich nt fester undurchsichtiger glänzender unorganischer Körper, d. i. Metall.

u bedeute leblos, wenn nehmlich unter Leben das Vermögen nach Gesetzen des Begehrungsvermögens zu wirken verstanden wird; folglich pu fester lebloser organischer Körper, d. i. Pflanze.

w bedeute lebendig, folglich pw fester lebendiger organischer Körper, d. i. Thier.

Affinität.

■ bedeute entbunden ohne Licht folglich *mq■* Feuer ohne Licht, d. i. Wärme.

⋏ bedeute entbunden mit Licht, folglich *mq⋏* entbundenes Feuer mit Licht, d. i. Flamme.

μ bedeute brennbar, folglich *mrμ* brennbare Luft.

ν bedeute rein, folglich *mrν* reine Luft.

ξ bedeute durch Brennen von Luftsäure und Wasser gereinigt und in Säuern nicht aufbrausend, folglich *nsξ* Erde, welche durch Brennen von Luftsäure und Wasser gereinigt nicht mit Säuern aufbrauset, d. i. Schwererde.

● bedeute durch Brennen von Luftsäure und Wasser gereinigt und mit Säuern aufbrausend, folglich *ns●* Erde, welche durch Brennen von Luftsäuern mit Wasser gereinigt mit Säuern aufbrauset, d. i. Kalkerde.

τ bedeute feuerbeständig, folglich *ntτ* feuerbeständige, d. i. edle Metalle.

ϝ bedeute verwandlungsfähig in Metallkalke, folglich *ntϝ* in Metallkalke verwandlungsfähige, d. i. unedle Metalle.

σ bedeute die Dauer einen Sommer hindurch, *puσ* folglich Pflanzen, die nur einen Sommer hindurch dauern, d. h. Sommergewächse.

τ bedeute die Dauer mehrere Jahre hindurch, *puτ* folglich Pflanzen, die mehrere Jahre hindurch dauern, d. h. perennirende Pflanzen.

ν bedeute vernünftig, folglich *pwν*, vernünftige Thiere, d. h. Menschen.

φ bedeute unvernünftig, folglich *pwφ* unvernünftige Thiere.

c bedeute Körper.
d — die Theile eines Körpers.
e — die Möglichkeit, die Theile durch jede auch noch so kleine Kraft an einander zu verschieben.
f bedeute fest.
g — organisch.
h — unorganisch.

x bedeute warmes rothes Blut und fäugen, folglich $pw\varphi x$ Thiere mit warmen rothen Blut, die ihre Jungen fäugen, d. h. Säugethiere.

y bedeute rothes kaltes Blut, folglich $pw\varphi y$ Thiere mit kaltem rothen Blut, d. h. Amphibien.

z bedeute warmes rothes Blut und nicht fäugen, folglich $pw\varphi z$ Thiere mit warmen rothen Blut, die ihre Jungen nicht fäugen, d. h. Vögel.

    p bedeute fäugen.
    ϱ — warmes rothes Blut.
    η — nicht fäugen.
    ς — rothes kaltes Blut.

11. Diefe Stufenleiter ift nun nichts als eine Befolgung des Grundfatzes der Affinität, welcher auf dem Intereffe der Vernunft beruhet, die Vollendung der Reihen, die der Verftand liefert, zu wollen. Beobachtung und Einficht in die Einrichtung der Natur konnte nicht darauf führen, eine folche Stufenleiter als etwas Objectives oder für Jedermann Gültiges zu behaupten. Denn die Sproffen einer folchen Leiter, fo wie fie uns Erfahrung angeben kann, ftehen immer noch viel zu weit auseinander, als dafs die Erfahrung die Vernunft würde darauf geführt haben, wenn das Gefetz nicht fchon in der Vernunft läge. Nach Bonnet (3. Th. 13. Hauptft. S. 48.) hängen die empfindliche Pflanze, oder Senfitive, und die Polypen das Pflanzenreich mit dem Thierreich zufammen. Aber welch ein Sprung ift nicht immer noch von der Senfitive bis zum Polypen. Die Senfitive oder Mimofe fliehet zwar die Hand, die fich ihr nähert, oder vielmehr fie berührt, aber das ift nicht eine Folge von Vorftellungen, die auf ein Bewegungsvermögen wirkten, wie bei den Thieren. Die Senfitive hat eben fo wenig Gefühl als andere Pflanzen. Jenes Fliehen der fie berührenden Hand ift blofs das Spiel eines Mechanismus der Organifation. Eben fo ift der Polyp ein Thier, das fich nicht, wie die Pflanze, durch Wurzeln nährt, und wenn eine Anzahl derfelben fo aneinander hängt, dafs das Ganze einer Schma-

rotzerpflanze äufserft ähnlich ift, fo folgt daraus nicht, dafs es wirklich halb eine Schmarotzerpflanze und halb ein Thier fei. Noch hat man kein Wefen gefunden, das fich durch Wurzeln nährte, und dennoch nach Vorftellungen Glieder bewegte und gebrauchte, oder Leben und Gefühl hätte. Ein folches Wefen allein würde beide Reiche mit einander verbinden. Unfere vermeintlich kleinen Unterfchiede find gemeiniglich in der Natur fo weite Klüfte, dafs man fich fehr irren würde, wenn man fich einbilden wollte, die Natur hätte diefes oder jenes bekannte Wefen zum Uebergang zwifchen zwei andern beftimmt. Bei der grofsen Mannigfaltigkeit der Naturdinge mufs es immer leicht feyn, zwifchen einigen derfelben gewiffe Annäherungen und Aehnlichkeiten zu finden. Dagegen ift die Methode, nach dem Princip der Affinität Ordnung in der Natur aufzufuchen, und die Maxime, eine folche Ordnung als in einer Natur überhaupt gegründet anzufehen, ob zwar unbeftimmt, wo fie anzutreffen fei, und wie weit fie reichen werde, allerdings ein rechtmäfsiges und treffliches **regulatives** Princip der Vernunft. Allein die Erfahrung, oder Beobachtung, kann diefem Princip nie gleichkommen, fondern daffelbe fchreibt nur, ohne etwas zu beftimmen, der Erfahrung oder Beobachtung den Weg vor, wie fie zur fyftematifchen Einheit gelangen kann.

> Kant Crit. der reinen Vern. Elementarl. II. Th. II. Abth. II. Buch. III. Hauptft. VII. Abfchn. S. 685 — 696.
> Leibnitz Nouv. eff. fur l'Ent. hum. liv. III. ch. 6. p. 266. liv. IV. ch. 16. p. 440.
> Bonnet Betrachtung über die Natur. 2 Th. Hauptft. IX — 4 Th. S. 29 — 82.

Afterdienft,

Religiöfe Superftition, ματαιος θρησκεια, cultus fpurius, bigotterie.

Das Wort Afterdienft überhaupt (fubjectiv genommen) bezeichnet die Ueberredung, jemanden durch folche Handlungen zu dienen, die in der That deffelben Abfichten rückgängig machen (R. 229). Es habe z. B. jemand die

Sprache zu lernen, und ich unterrichte ihn in derselben, aber nach einer solchen Methode, daſs er darüber ſeine Zeit verliert, und die Sprache nie lernt, ſo habe ich ihm zwar zu dienen gemeint, aber mein Dienſt war ein Afterdienſt. Wenn alſo die Mittel, die man anwendet, Jemandes Abſicht zu erreichen, nicht tauglich dazu ſind, oder nicht recht angewendet werden, und man meint, die Anwendung dieſer Mittel könne für die nicht erreichten Abſichten gelten, und der Andere müſſe dieſe Anwendung der Mittel eben ſo werth ſchätzen, als wenn ſeine Abſichten wären erreicht worden, ſo macht dieſe Ueberredung die Anwendung der Mittel zu einem **Afterdienſt**. Iſt nun derjenige, dem wir durch ſolche Handlungen zu dienen meinen, die in der That deſſelben Abſichten rückgängig machen, **Gott**, ſo iſt dieſe Ueberredung der **Afterdienſt ins beſondere**, oder die **religiöſe Superſtition** (ſ. Aberglaube IV), und in dieſem Sinne wird das Wort im Folgenden gebraucht.

1. Durch den **Afterdienſt** wird die moraliſche Ordnung ganz umgekehrt, und das, was nur **Mittel** iſt, nicht ſo geboten, als wäre es **wozu**, welches eben der Character oder das Kennzeichen des **Mittels** iſt, ſondern als gälte es als etwas, was nicht **wozu** iſt, ſondern an und für ſich, welches der Character des **Zwecks** iſt. Die Abſicht Gottes mit dem Menſchen iſt nun die **Pflichterfüllung**, und die **Religion** beſtehet eben, in ſo fern ſie als etwas im Menſchen vorhandenes (ſ. ſubjectives) betrachtet wird, in dem Erkenntniſs, daſs dieſe Pflichterfüllung Gottes Abſicht ſei, und folglich von ihm geboten werde (R. 229).

Da dieſes Erkenntniſs Vorſtellungen betrifft, denen kein Gegenſtand in der Erfahrung correſpondirt, z. B. **Gott**, ſo wird das Wort **Erkenntniſs** hier nur im weiteſten Sinn genommen, als ein Product des Erkenntniſsvermögens überhaupt. Das Fürwahrhalten dieſes Erkenntniſſes kann nun keine **Gewiſsheit** ſeyn, weil Gewiſsheit ein Fürwahrhalten aus Gründen iſt, die von dem Gegenſtande hergenommen ſind, und eben daher für Je-

dermaßn gültig (objectiv) seyn müssen. Das Fürwahrhalten bei diesem Erkenntniß entspringt also aus Gründen,
die in dem erkennenden Subject selbst liegen. Der Grund
des Erkenntnisses, daß Gott die Erfüllung meiner Pflichten will, ist aber, daß es meine Pflicht ist, Sittlichkeit
und Glückseligkeit so zum Gegenstande meines Willens zu machen, daß ich die letztere nicht anders will,
als wenn ich die erstere nach allen meinen Kräften in mir
befördere. Hier habe ich nun nicht etwa die Wahl, dieses auch nicht zu wollen, sondern es ist mir durch ein
unnachlaßliches Vernunftgebot, dem ich gehorchen muß,
geboten. Da nun die Glückseligkeit von der Einrichtung
der Natur abhängt, so kann ich sie nicht anders unter
der Bedingung der Sittlichkeit wollen, und folglich nicht
anders erwarten, als wenn ich zugleich voraussetze, daß
die Einrichtung der Natur von einem Wesen abhängt, welches jene Verbindung zwischen Sittlichkeit und Glückseligkeit will und bewirkt. Diese Voraussetzung ist nicht
willkührlich, sondern ein Bedürfniß meiner Vernunft,
indem das unbedingt gebietende Sittengesetz in derselben
mich dazu nöthigt. Ein Fürwahrhalten aus einem solchen, in dem erkennenden Subject liegenden, Grunde,
bei dem aber doch keine Wahl übrig ist, weil sich das Bedürfniß nicht auf Neigung, sondern auf Pflicht gründet, ist für das Subject zulänglich. Nun heißt ein Fürwahrhalten aus Gründen, die für das erkennende Subject
zulänglich sind, ein Glaube, und weil dieser Glaube ein
Bedürfniß der Vernunft ist, ein Vernunftglaube.
Die Annehmung oder das Fürwahrhalten des Gegenstandes
der Religion (Gottes), und folglich der Religion selbst (der
Erkenntniß, daß etwas darum ein göttliches Gebot ist,
weil es meine Pflicht ist,) ist also ein Vernunftglaube. Trägt aber die Religionslehre Grundsätze als
nothwendig vor, die nicht durch die Vernunft als solche
erkannt werden können, sondern welche die Gottheit
selbst als solche bekannt gemacht haben soll, so heißt das
Fürwahrhalten derselben aus Gründen, die für das erkennende Subject zulänglich sind, der Offenbarungsglaube. Soll nun der Offenbarungsglaube vor der Religion hergehen, d. h. soll ich nicht anders meine Pflicht für

den Willen Gottes erkennen, als wenn Ich aus Gründen, die für mich zulänglich find, anerkenne, dafs etwas anders darum meine Pflicht sei, weil es göttliches Gebot ist, so ist das ein Afterdienst, wodurch die moralische Ordnung umgekehrt wird. Denn hierdurch würde der Offenbarungsglaube, der ein Mittel der Pflichterfüllung seyn, und also dem Vernunftglauben Eingang verschaffen und ihm zur Stütze dienen soll, zum Zweck oder selbst zur unbedingten Pflicht (*fides imperata*) gemacht, und dadurch in der That Gottes Absicht, die ächte Pflichterfüllung, rückgängig gemacht. Ein solcher Offenbarungsglaube wäre dann ein eigentlicher **Frohndienst**, welcher selig machen soll, ohne dafs die Handlungen aus moralischen Bestimmungsgründen des Willens geschehen. (S. Aberglaube IV. R. 250.)

2. Kant erklärt den Afterdienst (R. 256) auch so, er sei eine vermeintliche Verehrung Gottes, wodurch dem wahren, von ihm selbst geforderten Dienste gerade entgegen gehandelt wird. So ist z. B. die Befolgung des Religionswahns, in Aberglaube IV. ein Afterdienst; und man kann daher noch zwischen religiöser Superstition oder religiösem Aberglauben und Afterdienst so unterscheiden, dafs man den erstern für den Wahn, die Ueberredung selbst, letztern für die Befolgung dieses Wahns oder das Handeln nach dieser Ueberredung nimmt. Dieses ist die objective Bedeutung dieses Worts, in welcher dasselbe in dieser Stelle gebraucht und erklärt wird.

3. Der gute Lebenswandel aus Principien der Pflicht ist allein der wahre Dienst Gottes. Alles, was der Mensch noch aufser demselben thun zu können vermeint, um Gott wohlgefällig zu werden, ist die Befolgung eines blofsen Religionswahns, und Afterdienst Gottes in objectiver Bedeutung (2); sei es auch, dafs Gott selbst, neben dem guten Lebenswandel des Menschen, etwas thue, ihn zu einem Gott wohlgefälligen Menschen zu machen.

Aber selbst den auf Versicherung einer heiligen Geschichte gegründeten Glauben hieran als etwas verdienstliches vor Gott ansehen, ist Religionswahn, und ein solcher Glaube, oder vielmehr das blosse abgenöthigte Bekenntnifs, dafs man es glaube, ein **Afterdienst**. Bei denen, die diesen Wahn haben, entspringt dieses Bekenntnifs davon aus Furcht, und ist folglich nichts sittliches. Dieses Bekenntnifs, als verdienstlich, soll folglich den guten Lebenswandel ersetzen, und **vereitelt also die Absicht Gottes** (R. 260).

4. Der **Afterdienst** will durch religiöse Handlungen des Cultus etwas in Ansehung der Rechtfertigung vor Gott ausrichten (**Aberglaube, 4.**). Die Vernunft läfst uns aber in Ansehung des Mangels eigener Gerechtigkeit nicht ganz ohne Trost. Denn sie sagt: dafs, wer in einer der Pflicht wahrhaft ergebenen Gesinnung das Seine thut, vor Gott Ergänzung des Fehlenden hoffen dürfe. Und verurtheilte nun eine gewisse Kirche alle Menschen, die das der Vernunft natürlicher Weise unbekannte Ergänzungsmittel der Rechtfertigung nicht wissen, zur ewigen Verwerfung; so würde sie damit einen **Afterdienst**, nehmlich das Wissen des Ergänzungsmittels als Dienst Gottes einführen, der sich also auf Religionswahn gründete (R. 262.).

5. Der **Afterdienst** Gottes hat **keine Grenzen**, wenn sich der Mensch von der Maxime oder Handlungsregel, **dafs der gute Lebenswandel, aus Principien der Pflicht, allein der wahre Dienst Gottes sei**, nur im mindesten entfernt; denn über diese Maxime hinaus ist alles **willkührlich**, was nur nicht unmittelbar der Sittlichkeit widerspricht. Von dem Opfer der Lippen an, bis zu der Aufopferung ihrer eigenen Person bringen die Afterdiener Gott alles dar, nur nicht ihre moralische Gesinnung. Man kann die Worte des römischen Fabeldichters Phädrus mit Recht auf sie anwenden: **es ist ein Volk, das immer vergeblich in Bewegung ist, viel thut, und doch nichts thut** (R. 263).

6. Der Dienst Gottes ist als solcher in nichts von einander wesentlich verschieden, wenn er nicht moralisch ist. Dem Werth oder vielmehr Unwerth nach, sind dann alle Arten, Gott zu dienen, einerlei, und es ist blosse Ziererei, sich durch feinere Abweichung vom alleinigen Princip der ächten Gottesverehrung für auserlesener zu halten, als die, welche sich eine vorgeblich gröbere Herabsetzung zur Sinnlichkeit zu Schulden kommen lassen, welche etwa ihrer Ungewohntheit wegen mehr auffällt, oder in andern Sitten, Lebensarten und der Localität gegründet ist. Gott kann man nur durch moralische Gesinnungen wohlgefällig werden, so fern sie sich in Handlungen als lebendig darstellen, alles übrige ist frommes Spielwerk und Nichtsthuerei, es müsste den dazu dienen, jene zu befördern. Von einem Tugendwahn aber, der etwa mit dem kriechenden Religionswahn zu der allgemeinen Classe der Selbsttäuschungen gezählt werden könnte, weiss die Vernunft nichts, also giebt es auch keinen Afterdienst der ächten Tugendgesinnung. Der Eigendünkel, sich der Idee seiner heiligen Pflicht für adäquat zu halten, ist nur zufällig. Den höchsten Werth aber in der Tugend zu setzen, ist kein Wahn, wie etwa der Wahn, ihn in kirchlichen Andachtsübungen zu finden, sondern baarer zum Weltbesten (höchsten Gut) hinwirkender Beitrag. Wenn man also einmal zur Maxime eines vermeintlichen, Gott für sich selbst wohlgefälligen, ihn auch nöthigenfalls versöhnenden, aber nicht rein moralischen Dienstes übergegangen ist, so ist in der Art, ihn gleichsam mechanisch zu dienen, kein wesentlicher Unterschied, welcher der einen vor der andern einen Vorzug gäbe (R. 264).

7. Kant giebt zu 6. ein Beispiel, indem er von Tungusischen Schamanen und Wogulitzen spricht (R. 270), zu dessen Erläuterung folgende Nachrichten nicht unangenehm seyn werden. Die Tungusen sind ein Volk, welches die ganze Gegend Sibiriens vom Jeniseiflusse bis an das östliche Weltmeer bewohnen. Ihr eigentliches Vaterland ist aber das Land an dem Tunguska und Tschunflusse. Sie haben die alte heidnische Religion, die in Sibirien vor diesem allgemein gewesen ist.

Afterdienst.

Ihre Götzen nennen fie Schewüki. Selbige find von Holz oder Kupfer. Alle ftellen ein unförmliches Geficht vor, und die kupfernen find in Leder eingefafst, fo dafs das Kupfer nur auf der Seite, wo das Geficht ift, gefehen werden kann. Um Hülfe von ihren Götzen zu erhalten, füttern die Tungufen felbige, und ftreichen ihnen zuweilen etwas Milchrahm oder fonft etwas Fettes in den Mund. Sie verehren auch die Sonne. In den wichtigften und fchwerften Angelegenheiten aber nehmen fie ihre Zuflucht zu den Schamanen (Reifen durch Sibirien, aus den Befchreibungen Gmelins und Müllers, in der Sammlung der beften und neuften Reifebefchreib. Berlin 1767. Th. V. S. 169 — 171. D. J. G. Gmelins Reife durch Sibirien. Götting. 1751. Th. I. S. 358). Diefe Schamanen find Tungufen, welche fich für Zauberer ausgeben, und behaupten, dafs fie eine Menge Teufel in ihrer Gewalt haben, die fie zwingen können den Menfchen zu dienen. Gmelin erzählt (Th. 2. S. 44): „Ich hatte das Vergnügen, die Gaukeleien eines Tungufifchen Schamans in Nertfchinsk zu fehen. Er kam auf unfer (der Reifegefellfchaft) Verlangen den 26. Jun. (1735) des Abends zu uns, und wie wir von ihm forderten, dafs er feine Künfte zeigen follte, fo bat er, die Nacht zu erwarten, in welches wir gerne willigten. Des Nachts um 10 Uhr führte er uns etwa eine Werft weit von der Stadt auf das Feld, und legte dafelbft ein grofses Feuer an, um welches er uns rund herum in einem Kreife fitzen liefs. Er felbft zog fich bis auf die blofse Haut aus, und feinen Schamanenrock an, welcher von Leder, und mit allerhand eifernen Werkzeugen behangen war. Auf einer jeden Schulter war ein zackigtes eifernes Horn zu unferm Schrecken angeheftet. Er hatte keine Trommel (wie fonft gewöhnlich ift), wovon er diefe Urfache anführte, dafs ihm der Teufel noch nicht anbefohlen hätte, eine zu gebrauchen. Der Teufel aber, fagen fie, befiehlt es nicht eher, als bis er fich entfchliefst, mit dem Schaman den genaueften Umgang zu haben. Und zwar ift es der oberfte Teufel, und jeder Schaman hat feine eigenen, und wer die meiften hat, kann feine Kunft am sicherften ausüben; jedoch soll ein ganzes Heer folcher kleinern Teufel in seinem ganzen Leibe nicht so viel Kraft haben, als in dem kleinen Finger des oberften Teufels stecke. Dies war der Eingang, womit unser vermummter Zauberer seine Hexerei anfing. Dabei lief er innerhalb des Kreises, den wir ausmachten, längst dem Feuer und um dasselbe ganz cavalierement hin und her, und stimmte durch das Rasseln seiner eisernen Tändeleien die höllische Musik dazu an. Endlich, ehe er zum Werke schritt, sprach er uns einen Muth ein, dafs wir dasjenige fest glauben sollten, was er uns auf unsere Fragen antworten würde, und versicherte dabei, dafs ihn seine Teufel noch nie betrogen hätten. Wir baten ihn, dafs er während den Gaukeleien seine eisernen Werkzeuge nicht zu nahe gegen unsere Köpfe fliegen lassen möchte. Er fing endlich an zu springen und zu schreien, und wir hörten bald ein Chor, das mit ihm einstimmte. Er hatte von seinen Glaubensgenossen ein Paar mit sich genommen, die sich unvermerkt in unsern Kreis mit eingeschlichen hatten und mit ihm sangen, damit es die Teufel desto besser hören möchten. Endlich, nach vielem Gaukeln und Schwitzen, wollte er uns weiſs machen, daſs die Teufel da wären, und wollte daher hören, was man von ihm zu wissen verlangte. Wir legten ihm eine erdichtete Frage vor, und darauf machte er seine Künste, wobei ihm die andern beiden halfen. Durch das Ende wurden wir in unsrer Meinung bestärkt, daſs alles Betrügerei wäre.

8. Die Wogulen oder Wogulitschi gehören auch zu den alten Einwohnern Sibiriens; sie wohnen zwischen dem Jugrischen Gebirge und dem Niederob, auf dem Ural und zu beiden Seiten desselben (Büschings Auszug. Sibirien, 4. Auflage. S. 130. Gatterers Abriſs der Geographie S. 643. 645). Den von Kant angeführten Gebrauch der Wogulitschi, die Tatzen von einem Bärenfell sich des Morgens auf den Kopf zu legen, mit dem kurzen Gebet: schlag mich nicht todt! habe ich (Auszug aus Herrn P. S. Pallas Reisen, in der Sammlung der besten

und neueſt. Reiſebeſchr. 19. B. 16. Hauptſt. das von den Wogulen oder Wogulzen handelt, S. 378) unter ihren alten Religionsmeinungen nicht finden können; vielleicht iſt es die Sitte einer andern Sibiriſchen Nation.

9. Kant ſagt nun: der, Kirche und Staat zugleich regierende, europäiſche Prälat, und der ſublimirte Puritaner und Independent in Connecticut, iſt zwar von einem tunguſiſchen Schaman, und dem ganz ſinnlichen Wogulitzen, ſehr in der Manier, aber gar nicht im Princip zu glauben unterſchieden. Diejenigen allein, die den Gottesdienſt lediglich in der Geſinnung eines guten Lebenswandels zu finden gemeint ſind, unterſcheiden ſich von jenen durch den Ueberſchritt zu einem ganz andern (über das Princip, den Gottesdienſt im Glauben gewiſſer ſtatutariſcher Sätze oder Begehen gewiſſer willkührlichen Obſervanzen zu ſetzen, weit erhabenen) Princip, demjenigen nehmlich, wodurch ſie ſich zu einer (auch ſichtbaren) Kirche bekennen, die, ihrer weſentlichen Beſchaffenheit nach, allein die wahre allgemeine ſeyn kann (R. 270). S. Kirche.

10. Die Abſicht, die alle Menſchen bei ihrem Gottesdienſt haben, iſt, Gott zu ihrem Vortheil zu lenken, ſ. Tempeldienſt, Kirchendienſt. Da ſie ihr Loos von einem verſtändigen Weſen erwarten, ſo kann ihr Beſtreben nur in der Auswahl der Art beſtehen, wie ſie, als ſeinem Willen unterworfene Weſen, durch ihr Thun und Laſſen ihm gefällig werden können; weil ihr ganzes Schickſal von ſeinem Willen abhängt, und es folglich geneigt ſeyn muſs, ihr Glück zu befördern, wenn ihnen Glück und nicht Unglück zu Theil werden ſoll. Die Verehrung mächtiger unſichtbarer Weſen fing ſich daher nicht mit der Religion, ſondern mit einem knechtiſchen Gottes- oder Götzendienſt an. Eine auf dem Bewuſstſeyn ſeines Unvermögens gegründete Furcht nöthigte dem Menſchen dieſen Gottesdienſt ab (R. 296). Als moraliſches Weſen kann Gott aber nur ein Wohlgefallen an ihnen haben, wenn ſie

einen moralisch guten Lebenswandel führen. Folglich kann ihm jede andre Handlung, wenn sie nicht zum moralisch guten Lebenswandel gehört, nur in so fern angenehm seyn, als sie darauf hinwirkt, dazu dient, und in so ,fern ein Dienst Gottes genannt werden (R. 271.).

11. Derjenige Mensch aber, welcher durch moralisch gleichgültige Handlungen allein Gott wohlgefällig werden will, wie z. B. der tungusische Schaman, oder der Wogulitsche, steht in dem Wahn des Besitzes einer Kunst, durch natürliche Mittel übernatürliche Wirkungen hervorzubringen, welches man, wenn es auf den Teufel wirken soll, Zaubern (die Kunst zu zaubern aber, die schwarze, die Kunst auf gute Engel zu wirken, die weifse Magie) nennt, wenn es aber auf Gott wirken soll, das Fetischmachen neunen kann. S. Fetischmachen, Aberglauben 4. (R. 273.).

12. Es giebt Observanzen, die keinen unmittelbaren Werth haben, aber doch zur Beförderung der moralischen Gesinnung dienen. Sie enthalten an sich nichts Gott wohlgefälliges, werden aber doch von manchem als natürliche Mittel gebraucht, den Beistand Gottes gleichsam herbei zu zaubern; denn es ist zwischen bloſs physischen Mitteln und einer moralisch wirkenden Ursache gar keine Verknüpfung, nach irgend einem Gesetze. Mancher Mensch aber sucht nicht nur durch das, was ihn unmittelbar zum Gegenstande des göttlichen Wohlgefallens macht, durch die thätige Gesinnung eines guten Lebenswandels, sondern noch überdem vermittelst gewisser Förmlichkeiten der Ergänzung seines Unvermögens durch einen übernatürlichen Beistand würdig, und für die Erreichung dieses Objects seiner guten moralischen Wünsche bloſs empfänglich zu machen. Er rechnet dann zwar, zur Ergänzung seines natürlichen Unvermögens, auf etwas Uebernatürliches, aber doch nicht auf etwas vom Menschen (durch Einfluſs auf den göttlichen Willen) Gewirktes, sondern auf etwas Empfangenes (R. 273.).

Afterdienst.

13. Gott gefällt nur das moralische schlechthin, darnach muss sich der Mensch richten; wer durch andere Handlungen, als aus Gesinnungen der Pflicht entspringende, Gott zu gefallen denkt, der verwandelt den Dienst Gottes in ein blosses Fetischmachen, und übt einen Afterdienst aus, der alle Bearbeitung zur wahren Religion rückgängig macht. Die Ordnung, in der man die moralische Gesinnung mit den blossen Mitteln dazu verbindet, ist hier sehr wichtig, und in ihrer Unterscheidung besteht die wahre Aufklärung in der Religion. Geht man davon ab, so wird dem Menschen das Joch eines statutarischen Gesetzes aufgelegt. Die Beobachtung statutarischer, folglich einer Offenbarung bedürfender Gesetze, als nothwendig zur Religion, und zwar nicht blofs als Mittel für die moralische Gesinnung, ist ein Afterdienst (R. 275.). S. Fetischmachen.

14. Die Verfassung einer Kirche, sofern in ihr ein Fetischmachen regiert, welches allemal da anzutreffen ist, wo nicht Principien der Sittlichkeit die Grundlage derselben ausmachen, ist ein Pfaffenthum. Beispiele hierzu giebt die muhamedanische Kirche der Araber, welche alle Gebote Gottes auf die Beschneidung, das Fasten, das Gebet und die Enthaltung vom Schweinefleisch einschränkt; vom Fasten ist noch das Frauenzimmer frei (Reisen des Hrn. von Arvieux, in der Sammlung Berlin 1766. 4. B. S. 79. 80.). Man sieht aber leicht, dass diese Verfassung ein wahres Pfaffenthum, und die Befolgung jener Gebote ein Fetischmachen ist. Mit diesem Fetischmachen grenzt ihre Kirchenform sehr nahe ans Heidenthum (S. 276).

15. Es ist das die Folge von der beim ersten Anblick unbedenklich scheinenden Verletzung der Principien des allein seligmachenden Religionsglaubens, indem es darauf ankömmt, welchem von beiden man die erste Stelle als oberste Bedingung, der das andere untergeordnet ist, einräumen soll. Es ist billig, dafs selbst der Unwissende, oder an Begriffen Eingeschränktere, auf eine solche Belehrung, oder innere Ueber-

zeugung, Anfpruch machen könne. Das Sittengefetz allein leitet aber zu einem folchen reinen Religionsglauben, der jedem Menfchen nicht allein begreiflich, fondern auch im höchften Grade ehrwürdig ift, f. Religionsglaube; ja es führt dahin fo ganz natürlich, dafs er jedem Menfchen ganz und gar abgefragt werden kann. Es ift alfo nicht allein klug, fondern auch Pflicht, von diefem anzufangen. Dafs nicht blofs „Weife nach dem Fleifch" (1 Cor. 1, 26.), Gelehrte oder Vernünftler, zu jener Aufklärung in Anfehung ihres wahren Heils berufen feyn werden; denn diefes Glaubens foll das ganze menfchliche Gefchlecht fähig feyn. — fondern „was thöricht ift, vor der Welt" (1 Cor. 1, 27.) ift vernünftig. Der Gefchichtsglaube fcheint, den Begriffen nach, deren er bedarf, von diefer Art zu feyn. Eine einfältige Erzählung aufzufaffen und andern mitzutheilen, ift ja leicht. Es ift auch gar nicht nöthig, einen Sinn mit den Worten zu verbinden, mit welchen man Geheimniffe nachfpricht. Ein Glaube, der fich auf eine, von langer Zeit her für authentifch anerkannte, Urkunde gründet, ift überdem den gemeinften menfchlichen Fähigkeiten angemeffen, f. Glaube. Allein der Gelehrte darf doch auch nicht davon ausgefchloffen feyn, und der kann ihn nicht faffen, wie er den fafst, auf welchen das Gefetz hinführt, das dem Menfchen gleichfam buchftäblich ins Herz gefchrieben ift (R. 278.).

16. So fern nun der Dienft Gottes in einer Kirche auf die reine moralifche Verehrung deffelben nach den der Menfchheit überhaupt vorgefchriebenen Gefezzen vorzüglich gerichtet ift, kann man nun noch fragen: ob in derfelben nur Gottfeligkeit oder auch Tugendlehre den Inhalt des Religionsvortrags ausmachen foll. Gottfeligkeitslehre drückt vielleicht das Wort *Religio*, wie es jetziger Zeit verftanden wird, im objectiven Sinn, am beften aus, f. Gottfeligkeitslehre, Religion (R. 281).

17. Die Gottfeligkeit enthält zwei Beftimmungen der moralifchen Gefinnung im Verhältniffe auf Gott:

Afterdienst.

1) **Furcht Gottes**; sie ist die moralische Gesinnung in Befolgung seiner Gebote aus **schuldiger** (Unterthans-) Pflicht;

2) **Liebe Gottes**; sie ist die moralische Gesinnung in Befolgung seiner Gebote, aus **freier Wahl** (aus Kindespflicht).

Die erste ist einerlei mit **Achtung fürs**, die andere mit **Wohlgefallen am Gesetz**. Aufser der Moralität liegt noch hierin der Begriff eines überfinnlichen Wesens. Muſs nun im Kanzelvortrage die Tugendlehre vor der Gottseligkeitslehre, oder umgekehrt, vorgetragen werden (R. 282)?

18. Für sich kann die Gottseligkeitslehre nicht den Endzweck der sittlichen Bestrebung ausmachen, sondern nur zum Mittel dienen, die Tugendgesinnung zu stärken. Der Tugendbegriff ist aus der Seele des Menschen genommen. Die bisherigen Lehrer der Moral pflegen ihn zwar nur als den Begriff eines Mittels zur Glückseligkeit vorzutragen; Kant aber hat bewiesen, daſs die Tugendlehre durch sich selbst besteht, und sie kann, selbst ohne den Begriff von Gott, überzeugend gelehrt werden. Der Religionsbegriff hingegen muſs durch Schlüſſe aus dem Menschen heraus vernünftelt werden, der Mensch hat ihn nicht schon ganz in sich, wie den Tugendbegriff (R. 283).

19. Es kömmt also in dem, was die moralische Gesinnung betrifft, alles auf den obersten Begriff an, dem man seine Pflichten unterordnet, ob es die **Verehrung Gottes**, oder die **Ausübung der Tugend** ist. Ist die Verehrung Gottes das Erste, der man also die Tugend unterordnet, so ist der Gegenstand, Gott, ein **Idol**, d. i. er wird als ein Wesen gedacht, dem wir nicht durch sittliches Wohlverhalten in der Welt, sondern durch Anbetung und Einschmeichlung zu gefallen hoffen dürfen, die Religion ist aber alsdann **Idololatrie** (Abgötterei). Gottseligkeit ist also nicht ein Surrogat der Tugend, um sie zu entbehren, sondern die Vollendung derselben, um mit der Hoffnung der endlichen Gelingung aller unsrer guten Zwecke gekrönt

zu werden. In diesem Sinn „ist auch die Gottseligkeit zu allen Dingen nütze, und bat die Verheisung dieses und des zukünftigen Lebens" (1Tim. 4, 8.) (R. 286).

20. Die verschiedenen Glaubensarten der Völker, und der Gottesdienst, den diese Glaubensarten hervorbringen, geben den Völkern nach und nach auch wohl einen im bürgerlichen Verhältnifs auszeichnenden Character (R. 284. *).

a. Der Judaism zog sich, seiner ersten Einrichtung nach, da sich ein Volk, durch alle erdenkliche zum Theil peinliche Observanzen, von allen andern Völkern absondern sollte, den Vorwurf des Menschenhasses zu.

b. Der Muhammedism findet seine Bestätigung in der Unterjochung vieler Völker, und unterscheidet sich daher durch Stolz.

c. Der Hinduische Glaube hat eine übelverstandene Demuth zum Grunde, und sein Character ist daher Kleinmüthigkeit.

d. Der Christianism, wie er gemeiniglich gewesen ist, hatte den Grundsatz einer, durch eine Kraft von oben zu erwartenden, Frömmigkeit, und kündigte daher eine abhängige knechtische Gemüthsart an. Unmittelbare Beschäftigung mit Gott nehmlich, durch Ehrfurchtsbezeigungen, als Uebung der Frömmigkeit, ist Andächtelei (s. Andächtelei), welche Uebung alsdann zum Frohndienst (*opus operatum*) gezählt werden muss, nur dass sie zu dem Aberglauben noch den schwärmerischen Wahn vermeinter übersinnlicher Gefühle hinzuthut, und muss folglich eine knechtische Gemüthsart hervorbringen.

Kant Relig. innerhalb der Grenz. 4. Stück. 1. Th. 2. Th. §. 1—3.

Aggregat,

Rhapsodie, *aggregatum, ens per aggregationem, aggregé*. Wenn ein Ganzes der Erkenntnifs aus mehreren Theilen so entsteht, dass die Theile in eine zufällige Verbindung mit einander gesetzt werden, so erhält ein solches Ganzes den Namen **Aggregat**. So ist z. B. die Zusammenstellung der Categorien beim **Aristoteles** blofs zufällig, sie heifsen nehmlich bei ihm so: **Substanz, Quantität, Relation, Qualität, Thun, Leiden, Wenn, Wo, Lage, Beschaffenheit**; wozu er hernach noch fünf andre setzte unter dem Namen der **Postprädicamente**: das **Entgegengesetzte, Eher, Zugleich, Bewegung, Haben**. Das ist ein Aggregat, aus welchem man nicht wissen kann, ob man auch alle habe, und ob auch alle wirkliche Categorien, d. h. solche Begriffe sind, die sich in dem Begriffe eines jeden Objects finden müssen, und auch theils nicht aus der Sinnlichkeit, sondern aus dem Verstande herrühren, theils nicht von andern Begriffen abgeleitet sind, s. **Abgeleitet** und **Aristoteles** 3. 4. **Kant** hingegen stellt seine Categorien so auf, dafs ihre Zusammenstellung nicht zufällig, sondern **nothwendig**, und folglich nicht ein Aggregat, wie bei dem **Aristoteles**, sondern ein **System** ist. Er nimmt nehmlich aus der allgemeinen **Logik** als erwiesen an, dafs es nur vier specifisch verschiedene Bestimmungen oder Beschaffenheiten eines Urtheils gebe, nehmlich:

   a. die **quantitative**, nach welcher das Urtheil entweder ein **einzelnes, besonderes,** oder **allgemeines** ist;

   b. die **qualitative**, nach welcher das Urtheil entweder ein **bejahendes, verneinendes**, oder **unendliches** ist;

   c. die **relative**, nach welcher das Urtheil entweder ein **categorisches, hypothetisches,** oder **disjunctives** ist;

   d. die der **Modalität**, nach welcher das Urtheil entweder ein **problematisches, assertorisches,** oder **apodictisches** ist.

   2. **Kant** nennt das die zwölf logischen Functionen zu urtheilen (s. **Aberglaube** 2, c.). Jede einzelne Beschaffenheit eines Urtheils giebt nun einen einzelnen Begriff derselben (s. **Aberglaube** 2, e.),

daher giebt es zwölf folcher Begriffe, wie das Mannichfaltige zu einem durch den Verftand vorgeftellten Ganzen, oder Begriff, kann verbunden werden, und welche Categorien heifsen, nehmlich:

1. drei der Quantität: Einheit, Vielheit, Allheit;

2. drei der Qualität: Relation, Negation, Limitation;

3. drei der Relation: Subftanzialität, Caufalität, Wechfelwirkung;

4. drei der Modalität: Möglichkeit, Dafeyn, Nothwendigkeit.

Dies ift nun kein Aggregat, fondern ein Syftem der Categorien (C. S. 89. 4.).

5. In diefer zufälligen Verbindung, dafs fie nehmlich eine Menge Theile ausmachen, welche eben nicht nothwendig zu einander gehören, d. i. Aggregate find, ftehen nur alle extenfive oder ausgedehnte Gröfsen, d. h. folche, deren Theile neben einander oder nach einander find. Alle Erfcheinungen werden als Aggregate angefchauet, wodurch allein die Vorftellung ihrer Ausdehnung im Raum, oder in der Zeit, möglich wird; denn die Vorftellung der Ausdehnung entfteht eben bei mir dadurch, dafs ich von Theil zu Theil fortgehe, wodurch ich ein Aggregat, und fo die Vorftellung der Ausdehnung bekomme. Der Unterfchied zwifchen Aggregat und Syftem beftehet alfo darin, dafs das Aggregat eine Menge Theile ift, wie fie mir nach einander gegeben werden, das Syftem aber eine Menge Theile, wie fie nach einem Vernunftprincip geordnet werden. Wenn ich eine Anzahl Thaler in einen Kaften werfe, fo habe ich ein Aggregat, wenn ich fie nach den Regenten, die fie fchlagen liefsen, ordne, ein Syftem von Thalern.

4. Ein Aggregat der Naturdinge heifst aber auch eine Menge Theile, die nicht fo mit einander in Verbindung ftehen, dafs fie eine continuirliche Gröfse ausmachen, fondern fo, dafs der Zufammenhang der Gleich-

Aggregat. Aggregation.

artigkeit (welchen man den mathematifchen nennen kann) immer unterbrochen ift. Dann ift es dem Continuum entgegengefetzt. Eine continuirliche Gröfse hat die Befchaffenheit, dafs fie überall gleichartig, die Grenze des vorhergehenden Theils immer zugleich die Grenze des folgenden und kein Theil derfelben der kleinfte ift, z. B. in einer geraden Linie giebt es keinen Theil, der nicht eine gerade Linie und fo klein wäre, dafs nicht noch eine kleinere in derfelben gedacht werden könnte. In einem Aggregat hingegen ift jeder Theil für fich begrenzt, und kann daher getrennt feyn, oder auch mit andern Theilen phyfifch zufammenhängen (welchen man den dynamifchen Zufammenhang nennen kann), nur müfsen diefe Theile nicht mit ihm gleichartig feyn, wodurch eben die Grenze beftimmt und der (mathematifche) Zufammenhang unterbrochen wird. Ein Aggregat befteht alfo aus difcreten Gröfsen, oder folchen, die zufammen kein Continuum ausmachen. Eine Anzahl Thaler ift auch in diefem Sinn ein Aggregat, aber auch der Erdkörper ift ein Aggregat verfchiedenartiger Maffen.

Kant Crit. der rein. Vern. Elementl. II. Th. I. Abth. 4. S. 89. I. Abth. II. Buch. II. Hauptft. III. Abfchn. S. 204. 212.

Leibnitz nouveaux effais fur l'Ent. hum. liv. II. ch. 24. p. 185.

Kiefewetter Logik. 2. Aufl. S. 511. 512.

Aggregation,

aggregatio, aggregation. Die Zufammenhäufung extenfiver Gröfsen, wodurch Aggregate entftehen. Es ift diefes eine befondere Verbindung (Synthefis) folcher extenfiven Gröfsen, die nicht nothwendig zu einander gehören, und daher in einen zufälligen Zufammenhang mit einander gefetzt werden, entweder blofs nach Gefetzen des Erkenntnifsvermögens, dann finden wir das Aggregat in der Erfahrung oder der Natur vor, obwohl diefe Erfahrung oder empirifche Verbindung durch das Erkenntnifsvermögen entftanden ift, z. B. das Aggregat der Erdfchichten in einem gegrabenen Brunnen; oder zugleich nach Gesetzen des Begehrungsvermögens, dann machen wir selbst die Aggregation. Wenn Jemand eine Menge harter Thaler auf einander legt, so ist diese Verbindung eine Aggregation nach Gesetzen der Willkühr. S. Aggregat. Die Aufzeichnung einer Menge Bücher zum Verkauf, wenn sie nicht nach dem Inhalt gestellt werden, ist eine Aggregation. S. Verbindung.

Kant Elementl. II. Th. I. Abth. II. Buch. II. Hauptst. III. Abschn. S. 201. *)

All

der Realität, *omnitudo realitatis, le tout de la realité*, heißt in der Critik der reinen Vernunft (S. 656) die Idee von einem Object, in welchem alle mögliche Eigenschaften zusammen sind, so daß keine derselben fehlt. Das Object selbst heißt das transcendentale Ideal. S. transsc. Ideal.

2. Die oberste Welturfache ist nun das Object einer solchen Idee, denn in ihr wird die ganze mögliche Vollkommenheit gedacht, Allmacht, Weisheit u. s. w. Durch Physicotheologie (Erkenntniß Gottes durch die Natur), in welcher von der Weltgröse, Weltordnung auf die Macht und Weisheit des Urhebers geschlossen wird, finden wir diese Idee aber nicht realisirt (an einem wirklichen Object vorhanden). Denn wir beobachten immer nur einen gewissen Grad der Größe und Ordnung der Welt, über den unsre Beobachtung, unsrer eigenen Eingeschränktheit wegen, nicht hinausreicht. Folglich kann die Beobachtung der Welt nur einen Begriff von grosser Macht, aber nicht von Allmacht, von grosser Klugheit und sittlich guter Gesinnung, aber nicht von aller möglichen, mit Heiligkeit verbundenen, Klugheit, d. i. Weisheit geben. Also ist der Begriff von Gott, als einem All der Realitäten nicht aus der Erfahrung entsprungen, sondern ein Vernunftbegriff, oder eine Idee, deren Realität in der Erfahrung nicht nachgewiesen werden kann, d. h. in der Erfahrung giebt es kein solches Object und auch nicht eine Wirkung, von der man auf das Daseyn

eines solchen Objects nothwendig schliefsen müfste. Die Physicotheologie kann also keinen bestimmten Begriff von einer obersten Welturfache geben (C. 656).

3. In dem Beweise vom Daseyn einer obersten Welturfache, die das All aller Realitäten seyn soll, aus der Gröfse und Ordnung der Welt, kommen wir also nur immer zu einer sehr mächtigen, sehr klugen und guten Welturfache, aber zu einem Weisen, Allmächtigen zu gelangen, hindert uns dieselbe Kluft, die zwischen der allergröfsten Zahl und dem Unendlichen liegt, eine Kluft, über die kein Weg führt, und jede Brücke unmöglich ist. S. Physicotheologie.

Kant Crit. der rein. Vern. Elementarl. II. Th. II. Abth. II. Buch. III. Hauptst. VI. Abschn. S. 656.

Allerperfönlichst.

1. **Allerperfönlichstes Recht** (*ius personalissimum*) ist ein solches Recht, das eine Person betrifft, welche diesem Rechte durch nichts anders, als durch ihre eigene Person eine Genüge thun kann. Ein solches Recht ist z. B. das des Ehemanns auf seine Gattin (K. 106). Bei diesem Rechte ist die Person, welche die Verbindlichkeit gegen den Berechtigten hat, und die Sache, welche die Rechtsforderung betrifft, eins und daffelbe. Der Berechtigte ist durch ein solches Recht der Befitzer einer Person als einer Sache, die er aber nur als eine Person gebrauchen darf. Dieses Recht ist überdem nicht veräufserlich, so wie auch die allerperfönlichste Schuld nicht übertragen werden kann (K. 114.).

2. **Allerperfönlichste Schuld** (*debitum personalissimum*). Hierunter wird eine solche Schuld verstanden, die nur derjenige abtragen kann, welcher sie auf sich geladen hat. Derjenige, der eine solche Schuld hat, welche nicht auf einer Sache, auch nicht blofs auf seiner Person haftet (dann wäre sie persönlich), sondern welche nur Er, durch seine Person, abtragen kann, hat die allerperfönlichste Schuld auf sich (R. 95). Eine solche ist z. B. die Sündenschuld der Menschen.

Kant Rel. innerh. der Gr. 2. St. 1. Abfchn. c. S. 95. Deff. Metaph. Anfangsgr. der Rechtsl. I. Th. II. Hauptft. 3. Abfch. §. 23. S. 106. §. 29. S. 114.

Allgemein.

S. Nothwendigkeit.

Allgemeingültig.

Diefes Wort drückt recht eigentlich den Begriff aus, der dabei gedacht werden foll, nehmlich dafs das Subject, dem es als Prädicat beigelegt wird, unter gewiffen Bedingungen, von Jedermann auf die nehmliche Art angefchauet oder gedacht werden mufs, je nachdem es eine Anfchauung oder ein Begriff ift. Ein Urtheil z. B. ift **allgemeingültig**, heifst, Jedermann mufs, unter den nehmlichen Bedingungen, fo urtheilen.

2. Kant theilt die **allgemeingültigen** Urtheile ein in **fubjectiv allgemeingültige** und **objectiv allgemeingültige**, nach der Befchaffenheit der Bedingung, unter welcher das Prädicat auf die nehmliche Art mit dem Subject verbunden werden mufs. Ift nehmlich die Bedingung **objectiv**, d. i. liegt fie in dem durch das Urtheil vorgeftellten Object, fo ift es ein **objectiv**, ift fie aber **fubjectiv**, d. i. liegt fie in dem, das Object durch das Urtheil fich vorftellenden, Subject, fo ift es ein **fubjectiv allgemeingültiges** Urtheil, z. B. die Rofen find roth, ift ein **objectiv allgemeingültiges** Urtheil, denn die Bedingung des Urtheils ift im Erfahrungsobject, den rothen Rofen; die Rofen find fchön, ift ein **fubjectiv allgemeingültiges** Urtheil, denn die Bedingung des Urtheils liegt im Gefchmack des Urtheilenden, durch den man allein etwas fchön findet. Bei dem erften Urtheil kann man durch Begriffe angeben, warum das Prädicat roth den Rofen beigelegt werden mufs, nehmlich wegen der ihnen eigenthümlichen Befchaffenheit ihrer Oberfläche, durch welche der Lichtftrahl fo gefpalten wird, dafs nur der rothe Strahl unfer Auge treffen kann; in dem letztern Urtheil aber kann man nicht durch Begriffe angeben, warum das Prädicat fchön den Rofen beigelegt wird, denn diefes liegt nicht

in dem Erkenntnifsvermögen durch Begriffe, fondern in dem Gefchmack, der durch ein Gefühl urtheilt, welches folglich fubjectiv ift.

3. Ift nun ein Urtheil **objectiv allgemeingültig**, fo mufs es auch **logifche Allgemeinheit** haben, d. h. liegt die Bedingung des Urtheils im Object, welches durch das Urtheil gedacht wird, fo mufs es von jedem folchen Object gelten, folglich drückt die objective Allgemeingültigkeit auch die logifche Quantität des Urtheils aus, nehmlich dafs es ein allgemeines Urtheil ift. Ein objectiv allgemeingültiges Urtheil hingegen ift niemals logifch, weil es nicht auf dem Begriff des Objects beruhet, fondern auf einem Gefühl im Subject, folglich ift ein folches Urtheil allemal äfthetifch oder ein Gefchmacksurtheil.

4. Ein **objectiv allgemeingültiges** Urtheil ift auch jederzeit **fubjectiv allgemeingültig**, d. i. wenn das Urtheil für alles, was unter einem gegebenen Begriff enthalten ift, gilt; fo gilt es auch für Jedermann, der fich einen Gegenftand durch diefen Begriff vorftellt. Wenn das Urtheil, die Rofen find roth, foll für wahr erkannt werden, fo mufs in jedem erkennenden Subject, fobald es auf die Farbe der Rofe merkt, oder daran denkt, das Erkenntnifsvermögen fo befchaffen feyn, dafs das Subject fagen kann, ich erkenne, dafs die Rofen roth find. Die objective Allgemeingültigkeit ift daher die Gültigkeit der Beziehung einer Vorftellung auf das Erkenntnifsvermögen jedes Subjects. Von einer fubjectiven Allgemeingültigkeit, d. i. der äfthetifchen, läfst fich nicht auf die logifche fchliefsen; denn die Empfindung in dem Subject kann auf Gründen beruhen, die nur im Subject vorhanden find, und folglich nicht immer auf Begriffe vom Object gebracht werden. Das Urtheil, dafs die Rofen fchön find, läfst fich nicht objectiv allgemeingültig machen, weil fonft die Schönheit derfelben auf einem Begriff von etwas im Object Rofe beruhen, und folglich mit dem

Verstande erkannt werden müste, welches nicht möglich ist. Die subjective Allgemeingültigkeit, welche man auch schlechthin die Gemeingültigkeit nennen kann, besteht also in der Gültigkeit der Beziehung meiner Vorstellung auf das Gefühl jedes Subjects (U. 23).

5. Der logischen Quantität nach sind alle subjectiv allgemeingültige Urtheile eigentlich einzelne. Denn subjectiv allgemeingültige Urtheile gelten nur von einem bestimmten Gegenstande der Anschauung, und nicht von einem Begriff, daher kann ich nur sagen: diese Rose, die ich anblicke, ist schön, nicht aber die Rosen sind schön. Bringe ich aber die Anschauung des einzelnen Gegenstandes auf einen Begriff, so kann ein logisches Urtheil daraus werden, das sich durch Vergleichung auf ein ästhetisches gründet, wenn die subjective Bedingung, der Geschmack, als gemeingültig, oder in jedermann vorhanden, vorgestellt wird, daher kann man urtheilen: die Rosen sind schön (U. 24).

6. Wenn ein Urtheil ein Geschmacksurtheil seyn soll, so muss es auf Allgemeingültigkeit Anspruch machen. Diese besondere Bestimmung der Allgemeingültigkeit eines ästhetischen Urtheils ist eine wichtige Merkwürdigkeit, weil sie eine Eigenschaft unsers Erkenntnisvermögens aufdeckt. Durch das Urtheil diese Rose ist schön z. B. sinne ich Jedermann an, er soll sie so finden. Dieses verhält sich nicht so, wenn ich sage, diese Rose riecht angenehm, denn dabei verstehe ich immer stillschweigend mir, und etwa denen, deren Geruchsnerven so wie die meinigen modificirt sind.

7. Der Anspruch auf Allgemeingültigkeit, ohne dafs dabei ein Begriff zum Grunde liegt, ist das wesentliche Kennzeichen des Geschmacksurtheils. Denn dadurch, dafs kein Begriff des Objects, von welchem geurtheilt wird, dabei zum Grunde liegt, unterscheidet es sich von einem logischen Urtheil. Und

dadurch, daſs es auf **Allgemeingültigkeit** Anſpruch macht, unterſcheidet ſich das Geſchmacksurtheil von einem Urtheil, das bloſs auf einem Gefühl, durch einen einzelnen Sinn, gegründet iſt, und wodurch ich das Object bloſs für **angenehm**, oder **unangenehm**, erklären kann, z. B. dieſe Roſe riecht angenehm. Durch das letztere kann ich zwar eine gewiſſe **Einhelligkeit** verlangen, aber nicht **Allgemeingültigkeit**, daher kann man das Vermögen, wodurch mir dieſes letztere Urtheil möglich wird, den **Sinnengeſchmack**, das Vermögen des wirklichen Geſchmacksurtheils, den **Reflexionsgeſchmack** nennen. Die umſtändlichere Auseinanderſetzung dieſer Begriffe würde hier für unſre Abſicht zu weitläuftig ſeyn, weil wir ſonſt eine vollſtändige Critik der äſthetiſchen Urtheilskraft hierherſetzen müſsten; wir hoffen aber, daſs das Geſagte hinreichen werde, ſich einen deutlichen Begriff von dem **Allgemeingültigen** und der **Allgemeingültigkeit** zu machen (U. 25). S. **Geſchmacksurtheil**.

Kant. Crit. der Urtheilskr. I. Th. I. Abſchn. 1. B. 2. M. §. 8. S. 21. ff.

Allgemeingültigkeit.

S. **Allgemeingültig.**

Allgemeinheit.

S. **Nothwendigkeit**; äſthetiſche, ſ. **Allgemeingültig**; der Kirche, ſ. **Kirche.**

Allheit.

S. **Totalität.**

Amphibolie

transſcendentale, *amphibolia transſcendentalis*, *ambiguitas transſcendentalis*, *amphibologie transſcendentale*, *ambiguité transſcendentale*.

Die Verwechselung des reinen Verstandesobjects mit der Erscheinung (C. 326), z. B. wenn man von zwei Tropfen Wasser, die ihrer Größe und Beschaffenheit nach vollkommen einerlei wären, behaupten wollte, sie müßten entweder ein und eben derselbe Wassertropfen seyn, oder diese vollkommene Aehnlichkeit und Gleichheit, d. i. völlige Congruenz sei nicht möglich, so gründet sich diese Behauptung auf einer Verwechselung der Erscheinung, die man Wassertropfen nennt, mit einem reinen Verstandesobject, für das man den Wassertropfen nimmt. Wäre nehmlich der Wassertropfen kein sinnliches, sondern ein intelligibeles Ding, welches bloß durch den Verstand erkannt würde, und folglich nur vermittelst Merkmale des Verstandes, so müßten freilich zwei Wassertropfen, die der Qualität und Quantität nach völlig ähnlich und gleich wären, auch dieselben, und beide ein und derselbe Wassertropfen seyn. Aber da sie sinnliche Gegenstände oder Erscheinungen sind, so müssen sie im Raum und in der Zeit vorhanden seyn, und zwei völlig congruente Wassertropfen können noch durch die Bedingungen der Sinnlichkeit, die *Modos* des Raums und der Zeit, nehmlich Ort und Lage, Vorherseyn und Nachherseyn u. s. w. unterschieden werden; sie können völlig ähnlich und gleich, und nur an verschiedenen Orten zu gleicher Zeit, oder an demselben Orte zu verschiedenen Zeiten vorhanden seyn. S. Reflexionsbegriff.

2. Das griechische Wort Amphibolie (ἀμφιβολία) bedeutet eigentlich eine Zweideutigkeit, und wurde schon von den alten Grammatikern als ein Kunstwort gebraucht, um z. B. die Zweideutigkeit damit zu bezeichnen, welche in dem Wort *Gallus* steckt, welches sowohl einen Hahn als einen Gallier bedeutet. Transscendentale Amphibolie heißt daher eine Zweideutigkeit in den Vorstellungen, die durch Verwechselung der Erkenntnißvermögen, wodurch sie entspringen, entsteht. Die Römer nannten die Amphibolie auch Ambiguität, daher konnte man auch die transsc. Amphibolie eine transscendentale Ambiguität nennen.

Kant. Crit. der reinen Vern. Elementarl. II. Th. I.
Abschn. II. Buch. Anhang. S. 316. 326.

Quinctilianus Instit. Orat. lib. VII. cap. X.

Rhetorica ad Herenn lib. I. cap. XII.

An sich.

Dinge an sich, Dinge an sich selbst, Verstandeswesen oder Noumenen im negativen Verstande, transscendentale Gegenstände, das Nichtsinnliche, das aufsersinnliche Substrat der Erscheinungen, das übersinnliche Substrat der Erscheinungen, τὰ ὄντα κατ' αὐτὰ, τὰ ὄντως ὄντα, τὰ νοητὰ, *Noumena sensu negativo,* heifsen in der critischen Philosophie die Dinge, die der Verstand sich ohne Beziehung auf unsere sinnliche Anschauungsart (mithin nicht blofs als Erscheinungen) denkt (C. 307).

Wenn wir die sinnlichen Gegenstände, wie billig, als blofse Erscheinungen ansehen, d. i. als Gegenstände, die wir blofs durch die Art, wie unsere Sinne aficirt werden, kennen; so denken wir sie uns in Beziehung auf die Art, wie wir zur Kenntnifs derselben gelangen, nehmlich, dafs sie von uns, durch die Sinne, unmittelbar aufgefafst, d. i. angeschauet werden. Alles das, wovon wir sagen, es fällt uns in die Sinne, ist sinnliche Vorstellung, d.h. eben sowohl das Product einer Fähigkeit unsers Gemüths, welche die Sinnlichkeit heifst, als der Gedanke das Product desjenigen Vermögens, welches der Verstand genannt wird, nur mit dem Unterschiede, dafs die Sinnlichkeit afficirt (s. **Afficirt**) werden mufs, wenn ein solches Product entspringen soll. Der Tisch z. B., an dem ich schreibe, ist ein solches Product meiner Sinnlichkeit; er wäre nicht, wenn weder ich, noch andre Wesen, die eine solche Sinnlichkeit haben, als ich, ihn anschaueten, oder, durch eine unerklärbare Einwirkung auf ihre Sinnlichkeit genöthigt, ein solches Ding sich jetzt hier sinnlich vorstellen müsten. Wenn ich nun daran denke, dafs dieser Tisch für mich da ist, dadurch, dafs ich ihn in einer sinnlichen Vorstellung vor mir habe, oder anschaue, so beziehe ich ihn auf meine Anschauungsart; und betrachte ich den Tisch als einen Gegenstand, der allein vermittelst dieser sinnlichen Vorstellung, in der ich ihn vor mir habe, erkennbar ist, so nenne ich ihn eine Erscheinung, um damit anzudeuten, dafs wenn meine Sinnlichkeit, mit sammt der Sinnlichkeit aller der Wesen, die den Tisch anschauen, vernichtet würde*), der Tisch zu-

---

*) Diese Vorstellung, von der Vernichtung der Sinnlichkeit und aller sinnlichen Wesen, sich machen, um zu sehen, was dann noch von dem Object für die Erkenntnifs übrig bleibt, versteht Kant unter dem Ausdruck, von allen subjectiven Bedingungen in der Anschauung abstrahiren (C. 42). In *Jakobs Annalen der Philosophie,* 1796, S. 691. f. finde ich Vorstellungen vom Begriff eines Dinges an sich, denen ich nicht beistimmen kann. Erstlich wird daselbst dieser Begriff eine Denkform genannt; allein eine Denkform mufs einen Inhalt bekommen können, damit ein realer Gedanke seine Form durch ihn erhalte, der Begriff Ding an sich aber dient gar nicht dazu, dafs reale Gedanken, d. i. Erfahrungserkenntnifs durch ihn möglich werde. Der Begriff Ding an sich ist ja keine Categorie. Zweitens heifst es dort: „Der transcendentale Idealismus erklärt die Erfahrungserkenntnifs mit den daraus gezogenen richtigen Schlüssen für Realität;" das ist zu verstehen für Realität der Erfahrungserkenntnifs, d. i. der Erkenntnifs von Erscheinungen und nicht von Dingen an sich. Was soll also die Behauptung bedeuten: „Dafs die Substanzen im Raume beharren, und alle darin gegründete Veränderungen fortgehen, wenn auch das ganze menschliche Geschlecht ausstürbe, daran ist gar kein Zweifel. Es würde immer Luft, Wasser u. s. w. bleiben, und sich nach seinen Gesetzen verändern."? Aber wie ist das denkbar, wenn die Bedingung der Möglichkeit aller Erfahrung (C. 44), die Sinnlichkeit, welche in Raum und Zeit anschauet, wegfällt. Dann gäbe es ja Luft und Wasser ohne Raum, und Veränderung ohne Accidenzen, welche wechseln. Luft und Wasser sind ja Erscheinungen, und können als solche nur in uns, den Subjecten der Erscheinungen existiren (C. 59); wie können sie denn existiren, wenn auch das menschliche Geschlecht (alle Subjecte der Erscheinungen) ausstürbe? Ich kann mir die Worte: „Wenn also Ding an sich so viel heifsen soll, als was seiner Realität nach unabhängig von dem

gleich mit vernichtet werden würde, der, als Tisch, fein Daseyn unsrer Anschauung verdankt (f. Aberglaube I, s. a). Zu einer Erscheinung gehört nehmlich zweierlei, das aber nur logisch und nicht wirklich von einander getrennt werden kann,

a. dafs die Sinnlichkeit afficirt werde;

b. dafs fie anschaue.

Das erste kömmt nun nicht von uns her, wohl aber das zweite. Durch das Anschauen wird nun die, dadurch, dafs die Sinnlichkeit afficirt wird, entspringende Wirkung, welche man die Empfindung nennt, mit Beschaffenheiten begabt, die nur durch die besondere Bnschaffenheit unsrer Sinnlichkeit möglich sind, und in so fern Nothwendigkeit haben, aber in denen doch zugleich auch manches seinen Grund in der Empfindung selbst hat, und in so fern zufällig ist. Dafs der Tisch vor mir lang und breit und hoch ist, rührt von derjenigen Beschaffenheit meiner Sinnlichkeit her, vermöge welcher sie sich Etwas als nach drei Dimensionen ausgedehnt vorstellt; dafs der Tisch aber seine bestimmte Gröfse nach den drei Dimensionen hat, ist zufällig, und liegt in der uns unbe-

---

Subjecte existirt; so ist unstreitig die ganze Sinnenwelt ein Ding an sich, und das Sonnensystem wird sich noch bewegen, wenn auch alle vorstellende Wesen aus der Natur verschwinden sollten" nicht anders erklären, als dafs hier von der Realität in der Erfahrung die Rede seyn soll. Allein wie kann das Sonnensystem sich bewegen, wenn kein vorstellendes Wesen mehr vorhanden ist, welches Anschauungen des Raums hat, da Bewegung Veränderung des Orts ist, Kant sagt (Prolegom. S. 62):" alle Körper mit samt dem Raume, darin sie sich befinden, müssen für nichts als blofse Vorstellungen in unserm Kopfe gehalten werden, und existiren nirgend anders, als blofs in unsern Gedanken. Meint der Rec. aber, der uns unbekannte transscend. Grund fällt mit dem Aufhören aller sinnlichen Erfahrungserkenntnifs nicht weg; so ist das doch nur ein aus unserm Erkenntnifsvermögen nothwendig entspringender, aber der objectiven Gültigkeit ermangelnder Gedanke. Dafs dieses aber nicht der empirische Idealismus (L. Berkley) sei, werde ich in dem Artikel Idealismus zeigen.

kannten Beschaffenheit der Empfindung. Wenn nun der Verstand sich die Gegenstände der Sinne als Erscheinungen denkt, so setzt er zugleich voraus, daſs etwas die Sinnlichkeit afficire, und siehet, vermöge seiner Natur *), sich genöthigt, jeder Erscheinung etwas zum Grunde zu legen, das da erscheint, etwas, das uns afficirt, das uns aber gänzlich unbekannt ist, und nur als etwas, das nicht von unserm Anschauungsvermögen abhängt, das, ohne Rücksicht auf die Beschaffenheit unsrer Sinnlichkeit zu nehmen (C. 44), also auſser dem vorstellenden Subject vorhanden, gedacht wird, und der Grund einer Anschauung (die intelligibele Ursache der Erscheinungen) ist. Und dieses uns gänzlich unbekannte Gedankending, dieser Gegenstand eines Begriffs, der ganz leer von einem Inhalt ist, heiſst das Ding an sich, die Nichterscheinung, das Nichtsinnliche, s. Aesthetik und Afficirt werden (E. 56).

2. Der Verstand denkt sich aber auch andere, logisch mögliche, Dinge, die gar nicht Gegenstände unsrer Sinne sind, als solche Dinge an sich, z. B. die Objecte der Ideen unsrer Vernunft, Gott, Geist u. s. w. Gott fällt uns nicht in die Sinne, der Verstand kann ihn nur denken, und er denkt ihn daher als ein von unserm Anschauungsvermögen gänzlich unabhängiges, auſser uns vorhandenes Wesen S. Idee.

3. Hier zeigt (M. 350. C. 306.) sich nun eine sehr wichtige Zweideutigkeit oder Amphibolie, welche groſsen Miſsverstand veranlassen kann. Da der Verstand sich, auſser der Erscheinung, noch eine Vorstellung von einem Dinge an sich macht, so will er dieses Ding nun auch erkennen. Da aber dazu kein sinnlicher Stoff vorhanden ist, weil es nicht Erscheinung ist, so bleibt zur Erkenntniſs desselben nichts übrig, als die Begriffe des

---

*) Vermöge der er zu der Folge den Grund, und zu der Wirkung die Ursache, denkt.

reinen Verstandes, wodurch sich der Verstand ein Ding überhaupt denkt, oder die Prädicate, die einem jeden möglichen Dinge beigelegt werden müssen, weil der Verstand durch sie alles denkt. Das sind die Categorien, oder reinen Verstandesbegriffe der Quantität, Qualität, Relation und Modalität. S. **afficirt werden**. Daher rührt denn die Täuschung, dafs man die Vorstellung von dem Dinge überhaupt, oder dem **Verstandeswesen**, welches man sich als Subject denkt, dem die Categorien als Prädicate zukommen, für etwas hält, das auch aufser unsrer Sinnlichkeit vorhanden ist; und dafs man sich dann unter dem blofsen Begriff des, durch die reinen Categorien bestimmten, Dinges überhaupt, das **Ding an sich** vorstellt. Ich frage z. B., was ist dieser Tisch aufser mir, wenn ich ihn nicht anschaue? und wer sich durch jene Täuschung verleiten läfst, der antwortet: er ist **Ein Ding**, und nicht mehrere, das **Realitäten hat, begrenzt ist**, er ist eine **Substanz, die ihre Accidenzen hat**, er ist die **Wirkung einer Ursache**, und mufs mit andern Dingen im **Zusammenhange stehen**, er hat **Wirklichkeit, und ist daher auch möglich**. Allein dadurch haben wir noch gar nicht erkannt, was der Tisch, **an sich selbst**, als **Ding an sich** seyn mag: sondern wir haben uns nur die reinen Verstandesbegriffe **Einheit, Realität, Limitation, Substanz** u. s. w. gedacht, die jedem Dinge in der Erscheinung als Merkmale zukommen müssen, weil es sonst nicht gedacht werden könnte. Aber

a. können wir diese Categorien dem Dinge an sich, strenge genommen, so wenig beilegen, als die Prädicate des Raums und der Zeit; denn sonst ist das Ding nicht Ding an sich, sondern ein blofs im Verstande vorhandener **Gedanke**, der seine Bestimmungen eben so, durch die Beschaffenheit des Verstandes erhält, als die Erscheinung Tisch, durch die Beschaffenheit der Sinnlichkeit, die Ausdehnung, Dimensionen u. s. w.

b. würde auch kein Ding an sich eigene Merkmale haben, und von dem andern unterschieden seyn;

denn da die Categorien blofs die Merkmale eines Dinges überhaupt sind, abstrahirt von den sinnlichen Eigenthümlichkeiten desselben, so kommen diese Prädicate, und gar keine andern, in jedem Dinge an sich vor. Die Prädicate, die wir aber dem Dinge an sich beilegten, welches wir dem Tisch zum Grunde legten, sind daher auch die Prädicate eines Geistes.

4. Die Lehre von der Sinnlichkeit ist nun zugleich die Lehre von den Dingen an sich (M. 352. C. 307), weil, wie gezeigt worden, der Verstand von jedem Gegenstande der Sinne fragen muſs, was ist er denn, unabhängig von der Sinnlichkeit, oder auſser dem anschauenden Subject? Nun haben wir gesehen, daſs wenn wir alles, was zur Sinnlichkeit gehört, von einem gedachten Gegenstande weglassen, uns nichts übrig bleibt, als die reinen Verstandesbegriffe, oder Categorien, wodurch ein jedes Ding, als Ding überhaupt gedacht wird; und dann erst noch seinen eigenthümlichen Inhalt durch eine Anschauung, oder sinnliche Vorstellung, bekommen muſs. Die Categorien haben nur dadurch Bedeutung, daſs sie den unsrer Sinnlichkeit zur Anschauung gegebenen Stoff zu Einem Ganzen verbinden, oder ihm Einheit geben. Sie sind die allgemeinen Verbindungsbegriffe jenes Stoffs. Das können sie aber nur vermittelst des Raums und der Zeit sein, ohne welche ihre eigentliche Bedeutung wegfällt; folglich sind sie auch auf Dinge an sich, die, als Nichtsinnliche, nicht im Raum und der Zeit vorhandene Dinge gedacht werden, gar nicht anzuwenden, und diese können daher auch nicht durch sie, folglich gar nicht, erkannt werden. Der Tisch z. B. als Ding an sich betrachtet, soll Ein Ding seyn, aber da er dann nicht im Raum und in der Zeit ist, so verliert hier der Begriff der Einheit seine Bedeutung. Denn die Einheit ist dasjenige, was Dinge, die zusammengezählt werden sollen, mit einander gemein haben (Kästner. Anfangsgr. der Arithm. 1 Kap. §. 4). Ohne Zeit ist aber kein Zählen, und ohne Raum keine Mehrheit der Dinge möglich, folglich auch nicht die Vorstellung gemeinsamer Merkmale in dem Begriff der Einheit. Der Tisch

hat als Ding an sich Realität, ist Substanz; das ist eben so unverständlich. Denn Realität ist das im Begriff, was der Empfindung correspondirt, d. i. die Empfindung, in so fern sie gedacht wird. Denke ich mir nehmlich etwas, ohne dafs dasselbe je empfunden werden kann, so hat das, was ich denke, keine Realität. Die Realität zeigt also an, dafs das, was ich denke, nicht blofs ein Gedanke ist, sondern auch etwas vorhanden ist, also sich in der Zeit überhaupt befindet (ohne dafs, wie bei der Existenz, die Zeit bestimmt wird). Ohne Zeit aber ist auch kein Seyn in der Zeit und keine Empfindung denkbar, und der Begriff der Realität wird dann blofs logisch, oder zeigt an, dafs ich in dem Begriff des Tisches etwas denke, was ihm zukömmt, dafs von ihm Bejahungen gelten, aber es ist keine anzugeben. Die Substanz ist das Unwandelbare im Daseyn, dieses setzt aber wieder den Zeitbegriff voraus, nehmlich dafs etwas an ihr wandelt in der Zeit, sie aber dabei in aller Zeit beharret. Fällt nun die Zeit weg, so behält der Begriff der Substanz blofs eine logische Bedeutung, nehmlich die, dafs etwas immer Subject eines Urtheils ist. Das Urtheil, der Tisch ist immer Subject in den Urtheilen über ihn, giebt aber keine Erkenntnifs, da uns die Realitäten des Tisches, oder der Inhalt bejahender Prädicate, wie gezeigt worden ist, fehlen. Folglich können wir von den Categorien keinen Gebrauch machen, ohne Raum und Zeit, sie haben nur Bedeutung in Beziehung auf die Einheit der in Raum und Zeit vorgestellten Anschauungen, oder auf die Zusammenfassung des, einer Sinnlichkeit, welche nur unter Raumes- und Zeitvorstellungen anschauen kann, gegebenen Mannichfaltigen, in Begriffe. Da nun aber Raum und Zeit (aufser der Erfahrung) blofs etwas Ideales sind, und aufser dem anschauenden Subject keine Wirklichkeit haben, so können die Categorien auch nur als Verbindungsbegriffe *a priori* des Mannichfaltigen in Raum und Zeit, aber nicht der Dinge an sich, dienen. Wo folglich der Verstandesbegriff keine Zeiteinheit hervorbringen kann, z. B. Etwas nicht als in der Zeit vorhandene Empfindung (Realität), oder in aller Zeit Beharrliches (Substanz, oder an mehrern fich Befindendes (Einheit), beftimmen kann, da hört der ganze Gebrauch und, wie wir gefehen haben, alle Bedeutung der Categorien auf. Das ift folglich der Fall mit dem Dinge an fich. Ohne die Categorien läfst fich, wie aus dem gegebenen Exempel erhellet, nicht einmal einfehen, wie folche Dinge an fich, die doch durch Categorien follen gedacht werden, möglich feyn follen. Die (metaphyfifche) Möglichkeit eines Dinges kann nehmlich niemals blofs daraus folgen, dafs die Prädicate im Urtheile, dem Begriffe des Dinges, über das geurtheilt wird, nicht widerfprechen. Denn gefetzt, diefer Begriff wäre falfch, und auch die Prädicate, fo dürfte beides fich eben nicht widerfprechen, und dennoch würde das Urtheil falfch feyn; oder es gäbe gar nicht ein folches Ding, deffen Begriff das Subject im Urtheil giebt, fo geben ja alle Urtheile darüber, wären fie auch noch fo fehr von allen Widerfprüchen frei, blofs Schimären. Wie kann man alfo wiffen, ob folche Schimären exiftiren können? Blofs dann ift die (metaphyfifche) Möglichkeit des Gedachten gefichert, wenn man ihn in einer Anfchauung darftellen kann. Daher hat der Geometer, wenn er auch noch fo deutlich und beftimmt definirt hat, dennoch erft zu zeigen, wie das, was er definirte, conftruirt oder in der Anfchauung dargeftellt werden kann; welches eben die Abficht der Aufgaben in der reinen Geometrie ift. Wenn wir alfo die Categorien auf Gegenftände anwenden wollten, die unabhängig von der Sinnlichkeit möglich feyn follen, fo müffen diefe Gegenftände, auf eine andere nicht finnliche Art, angefchauet werden, damit diefe Anfchauung den Categorien Inhalt und den durch fie gedachten Dingen Möglichkeit gäbe. Solche Gegenftände wären alfo Noumenen im pofitiven Verftande, von welchen unter diefem Namen gehandelt werden foll. S. Noumen.

Die Bedeutung des Ausdrucks: Dinge an fich, im empirifchen Verftande, f. im Artikel Aefthetik, 11 und Categorien.

5. Schon von den älteſten Zeiten der Philoſophie her haben ſich Forſcher der reinen Vernunft auſſer den Sinnenweſen, oder Erſcheinungen, die die Sinnenwelt ausmachen, noch beſondere Verſtandesweſen, welche eine Verſtandeswelt ausmachen ſollten, gedacht (C. 104). Plato (*Sophiſta* p. 160) ſpricht ſchon von denen, „welche behaupten, dafs es weiter nichts gebe, als was man mit Händen greifen könne*), und ſagt, es ſei in der Welt ſtets eine Gigantomachie geweſen, d. i. es habe immer Himmelsſtürmer gegeben, welche behauptet hätten, nur das, was ſie anrühren könnten, ſei wirklich, und welche die Meinung anderer, es gebe auch unkörperliche Dinge, verworfen hätten." Die Gegner dieſer Himmelsſtürmer hätten hingegen behauptet, „es gebe gewiſſe unkörperliche Verſtandesweſen, welche allein Wirklichkeit hätten"**). Die Vertheidiger der erſten Meinung waren z. B. Democrit und Protagoras. Plato ſelbſt aber dachte ſich auſer dem, was er τα αισθητα, Sinnenweſen, nannte, noch τα νοητα, Verſtandesweſen, welche er auch τα οντα, Dinge an ſich, nannte. Auch Ariſtoteles nahm noch andre Weſen an, als die Sinnenweſen, und ſagte, Gott ſei ein ſolches Weſen (ουσια κεχωρισμενη των αισθητων. *Metaph*. *XIV. Cap. VII.*). S. Idee.

6. Die alten Philoſophen hielten Erſcheinung und Schein für einerlei, welches einem noch unausgebildeten Zeitalter wohl zu verzeihen iſt, und geſtanden daher, wie wir geſehen haben, den Verſtandesweſen allein Wirklichkeit zu. Der Unterſchied zwiſchen den angeführten Behauptungen einiger alten Philoſophen und denen der critiſchen Philoſophie iſt alſo der Unterſchied zwiſchen dem materiellen und critiſchen Idealismus. Jene alten Philoſophen und alle Idealiſten

---

*) Οι διατινοιντ' αν, των ο μη δυνατοι ταις χιρσι συμπιεζιν ειαιν, ις αρα τουτο το παραπαν ιςι.

**) νοητα αττα και ασωματα διζ βιαζομενοι την αληθινην ουσιαν ειναι.

behaupteten: alle Erkenntniſs durch Sinne und Erfahrung ſei nichts als lauter Schein, und nur in den Ideen des reinen Verſtandes und der reinen Vernunft ſei Wahrheit. Kant hingegen behauptet, als critiſcher Idealiſt: Nur in dem Erkenntniſs durch Sinne und in der Erfahrung iſt Wahrheit, und alles Erkenntniſs von Dingen an ſich, oder von Dingen aus bloſsem reinen Verſtande, oder reiner Vernunft, iſt nichts als lauter Schein (Pr. 205).

7. Der Begriff eines Noumenon im negativen Verſtande iſt problematiſch, d. h.

a. Es enthält keinen Widerſpruch; denn man kann von der Sinnlichkeit doch nicht behaupten, daſs ſie die einzige Art der Anſchauung, und daſs es alſo gar keine andere Erkenntniſs, folglich auch keine andern erkennbaren Dinge, gebe, als durch die Sinne.

b. Er hängt als Begrenzung gegebener Begriffe mit andern Erkenntniſſen zuſammen; denn er ſchränkt die objective Gültigkeit der ſinnlichen Erkenntniſs auf Gegenſtände einer möglichen Erfahrung ein, indem das Noumen eben davon den Namen Verſtandesweſen hat, um damit anzuzeigen, daſs die Anſchauung hier ihre Grenzen finde, und ſich nebſt den Grundſätzen der Aeſthetik nicht über alles erſtrecken könne, was der Verſtand denkt; ſonſt würde alles in lauter Erſcheinung verwandelt werden.

c. Seine objective Realität kann aber auf keine Weiſe erkannt werden; weil wir keine Anſchauung, ja nicht einmal den Begriff von einer möglichen Anſchauung haben, durch die uns auſser dem Feld der Sinnlichkeit Gegenſtände gegeben wären.

Der Begriff des Noumenon iſt alſo bloſs ein Grenzbegriff, um die Anmaſsung der Sinnlichkeit einzuſchränken, und alſo nur von negativen Gebrauche, um dadurch nehmlich anzugeben, daſs die Erkenntniſs durch die Sinne ſich nicht anmaſsen dürfe, die einzige mögliche Erkenntniſs zu ſeyn. Dieſer Begriff iſt nicht willkührlich erdichtet, ſondern hängt, wie wir geſehen haben, mit der Einſchränkung der Sinnlichkeit zuſammen (C. 310).

8. Der Verstand gesteht eben dadurch, dafs er Erscheinungen annimmt, das Daseyn von Dingen an sich selbst zu, und so fern können wir sagen, dafs die Vorstellung solcher Wesen, die den Erscheinungen zum Grunde liegen, mithin blofser Verstandeswesen, nicht allein zuläffig, sondern auch unvermeidlich sei. Also werden hierdurch Verstandeswesen zugelassen, nur mit Einschärfung dieser Regel, die gar keine Ausnahme leidet: dafs wir von diesen reinen Verstandeswesen ganz und gar nichts bestimmtes, nicht einmal ihre reale Möglichkeit, noch vielweniger ihre Wirklichkeit, wissen, noch wissen können; weil unsere reinen Verstandesbegriffe sowohl als auch unsere reinen Anschauungen auf nichts als Gegenstände möglicher Erfahrung, mithin auf blofse Sinnenwesen gehen, und, sobald man von diesen abgehet, jenen reinen Verstandesbegriffen nicht die mindeste Bedeutung mehr übrig bleibt (Pr. 105).

Kant Critik der reinen Vern. Elementl. II. Th. I. Abth. II. Buch. III. Hauptst. S. 294 — 515.
Dess. Prolog. §. 32. S. 104. 105.
Dess. Schrift, über eine Entdeck. II. Abschn. C. S. 41. ff.

Analogie,

analogia, analogie. So heifst die Einerleiheit zweier Verhältnisse (C. 222). Unter einem Verhältnifs verstehet man nehmlich die Bestimmung zweier Vorstellungen durch einander. Von beiden Vorstellungen sagt man, sie stehen mit einander im Verhältnifs. Z. B. Cajus ist des Titus Vater; hier sind Cajus und Titus die beiden Vorstellungen, deren Verhältnifs zu einander betrachtet wird, Cajus wird durch den Titus bestimmt, er ist desselben Vater, und Titus wird durch den Cajus bestimmt, er ist desselben Sohn.

2. Die beiden Vorstellungen, die in einem Verhältnisse stehen, heifsen die Glieder des Verhältnisses, und sind entweder Gröfsen (Quantitäten) oder Beschaffenheiten (Qualitäten), und ihre Verhältnisse heifsen dann quantitative oder qualitative

Verhältniſſe. Ein quantitatives Verhältniſs iſt die Beſtimmung zweier Gröſsen, und ein qualitatives Verhältniſs die Beſtimmung zweier Beſchaffenheiten durch einander. Und hiernach werden nun auch die Analogien in quantitative oder mathematiſche und in qualitative oder philoſophiſche eingetheilt.

3. Die quantitativen Analogien heiſsen auch Proportionen, und beſtehen alſo in der Gleichheit zweier Gröſsenverhältniſſe. Die Einerleiheit zweier Gröſsen nennt man nehmlich ihre Gleichheit. Ein Gröſsenverhältniſs iſt aber ſelbſt eine Gröſse, denn wenn ich eine Gröſse durch eine andre beſtimme, ſo kann nichts anders als eine neue Gröſse daraus hervorkommen.

4. Gröſsen werden aber durch Zahlen dargeſtellt, indem dieſe die allgemeinen Repräſentanten aller Gröſsen ſind, was alſo von den Gröſsen gilt, das gilt auch von den Zahlen.

5. Man kann aber zwei Zahlen auf zweierlei Art durch andere beſtimmen, entweder vermittelſt der Subtraction, oder durch die Diviſion.

6. Vermittelſt der Subtraction werden Zahlen durch einander beſtimmt, wenn man unterſucht, um wie viel die eine Zahl gröſser oder kleiner iſt, als die andere; dann betrachtet man die Zahlen in ihrem arithmetiſchen Verhältniſs, und die Beſtimmung zweier Zahlen durch einander vermittelſt der Subtraction iſt ihr arithmetiſches Verhältniſs, z. B. $20 \div 5 = 15$ heiſst, die Zahl 20 ſtehet mit 5 in dem arithmetiſchen Verhältniſs, oder wird vermittelſt der Subtraction ſo durch 5 beſtimmt, daſs ſie um 15 gröſser als 5, und 5 um 15 kleiner als 20, iſt. Schreibe ich alſo 20 ÷ 5, ſo iſt nicht von 20 an und für ſich ſelbſt, auch nicht von der 5 auſser dieſem Verhältniſs die Rede, ſondern von der Beſtimmung der 20 durch die 5 vermittelſt der Subtraction, d. i. von der neuen Gröſse, die daraus hervorgehet, der Zahl 15, aber mit Rückſicht auf ihre Erzeugung.

7. Vermittelſt der Diviſion werden Zahlen durch einander beſtimmt, wenn man unterſucht, wie vielmal

Analogie.

die eine Zahl in der andern enthalten ist, oder was für ein Theil von einer in der andern steckt; dann betrachtet man die Zahlen in ihrem geometrischen Verhältnis, und die Bestimmung zweier Zahlen durch einander vermittelst der Division ist ihr **geometrisches Verhältnis**, z. B. $\frac{20}{5} = 4$ heißt, die Zahl 20 steht mit 5 in dem geometrischen Verhältnis, oder wird vermittelst der Division durch 5 so bestimmt, daß 5 in derselben 4 mal enthalten ist, und umgekehrt ist $\frac{5}{20} = \frac{1}{4}$ oder $\frac{1}{4}$ von 20 steckt in der 5. Man schreibt das geometrische Verhältnis auch so 20 : 5, und betrachte ich dieses Verhältnis, so ist wieder nicht von der 5 an und **für sich selbst**, oder von der 20 außer diesem **Verhältnis** die Rede, sondern von der Bestimmung der 20 durch die 5 vermittelst der Division, oder umgekehrt, d. i. von der neuen Größe, die daraus hervorgehet, der Zahl 15 oder $\frac{1}{4}$; aber mit **Rücksicht auf ihre Erzeugung**.

8. **Die Gleichheit zweier arithmetischen Verhältnisse** (6) heißt nun eine **arithmetische Proportion** oder **arithmetische Analogie**, z. B. die Zahlformel $20 - 5 = 36 - 21$, sagt die arithmetische Proportion aus, daß die Zahl 20 um eben so viel größer ist als 5, um wie viel 36 größer ist als 21, nehmlich 15, oder umgekehrt $5 - 20 = 21 - 36$. Diese Proportion wird auch allgemein folgendergestalt durch eine Buchstabenformel vorgestellt, $a - b = c - d$. Das heißt, man soll sich unter diesen vier Buchstaben alle mögliche, nur vier verschiedene, Zahlen vorstellen, aber so, daß die erste Zahl, die ich mir unter a denke, um eben so viel größer oder kleiner ist als die, welche ich mir unter b denke, um wie viel diejenige Zahl, die ich mir unter c denke, größer oder kleiner ist, als diejenige Zahl, die ich mir unter d denke.

9. **Die Gleichheit zweier geometrischen Verhältnisse** (7) heißt eine **geometrische Proportion** oder **geometrische Analogie**, z. B. die Zahlformel $\frac{20}{5} = \frac{36}{9}$ sagt die geometrische Proportion aus, daß die Zahl 20 die 5 eben so vielmal ent-

halte, als 36 die 9, nehmlich 4 mal, welches man auch
so bezeichnet, 20: 5 = 36: 9, und eben so ist die Buchstabenformel a : b = c : d zu verstehen, daſs man sich
nehmlich unter diesen Buchstaben vier verschiedene Zahlen
denke, wovon die erste, welche a heiſse, die zweite, welche
b genannt werde, so oft enthalte, als die dritte c die
vierte d enthält.

10. Diese mathematischen Analogien, sagt nun Kant,
sind jederzeit constitutiv, d. h. sie sind die Mittel, durch
welche ein Gegenstand, nehmlich eins der vier Glieder,
wenn man die übrigen drei kennt, erzeugt, nehmlich construirt oder *a priori* dargestellt werden kann. Sind nun z. B.
die drei Glieder, die beiden in dem Verhältniſs 20—5 und
das Glied 36, zu einer arithmetischen Proportion gegeben oder bekannt, so lehrt die Lehre von der arithmetischen
Proportion, daſs man nur das zweite Glied 5 und das dritte 36
zu einander addiren, und von der daraus entspringenden Summe 41 das erste Glied 20 subtrahiren darf, so muſs allemal der
Rest das vierte unbekannte Glied der arithmetischen Proportion, nehmlich 21 seyn. Der Mathematiker bezeichnet diese
Regel so, $5 + 36 - 20 = 21$, oder in Buchstaben $b + c - a = d$. Sind uns die drei Glieder, die beiden in dem
Verhältniſs 20 : 5, und das Glied 36, zu einer geometrischen Proportion gegeben oder bekannt, so lehrt die
Lehre von der geometrischen Proportion, daſs man nur
das zweite Glied 5 und das dritte 36 mit einander multipliciren, und das daraus entspringende Product mit dem
ersten Gliede 20 dividiren dürfe, so muſs allemal der daraus entspringende Quotient das vierte unbekannte Glied
der geometrischen Proportion, nehmlich 9 seyn, $\frac{5 \cdot 36}{20} = 9$,
oder $\frac{bc}{a} = d$, welche Regel man auch, mit italiänischen
Worten, die Regel de tri oder von den drei Sätzen
zu nennen pflegt (Käſtner. Anfangsgründe der Arithm.
Kap. V. §. 1 — 37).

11. Die qualitativen Analogien nennt man auch
schlechthin Analogien, und sie bestehen in der Identität zweier Beschaffenheitsverhältnisse. Die
Einerleiheit zweier Beschaffenheiten nennt man nehmlich
ihre Identität. Ein Beschaffenheitsverhältniſs ist aber

Analogie.

felbſt eine Beſchaffenheit, denn wenn ich eine Beſchaffenheit (Qualität) durch eine andere beſtimme, ſo kann nichts anders als eine neue Beſchaffenheit daraus erzeugt werden, die durch einen Satz ausgedrückt wird. Was alſo der Exponent oder die Zahl, welche aus der Beſtimmung einer Zahl durch die andere erzeugt wird, bei dem quantitativen Verhältniſs iſt, das iſt bei dem qualitativen Verhältniſſe der Satz oder auch der neue Begriff, der durch die Verbindung des Prädicats mit dem Subject entſpringt, z. B. aus dem Urtheil, der Tiſch iſt roth, entſpringt der Begriff, der rothe Tiſch Und in ſo fern iſt allerdings ein Urtheil nichts anders, als die Beſtimmung des Verhältniſſes zweier Qualitäten.

12. Beſchaffenheiten werden aber durch Begriffe gedacht, und durch Worte ausgedrückt, können aber eigentlich nicht dargeſtellt werden. Man bedient ſich zwar auch der Buchſtaben und der Zeichen der mathematiſchen Verhältniſſe, um dadurch Beſchaffenheiten zu bezeichnen; ſie kommen aber dann nur, wie wir ſehen werden, dem Denken zu Hülfe, dienen aber nicht, wie in der Mathematik, als Mittel der Conſtruction oder Darſtellung *a priori* des Unbekannten. Was aber von den Beſchaffenheiten gilt, das gilt auch von den Begriffen, durch welche die Beſchaffenheiten gedacht werden.

13. Man kann aber zwei Begriffe auf zweierlei Art durch einander beſtimmen, entweder logiſch oder metaphyſiſch.

14. Logiſch werden zwei Begriffe durch einander beſtimmt, wenn man unterſucht, wie zwei Begriffe nach den Geſetzen des Denkens überhaupt durch einander gedacht werden. Dann betrachtet man die Begriffe in ihrem logiſchen Verhältniſſe, und die Beſtimmung zweier Begriffe durch einander vermittelſt der logiſchen Geſetze des Denkens iſt ihr logiſches Verhältniſs. Solcher logiſchen Verhältniſſe giebt es aber zwei, das Verhältniſs der Vergleichung und das Verhältniſs der Verknüpfung. Man kann nehmlich zwei Begriffe mit einander vergleichen, um zu unter-

suchen, ob sie dieselben sind oder nicht. Diese Bestimmungen der Begriffe sind **Verhältnisse der Vergleichung**, deren es drei verschiedene Arten giebt, nehmlich das Verhältnis der **Identität**, der **Aehnlichkeit** und der **Verschiedenheit**. Sind zwei Begriffe ein und derselbe Begriff, so stehen sie mit einander im Verhältnisse der **Identität**, z. B. Thier und Thier; haben zwei Begriffe mehrere Merkmale mit einander gemein, so stehen sie, in Ansehung dieser Merkmale, im Verhältnis der **Aehnlichkeit**. Diese Merkmale selbst aber sind identisch, Hund und Schwein sind einander ähnlich in Ansehung mancher Merkmale, auch sind sie beide Thiere. Enthalten beide Begriffe specifisch verschiedene Merkmale, so daſs der eine Begriff ganz andere Beschaffenheiten aussagt als der andere, so stehen die Begriffe im **Verhältnisse der Verschiedenheit**, z. B. Hund und Pferd, ein Hund ist kein Pferd. Man kann aber auch zwei Begriffe mit einander verknüpfen, oder untersuchen, ob sie beide zusammen denkbar sind oder nicht. Diese Bestimmungen der Begriffe sind **Verhältnisse der Verknüpfung**. Solcher sind wieder drei, das **Verhältnis des Widerspruchs und der Einstimmung, des Grundes und der Folge, und das der Ausschlieſsung**. Sind zwei Begriffe so beschaffen, daſs sie Merkmale haben, die einander aufheben, so stehen sie im **Verhältnisse des Widerspruchs**, und können nicht zusammen gedacht werden, oder sind zusammen **logisch unmöglich**, z. B. die Begriffe Zwerg und unermeſslich lassen sich nicht mit einander verknüpfen, denn ein unermeſslicher Zwerg würde so viel heiſsen, als ein seiner ungeheuern Gröſse wegen nicht meſsbarer und doch ungewöhnlich kleiner Mensch, ein Begriff, der widersprechende Merkmale enthält und also **logisch unmöglich** ist, folglich stehen Zwerg und unermeſslich im **Verhältnisse des Widerspruchs**. Begriffe, die nicht in diesem Verhältnisse stehen, sind zusammen denkbar, und lassen sich verknüpfen, sie sind zusammen **logisch möglich**, welches man auch das Verhältnis der **Einstimmung** nennen kann. Ist ein Begriff der Grund des andern Begriffs, fo dafs der zweite aus dem erftern begriffen werden kann, fo ftehen beide mit einander im Verhältniffe des Grundes, fie werden zufammen gedacht, oder find zufammen logifch wirklich; ein Begriff hingegen, der mit keinem andern in diefem Verhältniffe ftehet, ift nicht logifch wirklich, man denkt ihn nicht; fo denke ich mir z. B. den Befuch meines Freundes nicht als wirklich, denn ich müfste ihn fonft bei mir fehen und fprechen, diefer Befuch und dafs ich meinen Freund nicht bei mir fehe und fpreche ftehen alfo im Verhältniffe des Grundes. Endlich wird jeder Begriff durch eins von zwei fich widerfprechenden Merkmalen beftimmt, und er ftehet alfo mit jedem andern Begriff in dem Verhältniffe, dafs er entweder mit diefem Begriff, oder feinem Gegentheil, verknüpft gedacht werden mufs, oder logifch nothwendig ift. Diefes Verhältnifs heifst das der Ausfchliefsung, weil dadurch ein dritter Fall, dafs ihm nehmlich beides zufammen, der Begriff und fein Gegentheil, oder keins von beiden zukommen könne, ausgefchloffen wird, z. B. der Menfch und Vernunft und Unvernunft ftehen in diefem Verhältniffe, der Menfch hat entweder Vernunft oder nicht, ein drittes und beides zufammen ift nicht möglich.

15. **Metaphyfifch** werden die Gegenftände zweier Begriffe nach den allgemeinen Gefetzen der Erfahrung fo durch einander beftimmt, wie die Begriffe in den logifchen Verhältniffen der Verknüpfung. Dann betrachtet man die Begriffe in ihrem metaphyfifchen oder objectiven Verhältniffe, und die Beftimmung zweier Begriffe durch einander vermittelft der metaphyfifchen Gefetze der Erfahrung ift ihr metaphyfifches Verhältnifs. Solcher metaphyfifchen Verhältniffe giebt es wieder zwei, die Verhältniffe der Erfahrung und die Verhältniffe des empirifchen Denkens. Man kann nehmlich zwei Begriffe fo durch einander beftimmen, dafs die Objecte derfelben als Subftanz und Accidenz, oder als Urfach und Wirkung, oder als wechfelfeitige Wirkungen von

einander betrachtet werden. (S. Aberglaube 2, e. und Aggregat.) Diefes giebt drei Verhältniffe der Erfahrung, nehmlich 1) das Verhältnifs der Substanzialität, z. B. das Glas ift zerbrechlich, d. i. diejenige Subftanz, welche ihrer wefentlichen Accidenzen wegen jetzt den Namen Glas führt, hat unter diefen auch die veränderliche Beftimmung (das Accidenz), dafs es zerbrochen werden kann; 2) das Verhältnifs der Caufalität, z. B. das Glas ift vom Cajus zerbrochen worden, d. i. Cajus ift die Urfache der Wirkung, dafs das Glas zerbrochen ift; 3) das Verhältnifs der Wechfelwirkung, z. B. mit der Kraft, welche Cajus anwendet, das Glas zu zerbrechen, widerftehet das Glas dem Zerbrechen (der Ueberfchufs nehmlich, mit dem er das Glas wirklich zerbrach, war unendlich klein gegen die ganze angewendete Kraft). Man kann aber auch zwei Begriffe fo durch einander beftimmen, dafs das Object derfelben im Verhältniffe zum Erkenntnifsvermögen betrachtet und als Gegenftand einer möglichen, wirklichen und nothwendigen Erfahrung (nicht wie in 14 eines blofs möglichen, wirklichen und nothwendigen Gedankens) erkannt wird. Diefes giebt drei Verhältniffe des empirifchen Denkens: 1) das Verhältnifs der Möglichkeit, z. B. es kann noch einmal eine unbekannte Infel entdeckt werden; diefes Verhältnifs der unbekannten Infel zu dem entdeckt werden können, ift das Verhältnifs der Möglichkeit, es ift das nicht blofs denkbar, die Begriffe ftehen nicht nur nicht im Verhältniffe des Widerfpruchs, fondern das Object kann auch in der Erfahrung zu irgend einer Zeit und in irgend einem Ort auf Erden vorkommen; 2) das Verhältnifs der Wirklichkeit, z. B. Cook entdeckte Otaheite, diefes Verhältnifs Cooks zur Entdeckung von Otaheite ift das Verhältnifs der Wirklichkeit, es ift kein blofser Gedanke, fondern eine Begebenheit in der Reihe der Erfahrungen, ich ftelle mir nicht blofs einen Entdecker vor, durch den fich unfere Kenntnifs von Otaheite begreifen läfst, fondern er ift wirklich die Urfache diefer unfrer Kenntnifs; 3) das Verhältnifs der Nothwendigkeit, z. B. jede Infel im Südmeer, die wir kennen, mufs ei-

Analogie.

nen Entdecker gehabt haben. Diefes Verhältnifs, der uns bekannten Infeln im Südmeere zu einem Entdecker, ift das Verhältnifs der Nothwendigkeit, ich mufs nicht blofs fo denken, die Begriffe ftehen nicht blofs im Verhältniffe der Ausfchliefsung, fo dafs nicht nur nicht das Gegentheil, fondern auch kein andrer Fall als möglich gedacht werden kann, fondern es mufs auch in der Erfahrung durchaus fo gefunden werden, und wenn die Entdecker auch alle vergeffen worden wären, fo bleibt es dennoch nothwendig und materiale oder objective Wahrheit.

16 Die Identität zweier logifchen Verhältniffe kann nun eine logifche Analogie genannt werden, z. B. Gefchmack und Verftand verhalten fich zu einander, wie Gefühl und Erkenntnifs. Dies ift eine Analogie zweier Vergleichungsverhältniffe (14). Diefelbe Aehnlichkeit, die zwifchen den beiden Vermögen Gefchmack und Verftand ift, mufs auch zwifchen ihren Producten Gefühl und Erkenntnifs feyn.

17. Die Identität zweier metaphyfifchen Verhältniffe kann man die metaphyfifche Analogie nennen, z. B. was der Gefchmack für die Schönheit ift, das ift der Verftand für die Vollkommenheit. Dies ift eine Analogie zweier Verhältniffe der Caufalität. So wie nehmlich der Gefchmack die Fähigkeit ift, die Schönheit zu fühlen, fo ift der Verftand das Vermögen, Vollkommenheit zu erkennen, beide ftehen alfo in dem Verhältniffe der Urfache zur Wirkung.

18. Diefe philofophifchen Analogien, fagt nun Kant, find nicht, wie die mathematifchen (1c), conftitutiv, fondern blofs regulativ, d. h. man kann aus drei Gliedern derfelben nicht das vierte Glied felbft erkennen, fondern nur das Verhältnifs des dritten Gliedes zum vierten (C. 222). Wenn ich z. B. ein Haus fehe, fo weifs ich, dafs die Vernunft des Menfchen diefes Haus hervorgebracht hat, nun fehe ich den Bau eines Bibers, und frage: woraus läfst fich das Dafeyn diefes Baues begreifen, welches war die wirkende Urfache deffelben? Ich habe hier die drei Glie-

der einer Analogie, denn ich kann fagen, wie fich verhält ein Haus zur Menfchenvernunft, fo verhält fich der Bau eines Bibers zu.... Hier ift nun kein Mittel, das unbekannte vierte Glied aus den angeführten drei gegebenen zu erkennen und darzuftellen (conftruiren). Aber diefe drei Glieder find doch fo befchaffen, dafs ich aus dem Verhältniffe der zwei erften zu einander das Verhältnifs des dritten zum unbekannten vierten erkenne, nehmlich ich fehe ein, dafs das vierte Glied die wirkende Urfache enthalten mufs, welche den Bau des Bibers eben fo hervorbringt, wie die Menfchenvernunft das Haus. Ich bekomme alfo dadurch die Regel, das vierte Glied in der Erfahrung zu fuchen, nehmlich die: fuche die wirkende Urfache des Baues eines Bibers in diefem Thiere auf, oder das, was dem Biber ftatt der Vernunft des Menfchen dient, fo etwas zu machen, wozu bei dem Menfchen Vernunft gehört. Wir bekommen alfo durch die philofophifche Analogie, vermöge diefer ihrer regulativen Befchaffenheit, ein Merkmal, wodurch wir das vierte Glied finden, und woran wir es erkennen können. Findeft du etwas an dem Biber, was das Merkmal an fich hat, dafs es den Bau des Bibers hervorbringen kann, fo haft du das vierte Glied zu jener Analogie gefunden (U. 448).

19. Der Grund von diefem Unterfchiede zwifchen der philofophifchen und mathematifchen Analogie ift, dafs bei den mathematifchen Verhältniffen zweite Glied aus dem erften, vermittelft einer dritten Gröfse, welche ausfagt, um wie viel das eine Glied gröfser ift als das andere, oder wie viel mal das eine in dem andern enthalten ift, erzeugt werden kann. Addire ich (6) 15 zu 5, fo bekomme ich 20, oder multiplicire ich (7) 5 mit 4, fo bekomme ich 20. In einem philofophifchen Verhältniffe aber entftehet nicht das zweite Glied aus dem erften, fondern durch das erfte, denn da beide Glieder nicht Gröfsen, fondern Befchaffenheiten find, fo find fie, wenn fie nicht identifch find, irgend worin, nicht der Gröfse oder dem Grade nach, fondern fpecififch, d. i. der Befchaffenheit nach, verfchieden. Daher ift in den logifchen Verhältniffen das eine Glied nicht in dem an-

dern enthalten, fondern anders befchaffen als das andere, und daher das eine Glied blofs der Grund der Erkenntnifs des andern, und das andere die Folge des erften, eine Befchaffenheit wird vermittelft des andern gedacht. In den metaphyfifchen Verhältniffen aber enthält das eine Glied den Grund des Dafeyns (die Urfache) des andern.

20. Daher erklärt Kant (U. 448 *)) die Analogie (in qualitativer Bedeutung) auch fo, fie ift die Identität des Verhältniffes zwifchen Gründen und Folgen, Urfachen und Wirkungen. Die Glieder der beiden Verhältniffe A zu B, wie C zu D, find fpecififch verfchieden. A ganz etwas anders als C, und B ganz etwas anders als D, wenn man fie an und für fich aufser diefen Verhältniffen betrachtet; aber B kann doch eben fo aus A erkannt werden, oder eben fo durch A entftehen, als D aus C erkannt wird oder entftehet. Ein Menfch und ein Biber find fpecififch verfchieden, der Menfch hat Vernunft, der Biber nicht, beide bringen einen Bau zu ftande. Wir wiffen nun, dafs in dem Menfchen die Vernunft die wirkende Urfache eines Baues ift, in dem Biber kennen wir diefe Urfache nicht. Ob nun wohl hier eine ähnliche Wirkung zweier Urfachen ift, fo find doch darum die Urfachen nicht diefelben, aber es ift einerlei Verhältnifs zwifchen der Vernunft des Menfchen, der wirkenden Urfache, und dem Bau des Menfchen, als zwifchen dem Unbekannten im Biber, welches die wirkende Urfache feines Baues ift, und die wir Inftinct, Kunfttrieb nennen, und diefem Bau. Diefer Inftinct, der eine Wirkung hervorbringt, die der Wirkung der Vernunft ähnlich ift, wird daher ein Analogon der Vernunft genannt, wodurch nicht behauptet wird, dafs der Biber wirklich Vernunft habe (welches nicht möglich ift, da Menfch und Biber eben hierin fpecififch verfchieden find), fondern nur, dafs er etwas hervorbringen könne, was gewiffen Wirkungen der Vernunft ähnlich fei. Ein Analogon eines Grundes ift alfo dasjenige, was von demfelben zwar fpecififch verfchieden ift, aber doch ähnliche Folgen hat.

21. Man kann nun nach der Analogie **denken** und nach der Analogie **schliefsen**. Wenn wir die qualitative Analogie haben:

A verhält sich zu B, wie C zu D,

und B ist von D specifisch verschieden, so ist D ein **Analogon** von B, und D wird nach der Analogie gedacht, es ist ein analoger Grund von B, weil die Folgen A und C ähnlich sind. Ist aber B von D nicht specifisch verschieden oder ungleichartig, und sind auch A und C ähnliche Wirkungen, obwohl unbekannt ist, ob C die Wirkung von D ist, so kann man nach der Analogie **schliefsen**, dafs da die Verhältnisse identisch sind, und die Gründe und Folgen ähnlich, auch C die Folge von D seyn werde. Ist hingegen B von D specifisch verschieden, so ist der Schlufs, dafs sie dennoch ähnlich seyn werden, weil die Verhältnisse A und C ähnlich sind, ein offenbarer Widerspruch, und also falsch. Ein solcher falscher Schlufs wäre der, dafs der Biber Vernunft habe, weil er einen Bau macht, wie der Mensch durch seine Vernunft (U. 450); oder der, dafs Gott einen Verstand habe, weil die Welt ein Inbegriff zweckmäfsiger Producte ist, und der Mensch zu solchen Producten Verstand bedarf, welches eine Analogie mit der Caufalität nach Zwekken ist (U. 269). Es ist hier nicht *par ratio*, d. i. einerlei Grund, denn der Biber ist eben darin vom Menschen verschieden, dafs er keine Vernunft hat, und Gott darin vom Menschen, dafs er nicht durch Begriffe und Merkmale und Grundsätze u. s. w. denkt und erkennt, denn das Vermögen so zu denken und zu erkennen nennen wir eben **Verstand**, da nun dieses Vermögen eine Sinnlichkeit, oder Fähigkeit durch Sinne Eindrücke zu erhalten, voraussetzt, dieses aber in Gott zu denken, eine grobe anthropomorphistische Vorstellung seyn würde, so ist das eine specifische Verschiedenheit zwischen Gott und dem Menschen, dafs er nicht durch einen Verstand erkennt. Der Biber hat daher ein **Analogon** von Vernunft, und Gott ein **Analogon** von **Verstand**, wodurch wir unsre Unbekanntschaft mit dem Grunde selbst, und nur ein identisches Verhältnifs ähn-

Analogie.

licher Folgen ausdrücken. Die Thiere sind uns darin ähnlich, dafs sie leben oder willkührlich wirken. Der Grund unsrer willkührlichen Wirkungen, oder Handlungen, sind nun unsre Vorstellungen; da nun hier nicht nur ähnliche Wirkungen, Handlungen, sind, auch ähnliche Gründe, aus welchen solche Handlungen erfolgen können, das Leben, so können wir ganz richtig nach der Analogie schliefsen, dafs das Leben der Thiere auch ein Wirken nach Vorstellungen, und Vorstellung also der Grund ihrer Handlungen seyn werde, denn hier ist *paritas rationis*, d. i. Einerleiheit des Grundes, Menschen und Thiere sind sich darin einander ähnlich, dafs sie leben. Wenn man folgende Analogien macht:

A) wie der Fufsboden, auf den ich trete, mit eben der Kraft, mit welcher ich auf ihn drücke, auf meinen Fufs zurück drückt; so gebe ich dem, den ich beleidige, dadurch, dafs ich mir diese Erlaubnifs nehme, in Ansehung meiner, die Befugnifs (rechtliche Erlaubnifs) mich unter den nehmlichen Umständen wieder zu beleidigen;

B) wie zwei Körper einander wechselseitig anziehen, und zurückstofsen; so haben zwei Glieder des Staats gegen einander wechselseitig Pflichten zu erfüllen und die Erfüllung von Pflichten zu fordern, oder Rechte;

C) wie sich verhält die Beförderung des Glücks der Kinder (a) zu der Liebe der Eltern (b), so die Wohlfahrt des menschlichen Geschlechts (c) zu dem Unbekannten (welches in der Algebra mit x bezeichnet wird) in Gott, welches wir Liebe (d) nennen;

so sind Rechte und Pflichten (A B) und die Liebe Gottes (C) Analoga von entgegengesetzten bewegenden Kräften und Elternliebe, und werden ganz richtig nach solchen Analogien gedacht, aber nicht erkannt, denn es wäre falsch, wenn man nach der Analogie schliefsen wollte, dafs sie wirklich entgegengesetzte bewegende Kräfte und Elternliebe wären.

22. Eine Analogie ist also nicht, wie man das Wort gemeiniglich nennt, (Feder. Logik §. 20.) eine unvollkommene Aehnlichkeit zweier Dinge, sondern eine vollkommene Aehnlichkeit (Identität) zweier Ver-

hältniſſe zwiſchen ganz unähnlichen (ſpecifiſch
verſchiedenen oder ungleichartigen) Dingen P. 17b).

23. Durch dieſe Analogien wird der Mangel unſrer
Erkenntniſs verſchiedener Art erſetzt, z. B. unſere innere
Anſchauung in der Zeit (Zeitvorſtellung) giebt uns keine
ſolche Geſtalten, wie die äuſsere Anſchauung im Raum
(Raumesvorſtellung); dieſen Mangel erſetzen wir durch
Analogie, indem wir uns die Ausdehnung der Zeit, oder
die Zeitfolge als das Analogon einer ins Unendliche fortge-
ſetzten Linie im Raum vorſtellen, indem das Mannigfaltige
in der Zeit eine Reihe ausmacht, die nur von Einer Di-
menſion iſt, oder das Analogon einer Linie iſt, die nur nach
Einer Richtung fortgeht. Darum iſt die Zeit nicht wirklich eine ſolche Linie, aber alles, was zu einer ſolchen Linie als ihre Eigenſchaften gehört, das kann ich mir auch
analogiſch von der Zeit vorſtellen, oder aus den Eigenſchaften dieſer Linie auf die Eigenſchaften der Zeit ſchlieſ-
ſen, daſs nehmlich auch dieſe analogiſch ſeyn müſſen,
ausgenommen in dem, worin Zeit und Raum ſpecifiſch
verſchieden ſind, daſs z. B. die Theile des Raumes alle zu
gleicher Zeit neben einander, die Theile der Zeit aber
alle zu verſchiedener Zeit nacheinander ſind (C. 50).

24. Die Analogien dienen auch, den Begriffen *a priori* Symbole unterzulegen. Ein ſolches Symbol iſt
eine, entweder aprioriſche oder empiriſche, Anſchauung,
durch welche man einen Begriff *a priori* indirecte (d. i.
ohne daſs die Anſchauung den Begriff ſelbſt, ſondern nur
nach einer Analogie) darſtellt. Iſt nehmlich das Analogon
des Begriffs *a priori* eine Anſchauung, ſie ſei nun *a priori*
oder auch empiriſch, ſo heiſst es ein Symbol dieſes Begriffs. So iſt ein beſeelter Körper das Symbol desjenigen
monarchiſchen Staats, den ein Monarch nicht nach Geſetzen ſeiner Willkühr, ſondern einer rechtlichen Geſetzgebung durch Repräſentanten, die den Willen des Staatsbürgers rechtsgültig vorſtellen, regiert. Hingegen iſt eine
bloſse Maſchine, z. B. eine Handmühle, das Symbol desjenigen monarchiſchen Staats, in welchem kein andres Geſetz iſt, als der unumſchränkte Wille des Monarchen. Eigentlich iſt ein ſolches Symbol das Analogon eines Schema
(oder einer directen Darſtellung) des Begriffs. Das Schema

ist nehmlich die Vorstellung von einem allgemeinen Verfahren der Einbildungskraft, einem Begriffe sein Bild zu verschaffen (C. 179. 180), z. B. wenn ich den Begriff eines Triangels denke, so habe ich zugleich eine Vorstellung von einem Bemühen meiner Einbildungskraft, diesen Triangel bildlich darzustellen; ob es gleich nie ein vollkommenes Bild wird, weil in diesem Winkel und Seiten bestimmt seyn würden, welches in dem Schema, das für jeden Triangel gelten soll, nicht seyn darf. Wenn wir uns nun einen despotischen Staat denken, und uns denselben symbolisch, durch eine Handmühle vorstellen, so ist das eigentlich ein Verfahren der Urtheilskraft, das demjenigen analog ist, das sie beobachtet, wenn sie einem Begriff sein Schema verschaffen will. Es ist nicht eigentlich die Anschauung einer Handmühle, die Aehnlichkeit mit dem despotischen Staat hätte, sondern die Regel, nach welcher die Urtheilskraft hier verfährt, um dem Begriffe eines despotischen Staats ein Bild unterzulegen, ist der Regel analog, nach welcher sie bei der Reflexion über einen Begriff, vermittelst der Einbildungskraft, ein Schema verschafft. Die Urtheilskraft verrichtet eigentlich hier ein doppeltes Geschäft: 1. wendet sie den Begriff, despotischer Staat, auf den Gegenstand einer sinnlichen Anschauung, Handmühle, an, sie sucht nehmlich etwas in der Natur auf, das auch so willkührlich bewegt, wie der Staat willkührlich regiert wird, und 2. wendet sie die Regel der Reflexion, nach welcher sie jene Anschauung einer Handmühle mit ihrem eigentlichen Gegenstande, einem Etwas, das mechanisch bewegt wird, vergleicht, auf einen ganz andern Gegenstand, nehmlich den despotischen Staat an, als sei dieser gleichsam der Gegenstand, der in der Anschauung einer Handmühle angeschaut werde, von dem dann die Handmühle das Symbol ist, und dessen Begriff nie eine Anschauung direct (ein Schema) correspondiren kann. Unsere Sprache ist voll von dergleichen indirecten Darstellungen (oder Symbolen), nach einer Analogie, die nicht das eigentliche Schema für den Begriff, sondern bloſs ein Symbol für die Reflexion (oder ein Analogon jenes Schema) ausdrücken. So find die Wörter Grund (Bafis, Stütze eines andern Begriffs), abhangen (von oben durch einen andern gehalten werden), woraus fliefsen (ftatt folgen aus einem Begriff), Subftanz (wie Locke *Effai phil. conc. l'entendement humain Chap. XXIII. §.* 2 fich ausdrückt: der Träger der Accidenten, und unzählige andere nicht fchematifche, fondern fymbolifche Hypotypofen (Darftellungen) und Ausdrücke für Begriffe nicht vermittelft einer directen Anfchauung (eines Schema), fondern nur nach einer Analogie mit derfelben (alfo einem Symbol). So ift das Schöne das Symbol des fittlich Guten (U. 255).

Kant Crit. der rein. Vern. Elementarl. II. Th. I. Abth. II. Buch. II. Hauptft. III. Abfchn. S. 222. I. Th. II. Abfchn. §. 6. b. S. 50.
Käftner Anfangsgr. der Arithm. Kap. V. § 1 — 37. S. 124 ff.
Kiefewetter Grundrifs einer reinen allgem. Logik. S. 28. ff. §. 63. ff.
Kant Crit. der Urtheilskraft II. Th. §. 90. 2. S. 443 S. 443 *). I. Th. § 59. S. 255. ff.
Kant Prolegomenen §. 58. S. 176. S. 176 *)

Analogie der Erfahrung,

analogia experientiae, ift eine Analogie *a priori* der Erfahrung, die eine Regel ausdrückt, nach welcher alle Gegenftände in folchen Verhältniffen erkannt werden müffen, die mit den Verhältniffen der Erfahrung (Analogie, 15.) identifch find, z. B. in allen Erfcheinungen (Gegenftänden der Erfahrung) find Befchaffenheiten, die fich zu einander verhalten, wie die Subftanz zum Accidenz, d. i. in allen Erfahrungen ift etwas, das beharret, weder vermehrt noch vermindert wird (die Subftanz), und etwas, das immer wechfelt (das Accidenz).

1. Die metaphyfifchen Verhältniffe der Verknüpfung (15. C.. 218. Pr. 96) machen dadurch, dafs Wahrnehmungen nothwendig in eben dem Verhältniffe vorgeftellt werden als fie, Erfahrung möglich, oder die Gegenftände, die

Analogie der Erfahrung.

ler Verstand den Wahrnehmungen setzt (die Erscheinungen) zu Gegenständen der Erfahrung, z. B. der Gegenstand, den ich der Lichtflamme, die ich wahrnehme, und der Gegenstand, den ich der Brandblase, die ich in meinem Finger wahrnehme, setze, verhalten sich zu einander, wie das metaphysische Verhältniss der Verknüpfung der Causalität oder wie die Ursache zur Wirkung. Dadurch wird nun die Wahrnehmung, dafs, als ich den Finger der Lichtflamme zu sehr näherte, ich eine Brandblase erfolgen sahe, Erfahrung, oder Erkenntnifs der Objecte durch Wahrnehmung. Ich erkenne nehmlich die Verknüpfung zwischen dem Object, das ich mir bei der Anschauung einer Lichtflamme, und dem, das ich bei der Anschauung einer Brandblase denke, durch einen, obwohl unumstöfslichen Schlufs nach der Analogie (f. Analogie, 21).

I. Wie Ursache zur Wirkung; so Lichtflamme zur Brandblase.

Wir wollen mit dieser Analogie zwei andere vergleichen, durch die eine wird auch nach der Analogie geschlossen, aber das Object nicht vermittelst der Wahrnehmung bestimmt, folglich entspringt durch diese keine Erfahrung, sondern nur analoge Erkenntnifs, durch die andere wird nach der Analogie gedacht, und also gar nicht erkannt.

II. Wie Ursache zur Wirkung; so Vorstellungen in den Thieren zu ihren willkührlichen Wirkungen.

III. Wie Ursache zur Wirkung; so Gott zur Welt.

In I. sind zwei Wahrnehmungen, nehmlich Lichtflamme und Brandblase. Ich nehme wahr, dafs beide auf einander folgen. Dieses auf einander folgen aber ist durch die blofse Wahrnehmung desselben noch nicht von jeder andern Folge meiner Vorstellungen auf einander unterschieden. Sie kann blofs subjectiv seyn, d. i. ein Spiel meiner Erkenntnifskräfte, ohne dafs andere erkennende Subjecte dieselbe Wahrnehmung haben, oder es könnte auch die Ordnung der Wahrnehmungen umgekehrt seyn, so dafs erst die Brandblase und dann die Lichtflamme in der Wahrnehmung auf einander folgt. Allein in der Wahrnehmung der Lichtflamme finde ich eine Regel des Verhältnisses derselben zur Brandblase, nehmlich die, dafs auf die Lichtflamme, wenn ich ihr den Finger zu nahe bringe, die Brandblase beständig folgt. Soll nun diese Regel des Verhältnisses nicht blofs subjectiv seyn, und nur für mich und meine Vorstellung gelten, sondern soll sie objectiv seyn, als Erfahrung gelten, und für jedermann gültig seyn, so muſs der Begriff der Nothwendigkeit mit dieser Regel des Verhältnisses verbunden seyn, und ich muſs diese Wahrnehmung nicht blofs in mir setzen, sondern ich muſs der Wahrnehmung ein Object setzen, von dem die Nothwendigkeit der Regel des Verhältnisses zu einem andern Object gilt, dafs das eine immer vor dem andern in der Zeit vorhergehen muſs, und folglich die nothwendige Bedingung des andern enthalte, d. i. ich muſs das eine Object für die Ursache und das andere für die Wirkung erkennen, wodurch die Wahrnehmung nun Erfahrung wird. In der II. Analogie nehme ich die Vorstellungen der Thiere nicht wahr, sondern nur das Leben derselben. Da ich nun dieses Leben für die Ursache ihrer willkührlichen Wirkungen erkenne, bei uns aber dieses Leben in den Vorstellungen bestehet, durch welche unsre willkührlichen Wirkungen möglich werden, so berechtigt uns die Aehnlichkeit des Lebens der Thiere mit dem unsrigen und die Identität der Wirkungen auf eine ähnliche Ursache der willkührlichen Wirkungen der Thiere mit der Ursache der unsrigen zu schliefsen, und ebenfalls anzunehmen, dafs die Thiere nach Vorstellungen handeln. Hier ist also der Unterschied, dafs wir hier nicht wie in I. in den Wahrnehmungen etwas finden, das uns nöthigt, denselben ein Object zu setzen, und dasselbe mit einem andern im Verhältnisse der Ursache und Wirkung zu erkennen, sondern dafs ich von der Aehnlichkeit einer Wahrnehmung und ihrem Verhältnisse zu einer andern auf das Object einer Vorstellung schliefse, die ich nicht wahrnehmen kann, und dieses Object für eine Ursache erkenne.

In der III. Analogie ist aber Gott weder der Gegenstand einer Wahrnehmung, noch auch etwas, worauf, ich, aus einer andern Wahrnehmung, die Aehnlichkeit hätte mit einer in die Sinne fallenden Ursache ähnlicher Wirkungen, schliessen könnte; ja, da Gott nicht in der Zeit ist, so kann er auch nicht einmal in der Zeit vor der Welt als Ursache derselben vorhergehen, zumal da auch nicht einmal die Welt, sondern nur das, was in der Welt ist, sich in der Zeit befindet, folglich können wir uns Gott auch nicht einmal als Ursache der Welt denken, sondern er ist nur ein Analogon einer Ursache, und wird nur analogisch als Ursache gedacht, aber nicht für die Ursache erkannt, weder aus der Erfahrung, noch durch einen Schluss.

2. Kant beweiset nun, dass es gar keine Gegenstände der Erfahrung (Erscheinungen) geben kann, ohne eine solche nothwendige Verknüpfung der Wahrnehmungen unter einander durch die Verhältnisse der Erfahrung (M. 1, 256). Der Beweis ist dieser. Unter einem Gegenstande der Erfahrung (einer Erscheinung) verstehen wir den Gegenstand, den sich der Verstand bei einer solchen Anschauung (sinnlichen Vorstellung) denkt, die nicht durch unsre Willkühr, etwa aus der blossen Phantasie entspringt, und auch nicht nothwendig in uns vorhanden ist, und daher mit Empfindung (oder Bewusstseyn der unwillkührlichen Veränderung unsers innern Zustandes in Beziehung auf eine Vorstellung) verbunden ist. Eine solche Anschauung heisst eine empirische, z. B. die einer Lichtflamme, im Gegensatz gegen eine reine, dergleichen die Anschauungen der Geometrie sind. Soll nun der Gegenstand, den sich der Verstand bei einer solchen empirischen Anschauung denkt, nicht ein Spiel der Imagination, seyn so, muss es 1) ein Object seyn, das wir uns allein dadurch denken können, dass wir die Wahrnehmungen, die wir haben, mit einander verknüpfen, und 2) diese Verknüpfung nicht, wie bei den Objecten der Phantasie, willkührlich und zufällig, sondern nothwendig seyn. Folglich muss jedes Object der Erfahrung unter einer nothwendigen Verknüpfung der Wahrnehmungen

seyn. Denn das Object, das ich mir bei einer Wahrnehmung (mit Empfindung begleiteten Vorstellung) denke, ist nichts anders, als die Einheit, durch die ich die Wahrnehmungen verknüpfe, welche Einheit in einem Verstandesbegriffe bestehet, und nicht etwa schon in den Wahrnehmungen selbst liegt. In jeder Wahrnehmung liegt zwar der Grund, der es mir möglich macht, die Eindrücke auf meine Sinne, die nach und nach in dem Bewufstseyn zu einander kommen, durch reinen Verstandesbegriff mit einander zu verbinden, aber diese Verbindung selbst liegt doch nicht schon in dem, was wir wahrnehmen, sondern wir bringen diese Verknüpfung erst hinein. Sobald wir nehmlich sinnliche Eindrücke empfangen, und also wahrnehmen, so verbindet der Verstand diese Wahrnehmungen durch den, übrigens unbestimmten Begriff: Gegenstand, er thut gleichsam den Ausspruch: das ist ein Gegenstand. Was wir also wahrnehmen, sind nicht etwa schon Gegenstände, denn dann wären sie schon verknüpft, und die Vorstellungen kämen verknüpft in uns hinein, welches unmöglich ist, weil sie nach und nach aufgefafst (apprehendirt, oder ins empirische Bewufstseyn aufgenommen) werden. Dann fängt der Verstand an, den Gegenstand durch die reinen Verstandesbegriffe zu bestimmen. Zu dieser Bestimmung gehört nun auch die Verknüpfung der Gegenstände untereinander, ohne welche sie ebenfalls isolirt seyn würden, folglich die Wahrnehmung mehrerer Objecte wiederum keine Erfahrung, sondern ein Spiel der Phantasie seyn würde.

3. Die Verknüpfung mehrerer Objecte miteinander beruhet aber darauf, dafs sie in eine gewisse Zeit gesetzt werden, weil ich ein Object nur dadurch als vorhanden bestimme, dafs ich es in eine bestimmte Zeit setze. Denn die Zeit ist die Form, in der alle Erfahrungen gemacht und alle Erscheinungen angeschauet werden. Folglich bestehet die Verknüpfung der Objecte darin, dafs sie einander, durch gewisse Verstandesbegriffe, mit Nothwendigkeit die Zeit bestimmen, in welcher sie vorhanden sind, wodurch sie als in einem objectiven Verhältnisse zu einander in der Zeit vorgestellt werden. Nehmlich

Analogie der Erfahrung.

a. das eine Object wird als zu jeder Zeit vorhanden erkannt, und das andere als zu einer gewissen Zeit existirend; das geschieht durch die Begriffe Substanz und Accidenz;

b. das eine Object wird so erkannt, dafs es vor dem andern nothwendig vorhergehet; dies geschieher durch die Begriffe Ursache und Wirkung;

c. die Objecte werden als zu einer und derselben Zeit existirend erkannt; dies geschieht durch den Begriff der Wechselwirkung (M. 258).

Mehr Zeitbestimmungen giebt es aber nicht als diese drei, weil es nicht mehr *Modi* oder Zeitbeschaffenheiten giebt als drei, nehmlich a. Beharrlichkeit, b. Folge, und c. Zugleichseyn. Also giebt es auch nicht mehr Verhältnisse der Erfahrung, durch die ein Gegenstand durch den andern bestimmt, das ist beide in Verknüpfung mit einem, der erkannt werden kann, als diese drei:

a. das Verhältnifs der Substanzialität oder Beharrlichkeit:
die Substanz zum Accidenz, oder
das Beharrliche zum Wechselnden.

b. das Verhältnifs der Causalität oder Folge:
die Ursache zur Wirkung, oder
das nothwendig Vorhergehende zum nothwendig Folgenden.

c. das Verhältnifs der Wechselwirkung oder des Zugleichseyns:
die eine Wechselwirkung zur andern, oder die Ursache, die zugleich Wirkung ist, zu ihrer Wirkung, die zugleich ihre Ursache ist.

Hieraus entstehen nun eben so viele Regeln der Verknüpfung der Objecte der Erfahrung durch diese Verhältnisse zu einer neuen Erfahrung; nehmlich drei Analogien der Erfahrung, welche die Identität des Verhältnisses zweier Gegenstände der Erfahrungen (Erscheinungen) mit einem der drei Verhältnisse der Erfahrung aussagen.

a. Die Analogie der Beharrlichkeit oder Substanzialität.

Mellins philos. Wörterb. 1. Bd.

In allen Erfahrungen ist etwas, was sich zu einander verhält, wie Substanz und Accidenz.

b. Die Analogie der Folge oder Causalität.

In allen Erfahrungen ist etwas, was sich zu einander verhält, wie Ursach und Wirkung.

c. Die Analogie des Zugleichseyns oder Wechselwirkung.

In allen Erfahrungen ist etwas, was sich zu einander verhält, wie eine Wechselwirkung zur andern.

Nun sind aber in diesen Analogien Wahrnehmungen die Glieder des einen Verhältnisses und Verstandesbegriffe die Glieder des andern, und es scheint also anfänglich, als ob auch in der Erfahrung nur analogisch gedacht, aber nicht erkannt werden könnte, weil Wahrnehmungen und Verstandesbegriffe ganz verschiedene Dinge sind. Allein es ist hier eine vermittelnde Vorstellung, die Zeit, welche durch den Flufs der Wahrnehmungen gleichsam wahrgenommen wird, und doch auch darin mit den Verstandesbegriffen gleicher Art ist, dafs sie *a priori* ist. Eine solche vermittelnde Vorstellung heifst ein Schema. Sie giebt den Verhältnissen der Erfahrung Bedeutung, denn ohne die Zeit ist das Verhältnifs der Ursache zur Wirkung nicht mehr eine Bestimmung der Objecte, sondern nur der Begriffe. Denn was z. B. nicht nothwendig in der Zeit vorhergehet, kann nur noch nothwendig in der Gedankenreihe vorhergehen, und ist dann nicht mehr Ursache, sondern Grund (der Erkenntnifs). Daher entspringen aus den drei metaphysischen Verhältnissen der Verknüpfung die drei logischen

a) des Subjects und Prädicats,
b) des Grundes und der Folge,
c) der ausschliefsenden Bestimmung.

Die reine Anschauung der Zeit macht nun, dafs die Wahrnehmungen, die in der Zeit sind, mit den reinen Verstandesbegriffen, die erst durch die Zeit metaphysische Bedeutung bekommen, gleichartig werden, daher entspringt hier durch die Analogie wirklich

niſs, und ich kann nun z. B. ſagen, in jeder Erfahrung muſs Urſach und Wirkung zu finden ſeyn (M. I. 259. C. 220).

4. Die Analogien der Erfahrungen ſind alſo Grundſätze des Verſtandes, durch die die Gegenſtände der Erfahrung erkannt werden. Sie haben aber, eben weil ſie Analogien ſind, etwas an ſich, wodurch ſie ſich von den Grundſätzen der Mathematik weſentlich unterſcheiden. Die Grundſätze der Mathematik, z. B. zwiſchen zwei Puncten giebt es nur Eine gerade Linie, beſtimmen etwas im Object ſelbſt, aber die Analogien der Erfahrung beſtimmen nur, ob und wie das Object vorhanden iſt, oder das Daſeyn, und das Verhältniſs der Gegenſtände der Erfahrung (Erſcheinungen) in der Zeit, in Anſehung ihres Daſeyns. Daſs in jeder Erfahrung Etwas Urſach und Etwas Wirkung ſeyn müſſe, beſtimmt nicht dieſes Etwas ſelbſt, ſondern die Art, wie es im Verhältniſſe auf das andere in der Zeit vorhanden iſt, nehmlich ſo, daſs es entweder (als Urſache) nothwendig ehe vorhanden iſt als das andere, oder (als Wirkung) ſpäter (C. 220).

5. Das Daſeyn läſst ſich aber nicht conſtruiren, oder in der Anſchauung (ſinnlich) darſtellen. Es läſst ſich z. B. weder durch die Phantaſie, noch in der Erfahrung ſelbſt vor die Sinne bringen, wie etwas nothwendig oder zufällig, früher oder ſpäter, immer oder nur eine Zeit lang, zu derſelben oder zu verſchiedener Zeit, vorhanden iſt; ſo wie ſich die Gröſse der Ausdehnung und der Grad der Empfindung darſtellen läſst. Aus der Urſache läſst ſich nicht die Wirkung, aus der Subſtanz nicht das Accidenz, aus einer Wechſelwirkung nicht die andere ſo *a priori* darſtellen, wie eine Gröſse aus der andern, z. B. 4 aus 6, wenn ich von letzterer 2 hinweg nehme. Wenn ich daher auch die Verhältniſſe der Erfahrung habe, ſo kann ich z. B. nicht ſogleich daraus, daſs ich ein Object der Erfahrung als Urſache betrachte, die Wirkung derſelben darſtellen, oder umgekehrt. Man betrachtete den Blitz lange als Wirkung, aber ſeine Urſache konnte man nicht darſtellen, ſondern man ſuchte ſie, man gab ſich Mühe, ſie zu finden, zu

entdecken (f. Analogie, 18. 19). Die Analogien der Erfahrung find alfo, wie alle Analogien, nicht cohftitutiv, darftellend, fondern regulativ, dienen als Regeln zum Suchen und Finden des einen Gliedes des Verhältniffes der Objecte in der Zeit zum andern (M. 262).

6. Diefe Analogien haben aber nun allein Bedeutung und Gültigkeit als Grundfätze des Gebrauchs des Verftandes zu Erfahrungen. Denn wenn ich z. B. den Begriff der Urfache auf überfinnliche Gegenftände, von denen Begriffe aus der Vernunft, und nicht durch Wahrnehmungen, entfpringen, anwenden wollte, etwa auf Gott, und Gott als Urfache der Welt erkennen wollte, fo ift ja Gott, weil er nicht finnlich wahrgenommen wird, nicht in der Zeit. Da nun hier das vermittelnde Schema, die Zeit, wegfällt in dem Verhältnifs:

Wie die Urfache zur Wirkung, fo Gott zur Welt:

fo ift hier nicht nur keine Gleichartigkeit zwifchen Gott und dem Verftandesbegriff Urfach, fondern der Begriff Urfach verliert hier auch feine metaphyfifche Bedeutung einer nothwendigen Bedingung einer in der Zeit darauf folgenden Wirkung, und behält nur noch feine logifche eines Erkenntnifsgrundes. Denn da weder Gott noch die Welt in der Zeit find, fo kann auch Gott nicht nothwendig in der Zeit, als Bedingung vor der Welt hergehen. Der Begriff der Urfache kann alfo nicht gültig auf andre Objecte, als folche, die durch Wahrnehmung in der Zeit beftimmt werden (Erfcheinungen) angewendet werden, und gilt alfo nun von Erfahrungen.

7. Alle empirifche Analogien können auf eine von diefen Analogien der Erfahrung gebracht werden, z. B. die Analogie, wie fich verhält der Baum zur Frucht, fo die Gefinnung zur Handlung, ift die Identität zweier Verhältniffe, die mit dem Verhältniffe der Caufalität identifch find, und kann daher auf die Analogie der Caufalität gebracht werden: wie die Urfache zur Wirkung, fo die Gefinnung zur Handlung.

Kant. Critik der rein. Vern. Element. II. Th. I. Abth. II. Buch. II. Hauptft. III. Abfchn. 3. S. 218.—224.

Analogie der Subſtanzialität,

Analogie der Subſiſtenz, oder der Beharrlichkeit, *analogia ſubſiſtentiae*.

Sie iſt diejenige Analogie *a priori*, welche eine Regel ausdrückt, nach welcher alle Gegenſtände der Erfahrung in einem ſolchen Verhältniſſe vorgeſtellt werden müſſen, das mit dem metaphyſiſchen Verhältniſſe der Subſtanzialität identiſch iſt (Analogie 15).

1. Dieſe Analogie heiſst: **in allen Erſcheinungen iſt etwas, das ſich zu einander verhält, wie die Verſtandesbegriffe Subſtanz und Accidenz zu einander.**

Da nun alle Erſcheinungen, oder Gegenſtände der Erfahrung, in der Zeit ſind, und Subſtanz und Accidenz Begriffe ſind, die die Zeit in Anſehung ihrer Dauer beſtimmen, ſo kann man ſagen, in jeder Erſcheinung iſt etwas, was beharret, oder dem der Begriff **Subſtanz** zukömmt, und etwas, das wechſelt, oder dem der Begriff **Accidenz** zukömmt. S. **Subſtanz. Accidens.** Da nun das Wechſeln der Accidenzen den Zuſtand der Subſtanz verändert, ſo kann uns kein Gegenſtand vorkommen, welcher nicht beſtändigen Veränderungen unterworfen wäre, und von dem wir uns vorſtellen könnten, daſs er je aufhören könnte, vorhanden zu ſeyn, ſo wie das Entſtehen deſſelben aus Nichts uns darum ebenfalls unbegreiflich iſt.

Im innern Sinn, in unſerm Gemüth, finden wir zwar keine Subſtanz, aber wir knüpfen die Accidenzen im innern Sinn an das Beharrliche im äuſern Sinn. Aber wir bedürfen auch keines Beharrlichen im innern Sinn. Dieſes wird deutlich werden, wenn wir uns die Nothwendigkeit und Allgemeinheit dieſer Analogie der Subſtanzialität auseinander ſetzen (M. I. 265).

2. Alle Erſcheinungen oder Gegenſtände der Erfahrung ſind in der Zeit, a. diejenigen, die in unſerm Gemüth vorkommen, Gedanken, u. ſ. w.; denn die Zeit iſt die Form des innern Sinnes. b. auch diejenigen, die wir als auſer uns den an-ſchauen, oder ſich uns ſinnlich da

auch der äufsere Sinn feinen Grund in unferm Gemüth hat, fo ift auch alles äufsere, obwohl nur mittelbar, im Gemüth, und folglich in der Zeit. Die Zeit felbft aber wechfelt nicht, fondern ift immer in uns vorhanden oder beharrliche Form der innern Anfchauung, aber in ihr gehet der Wechfel vor. Soll nun etwas durch Wahrnehmung in der Zeit beftimmet, und alfo die Zeit wahrgenommen werden, welches von der reinen Zeit nicht möglich ift, fo mufs in der Zeit etwas als beharrlich vorgeftellt werden, woran der Wechfel wahrgenommen wird. Folglich mufs in allen Erfcheinungen etwas durch den Begriff der Subftanz (Subftrat der Zeit oder Repräfentant der Zeit als beharrlicher Form) gedacht werden, und etwas als Accidenzen, die in einem beftändigen Wechfel begriffen find, und durch ihre Folge die empirifche Zeit vorftellen. Kant drückt in der Analogie noch die Anwendung der Gröfse auf die Beharrlichkeit aus, indem er fagt, das Quantum wird in der Natur weder vermehrt noch vermindert. Allein fo richtig das ift, fo gehört das doch nicht eigentlich in die Analogie der Subftanzialität, welche ein Grundfatz der Transfcendentalphilofophie ift, dahingegen jene Anwendung des Begriffs der Gröfse darauf, wie auch fchon das Wort Natur lehrt, in die Metaphyfik der Natur gehört. Wahrfcheinlich wollte der vortreffliche Denker, durch den Zufatz: das Quantum derfelben wird in der Natur weder vermehrt noch vermindert, zu erkennen geben, dafs feine Analogie der Subftanzialität eigentlich das alte Gefetz von der Beharrlichkeit des Quantums der Subftanz fei, um fafslicher zu werden.

3. Wir haben nun zweierlei Folge wahrzunehmen und von einander zu unterfcheiden, die fubjective Folge in unferm Gemüth und die objective Folge der Gegenftände. In unferm Gemüth allein haben wir keine Folge zu unterfcheiden, fondern blofs wahrzunehmen, und da ift es genüg, dafs etwas aufser uns beharret, an das wir den innern Flufs unfrer Vorftellungen halten, und darnach beftimmen, wann wir jede Vorftellung haben, und dafs wir es find, die fie haben. Gäbe es gar nichts beharrliches aufser uns, woran unfre Gedanken-

reihe gleichsam wie ein Strom vor einem Felsen vorbei flösse, so wäre kein fester Punct, der Verbindung hinein brächte, und der unser Bewufstseyn der einen Vorstellung an das Bewufstseyn der andern anknüpfte, wir würden in jedem Augenblick nicht nur anders bestimmt, sondern das, was bestimmt würde, verflösse jedesmal mit der Bestimmung, und in jedem Augenblick wäre ein anderes Ich da, das wieder einem folgenden wiche. Wäre aber eine Substanz im Gemüth, an der wir den Wechsel der innern Accidenzen wahrnähmen, dann wäre die Einheit zwischen innerer und äufserer Erfahrung aufgehoben, und unsre Gedanken und Gefühle, kurz alle innern Bestimmungen verflössen in einer andern Zeit, als die äufsern (C. 224).

4. Wenn wir wahrnehmen, so fassen wir nicht etwa alles mit einem male auf, sondern dieses Auffassen (Apprehendiren) des Stoffs zur Erfahrung geschiehet nach und nach, obwohl oft mit grofser Schnelligkeit; eine Vorstellung folgt auf die andere, und macht wieder der andern im Bewufstseyn Platz. Wir sehen nicht etwa mit einemmale das ganze Haus, sondern wir fassen alle Theilvorstellungen, die in der Vorstellung Haus enthalten sind, nach und nach auf. Das Auffassen des Mannichfaltigen in der Vorstellung eines Hauses kann uns also nicht lehren, ob dieses Mannichfaltige zugleich sei, oder eben so in dem Objecte auf einander folge, als in der Wahrnehmung, wofern nicht an dem Hause etwas zum Grunde liegt, was jederzeit ist; d. i. etwas Bleibendes und Beharrliches, so dafs aller Wechsel und alles Zugleichseyn an demselben nichts als so viel Arten (*modi*) der Zeit sind, nehmlich Zeitfolge und Gleichzeitigkeit. Nur an dem Beharrlichen (der Substanz) ist also alle Zeitbestimmung durch den Wechsel der Accidenzen möglich. Das Beharrliche ist daher der Gegenstand in der Erscheinung, das Accidenz aber nur die Art, wie es vorhanden ist (C. 225).

5. Es ist noch nie einem Philosophen eingefallen, diesen Grundsatz der Beharrlichkeit zu beweisen, obwohl zu allen Zeiten, nicht blofs der Philosoph, sondern auch der gesunde Menschenverstand ihn vorausgesetzt hat.

Er ſtehet auch nur ſelten, wie es ihm doch gebührt, an der Spitze der reinen und völlig *a priori* beſtehenden Geſetze der Natur, ſ. Naturgeſetze. Der Grund davon, daſs er nicht iſt bewieſen worden, liegt darin, daſs der Beweis nicht kann aus Begriffen (dogmatiſch) geführt werden, und daſs man nicht darauf fiel, die Geſetze der Natur von der Beſchaffenheit unſres Erkenntniſsvermögens (critiſch) abzuleiten (C. 227).

6. Folgeſätze aus dieſer Analogie ſind:

a. daſs die Subſtanz weder vermehrt noch vermindert werden kann. Wenn z. B. das Holz verbrannt iſt, ſo muſs die Subſtanz deſſelben noch vollſtändig, nur mit andern Accidenzen, in Rauch und in der Aſche, vorhanden ſeyn.

b. daſs aus Nichts nie Etwas, und Etwas nie zu Nichts werden kann; *gigni de nihilo nihil, in nihilum nil poſſe reverti*, iſt ſchon ein richtiger Satz der Alten. (*Perſii Satyr. III. v.* 84.). Οὐτε γινεϑαι ουτε φϑειρεϑαι των οντων ſagt Parmenides (*Ariſtoteles de Coelo lib. III. Cap. I.*). Democrit lehrte μηδεν ἐκ τε μη εντος γινεϑαι μηδε εἰς το μη ὀν φϑειρεϑαι (*Diog. Laert. in vita Democrit. lib. IX. ſegm.* 44.). Xenophanes und Zeno hatten ebenfalls den Grundſatz μη ἐνδεχεϑαι (es ſei nicht möglich) γινεϑαι μηδεν ἐκ μηδενος (*Ariſtot. libr. de Xenophane, Gorgia et Zenone Cap. I.*) und Lucrez ſagt:

Nullam rem e Nihilo gigni divinitus unquam.
(*de rerum natura lib. I. v.* 151.) und (*lib. I. v.* 206. 216. 217)

Nil igitur fieri de Nilo poſſe fatendum eſt —
Huc accedit, uti quidque in ſua Corpora
Diſſoluat natura, neque ad Nihilum interimat res.

ſ. übrigens Subſtanz. Veränderug. Accidenz. (C. 228.)

Kant. Critik der rein. Vernunft. Elementarl. II. Th. I. Abth. II. Buch. I. Hauptſt. III. Abſchn. 3. A. S. 224 — 229.

Analogie der Urſache und Wirkung,

Analogie der Cauſalität oder der Zeitfolge, Grundſatz der Erzeugung, *analogia cauſalitatis.*

Sie iſt diejenige Analogie *a priori*, welche eine Regel ausdrückt, nach welcher alle Gegenſtände der Erfahrung in einem ſolchen Verhältniſſe vorgeſtellt werden müſſen, das mit dem metaphyſiſchen Verhältniſſe der Cauſalität (Analogie 15) identiſch iſt.

1. Dieſe Analogie heiſst: Alle Erſcheinungen ſtehen in Anſehung des Wechſels der Accidenzen mit einander in dem Verhältniſſe der Urſache zur Wirkung. Alles, was daher von Accidenzen in der Natur vorkömmt, es mag im äuſsern oder im innern Sinn ſeyn, muſs die Wirkung einer Urſache, und in Verbindung mit der Subſtanz die Urſache einer Wirkung ſeyn, ſ. Urſache, Wirkung. Die äuſsern Gegenſtände ſind aber auch die Urſache unſrer Vorſtellungen im innern Sinn, und umgekehrt, ſo daſs alſo dieſe Analogie ſich in vier verſchiedene Analogien auflöſet, nach der Identität der vier folgenden Verhältniſſe mit dem Verhältniſſe der Cauſalität, nehmlich

a. der äuſsern Objecte unter ſich, wovon hier die Rede iſt;

b. der innern Objecte (Anſchauungen, Gedanken, Gefühle u. ſ. w.) unter ſich, wovon in der Logik und Pſychologie die Rede iſt;

c. d. der äuſsern Objecte mit den innern, und umgekehrt, wovon hier (in Anſehung der Erkenntniſs überhaupt), aber auch in der Moral und Teleologie gehandelt wird.

2. Dieſes iſt der berühmte Grundſatz, deſſen Beweis in der Leibnitz-Wolfiſchen Philoſophie gänzlich verunglückt iſt. Der Grund iſt, weil man dieſen Beweis dogmatiſch oder aus Begriffen führen wollte, welches nicht möglich iſt, auch verwechſelte man den metaphyſiſchen Begriff der Urſache (*principium eſſendi*) mit dem logiſchen Begriff des Grundes (*princi-*

pium cognoscendi). Der dogmatische Beweis, den z. B. Baumgarten (Metaphys. Ontol. 3. Kapit. §. 218.) führt, ist dieser: „Die Wirklichkeit eines zufälligen endlichen Dinges ist eine zufällige Beschaffenheit, folglich hat sie keinen hinreichenden Grund (nehmlich der Erkenntnis derselben) in seinem Wesen, auch nicht in seinen Eigenschaften, folglich nicht in seinen innerlichen Bestimmungen. Nun muss aber seine Wirklichkeit einen hinreichenden Grund haben (aus welchem sie erkannt wird), folglich muss derselbe ausser dem zufälligen und endlichen Dinge angetroffen werden, in Dingen, die seine Ursachen sind, (weil der Grund der Wirklichkeit eines Dinges seine Ursache heisst). Folglich kann ein zufälliges und endliches Ding nicht wirklich seyn, wenn es nicht ausser sich Ursachen hat". Allein da Baumgarten den Grund (§. 14.) erklärt, „es sei dasjenige, woraus erkannt werden kann, warum Etwas sei," so ist Grund und Erkenntnissgrund identisch; nun ist aber die Ursache eines Dinges dasjenige, was nothwendig vor demselben hergehen muss, und nicht das, was den Erkenntnissgrund der Wirklichkeit enthält, denn der Erkenntnissgrund ist ein Gedanke, die Ursache aber ein Gegenstand. Dieser Beweis hat also zwei Fehler, 1) die Verwechselung der Ursache mit dem Grunde, 2) die Voraussetzung dessen, was erst bewiesen werden soll; denn der Schluss heisst so: wenn ein Ding seinen zureichenden Grund nicht in sich selbst hat, so muss es ihn in einem Dinge ausser sich haben, ein solches Ding heisst aber seine Ursache; aber das nur dann, wenn es überhaupt einen zureichenden Grund hat, welches aber nur dann der Fall ist, wenn es überhaupt für unsern Verstand erkennbar ist. Wir können also nur schliessen, dass das, was von unserm Verstand soll begriffen werden, einen Grund haben müsse, denn der Grund ist eben das, woraus es begriffen wird. Und so kann denn auch die Analogie der Causalität nicht aus Begriffen (dogmatisch), sondern bloss-critisch (durch Untersuchung unsers Verstandesvermögens und der Bedingungen der Erfahrung) bewiesen werden. Dies geschiehet nun so:

Analogie der Urſache und Wirkung. 171

Zuerſt kömmt eine Vorbereitung zu dieſem Beweiſe. Es muſs nehmlich aus dem, was in den Artikeln Analogie der Erfahrung und Accidenz iſt gezeigt worden, hier vorausgeſetzt werden, daſs alle Erſcheinungen der Zeitfolge Veränderungen der Subſtanz d. i. ein Wechſel der Accidenzen ſind; ein Entſtehen und Vergehen der Accidenzen, aber nicht der Subſtanzen, oder des Beharrlichen (M. I. 275). Nach dieſer Vorbereitung folgt der Beweis.

Ich nehme wahr, daſs Erſcheinungen auf einander folgen, oder verknüpfe zwei entgegengeſetzte Zuſtände der Subſtanz in der Zeit (C. 233. 243.). Alles dieſes gehet alſo in meinem Gemüth vor. Dieſe Verknüpfung aber iſt entweder willkührlich, d. i. es ſtehet bei mir, welcher Zuſtand zuerſt, und welcher zuletzt kommen ſoll; oder ſie iſt nothwendig, d. i. ich bin mir bewuſst, daſs der eine Zuſtand immer der erſte und der andere immer der letzte ſeyn muſs. Im erſten Fall iſt die Verknüpfung ſubjectiv, bloſs in meiner Einbildungskraft und nicht in den Objecten; im letztern Fall aber wird die ſubjective Verknüpfung in eine objective verwandelt, d. h. ſie wird nicht bloſs als in meinem Gemüth befindlich vorgeſtellt, ſondern iſt zugleich in den Erſcheinungen (Gegenſtänden der Erfahrung ſelbſt). (M. I. 285.) Soll alſo die objective Folge der Dinge von der ſubjectiven unterſchieden werden können, und die erſtere nicht für die letztere gehalten werden, ſo muſs ſie mit Nothwendigkeit verbunden ſeyn. Nothwendigkeit iſt aber nur *a priori* möglich, folglich muſs die Verknüpfung, ein Werk des Verſtandes, durch einen reinen Begriff im Verſtande vorgehen, welches der Begriff der Urſache iſt, und in allen Erſcheinungen muſs daher das Verhältniſs der Urſache zur Wirkung vorkommen, wenn ſie durch Begriffe erkannt werden (M. I. 276).

3. Durch die Analogie der Urſache und Wirkung kann alſo allein die objective Folge der Gegenſtände von der ſubjectiven Folge im Gemüth unterſchieden werden. (C. 234. 243). Die Auffaſſung (die Apprehenſion) des Mannichfaltigen der Vorſtellungen geſchiehet jederzeit nach und nach (ſuccessiv) die Theile in der Anſchauung

folgen auf einander. Denn wir können nicht mehr als Eine Vorstellung auf einmal auffassen, und uns vorstellen, daher muſs eine Vorstellung immer der andern Platz machen, und alle unsre Vorstellungen, wenn es uns auch so vorkömmt, als wenn manche gleichzeitig wären, weil der Zeitunterschied zwischen ihnen unendlich klein ist, sind doch alle nach einander. Hierdurch wird nun noch kein Object vorgestellt, weil durch diese Folge, die allen Apprehensionen gemein ist, nichts von etwas anderm unterschieden wird. Es muſs also unterschieden werden können, ob die Zeitfolge (Succession) in den Anschauungen bloſs in mir, in meinem Subject (subjectiv), oder in jedem Subject (allgemein), folglich in den Gegenständen (objectiv) ist; das geschieht nun durch einen Verstandesbegriff, der Nothwendigkeit in die Succession bringt, wodurch sie aufhört willkührlich, und bloſs in der Apprehension zu seyn. So ist z. B. die Apprehension des Mannichfaltigen in der Erscheinung, die wir Haus nennen, successiv. Nun ist die Frage, ob die Succession bloſs in unserm Gemüth, oder auch in der Erscheinung sei? d. h. ob wir das aufgefaſste Mannichfaltige so mit einander verbinden können, daſs wir uns die Folge als willkührlich vorstellen, wodurch das Ganze derselben bloſs als Vorstellung im Gemüth erkannt wird, oder daſs wir uns die Folge als nothwendig und unabhängig von unsrer Willkühr vorstellen, wodurch das Ganze als Gegenstand von Vorstellungen, und zwar in dem Verhältnisse von Ursach und Wirkung erkannt wird; die Vorstellung oder die subjective Folge in der Apprehension stimmt mit dem objectiven im Gegenstande überein, und unsre Erkenntniſs ist metaphysisch wahr, denn die metaphysische Wahrheit bestehet eben in der Uebereinstimmung unsrer Vorstellungen mit dem Gegenstande.

4. Wenn etwas geschehen, d. h. ein Zustand der Substanz wirklich werden soll, der vorher nicht war, so kann das nicht wahrgenommen oder voraus angenommen werden, als nur dann, wenn ein Zustand vorhergeht, welcher diesen neuen Zustand nicht in sich enthält. Aber eben so ist es auch in der Apprehension, ich fasse

einen Eindruck in das Bewufstfeyn auf, der vorher nicht in meinem Bewufstfeyn war. Diefes ift bei aller Verknüpfung der ins Bewufstfeyn aufgefafsten Vorftellungen der Fall. Nun foll fich aber das Mannichfaltige finnlicher Eindrücke, das ich aufgefafst habe, noch von blofs fubjectiven Vorftellungen unterfcheiden, fo dafs ich nicht allein fagen kann, ich ftelle mir das fo vor, fondern das ift **wirklich** fo gefchehen, wie ich es mir vorftelle. Wenn nun die Folge in der Apprehenfion fo befchaffen ift, dafs auf den Zuftand A der Zuftand B folgt, aber es mir nicht möglich ift, auf den Zuftand B den Zuftand A folgen zu laffen, und alfo meine Apprehenfion an die erfte Ordnung gebunden ift, fo ift die Ordnung **nothwendig**, ihr Gegentheil nicht möglich (M. I. 278. C. 236).

5. Die Apprehenfion der beiden Zuftände gefchieht alfo nach einer Regel, welche zugleich einen Unterfchied unter den Erfcheinungen macht, indem auf A auch nicht C, und auf B nicht A folgen kann. Dann mufs ich alfo fagen, die Folge ift nicht blofs in meinem Gemüth, denn fonft wäre fie willkührlich, fondern in den Erfcheinungen (den Gegenftänden der Erfahrungen) (M. I. 279. C. 285).

6. Die Regel ift alfo die: in dem Zuftande A einer jeden Subftanz liegt die Bedingung, nach welcher jederzeit und nothwendiger Weife der Zuftand B derfelben oder einer andern Subftanz auf den Zuftand A folgen mufs, welches Verhältnifs des A zu B dasjenige ift, was durch die beiden Verftandesbegriffe **Urfache** und **Wirkung** gedacht wird (M. I. 289). Man nennt diefe Regel auch den Satz vom **zureichenden Grunde**, beffer aber den **Satz der Urfache** oder das **Princip der Caufalverknüpfung**, damit er nicht, wie es bisher gefchahe, mit dem Satze des zureichenden Erkenntnifsgrundes, für welchen jener Name eigentlich gehört, verwechfelt werde (C. 245).

7. Gefetzt, unfer Verftand hätte nicht die Verftandesbegriffe der Urfache und Wirkung, um durch fie Einheit in das Mannichfaltige der Erfahrung zu bringen, fo könnte er fich auch keinen Zuftand A vorftellen, auf welchen der

Zuſtand B nach einer Regel folgen müſste. Dann wäre die Apprehenſion bloſs ſubjectiv, bloſs in dem Gemüth des wahrnehmenden Subjects, aber nicht für das Gemüth eines jeden wahrnehmenden Subjects beſtimmt. Wir hätten dann bloſs ein Spiel von Vorſtellungen, und könnten nicht ſagen, ſo iſt es im Object, wir könnten dann unſere Vorſtellungen auf kein Object beziehen, und hätten Vorſtellungen, ohne daſs wir dadurch einen Gegenſtand erkenneten. Denn unſre Vorſtellungen wären nicht durch ein Zeitverhältniſs beſtimmt, und könnten alſo durch kein Zeitverhältniſs von einander unterſchieden werden. Kurz, es folgten da nur zwei Zuſtände im Gemüth, zwei Apprehenſionen; aber nicht zwei Zuſtände in den Erſcheinungen aufeinander.

8. Es iſt alſo hier ein groſser Unterſchied zwiſchen dieſer Theorie, welche das Geſetz der Cauſalität in den Verſtand ſetzt, und behauptet, daſs der Verſtand, durch diejenige ſeiner Regeln, welche Analogie der Cauſalität heiſst, die Zeitfolge in dem aufgefaſsten Mannichfaltigen mit Nothwendigkeit und Allgemeinheit beſtimme, und der, welche behauptet, daſs die Gegenſtände der Erfahrung ſelbſt dann Urſachen und Wirkungen ſind, wenn ſie auch kein ſolcher Verſtand, wie der unſrige, durch ſeine Grundſätze verknüpfet, und daſs unſer Verſtand bei der Erfahrung nichts weiter thue, als daſs er wahrnehme, welcher Gegenſtand eine Urſache und welcher eine Wirkung ſei. Durch die vorgetragene Theorie wird nehmlich gelehrt, daſs alles, was wir wahrnehmen, ein Mannichfaltiges ſinnlicher Vorſtellungen ſei, das, ob es wohl im Raume, alſo auſser uns, angeſchauet werde, doch eigentlich mit ſammt dem Raume ſowohl in unſerm Gemüth ſei, als unſre Gedanken, nur daſs es durch eine uns unbegreifliche Einwirkung aufs Gemüth in uns komme, und durch die Beſchaffenheit des Gemüths als auſser uns vorgeſtellt werde, um es von bloſsen Gedanken zu unterſcheiden, die durch uns allein im Gemüth entſtehen. Da nun alſo das Mannichfaltige der Erfahrung als ſinnliche Anſchauung in uns iſt, ſo verbindet der Verſtand daſſelbe vermittelſt der Zeitfolge, in der es aufgefaſst wird, zu einem Ganzen, und zwar ſo, daſs er entweder die Zeitfolge als

willkührlich bestimmt, und das nennen wir die subjective Folge sinnlicher Vorstellungen, oder so, dafs er die Zeitfolge als nothwendig bestimmt, und das nennen wir eine objective Folge der Gegenstände, und schreiben die Folge in unsrer Apprehension diesen Gegenständen zu, oder erkennen sie, nach dem Verhältnisse der Verstandesbegriffe, Ursache und Wirkung. Nach der bisher gewöhnlichen Theorie ist hingegen alles, was wir wahrnehmen, wirklich so aufser uns in einem Raume vorhanden, und so, dafs das eine Ding Ursache und das andere Wirkung ist, und wir wüfsten nichts von Ursache und Wirkung, wenn wir diese Begriffe nicht hätten aus der Erfahrung kennen gelernt, und eben so von der Erfahrung abstrahirt, wie die reine Mathematik ein Abstractum von den Körpern seyn soll.

9. Allein hätten wir die Begriffe Ursache und Wirkung aus der Erfahrung abstrahirt, so wäre weder Allgemeinheit noch Nothwendigkeit mit ihnen verbunden. Wir könnten nicht sagen, alles, was geschieht, hat seine Ursache, sondern nur, alles, was wir wahrgenommen haben, hätte sie, ja von vielem haben wir sie noch nicht einmal gefunden, und dennoch behaupten wir, die Ursachen sind uns nur verborgen, sie sind dennoch vorhanden oder vorhanden gewesen, als sie diese Wirkungen hervorbrachten. Auch könnten wir nicht behaupten, was geschieht, mufs seine Ursache haben, denn gesetzt, wir hätten auch immer die Ursachen aller Begebenheiten entdeckt, so haben wir ja doch nicht erfahren, dafs es keine Begebenheit ohne Ursache geben könne, denn das läfst sich nicht erfahren, sondern wäre höchstens ein Schlufs aus einer Erfahrung, aber aus welcher? Es giebt keine Erfahrung, aus der sich so etwas schliefsen liefse. Der Satz, alles, was geschieht, hat seine Ursache, wäre dann in diesem Umfange erdichtet, und nicht gültig für jeden Denker, denn er beruhete höchstens auf Induction, nehmlich auf einer Menge Fälle von solchen Begebenheiten, deren Ursache man gefunden habe, so dafs sich hoffen lasse, die andern Begebenheiten, deren Ursachen man nicht kenne, würden wohl auch ihre wirkenden Ursachen gehabt haben. Allein auch

der Begriff Urfache und Wirkung hat die Merkmale der Nothwendigkeit und Allgemeinheit in fich, denn nur das ift Urfache eines Zuftandes, das immer und nothwendiger Weife vor demfelben hergehet, und das ift Wirkung einer Urfache, das immer und nothwendiger Weife auf fie folgt. Was aber diefe Merkmale hat, kann nicht aus der Erfahrung, fondern mufs *a priori* feyn. S. *a priori*.

10. „Wenn wir alfo Urfachen und Wirkungen in der Erfahrung finden, und den Begriff davon abftrahiren können, fo liegt das eben darin, dafs wir fchon durch unfern Verftandesbegriff diefe Verknüpfung durch das Erfahrungsverhältnifs der Urfache und Wirkung hinein gelegt haben, und diefe Verknüpfung ging *a priori* vor der Erfahrung her, und war der Grund derfelben. Wenn ich alfo frage, worin liegt denn das, dafs gerade der Cajus der Vater des Titus ift, und nicht umgekehrt, das habe ich doch aus der Erfahrung, fo ift die Antwort allerdings, weil ohne Erfahrung ich weder von Cajus noch Titus etwas wüfste, auch kann ich ohne Wahrnehmung nicht wiffen, welcher in der Zeit voranging, aber hätte ich es wahrnehmen können, dann hätte mein Verftand eine folche nothwendige Verknüpfung in diefe Wahrnehmungen gebracht, dafs ich den Cajus für den Vater des Titus hätte erkennen müffen. Warum hätte er aber nicht den Titus zum Vater des Cajus gemacht? Eben darum, weil dann die Verknüpfung willkührlich, nicht objectiv, fondern in der blofsen Apprehenfion gewefen wäre, und alfo gar kein Erkenntnifs von dem Verhältniffe der Zeitfolge zwifchen beiden entftanden wäre. Der Grund, dafs gerade Cajus und nicht Titus der Vater ift, liegt in beiden Objecten, der Grund des Objectiven aber in der Apriorität der Verftandesbegriffe, deren Grund begreifen zu wollen heifsen würde, den Grund des Verftandes, wodurch wir begreifen, begreifen wollen, wozu, wenn kein Cirkel entftehen, und der Verftand fich aus fich felbft begreifen follte, doch etwas Verftand, nöthig feyn würde (M. 1. 283.

Analogie der Urfache und Wirkung.

11. Unter den Einwürfen, die man hiergegen gemacht hat, find folgende die wichtigften:

a. Die Folge gewiffer Apprehenfionen z. B. der mufikalifchen Töne c, d kann durch das Obiect beftimmt, alfo nicht blofs fubjectiv feyn, ohne dafs der Ton c nach einer allgemeinen Regel die Apprehenfion des Tons d nach fich ziehet (Schmids Critik der reinen Vernunft im Grundriffe nach der zweiten Auflage §. 162. aus Ulrichs Inftitut. Log. et Metaph. §. 308 310). Antwort. Wenn die Apprehenfion des Tons d nach dem Ton c nicht blofs fubjectiv feyn foll, fo mufs eine Urfache z. B. der Spieler vorhergehen Die Folge des Tons d auf den Ton c ift dann blofs fubjectiv, aber die Folge des Tons d auf feine Urfache, den Spieler, nothwendig und folglich objectiv.

b. Wer weifs, ob es überall nothwendig ift, dafs Erfcheinungen durch den Verftand verknüpft werden follen? Erfcheinungen können ja wohl auch ganz andern Gefetzen unterworfen feyn, als Verftandesgefetzen, die felbft der Verftand nie faffen und den feinigen unterwerfen kann? (Jacobs kritifche Anfangsgründe zu einer allgem. Metaphyfik, nach der erften Auflage §. 186. Anmerk. 7, und Schmids angef. Buch nach der erften Aufl. S. 220. ff.) Dann wäre nehmlich die Nothwendigkeit und Allgemeinheit in den Erfahrungsurtheilen nur angemafst und eingebildet. Allein hier werden Erfcheinungen mit Dingen an fich verwechfelt. Denn eben darum find die Obiecte Erfcheinungen, weil fie nicht durch eine in dem Dinge felbft, fondern im Verftande gegründete Verknüpfung nothwendige Einheit haben, oder Erfahrungsobjecte find, f. Erfcheinung.

12. Aus der Analogie der Beharrlichkeit folgt, dafs die Analogie der Urfache und Wirkung blofs den Wechfel der Accidenzen betrifft. Die Subftanz felbft ift diefem Grundfatz nur in Anfehung ihrer Veränderungen unterworfen, fie felbft aber entfteht und vergeht nicht, folglich hat fie auch keine Urfache, wie fie denn auch kein Erfahrungsobject, fondern nur das durch den Ver-

ftand als nothwendig gedachte Subftrat aller Erfahrung ift. Dahingegen das Accidenz allein keine Urfache feyn kann, weil jedes Accidenz wechfelt, und folglich die Urfache des Wechfelns zuletzt in der Subftanz gedacht werden mufs. Subftanz ift alfo nie Wirkung, aber wohl Urfache, und Accidenz nur durch die Subftanz Urfache, aber ftets Wirkung (M. I. 294).

13. Das Entftehen ift alfo blofs Veränderung, und nicht Urfprung aus Nichts. Wenn diefer Urfprung als Wirkung von einer fremden Urfache angefehen wird, fo heifst er Schöpfung, welche als Begebenheit unter den Erfcheinungen nicht zugelaffen werden kann, indem ihre Möglichkeit allein fchon die Einheit der Erfahrung aufheben würde; ob zwar, wenn wir alle Dinge, als Ding an fich betrachten, fie ihrem Dafeyn nach als abhängig von fremden Urfachen angefehen werden können; welches aber alsdann ganz andere Wortbedeutungen nach fich ziehen und auf Erfcheinungen, als mögliche Gegenftände der Erfahrung, die nicht Dinge an fich find, und ihre Einheit durch den Verftand bekommen, nicht paffen würde. Alfo mufs nach diefer evidenten Theorie in der Natur alles natürlich zugehen; und follte wirklich etwas übernatürliches gefchehen, fo würde es doch immer unter das Naturgefetz der Caufalität fubfumirt, und für natürlich erkannt werden (M I. 295. C 254).

14. Wie nun überhaupt etwas verändert werden könne, davon haben wir *a priori* nicht den mindeften Begriff, aber die Form kann *a priori* erwogen werden. Zur Erkenntnifs der Veränderung wird nehmlich die Kenntnifs wirklicher Kräfte erfordert, welche nur empirifch erlangt werden kann, z. B. die Erkenntnifs der bewegenden Kräfte, oder, welches einerlei ift, gewiffer fucceffiven Erfcheinungen, welche folche Kräfte anzeigen. Aber die Form einer jeden Veränderung kann erwogen werden (C. 252).

15. Wenn nehmlich eine Subftanz aus einem Zuftande a in einen andern b übergehet, fo ift der Zeitpunct, in welchem fich der Zuftand b befindet, von demjenigen, in welchem der Zuftand a war, unterfchieden, und folgt demfelben. Eben fo ift auch der zweite Zuftand b als eine wirkliche Befchaffenheit der Subftanz vom Zuftande a, wo

noch gar nichts von b war, wie b von c unterschieden, das ist, wenn der Zustand b sich vom Zustande a nur der Größe nach unterscheidet, so ist doch die Veränderung ein Entstehen des Unterschiedes zwischen a und b, a — b, von welchem im vorigen Zustande a noch nichts da war, und in Ansehung dessen dieser Zustand also, mathematisch ausgedrückt, = o ist (M. I. 297. C. 253).

16. Wie gehet nun ein Ding aus dem Zustand a in b über? (C. 225.) Zwischen zwei Augenblicken ist immer eine Zeit, also geschieht der Uebergang in der Zeit. So wie also der Uebergang durch alle noch so kleine Zeittheilchen gehet, so muſs auch die Causalität während aller dieser kleinen Zeittheilchen wirken, die Handlung muſs also in so fern als gleichförmig auf alle diese kleine Zeittheilchen vertheilt gedacht werden, und ein solch Theilchen der Handlung in einem Zeittheilchen, in welchem ein Theilchen der Wirkung entspringt, heiſst ein Moment f. Abſprung (M. I. 298). Die Erscheinungen der vergangenen Zeit müssen also jedes Daſeyn in der folgenden beſtimmen, und es nach einer Regel feſtſetzen. Denn nur an den Erſcheinungen können wir dieſe Continuität im Zuſammenhange der Zeiten empiriſch erkennen, weil wir die Zeit ſelbſt nicht wahrnehmen, und folglich eine Lücke in der Zeit ſeyn würde, wenn nicht jede Begebenheit mit der vorhergehenden genau zuſammenhinge (M. I. 287. C. 244). S. Abſprung.

17. Sextus Empirikus ſuchte ſchon den Grundſatz der Cauſalität umzuſtoſsen, oder wenigſtens zweifelhaft zu machen. Er ſchloſs ſo: Wer behauptet, es gebe Urſachen, behauptet es entweder ohne Grund, oder er hat Gründe zu ſeiner Behauptung. Haben nun die Gründe, die er anführt, keine Urſache, ſo muſs man zugeben, daſs etwas ohne Urſache entſtehe, haben ſie aber ihre Urſache im Verſtande, ſo hätte dieſe Urſache wieder die ihrige, oder nicht, im letztern Falle hat man nicht nöthig, Urſachen anzuerkennen, im erſtern Falle ſchlieſse ich immer ſo fort ins Unendliche. Die Widerlegung dieſer Schluſsfolge ſ. in dem Artikel

cosmologische Idee der Abhängigkeit des Daseyns.

18. Ein zweiter Einwurf des Sextus Empirikus gegen den Grundsatz der Causalität ist folgender: Die Ursache folgt doch nicht auf ihre Wirkung, aber sie gehet auch nicht ihrer Wirkung vorher; denn wäre die Ursache schon da, ehe sie ihre Wirkung hervorbrächte, so wäre sie Ursache, ohne Ursache zu seyn, weil sie nur Ursache seyn kann, indem sie wirkt. Es bleibt also nichts übrig, als zu sagen, eine Ursache sei mit der Wirkung zu gleicher Zeit da. Das scheint nun Anfangs wahrscheinlich, untersucht man es aber näher, so wird man es widersprechend und absurd finden; denn wenn die Wirkung entstehen soll, so muſs die Ursache sie hervorbringen, um sie hervorzubringen, muſs die Ursache wirken, um zu wirken, muſs sie da seyn, also muſs die Ursache eher seyn, als sie wirkt.

19. In diesem Einwurf wird die Ordnung der Zeit mit dem Ablauf derselben verwechselt; das Verhältniſs bleibt nehmlich, wenn gleich keine Zeit verlaufen ist. Die Zeit zwischen der Causalität der Ursache und deren unmittelbaren Wirkung kann verschwindend, beide also zugleich seyn, aber das Verhältniſs der Ursache zur Wirkung bleibt doch immer, der Zeit nach, bestimmbar, und die Ursache ist immer der Zeitordnung nach vor der Wirkung. Wenn man eine bleierne Kugel, die auf einem ausgestopften Küssen liegt, und ein Grübchen hinein drückt, als Ursache betrachtet, so ist diese Ursache mit der Wirkung zugleich, aber der Zeitordnung nach doch vor dem Grübchen. Dies ist das Zeitverhältniſs der Verknüpfung durch Kräfte (der dynamischen, oder durch Ursache und Wirkung), d. i. derjenigen, wodurch das Daseyn der Zeit nach bestimmt wird. Denn hat das Küssen schon ein Grübchen, so folgt darum nicht auf das Grübchen eine bleierne Kugel (M.I. 291. C. 247).

20. Demnach ist die Zeitfolge allerdings das einzige Erfahrungskennzeichen (empirische Criterium) der Wirkung in Beziehung auf die Causalität der Ursa-

Analogie der Urſache und Wirkung. 181

che, die vorhergeht. Das Glas iſt z. B. die Urſache von dem Steigen des Waſſers über ſeine Horizontalfläche, obgleich beide Erſcheinungen, das Glas und das Steigen des Waſſers, der Zeitfolge nach, zugleich ſind. Denn ſobald man mit dem Glaſe das Waſſer aus einem gröſsern Gefäſse ſchöpfet, ſo erfolgt etwas, nehmlich die Veränderung des Horizontalzuſtandes, den es im Gefäſs hatte, in einen Stand mit einer concaven Oberfläche, den es im Glaſe annimmt, in welchem nehmlich, durch die anziehende Kraft der Seitenwände, das Waſſer am Rande höher ſteigt, als in der Mitte (M. L 292. C. 249).

21. Hume behauptet mit Recht: daſs wir die Möglichkeit der Cauſalität, d. i. die Beziehung des Daſeyns eines Dinges (an ſich ſelbſt) auf das Daſeyn von irgend etwas anderm, was durch jenes nothwendig geſetzt werde, durch Vernunft auf keine Weiſe einſehen. Er behauptet aber auch: erſt nach vielen gleichförmigen Erfahrungen, in denen daſſelbe Object immer von derſelben Begebenheit begleitet wird, fangen wir an, die Idee von Urſache und Verbindung zu bekommen. Die neue Empfindung, die unſere Seele dann erhält, ſei nichts anders, als ein gewohntes Verhältniſs zwiſchen den Objecten, die auf einander folgen, und dieſe Empfindung ſei das Urbild der Idee (Urſache und Wirkung), die wir ſuchen. Da dieſe Idee, ſagt er, aus der Vielheit einzelner Fälle entſpringt, ſo muſs ſie das Reſultat desjenigen Umſtands ſeyn, in Anſehung deſſen dieſe Vielheit von der Einheit jedes einzelnen Falls verſchieden iſt. Nun iſt aber eben dieſer Umſtand der gewohnte Gang der Einbildungskraft, die Objecte mit einander zu verbinden. Eben hierin (in dieſem Umſtande) unterſcheiden ſich mehrere Fälle von einem Fall, mit dem ſie ſonſt in jedem Punct übereinſtimmen. Hieraus zog nun Hume die Hypotheſe: **der Begriff der Urſache und Wirkung und alſo das ganze Geſetz der Cauſalität ſei aus der Erfahrung entſprungen.** Sobald, ſagt er, Begebenheiten einer gewiſſen Art immer und in allen Fällen ſind zuſammen wahrgenommen worden, ſo tragen wir nicht das ge-

ringste Bedenken, die eine bei dem Anblick der andern vorherzusagen, es entspringt bei uns die Idee einer nothwendigen Verbindung, die wir Caufalität nennen.

22. Allein es gehet mit dem Begriff der Caufalität eben so, wie mit andern reinen Vorstellungen *a priori*, die wir darum allein aus der Erfahrung herausziehen können, weil wir sie in die Erfahrung gelegt hatten (M. I. 283. C. 240). Freilich erlangt der Begriff der Caufalität erst durch den Gebrauch in der Erfahrung Klarheit, aber in Rücksicht auf dieselbe, als Bedingung derjenigen Einheit, welche die Erscheinungen in der Zeit verknüpft, war er doch der Grund der Erfahrung selbst, und ging also *a priori* vor ihr her. Sonst wäre die Allgemeinheit und Nothwendigkeit der Caufalität nur angedichtet.

23. Um einen Versuch an dem Begriff der Ursache zu machen, so wie ihn sich Hume vorstellt, und der übrigens keinen Widerspruch enthält (problematisch ist), so ist uns

a) vermittelst der Logik die Form eines bedingten (hypothetischen) Urtheils überhaupt *a priori* gegeben, nehmlich ein gegebenes Erkenntnifs als Grund und das andere als Folge zu gebrauchen; wenn A, B ist; so ist C, D.

b) möglich, dafs auf eine gewisse Erscheinung eine andere beständig folgt, so dafs ich hypothetisch urtheile, wenn ein Körper (A) lange von der Sonne beschienen (B) wird, so wird er (C, welches hier mit A identisch ist) warm (D). Hier ist nun freilich noch nicht eine Nothwendigkeit der Verknüpfung, es heifst nicht, so mufs er warm werden, mithin ist hier noch nicht der Begriff der Ursache, es heifst noch nicht, die Sonne macht ihn warm. Wenn nun aber

c) dieser Satz, der blofs eine subjective Verknüpfung der Wahrnehmungen ist, ein Erfahrungssatz seyn soll, so mufs er als nothwendig und allgemeingültig angesehen werden. Ein solcher Satz aber würde seyn, die Sonne ist dadurch, dafs sie den Stein (A)

Analogie der Urfache und Wirkung.

befcheint (B), die Urfache der Wärme (D) deffelben (C = A).

24. So trägt alfo der Verftand durch diefe Analogie der Zeitfolge, die Sonne ftehet mit der Wärme des Steins, den fie befcheint, in dem Verhältniffe der Urfache zur Wirkung, und dadurch, dafs beide, Sonne und Stein, in der Zeit find, die wirkliche Zeitfolge, die in der Apprehenfion (23, b) war, auf die Erfcheinung felbft über (23, c), und beftimmt dadurch die Zeitfolge im Object (Sonnenfchein und Wärme des Steins, als Erfcheinungen in der Zeit, und nicht blofse Vorftellungen der Imagination) (M. J. 288. C. 244).

25. Soll Etwas **Erfahrung** feyn, fo **mufs es nach einer allgemeinen Regel auf etwas vorhergehendes folgen**, und alles, was **wirklich gefchieht, mufs eine Urfache haben**, ift einerlei. Es ift indeffen doch fchicklicher, fich der erftern Formel zu bedienen, um das Gefetz auszudrükken. Man kann fonft leicht in Mifsverftand gerathen, und fich einbilden, man habe von der Natur als einem Dinge **an fich felbft** zu reden, und da würde man fruchtlos in endlofen Bemühungen herumgetrieben werden, um für Dinge, von denen uns nichts gegeben ift, Gefetze zu fuchen (f. **An fich**).

26. Diefe vollftändige, ob zwar wider Humes Vermuthung ausfallende Auflöfung feiner Aufgabe (Problems) rettet alfo den reinen Verftandesbegriffen ihren Urfprung *a priori*, und den allgemeinen Naturgefetzen ihre Gültigkeit als Gefetzen des Verftandes. Doch ift diefe Rettung von der Art, dafs fie den Gebrauch der reinen Verftandesbegriffe (Subftanz, Accidenz, Urfache, Wirkung, und Wechfelwirkung) nur auf Erfahrung einfchränkt, darum, weil ihre Möglichkeit blofs in der Beziehung des Verftandes auf **Erfahrung** ihren Grund hat; nicht aber fo, dafs fie fie von Erfahrung ableitet. Vielmehr wird hierdurch die Erfahrung von den reinen Verftandesbegriffen abgeleitet, indem fie es find, die Erfahrung möglich machen; und fo ift das eine ganz umgekehrte Art der Verknüpfung, die fich Hume niemals einfallen liefs (P. 102).

27. So Kant. Man kann dem Scharfsinn und philosophischen Geiste, mit welchem er die Humische, das metaphysische System drückende, Schwierigkeit (*crux metaphysicorum*) aus dem Innersten des menschlichen Verstandes löset und befriedigend wegschafft, die verdiente Bewunderung nicht versagen; zumal da hier keine Hypothese aufgestellt wird, sondern alles vollkommen überzeugend und unumstößlich gewiß ist.

  Kant. Critik der reinen Vern. Elementarl. II. Th. I.
  Abth. II. Buch. II. Hauptst. III. Abschn. 3. B. S. 232
  — 254.
  Desselb. Proleg. S. 97 — 102.

Analogie der Wechselwirkung,

Analogie der Concurrenz, des Commercium, oder des Zugleichseyns, Grundsatz der Gemeinschaft, *analogia mutuae dependentiae*.

  Sie ist diejenige Analogie *a priori*, welche eine Regel ausdrückt, nach welcher alle Gegenstände der Erfahrung in einem solchen Verhältnisse vorgestellt werden müssen, das mit dem metaphysischen Verhältnisse der Concurrenz (Analogie 15) identisch ist.

  1. Diese Analogie heißt: **Alle Erscheinungen, so fern sie zugleich sind, stehen als Substanzen, in Ansehung ihrer Accidenzen, miteinander im Verhältnisse der Wechselwirkung.** Alles, was daher von gleichzeitigen Accidenzen in der Natur vorkömmt, muß die Wirkung einer Substanz seyn, aber so, daß wenn die Substanz die Wirkung hervorbringt, die Substanz, an der sie hervorgebracht wird, jederzeit wieder eine Wirkung hervorbringt, s. Wechselwirkung. Wenn ein Baum den Saft aus der Erde ziehet, so muß die Erde so viel Feuchtigkeit fahren lassen, als der Baum in sich ziehet, und ließe die Erde keine fahren, so müßte sie doch mit eben der Kraft der ziehenden Kraft des Baumes widerstehn, mit welcher dieser ziehet (M. l. 303. C. 256).

  2. Man nennt die Substanz, welche ein Accidenz in einer andern Substanz wirkt, die wirkende Substanz, und

Analogie der Wechselwirkung.

diejenige, in welcher das Accidenz gewirkt wird, die leidende Subſtanz. Die Wirkung der leidenden Subſtanz auf die wirkende heiſst die Zurückwirkung (Reaction), und der Zuſtand, der in der Wirkung und Zurückwirkung beſtehet, die Wechſelwirkung oder der Streit (Conflict) der Subſtanzen. Dieſe Wechſelwirkung der Subſtanzen bewies man ſonſt dogmatiſch auf folgende Art: die Subſtanzen dieſer Welt, welche neben einander wirklich ſind, beſtimmen einander ihren Ort, folglich wirken ſie gegenſeitig in einander, (Baumgarten Metaphyſik §. 294). Allein daſs ſie einander ihren Ort beſtimmen, iſt ſchon Wechſelwirkung, und es wird alſo hier das vorausgeſetzt, was erſt ſoll bewieſen werden. Der Beweis kann nur critiſch, d. h. durch Unterſuchung, wie das Erkenntniſsvermögen nothwendig beſchaffen ſeyn muſs, wenn Erfahrung möglich ſeyn ſoll, geführt werden. Und dieſer Beweis iſt nun folgender:

Das Zugleichſeyn der Subſtanzen im Raume kann nicht anders in der Erfahrung erkannt werden, als unter Vorausſetzung einer Wechſelwirkung derſelben unter einander. Zugleich ſind nehmlich Dinge, wenn in der empiriſchen Anſchauung die Wahrnehmung des einen auf die Wahrnehmung des andern wechſelſeitig folgen kann. So kann ich meine Wahrnehmung zuerſt am Monde, und nachher an der Erde, oder auch umgekehrt zuerſt an der Erde und dann am Monde anſtellen, und darum ſage ich, ſie exiſtiren zugleich. Nun iſt das Zugleichſeyn die Exiſtenz des Mannichfaltigen in derſelben Zeit; der Mond und die Erde exiſtiren zugleich, heiſst, ſie ſind in derſelben Zeit vorhanden. Man kann aber die Zeit nicht wahrnehmen, um zu erkennen, daſs Dinge zu derſelben Zeit ſind. Wenn nun auf A, B folgte in der Apprehenſion, und dann wieder A auf B, ſo würde die ſubjective Succeſſion in der Apprehenſion ſo ſeyn A, B, A. Dadurch würde alſo bloſs eine ſubjective Folge, aber noch kein Zugleichſeyn im Object beſtimmt. Dies kann nur durch einen Verſtandesbegriff geſchehen, der die wechſelſeitige Folge der Beſtimmungen in den Erſcheinungen nothwendig und

allgemein, und dadurch diefe wechfelfeitige Folge
objectiv macht. Alfo kann das Zugleichfeyn der Subftanzen nicht anders erkannt werden, als durch Wechfelwirkung derfelben (M. I. 304. C. 256. f.).

3. Durch die Analogie der Wechfelwirkung kann
alfo allein das objective Zugleichfeyn der Gegenftände
von der fubjectiven Folge derfelben im Gemüth unterfchieden werden. Das Auffaffen (die Apprehenfion) des
Mannichfaltigen der Vorftellungen gefchieht jederzeit nach
und nach (fucceffiv), erft kömmt A, dann B, dann C,
dann D (f. Analogie der Urfache und Wirkung).
Gefetzt nun, ich kann in der Apprehenfion von D wieder
zurückgehen nach C, dann nach B, und endlich nach A;
fo mufs unterfchieden werden können, ob das blofs eine
zufällige Succeffion in mir ift; wenn die Reihe fo ausfieht
A, B, C, D, C, B, A, oder aber ob im Object diefe Dinge
nicht nach einander, fondern neben einander und zu gleicher Zeit find. Dies gefchieht nun durch den Verftandesbegriff *a priori* der Wechfelwirkung, der es nothwendig und allgemein macht, dafs es gleichgültig ift, ob ich
die Reihe fo A, B, C, D, oder auch fo D, C, B, A durchlaufe, weil nicht nur B die Wirkung von A, C von B, und
D von C, fondern auch umgekehrt C die Wirkung von D,
B die Wirkung von C, und A die Wirkung von B ift.
Diefe Nothwendigkeit in der Folge, wenn ich die
Reihe auch umkehre, macht, dafs ich mir die Dinge als neben einander und gleichzeitig denken mufs, weil es nicht
von meiner Willkühr abhängt, fie blofs nach Einer Ordnung nothwendig auf einander folgen zu laffen, fondern
ich bin an diefe Nothwendigkeit in der Ordnung, wenn
ich die Reihe auch umkehre, gebunden, und ich erkenne
nun durch die Beziehung meiner fucceffiven Vorftellungen
auf ein Object, in welchem diefe zwiefache Succeffion der
Vorftellungen als nothwendig erkannt wird (M. I. 305. C.
258).

4. Wenn etwas zugleich vorhanden, d. h. zu Einer
und derfelben Zeit neben einander feyn foll, fo kann das
nicht wahrgenommen oder angenommen werden, als nur
dann, wenn ich willkührlich von dem Zuftand der Subftanz A zu dem Zuftand der Subftanz B fortgehen, oder

auch umgekehrt von dem Zuſtand der Subſtanz B zu dem Zuſtand der Subſtanz A übergehen kann. Zwar iſt es eben ſo auch in der Apprehenſion, ich faſſe erſt A, dann B und dann wieder A in mein Bewuſstſeyn auf. Nun ſoll ich aber das Mannichfaltige ſinnlicher Eindrücke, das ich aufgefaſst habe, noch von bloſs ſubjectiven Vorſtellungen unterſcheiden, und daſſelbe nicht als nach einander, ſondern als gleichzeitig und neben einander erkannt werden, ſo daſs ich nicht ſagen kann, ich ſtelle mir dieſe Succeſſion nur ſo vor, im Object iſt ſolche Succeſſion nicht, ſondern geſtehen muſs, das, worin ich willkührlich die Ordnung in der Apprehenſion umkehren kann, iſt im Object gleichzeitig. Wenn alſo die Folge in der Apprehenſion ſo beſchaffen iſt, daſs auf den Zuſtand A der Zuſtand B, und auch auf den Zuſtand B der Zuſtand A folgen kann, und meine Apprehenſion an dieſe Willkührlichkeit in der Umkehrung der Ordnung gebunden iſt, ſo liegt in dieſer Umkehrung Nothwendigkeit.

5. Die Apprehenſion der Zuſtände A und B geſchieht alſo nach einer Regel, welche zugleich einen Unterſchied unter den Erſcheinungen macht, indem auf A zwar nicht unmittelbar C, aber wohl B, aber dann auch auf B unmittelbar A, und auch nicht C folgen kann. Dann muſs ich alſo ſagen, die Folge A, B, A iſt nicht bloſs in meinem Gemüth, denn ſonſt wäre zwiſchen A und B ſo wenig eine nothwendige Folge, als zwiſchen B und A, da aber die Folge zwiſchen beiden nothwendig, und nur die Ordnung, ob ich von A oder B anfange, willkührlich iſt, ſo liegt es zwar in meinem Gemüth, welche Ordnung ich wähle, aber die Folge ſelbſt liegt in den Gegenſtänden der Erfahrung.

6. Die Regel alſo iſt: in dem Zuſtande A einer jeden gleichzeitigen Subſtanz liegt nicht nur die Bedingung, nach welcher jederzeit und nothwendiger Weiſe der Zuſtand B derſelben, oder einer andern Subſtanz, auf den Zuſtand A folgen muſs; ſondern in dem Zuſtande B liegt auch die Bedingung, daſs der Zuſtand A auf den Zuſtand B folgen muſs, welches Verhältniſs der beiden Zuſtände, A zu B und B zu A, dasjenige iſt,

was durch den Verſtandesbegriff der Wechſelwirkung gedacht wird.

7. Geſetzt nun, unſer Verſtand hätte nicht den
Verſtandesbegriff der Wechſelwirkung, um durch
ihn Einheit in das Mannichfaltige der Erfahrung zu bringen, ſo könnte er ſich auch nicht vorſtellen, daſs zwei
Zuſtände A und B wechſelſeitig mit gleicher Nothwendigkeit auf einander folgen müſsten, dann wäre die Apprehenſion bloſs ſubjectiv und ſucceſſiv, bloſs eine Succeſſion in dem Gemüth des wahrnehmenden Subjects,
aber keine Gleichzeitigkeit für das Gemüth eines jeden
wahrnehmenden Subjects beſtimmt. Jede Erſcheinung,
die wir wahrnähmen, wäre dann völlig iſolirt, d. i.
keine wirkte in die andere, und empfinge wiederum
Einflüſſe von jener. Dann würde das Zugleichſeyn derſelben kein Gegenſtand einer möglichen Wahrnehmung
ſeyn, und das Daſeyn der einen könnte nicht durch
den Weg der empiriſchen Syntheſis auf das Daſeyn der
andern führen. Denn wenn man ſich gedenkt, ſie wären durch einen völlig leeren Raum getrennt, ſo würde
die Wahrnehmung, die von der einen zu der andern in
der Zeit fortgeht, zwar dieſer ihr Daſeyn, vermittelſt
einer folgenden Wahrnehmung, beſtimmen, aber nicht
unterſcheiden können, ob die Erſcheinung objectiv
auf die erſtere folge, oder mit jener vielmehr zugleich
ſei. Man könnte dann freilich auch von C auf D und
ſo fort bis A zurückgehen, aber nicht unterſcheiden,
ob dieſes nicht eine bloſs ſubjective d. i. neue Reihe
der objectiven Zeitfolge und ein bloſses Spiel unſrer
Phantaſie ſei, ohne daſs wir ſagen könnten, ſo iſt es im
Object (M. I. 3o6. C. 258. f.).

8. Es iſt alſo hier wieder ein groſser Unterſchied
zwiſchen dieſer Theorie, welche das Geſetz des Com-
merciums oder der Wechſelwirkung in den Verſtand ſetzt, und behauptet, daſs der Verſtand durch diejenige ſeiner Regeln, welche Analogie der Wechſelwirkung heiſst, das Zugleichſeyn in dem aufgefaſsten Mannichfaltigen mit Nothwendigkeit und Allgemeinheit beſtimme; und der, welche behauptet,
daſs die Gegenſtände der Erfahrung ſelbſt dann Wech-

felwirkungen sind, wenn sie auch kein solcher Verstand, wie der unsrige durch seine Grundsätze verknüpfet, und dass unser Verstand bei der Erfahrung nichts weiter thue, als dass er wahrnehme, wie die Gegenstände wechselseitig auf einander wirken. Durch die vorgetragene Theorie wird nehmlich gelehrt, dass durch den Verstandesbegriff der Wechselwirkung zwar beide Ordnungen A, B, C, D, E und E, D, C, B, A gleichgültig, aber die Folge in beiden Ordnungen gleich nothwendig sei, denn da der Verstandesbegriff *a priori* ist, so führt er das Merkmal der Nothwendigkeit mit sich, s. Verstandesbegriff (M. l. 307. C. 259). Denn nur dasjenige bestimmt dem andern seine Stelle in der Zeit, was die Ursache von ihm oder seinen Bestimmungen ist. Also müssen die zugleichseyenden Substanzen in wechselseitiger Wirkung auf einander seyn. Nun ist aber alles zur Möglichkeit der Erfahrung gehörige nothwendig. Also ist es allen Substanzen in der Erfahrung nothwendig, in durchgängiger Gemeinschaft der Wechselwirkung unter einander zu stehen, s. Gemeinschaft. Uebrigens gilt hier noch alles, was von der Ursache und Wirkung in der Analogie derselben gesagt worden (9 ff.), weil das Verhältniss der Wechselwirkung nichts anders ist, als dasjenige Verhältniss der Ursache und Wirkung, bei welchem ich zugleich die Wirkung als Ursache ihrer Ursache betrachten muss.

Kant. Crit. der rein. Vern. Elementl. II. Th. I. Abth. II. Buch. II. Hauptst. III. Abschn. 3. C. S. 256.—260.

Analogisch.
S. Analogie.

Analysis.
S. Zergliederung.

Analytik.
S. Logik.

Analytisches Urtheil,
zergliederndes, erläuterndes Urtheil, *judicium analyticum*, ist ein solches Urtheil, in welchem das Ver-

hältnifs des Subjects A zum Prädicat B fo gedacht wird, dafs das Prädicat B entweder (verfteckter Weife) in dem Begriff A enthalten ift, oder einem andern Begriffe – B, der in dem Begriffe A enthalten ift, widerfpricht. Das Wort **analytifch** ift griechifch und bedeutet **zergliedernd, auflöfend** (C. 10. Pr. 24. 30).

1. Man darf nehmlich nur den Begriff A in feine Theilbegriffe oder Merkmale auflöfen, oder zergliedern, fo findet man unter diefen Merkmalen das Prädicat B oder das Prädicat – B, das dem Prädicat B widerfpricht, fo dafs B mufs von A verneint werden. Diefe Urtheile find den **fynthetifchen** entgegen gefetzt, in welchen weder B noch — B in A enthalten ift In den **analytifchen** Urtheilen beruhet das Verhältnifs des Subjects zum Prädicat auf dem logifchen Verhältniffe des Widerfpruchs (f. Analogie. 14). Ein jedes analytifches Urtheil ift ein Verhältnifs zweier Begriffe, des Subjects und Prädicats, das mit dem logifchen Verhältnifs des Widerfpruchs identifch ift. Das Ganze ift gröfser als fein Theil ift fo viel als: Alle Theile find zufammen gröfser als Ein Theil, und diefes ift identifch mit dem Verhältniffe des **Widerfpruchs** (oder **Einftimmung**), dafs die Gröfse aller die Gröfse eines jeden einzelnen Theils mit in fich fafst.

2. Die Richtigkeit der Verknüpfung des Prädicats mit dem Subjecte in **analytifchen** Urtheilen beruhet auf der Zergliederung des Subjects, denn ift das Urtheil bejahend, fo mufs fich das Prädicat unter den Merkmalen des Subjects finden; ift es verneinend, fo mufs fich unter den Merkmalen des Subjects eins finden, dem das Prädicat widerfpricht. Z. B. Jeder Körper ift ausgedehnt. Ausgedehnt feyn gehört nehmlich zum Begriff des Körpers, und alfo mufs es auch vom Körper prädicirt werden. Kein Körper ift ein blofs mathematifcher Punct, denn ein Körper ift ausgedehnt, ein mathematifcher Punct ift aber blofs die Grenze einer Ausdehnung nach Einer Dimenfion, folglich widerfpricht es dem Begriff des Körpers, dafs er ein blofser mathematifcher Punct feyn follte. Alle bejahende analytifche Sätze beruhen auf Identität, alle verneinende

auf Widerspruch. Alle identische Sätze sind also analytische, denn in ihnen ist Subject und Prädicat ganz einerlei. Solche identische Sätze sind an sich leere Tautologien, oder Urtheile, durch die man weder etwas erkennet, noch erläutert; denn man erfährt durch sie nichts weiter, als was schon das Subject an und für sich, ohne das Prädicat aussagt, auch wird der Begriff im Subject durch das Prädicat nicht einmal deutlicher, weil das Prädicat das ganze Subject oft freilich mit andern Worten angiebt. Dennoch würde man sich sehr übereilen, wenn man sie deshalb für unnütz halten wollte; denn sie haben das Gute, dass, wenn man das Wort, welches das Subject angiebt, nicht verstehet, das Prädicat ein andres verständlicheres Wort dafür angiebt. Gott ist Gott, ist ein solcher identischer Satz. Wie nutzbar aber, ja wie unentbehrlich dergleichen tautologische Sätze sind, das wird in der Mathematik vorzüglich sichtbar, denn da dienen sie zur Demonstration, z. B. A ist so gross als A, oder $A = A$; $4 = 4$; eine Linie, oder ein gewisser Winkel, den zwei Figuren mit einander gemein haben, sei sich selbst gleich, woraus gemeiniglich erst erhellet, dass beide Figuren gleich, oder gar congruent, d. i. gleich und ähnlich sind. Um so weniger kann also die Nutzbarkeit derjenigen **analytischen** Urtheile zweifelhaft seyn, die nur zum Theil identisch sind, d. h. in denen das Prädicat bloss mit einem Theil des Subjects identisch ist. Sie entspringen aus der **Analysis oder Zergliederung** unsrer Begriffe, worin bisher die **ganze Erkenntniss** gesetzt wurde. Hat man alle analytische Urtheile, die über einen Begriff möglich sind, so ist auch der ganze Begriff analysirt und dadurch zur Deutlichkeit erhoben. Da nun die Logik das Analysiren der Begriffe lehrt, so kann man die analytischen Urtheile auch **logische**, d. h. in die Logik gehörige, oder solche, welche die Logik machen lehrt, nennen. Durch ein analytisches Urtheil lernt man also nichts neues, sondern sieht das nur deutlicher ein, was man sich durch den Begriff im Subject dunkel dachte; daher heisst es auch ein **Erläuterungsurtheil**, weil sie durch das Prädicat nichts zum Begriff im Subject hinzuthun, sondern diesen nur durch Zergliederung (f. Zergliederung) in feine Merkmale auflöfen und dadurch erläutern oder deutlich machen (M. I. 11.).

3. In analytifchen Urtheilen ift die Verknüpfung des Prädicats mit dem Subject, da fie auf Identität oder Widerfpruch beruhet, nicht nur abfolut nothwendig, fondern führt auch unmittelbare Nothwendigkeit und Gewifsheit mit fich. Alfo find alle analytifche Urtheile, ohne Rückficht darauf, ob der Begriff des Subjects empirifch, oder rein fei, Urtheile *a priori*. Wenn ich fage, der Tifch ift ausgedehnt, fo folgt die Gewifsheit diefes Satzes unmittelbar aus dem Satze des Widerfpruchs, mithin *a priori*. Denn ein unausgedehnter Tifch ift widerfprechend. Da alfo alle analytifche Urtheile *a priori* find, fo folgt, dafs empirifche Urtheile nicht analytifch feyn können (Schultz Prüfung der Kantifchen Critik der rein. Vern. S. 28 — 44).

4. Kant hat zuerft den Unterfchied zwifchen analytifchen und fynthetifchen Urtheilen entdeckt, den die dogmatifchen Philofophen, die die Quellen metaphyfifcher Urtheile immer nur in der Metaphyfik felbft, und nicht im Erkenntnifsvermögen, finden wollten, vernachläfsigten. Er hat blofs, nach feiner Entdeckung, in Locks Verfuchen über den menfchlichen Verftand (4 B. 3 K. §. 7.) einen Wink über diefen Unterfchied gefunden. Dafelbft giebt Locke vier Quellen aller Urtheile an. Er glaubte nehmlich (§. 7.) gefunden zu haben, dafs alle bejahende und verneinende Urtheile fich auf vier Arten bringen laffen, deren vier Quellen die Identität (Einftimmung und Widerftreit, welches folglich die analytifchen Urtheile giebt), die Coexiftenz, Relation und reale Exiftenz (d. i. die Exiftenz im Object, welches folglich die fynthetifchen Urtheile giebt) wären. Allein es herrfcht in feinem Vortrag fo wenig Beftimmtes und auf Regeln Gebrachtes, dafs man fich nicht wundern darf, wie nicht einmal Hume daher Anlafs genommen hat, über Sätze diefer Art Betrachtungen anzuftellen. Denn dergleichen allgemeine und dennoch beftimmte Princi-

lernt man nicht leicht von andern, denen fie nur dunkel vorgefchwebt haben. (Pr. 31).

5. Inzwifchen hat die Erfahrung, wie Schultz (a. a. O.) richtig bemerkt, gelehrt, dafs auch diefe klare Sache mifsverftanden werden kann, folglich mufs fie noch weiter auseinander gefetzt werden. Es hängt blofs von der Ausführlichkeit oder Reichhaltigkeit des Begriffs ab, den wir vom Subject haben, ob wir **mehr** oder **weniger** analytifche Sätze aus demfelben folgern können. Denn rechnen wir fehr viel Merkmale zum Begriff des Subjects, fo laffen fich alle diefe Merkmale vom Subject prädiciren, und daher fehr viel analytifche Urtheile vom Subject machen. Da nehmlich der Begriff des Einen vom Subject mehr Ausführlichkeit haben kann, als der Begriff des Andern, fo kann der Eine daffelbe Urtheil für **analytifch** und alfo für *a priori*, der Andere für **nicht analytifch** (für fynthetifch) und empirifch halten. Es verftehe z. B. Einer unter Luft das elaftifche Fluidum, welches die Erde überall umgiebt, und das wir empfinden, wenn wir mit der flachen Hand fchnell gegen das Geficht fahren; fo ift der Satz, die Luft ift elaftifch, **analytifch**, folglich *a priori*. Dagegen habe ich von der Luft noch weiter keinen Begriff, als dafs fie die Materie ift, die ich fühle, wenn ich mit der flachen Hand fchnell gegen das Geficht fahre; fo ift jener Satz **nicht analytifch**, und nicht *a priori*, denn hier ift das Prädicat, **elaftifch**, in meinem Begriff von der Luft noch nicht enthalten, folglich mufs ich es erft anderwärts auffuchen. Durch Wahrnehmungen gefunden macht es den Satz empirifch und folglich **fynthetifch**. Wie fchaffen wir nun diefes Schwankende weg? Durch die Bemerkung, dafs hier unter dem Begriff des Subjects blofs fein **Grundbegriff** zu verftehen ift, d. i. der allererfte Begriff, den wir uns davon machen, und der alfo gerade nur die wefentlichen d. i. diejenigen Merkmale enthält, die zur Unterfcheidung des Subjects von allen andern Dingen erforderlich find; denn diefes macht eben das Eigene des Subjects aus, das ihm **allein**, und keinem andern

Dinge zugehört. Ich fühle z. B. überall, wo ich mich auf der Erde befinde, dafs mir etwas aus Gesicht stöfst, wenn ich die flache Hand mit einer gewissen Geschwindigkeit gegen das Gesicht bewege, und das nenne ich Luft. Ohngeachtet ich nun diese Luft noch nicht weiter kenne, so habe ich doch nun schon einen Grundbegriff davon, nehmlich, dafs sie die Materie ist, die ich fühle, wenn ich mit der flachen Hand schnell gegen das Gesicht fahre, und dieser Grundbegriff ist schon hinreichend, sie von allen übrigen Dingen zu unterscheiden. Es sind also die Sätze, die Luft umgiebt die Erde, sie ist fühlbar, beweglich u. s. w. analytisch, weil sie blofs durch den Satz des Widerspruchs aus jenem Grundbegriffe folgen.

6. Dennoch sind die analytischen Sätze angefochten worden, und man hat auch auf diesem Wege versucht, Kants Behauptungen umzustofsen. Ein Gelehrter (Philosophische Unterhaltungen 1. B. Leipzig 1786. S. 127. ff. 2 B. 1787. S. 169. 170) hat behauptet: einen Begriff in seine Theile auflösen, heifse noch nicht urtheilen, sondern nur die Theile als Glieder des Begriffs denken, folglich wären das keine Urtheile, was Kant analytische Urtheile nennt. Erst dann urtheile die Vernunft, wenn sie Begriff gegen Begriff halte, und dieser Beziehung Einheit der Vorstellung gebe. Folglich werde in jedem Urtheile zu einem Begriff ein Begriff gebracht, den man vorher mit jenem gar nicht dachte, folglich sei das Zusammenbringen eines Begriffs mit sich selbst in Kants analytischem Urtheile eigentlich nichts, oder kein Urtheil. Denn es erhelle aus obigem, dafs die Vernunft von einem Urtheil Verschiedenheit oder Mehrheit der Begriffe erwarte.

7. In dem Urtheile, Gott ist allmächtig, wird aber doch offenbar Begriff gegen Begriff gehalten. Sollte in einem Urtheile eine totale Verschiedenheit zwischen Subject und Prädicat seyn, so würde es gar keine Urtheile geben. Denn wer die totale Verschiedenheit des Subjects und Prädicats, als Erfordernifs zu einem Urtheil behauptet, der leugnet damit die totale und partiale Einerleiheit derselben. Folglich wäre auch jene Behauptung, die eine partiale Einerleiheit angiebt, kein Ur-

Analytifches Urtheil.

theil. Es liefse sich alfo gar nicht einmal beurtheilen, ob etwas ein Urtheil sei oder nicht.

8. Das Zergliedern eines Begriffs erfordert aber fogar einen Vernunftfchlufs. Um z. B. in dem Begriff Gott den Theilbegriff allmächtig zu finden, dazu gehört folgender Vernunftfchlufs:

Oberfatz: ›Gott ift dasjenige Wefen, das alle Vollkommenheiten befitzt;

Unterfatz: Die Allmacht ift aber eine Vollkommenheit;

Schlufs: Alfo befitzt Gott Allmacht.

Der Oberfatz hat totale, der Unterfatz und der Schlufsfatz partiale Einerleiheit (Identität), das wäre folglich ein Vernunftfchlufs ohne Urtheile.

9. Der ganze reine Theil der allgemeinen Logik beftehet fogar aus lauter analytifchen Urtheilen Denn fie ift die blofse Analyfis (Zergliderung) unferer Verftandesform, folglich müffen ihre Regeln lauter analytifche Sätze *a priori* feyn. Auch ift fie eben darum eine völlig *a priori* demonftrirte und keiner Erweiterung fähige Wiffenfchaft, denn es beruhet in ihr alles auf dem Verhältniffe, oder wenn man daffelbe durch ein Urtheil ausdrückt (Analogie 11.) auf dem Satze des Widerfpruchs, und die ganze Logik ift nichts weiter, als die Anwendung deffelben auf Begriffe.

10. Die analytifchen Urtheile müffen nehmlich ihren Grundfatz haben, nach welchem fie gemacht werden; oder das Verhältnifs zwifchen Subject und Prädicat mufs mit einem Grundverhältniffe identifch feyn, und das ift eben das Verhältnifs des Widerfpruchs (Analogie 14.). Darum handelt der erfte Abfchnitt des Syftems der Grundfätze des reinen Verftandes, in Kants Critik der reinen Vernunft, von dem oberften Grundfatze aller analytifchen Urtheile (M. 1, 215. C. 189).

11. Wenn ein Urtheil foll richtig feyn, fo mufs es vor allen Dingen den logifchen Gefetzen des Denkens überhaupt gemäfs feyn. Es mufs daher zwifchen Subject und Prädicat nicht das Verhältnifs ftatt finden,

dafs im Subject ein Merkmal ift, welches dafs Gegentheil ift von dem Begriff im Prädicat. Diefes ift die negative (verneinende) Bedingung aller Urtheile überhaupt; denn diefes Verhältnifs wird von allen Urtheilen verneint, es darf bei keinem Urtheil ftatt finden; fobald man es bei einem Urtheil findet, kann man es fogleich ohne alle weitere Unterfuchung für falfch erklären. Man fagt in diefem Fall, das Urtheil **widerspricht fich felbft**, oder es ift ein Widerfpruch im Urtheil, weil ein Merkmal im Subject dem Begriff im Prädicat widerfpricht, oder daffelbe aufhebt, fo dafs es vom Subject nicht kann ausgefagt (prädicirt) oder mit demfelben verknüpft werden, z. B. ein Viereck war ohne Winkel, ift falfch, denn ein Viereck ift eine Figur von vier Seiten, und mufs daher vier Winkel haben, folglich kann es nicht ohne Winkel feyn; vier Winkel und kein Winkel find Merkmale, die fich widerfprechen. Allein ein Urtheil kann fo befchaffen feyn, dafs zwifchen den Merkmalen des Subjects und dem Begriff im Prädicat kein Widerfpruch ift, und es kann darum doch **grundlos feyn**, ja es kann fogar **falfch feyn**. Alle Urtheile, in denen ein Widerfpruch ift, find falfch, aber da es nicht genug ift, dafs Subject und Prädicat blofs nach dem logifchen Verhältniffe des Widerfpruchs verknüpft werden können, fo ift im **Widerfpruch ftehen**, und **falfch feyn** nicht identifch. Einem Subject kömmt nehmlich nach dem logifchen **Verhältniffe der Ausfchliefsung** von je zwei fich einander widerfprechenden Prädicaten eins zu, z. B. ein Viereck ift entweder fo grofs, als ein Dreieck, das mit demfelben gleiche Grundlinie und Höhe hat, oder nicht fo grofs. Es mufs alfo noch ein **Grund da feyn**, warum dem Subject das Prädicat beigelegt wird oder nicht. Ift kein Grund dazu vorhanden, fo ift das Urtheil **grundlos**, ift fogar ein Grund zum Gegentheil vorhanden, fo ift es **falfch** (Analogie, 14. M. I. 216.).

12. Diefes **Verhältnifs**, oder diefen Satz, des **Widerfpruchs** kann man nun fo ausdrücken: **keinem Dinge kommt ein Prädicat zu, welches ihm widerfpricht**, d. h. kann ich Subject und Prädi-

cat in einem Urtheil auf ein folches Verhältnifs bringen, das identifch ift mit dem Verhältniffe, oder Urtheile A (welches doch die Merkmale a, b und c hätte) ift nicht a, fo ift jenes Urtheil falfch. Hier kömmt es gar nicht darauf an, was A und a, b, c bedeuten, alfo nicht auf den Inhalt des Subjects, fondern nur darauf, dafs das Prädicat a von dem Subject A verneint wird, welches doch zu den Merkmalen deffelben gehört. Eben daher gehört der Satz des Widerfpruchs in die Logik, weil es dabei nicht auf eine beftimmte Erkenntnifs ankömmt, fondern er von allen Erkenntniffen überhaupt gilt. Der Satz des Widerfpruchs ift alfo ein allgemeines, ob zwar blofs verneinendes Kennzeichen (negatives Criterium) aller Wahrheit. Als ein folches aber hält er blofs den Irrthum ab, denn worin ein Widerfpruch ift, das kann fchlechterdings nicht wahr, das mufs falfch feyn. Der Widerfpruch vernichtet alle Erkenntnifs und hebt fie gänzlich auf (M. I. 217. C. 190).

13. Man kann aber doch von dem Satze des Widerfpruchs auch einen pofitiven Gebrauch machen, d. i. ihn nicht blofs dazu brauchen, den Irrthum abzuhalten, fondern auch Wahrheit zu erkennen. Denn bei einem analytifchen Urtheile mufs die Wahrheit deffelben durch den Satz des Widerfpruchs können erkannt werden. Wenn das Urtheil nehmlich analytifch ift, fo mufs das Prädicat entweder mit dem ganzen Subject, oder einem Theilbegriff deffelben identifch feyn, wenn es bejahet, oder dem ganzen Subject oder einem Theile deffelben widerfprechen, das ift das Gegentheil davon ausfagen, wenn es verneinet. Ift es nun umgekehrt, fo ift es entweder falfch, oder doch nicht analytifch (M. I. 218).

14. Daher müffen wir nun den Satz des Widerfpruchs als das allgemeine und völlig hinreichende Principium (Grundfatz) aller analytifchen Urtheile gelten laffen, aber weiter gehet auch fein Anfehen und feine Brauchbarkeit nicht, als eines hinreichenden Criteriums der Wahrheit, denn auf andere als analytifche Sätze ift er gar nicht zu einem pofitiven Gebrauch anwendbar. Denn wenn zwifchen Subject und Prädicat auch keine Identität,

und nur kein Widerspruch ist, so ist das Urtheil dem Satze des Widerspruchs nicht entgegen, und folglich vernichtet sich dasselbe nicht selbst, welches die *conditio sine qua non* ist, oder ohne welche Bedingung keine Erkenntniſs möglich ist; aber darum ist die Erkenntniſs noch nicht wahr, und folglich ist der Satz des Widerspruchs kein po ſitives Criterium der Wahrheit nicht analytiſcher Sätze. (M. I. 219. C. 191).

15. Man hat aber den Satz des Widerspruchs vor Kant sehr unbequem so ausgedrückt: es ist u n m ö glich, daſs etwas zugleich sei und nicht sei (Baumgartens Metaphyſik. §. 7.). Es sind hierin zwei Fehler:

a. ist das Wort unmöglich überflüſsig, denn die apodictiſche Gewiſsheit muſs sich schon von selbst aus dem Satze verſtehen laſſen, ohne daſs sie erſt durch das Wort unmöglich angegeben wird;

b. zeigt das Wort zugleich eine Zeitbedingung an, welche im Satze des Widerspruchs nicht vorkommen darf, weil er sonst nur auf Dinge ginge, die den Zeitbedingungen unterworfen sind.

Man miſsverſtand den Satz, und ſonderte ein Prädicat von dem Subject ab, und verknüpfte das Gegentheil von dieſem Prädicat mit demſelben, wodurch bloſs ein Widerspruch zwiſchen den Prädicaten, aber nicht des Prädicats mit dem Subject entſtand, weil dieſes Prädicat nicht gerade zu dem Begriff im Subject gehörte, alſo auch einmal nicht an dem Subject zu finden ſeyn könnte, folglich ſyntheti ſch und nicht analyti ſch mit demſelben verbunden war. Und da war es denn nöthig, die Zeitbedingung hinzuzuſetzen, denn nach einander könnte man wohl jedes der beiden Prädicate mit dem Subject verbunden denken. Ich kann wohl ſagen, ein Menſch, der ungelehrt war, iſt gelehrt, die Prädicate kommen ihm nehmlich zu verſch ie denen Zeiten zu, aber nicht zu gleicher Zeit. Dem Subject Menſch aber gehört weder gelehrt noch ungelehrt als Merkmal zu, keins von beiden Prädicaten iſt alſo analytiſch mit ihm verbunden. Aber dann iſt der Satz analytisch, wenn das eine Prädicat, dem das andere widerspricht, im Subject liegt. Ein ungelehrter Mensch ist gelehrt. Dieses ist unter keiner Bedingung wahr, weil das Subject nicht blofs ein Mensch, sondern ein ungelehrter Mensch ist, und dieser kann zu keiner Zeit gelehrt seyn.

16. Man hält zuweilen Sätze für analytisch, die es nicht sind, z. B. die Zahlformeln, als $7 + 5 = 12$, oder wenn ich 7 zu 5 addire, so bekomme ich 12. Hier ist Gleichheit, aber nicht Identität, welches wohl zu unterscheiden ist. Nehmlich 7 und 5 machen zusammen dieselbe Gröfse, die wir zwölfe nennen, aber die Begriffe sind sehr verschieden. Denn unter $7 + 5$ denke ich mir die Addition zweier Zahlen, und unter 12 eine einzige, aber ganz andere Zahl. Der Mathematiker hat durch seine Construction die Objecte selbst vor sich, und diese sind einander gleich; der Philosoph will diese Objecte durch Begriffe denken, und findet, dafs diese nicht identisch sind, dafs in dem Begriff der 12 nichts von der Qualität liege, dafs 7 zu 5 addirt sei. Der Philosoph kann daher auch durch Analysis aus 12 nicht $7 + 5$, und aus $7 + 5$ nicht 12 herausbringen; sonst wäre ja auch die Logik zugleich eine Arithmetik, oder die Arithmetik ein Zweig der Logik. Der Mathematiker allein findet die Summe 12 aus $7 + 5$ durch eine Operation (d. i. er findet diese Synthesis durch Construction) indem er in Gedanken von der 5 eine Einheit nach der andern wegnimmt, und zur 7 hinzuzählt. Dieses Hinwegnehmen ist nicht eine Analysis des Begriffs von 5, sondern eine Zerlegung (Anatomie) des Objects 5, denn wenn ich Einheiten wegnehme, so nehme ich nicht Merkmale des Begriffs, sondern Theile des Objects hinweg. Einheiten sind in allen Zahlen und daher nicht Merkmale einer gewissen Zahl. Der Begriff einer bestimmten Zahl, z. B. 5, ist, dafs es diejenige Menge von Dingen einer Art sei, auf die ich komme, wenn ich alle Einheiten dieser Menge durchzähle. Wenn ich nun $5 + 7 = 12$ setze, so heifst das, wenn ich die Reihe A B haben will,

A • • • • • • • • • • • •B
C • • • • • • • • • • • •d
           D
E • • • • F

so erlange ich sie, unter andern, auch, wenn ich die Reihe C D durchzähle, und dann wieder von vorn anfange, und die Reihe E F zähle, und dann beide Reihen wie in C d zu einander hinzufüge. Dafs dieses nun richtig sei, lehrt die Anschauung durch obige Construction. In der Reihe A B allein aber liegen diese Begriffe nicht, sondern sie entspringen aus der Operation, dafs ich erst 7 Puncte derselben abzähle, und dann wieder von 1 anfange, und nur noch 5 finde (M. I. 16. C. 15).

Eben so ist auch kein eigentlich geometrischer und metaphysischer Satz analytisch, obwohl auch hier eine Einerleiheit der Objecte vorkömmt (M. I. 17). Diejenigen Sätze in der Geometrie, welche analytisch sind, und auf dem Satze des Widerspruchs beruhen, dienen nur zur Kette der Methode und sind nicht eigentlich geometrisch. Man läfst aber auch diese in der Geometrie nur darum zu, weil sie mathematisch behandelt, d. i. nicht blofs nach der Weise der Philosophie durch **Begriffe** gedacht, sondern durch Construction in der **Anschauung** dargestellt werden können, z. B. das Ganze ist sich selbst gleich durch $a = a$, das Ganze ist gröfser als sein Theil durch $(a + b) > a$ (M. I. 16).

17. Eine **analytische** Behauptung bringt den Verstand nicht weiter, denn sie sagt nichts weiter aus, als was in dem Begriffe gedacht wird, den sie aufstellt. (C. 314). Wenn ich sage, alle Körper sind ausgedehnt, so habe ich dadurch einen deutlichen Begriff vom Körper erlangt, aber nichts gesagt, was nicht schon im Begriff eines Körpers als eines ausgedehnten und undurchdringlichen Dinges läge. Der Verstand läfst es übrigens bei der analytischen Behauptung unausgemacht, ob es einen solchen Gegenstand gebe oder nicht, ob also dadurch etwas Wirkliches oder nur ein Hirngespinst gedacht werde. Denn wäre auch der Begriff **Körper** ein Hirngespinst, so wäre dennoch der Satz, alle Körper sind ausgedehnt, vollkommen richtig, weil es nur

Analytisches Urtheil. Anarchie. Anaxagoras.

auf die Verknüpfung der beiden Begriffe zu einem Urtheil ankömmt, welche richtig ist, weil der Begriff **ausgedehnt** im Begriff **Körper** liegt. Dieses logische Verhältnis der Verknüpfung zweier Begriffe durch Identität der Merkmale heißt auch die **logische** oder **analytische Verwandtschaft**. S. Affinität (Pr. 25.)

18. Eine Gattung bejahender analytischer Urtheile sind die **analytischen Definitionen** oder **Nominalerklärungen**, welche bloß die in dem Begriff liegenden Merkmale angeben. Diese Definitionen sind irrig, wenn sie Merkmale angeben, die nicht im Begriffe liegen, oder wesentliche Merkmale weglassen, die im Begriff liegen, und folglich nicht ausführlich sind, weil man der Vollständigkeit seiner Zergliederung nicht immer gewiß seyn kann. Diese Definitionen sind daher nicht so sicher, als die mathematischen, weil 1) der Mathematiker seinen Begriff selbst bestimmt, und daher durch die Definition nicht mehr und nicht weniger hinein legt, als er unter dem Begriff gedacht haben will, und 2) weil der Mathematiker durch die Construction zeigt, daß sein Begriff kein Hirngespinst ist, sondern sich in der Anschauung darstellen läßt. Dies kann der Philosoph nie bei seinen analytischen Definitionen leisten. Daher läßt sich die Methode der Mathematiker im Definiren in der Philosophie nicht nachahmen (C. 760).

>Kant. Critik der reinen Vern. Einleitung. II. S. 10.
>f. V. S. 15. ff. Elementarl. II Th. I. Abth. II. Buch.
>II. Hauptst. I. Abschn. S. 189. ff. III. Hauptst. S.
>314. f. Methodenlehre I. Hauptst. I. Abschn. S. 760.
>Dess. Prolegom. S. 24. f. 30. f.
>Schultz. Prüfung der Kantischen Critik. I. Th. S.
>28 — 44.

Anarchie.

S. Gesetzlosigkeit.

Anaxagoras,

Αναξαγορας ὁ κλαζομενιος. Einer der berühmtesten Philosophen des Alterthums. Er wurde im ersten Jahre der 70. Olympiade oder 494 Jahr vor Christi Geburt gebohren, zu Clazomene in Jonien, und war 20 Jahr alt, als Xerxes mit seiner grofsen Armee über den Hellespont nach Griechenland ging. Sein Vater hiefs Hegesibulus. Anaximenes, ein Philosoph der Jonischen Schule, war sein Lehrer (*Clemens Alex. Stromat. libr. I. p.* 301. *A*). Anaxagoras war der erste unter den griechischen Philosophen, der sich zu einer reinen Vernunfttheologie erhob. Die ältern Philosophen der Jonischen Schule machten nehmlich die Materie zum Grundprincip, aus welchem sie alles ableiteten und erklärten, und liefsen folglich keine andern als Naturursachen zu. Man streitet darüber, ob Thales, Anaximander und Anaximenes eine Vernunfttheologie gehabt haben oder nicht. Cicero sagt, dafs schon Thales einen Gott geglaubt habe, von dem die Welt aus Wasser gebildet worden sei. Allein Cicero widerspricht sich gleich darauf selbst, indem er sagt, dafs Anaxagoras der erste gewesen sei, der die Welt einem Gott zugeschrieben habe, und dieses behaupten auch die übrigen Schriftsteller des Alterthums, die vom Anaxagoras reden (*Cicero de Natura Deor. libr. I. Cap. X. XI.*) Man trifft also in der Geschichte der griechischen Philosophie über den Anaxagoras hinaus wenigstens keine deutlichen Spuren einer Vernunfttheologie an (M. I. 360. P. 255).

2. Anaxagoras nahm nun neben der Materie noch einen Verstand (S. 85) zum Grundprincip an. Er lehrte: nicht ein Ungefähr oder eine blinde Nothwendigkeit sei die Ursache der Ordnung und Schönheit in der Welt, sondern ein nicht zusammengesetzter, mit der Materie nicht vermischter, folglich reiner, einfacher und unendlicher Verstand (*Clemens Alexander admon. ad gentes. Colon.* 1688. *p.* 43. *D. Stromat. libr. II. p.* 364. *D*). Dieser habe die im ganzen Chaos zerstreueten und sich unter einander befindenden ähnlichen Partikelchen, die er Homoiomerien nannte, von den ihnen unähnlichen gesondert, und die ähnlichen mit einander verbunden, und so z. B. aus der Verbindung der in dem ganzen Chaos zerstreuet gewesenen Knochenpartikelchen Knochen, aus den Blutpartikelchen Blut u. s. w. gemacht, auch sei er der Urhe-

ber der Bewegung der Materie [...] Diogenes Laert. in Anaxagoras [...]. Er machte sich einen beständigen Credit [...] und bemerkte die Natur [...] durch seine große Idee, die ihm [...] Principien zur Seite sehr richtig [ver]bindet, den menschlichen Seiten außer denen Standpunkt zur Bestimmung des Weltgebäudes an.

2. Dieser Philosoph war von seinen Zeitgenossen und Landsleuten Tod [...] genannt, entweder, weil er seinen Intellect Sensation a Untersuchung der Natur bewiedmeten, oder weil er neben der unendlichen Materie noch einen menschlichen Verstand zur Sonderung der Dinge annahm. Er ist der erste griechische Philosoph, welcher Bücher geschrieben hat (Clemens Alex. Stromat. Lib. I. p. Lvii. [...], die aber leider nicht auf unsere Zeiten gekommen sind. Und dieser Mann, der zuerst würdige Begriffe von der Gottheit lehrte, hatte das Schicksal, daß er der Gottesläugnung beschuldigt, und nicht nur deshalb verklagt, sondern auch zu einer Geldstrafe von 5 Talenten verurtheilt, und aus Athen, wo er lehrte, verwiesen wurde. Allein es war die Gegenparthei des Perikles, seines Scholars, eines Staatsmannes zu Athen, den man stürzen wollte, die ihn verfolgte. Man gründete die Anklage darauf, daß Anaxagoras lehrte, die Sonne und die himmlischen Körper wären irdischer Natur, woraus folge, daß sie keine Götter wären (Josephus c. App. libr. II. S. 1079). Anaxagoras war 62 Jahr alt und starb zu Lampsacum.

    Kant. Crit. der pract. Vernunft, I. [...]
      Hauptst. [...] S. 253.
    Diogenes Laert. lib. II. Anaxagoras.
    Bayle Dict. hist. et crit. Art. Anaxagoras.
    T. Lucretii. Lib. I. 830. sq.

Anbetung.

Andacht.

anzunehmen, die dem Willen Gottes gemäfs find, fo ift der Zuftand, worin das Gemüth'fich befindet, Andacht (R. 260). Nun ift es aber immer nur eine moralifche Idee, welche diefe Wirkung hat; daher kann man auch fagen, die Andacht ift die Wirkung der moralifchen Idee, fubjectiv betrachtet, oder aufs Gemüth (R. 307). Das Gemüth befindet fich aber vorzüglich in diefer Stimmung, wenn es fich Gott in feiner Majeftät vergegenwärtigt oder anbetet, wenn es fich die Wohlthaten Gottes vorftellt oder Dankbarkeit empfindet, wenn es ein Verlangen fühlt, Gott wohlzugefallen, und wenn es zur Unterwerfung unter die Fügungen Gottes geftimmt ift. Die Andacht ift alfo nicht eigentlich eine abfolute Pflicht, fondern nur Pflicht, weil fie zur Hervorbringung pflichtmäfsiger Gefinnungen dienen kann, und hat daher in der Religion nur den Werth eines Mittels.

2. Die Andacht ift unterfchieden von der Erbauung, wie die Urfache von der Wirkung; denn die Andacht bewirkt oft, dafs wirklich Gott ergebene Gefinnungen im Gemüth entftehen, welche Wirkung eben Erbauung heifst. Die Erbauung ift alfo nicht Rührung, denn diefe gehört zur Andacht, das Gemüth ftimmen, heifst ja daffelbe bewegen, rühren; daher liegt die Rührung im Begriff der Andacht, aber nicht im Begriff der Erbauung. Die meiften vermeintlich Andächtigen, welche die Andacht nicht in der Stimmung des Gemüths, fondern in der äufsern Anbetung und Ehrenbezeugung fuchen, und darum auch Andächtler heifsen, oder Menfchen, die nur den Schein der Andacht haben, fetzen die Erbauung in der Rührung, die fie durch ihre Andächtelei bewirken. Die Wirkung der Andacht, dafs fie den Menfchen wirklich beffert, heifst Erbauung. Hat die Andacht diefe Wirkung nicht, fo hat fie nicht erbauet, fo ift fie unwirkfam gewefen, und hat dann gar keinen Werth; denn ein Mittel hat nur dann Werth, wenn es dient, den Zweck zu erreichen. Man verwechfelt alfo die Erbauung mit der Andacht, wenn man von einer Predigt, welche die Gemüther gerührt hat, fagt, fie habe erbauet; fie ver-

Andacht

setzte eigentlich [...]
machte sie [...]
lich. Brachte die Predigt [...]
den Zuhörern zuwege [...]
bauet (R. 303.[...]

Kant Rel. innerh. der [...]
IV St. II. Th. §. [...] S. [...]
Allgem. Anmerk. [...]
Blair Predigten. I. [...]

Andächtelei

devotio spuria, [...] Ist die Gewohnheit, statt Gott wohlgefälliger Handlungen,
in der unmittelbaren Beschäftigung mit G[ott]
durch Ehrfurchtsbezeigungen die [...]
der Frömmigkeit zu setzen. Wenn man
nehmlich einbildet, man gefalle Gott wohl, wenn
alle Gebräuche, das Aeusserliche in der Religion
lich beobachtet, und dabei wohl gar noch seine
Aufmerksamkeit auf innerliche, vermeinte [...]
Gefühle und mystische Gemeinschaft mit der G[...]
hinrichtet. Das erste macht die Andächtelei zum [...]
glauben, das zweite zur Schwärmerei; bei [...]
wird aber auf die sittlichen Pflichten der Religion wenig geachtet. Die Andächtelei ist also eine der [...]
tät nachtheilige Stimmung des Gemüths, bei [...]
Gott ergebenen Gesinnungen nicht empfänglich [...]
weil es in der Einbildung stehet, es sei schon G[...]
geben, ja in inniger Gemeinschaft mit Gott (R[...]
S. Andacht, Erbauung, Kirchengehen.

Kant. Relig. innerh. der Grenz. der blossen V[...]
4 Stück. 2. Th. §. 3. S. 266[...]
Blair. Predigten. I. Th. 10. Predigt S. 196.

Anfang,

[...]Satz, Princip, *principium*, pr[...]
[...]er Satz, von dem besondere [...]
können. Ein *Principium* i[...]
[...]ss, von der [...] Reihe [...]
[...] daß die [...]

kenntnifs aus diefer erften Erkenntnifs, und aus diefer wieder eine andre entfpringt, z. B. Alle Menfchen find fterblich, daraus folgt, dafs auch der Menfch Cajus fterben wird; daraus folgt, dafs eine Zeit kommen wird, wo er nicht mehr wirken kann; daraus folgt, dafs fein Wirkungskreis der Zeit nach begrenzt ift u. f. w. Da wir uns bei diefer Reihe von Sätzen oder Erkenntniffen von dem Satze, Alle Menfchen find fterblich, ausgingen, fo ift diefer Satz oder diefe Erkenntnifs der **Anfang**, oder das **Princip** derfelben (C. 356).

2. Allein auch von einem folchen Satze, von dem eine Reihe anderer abgeleitet wird, fragt es fich, wo ift er her? Und da ift er entweder aus der **Erfahrung**, oder aus der **reinen Anfchauung**, oder aus dem **Verftande**, oder aus der **Vernunft** entfprungen.

3. Aus der Erfahrung entfpringen entweder nur einzelne Sätze, z. B. Cajus ift geftorben, oder doch nur folche allgemeine Sätze, die nicht mit Nothwendigkeit verbunden find, fondern nur darum allgemein find, weil noch nie eine Erfahrung ausgefallen ift, welche die Allgemeinheit diefes Satzes umgeftofsen hätte. Von einem folchen allgemeinen Satze, der fich auf eine grofse Anzahl Erfahrungen gründet, von denen keine das Gegentheil gelehrt hat, fagt man, er fei durch **Induction** aus der Erfahrung hergenommen. Alle Menfchen find fterblich, ift ein allgemeiner Satz aus der Erfahrung durch Induction, wenn man ihn davon ableitet, dafs bis jetzt noch kein Menfch am Leben geblieben ift. Ein folcher allgemeiner Erfahrungsfatz kann zum Oberfatz in einem Vernunftfchluffe dienen, aus dem ich vermittelft einer andern Erkenntnifs eine neue Erkenntnifs herleite. Ich kann fchliefsen:

      Oberfatz: Alle Menfchen find fterblich;
      Unterfatz: Cajus ift ein Menfch;
      Schlufsfatz: Cajus ift fterblich.

So leite ich alfo, vermittelft der Erkenntnifs, dafs Cajus ein Menfch ift, die neue Erkenntnifs, dafs er fterblich ift, von dem Oberfatze, dafs alle Menfchen fterblich find, ab. Einen folchen allgemeinen Erfahrungsfatz durch Induction, oder Aufzählung einer Anzahl Fälle in der Er-

Erfahrung, nennt man wohl auch ein Princip oder einen Anfang. Allein eigentlich ist er das nicht, sondern er gründet sich auf eine ganze Menge einzelner Sätze, die alle vor ihm hergehen, und die nur alle in den einen Satz zusammen gefaßt werden. Adam ist gestorben, Seth ist gestorben, Enos ist gestorben u. s. w. kurz, alle unsere Vorfahren sind gestorben, sie konnten also sterben, waren folglich sterblich, woraus folgt, daß alle Menschen sterblich sind, so weit unsere Erfahrung reicht.

4. Andere allgemeine Sätze entspringen aus der reinen Anschauung, und zwar so, daß sie weiter keine besonderen Sätze, wie die allgemeinen Erfahrungssätze voraussetzen, z. B. zwischen zwei Puncten kann nur Eine gerade Linie seyn. Dieser Satz gründet sich auf die Unmöglichkeit, sich zwischen zwei beliebigen Puncten A (Fig. 1) und D mehr als Eine gerade Linie vorzustellen. Man kann einen Jeden getrost auffordern, in Gedanken den Versuch zu machen. Es ist unmöglich, Alle gerade Linien, die man sich zwischen den beiden Puncten vorstellen will, fallen zusammen, und sind also eine und dieselbe Linie. Solche Sätze heißen Axiomen oder mathematische Grundsätze, d. i. solche, die unmittelbar gewiß sind, die nicht weiter von andern Sätzen abgeleitet werden dürfen, sondern sich auf eine Anschauung, ohne weiter eine vermittelnde Erkenntniß zu bedürfen, gründen. Diese Sätze sind allgemeine Erkenntnisse *a priori*, und sind daher in Rücksicht auf alle diejenigen Sätze, die davon abgeleitet werden können, wahre Principien oder Anfänge. Allein so wie ich einzelne Erfahrungen (in 3) auf einzelne Sätze brachte, und aus vielen solchen Sätzen einen allgemeinen Satz bildete; so giebt hier die reine Anschauung in der Einbildungskraft, weil ihr Gegentheil nicht möglich ist, den allgemeinen Satz mit strenger Nothwendigkeit. Ich erkenne daher die Eigenschaft der geraden Linie, daß nur Eine zwischen zwei Puncten liegen kann, zwar nicht aus einzelnen Erfahrungsfällen, aber doch auch nicht aus einem Begriff, sondern aus der unmittelbaren Anschauung. Dieses Princip setzt also zwar keine andern Sätze voraus, und ist in so fern ein wahres Princip, aber es setzt doch eine Anschauung voraus, und in so fern ist die Anschauung

die Quelle deſſelben, und der Satz wieder kein Anfang, ſondern nur in Vergleichung mit andern Sätzen, die dieſen Satz vorausſetzen, ein ſolcher Anfang oder ein Princip. In dieſem Falle alſo und in dem (in 3) heiſst Princip nur ein allgemeiner Satz, der als Princip oder Anfang gebraucht wird (M. I. 398).

5. Ein Princip, im ſtrengen Verſtande des Worts, muſs ein Satz ſeyn, der weder einen andern Satz, noch eine Erfahrung, noch eine reine Anſchauung vorausſetzt. Er muſs einen allgemeinen Begriff geben, der viele beſondere unter ſich begreift, und keinen allgemeinen Begriff vorausſetzt, und weder aus der Erfahrung noch einer Anſchauung entſprungen iſt. Jeder Satz, der zum Oberſatze in einem Vernunftſchluſſe dienen kann, iſt alſo vergleichungsweiſe (comparativ) mit dem Satze, der davon durch den Vernunftſchluſs abgeleitet wird, ein Princip, aber doch nicht ein Princip ſchlechthin oder an und für ſich (abſolute). Der Menſch iſt ſterblich, giebt den allgemeinen Begriff des Sterblichen, welcher unter der Bedingung, daſs das Ding ein Menſch iſt, dieſem beſondern, einzelnen Dinge beigelegt wird, und ſo wird dieſes Ding aus dem Begriff des Sterblichen, nach dem Princip, daſs alle Menſchen ſterblich ſind, erkannt (3).

6. Sätze, die aus dem Verſtande, unabhängig von der Erfahrung und Anſchauung, entſpringen, heiſsen Grundſätze, Principien des reinen Verſtandes. Allein auch dieſe Sätze ſind nicht Erkenntniſſe, die ganz unabhängig von aller andern Erkenntniſs wären. Denn heben wir alle Anſchauung auf, und nehmen wir alle Erfahrung weg, ſo kann es auch keine ſolchen Grundſätze des reinen Verſtandes geben. Gäbe es z. B. keinen Raum und keine Zeit, ſo könnte der Grundſatz nicht ſtatt finden, daſs alle Erſcheinungen der Anſchauung nach extenſive Gröſsen ſind, wodurch die Anwendung der Mathematik auf Gegenſtände der Erfahrung möglich wird. Gäbe es keine Erfahrung, ſo könnte der Grundſatz nicht ſtatt finden, daſs alles, was geſchieht, eine Urſache hat, wodurch die Erfahrung vom bloſsen Spiel der Phantaſie unterſchieden, und alſo erſt möglich wird.

Dadurch, daſs ich etwas für die Urſache und etwas für die Wirkung erkenne, bekomme ich erſt beſtimmte Erfahrungsbegriffe von dem, was geſchieht. Allein da dieſe Grundſätze die Anſchauung in Raum und Zeit, und die Wirklichkeit der Erfahrung überhaupt vorausſetzen, ſo ſind ſie nicht Erkenntniſſe durch bloſse Begriffe, und daher wieder nur **comparative** aber nicht **abſolute** Principien oder wahre **Anfänge** (M. I. 399).

7. Soll der Verſtand Erkenntniſſe aus Begriffen verſchaffen, ſo kann er das alſo nicht anders als ſo, daſs er einen Satz giebt, deſſen Prädicat im Subject liegt, das wäre aber ein analytiſcher Satz, und ſetzte den Satz des Widerſpruchs voraus, welcher aber auch nur ein **comparatives Princip** iſt, nehmlich in ſo fern überhaupt **gedacht wird**, muſs kein Prädicat dem Subject widerſprechen. Dieſer Satz iſt die Bedingung der Möglichkeit des **Denkens** überhaupt, und ſetzt die **Wirklichkeit des Denkens** voraus. Soll aber das Prädicat nicht im Subject liegen, und der Satz dennoch gedacht werden, ſo kann das der Verſtand nicht anders als unter Vorausſetzung einer Anſchauung, oder einer **Erfahrung**; aus bloſsen **Begriffen** iſt es ihm nicht möglich (M. 400). Aber ſolche erſte (ſynthetiſche) Sätze, worin das Prädicat nicht im Subject liegt, und die doch weder beſondere Anſchauung und Erfahrung (wie in 3 und 4), noch reine Anſchauung und Erfahrung überhaupt (wie in 5, 6. u. 7) vorausſetzen, ſondern bloſs durch einen beide, Prädicat und Subject, verbindenden Begriff möglich ſind, ſolche Sätze heiſsen allein Principien **ſchlechthin** (M. I. 401).

8. Solche Principien ſucht man wenigſtens, wenn man z. B. nach einem Satze forſcht, aus welchem eine rechtmäſsige und gerechte bürgerliche Geſetzgebung könnte abgeleitet werden. Man will einen Satz haben, den weder die Erfahrung, noch eine Anſchauung geben kann, durch welchen die Geſetze zu beſtimmen wären, welche allein in der bürgerlichen Geſellſchaft ſtatt finden ſollten. Dieſe Geſetze aber beſtimmen nur uns, und ſchränken unſre Freiheit ſo ein, daſs ſie

dennoch dadurch nicht gänzlich aufgehoben wird, sondern nur jedes andern Freiheit mit der unsrigen, und die unsrige mit der jedes andern bestehen kann. Und da also diese Principien uns selbst und unsre Handlungen betreffen, und auch aus uns selbst entspringen, so betrifft die Frage, wie es scheint, nichts unmögliches.

Man sucht aber auch Principien für die **Natur der Dinge**, oder absolut oberste Grundsätze, unter denen alle Gesetze der Natur stehen sollen, und das ist, wenn die **Natur ein Inbegriff von Dingen an sich ist**, etwas widersprechendes, indem alsdann der oberste Grundsatz etwas aus uns entspringendes seyn soll, und die Natur doch etwas von uns unabhängiges ist. Die Auflösung dieser Frage siehe in **Idealismus**. Hier erhellet nur so viel, dafs Erkenntnifs aus Principien nicht Verstandeserkenntnifs ist, denn diese setzt Anschauungen voraus, Erkenntnifs aus Principien aber setzt gar nichts weiter voraus, sondern beruhet auf blofsem **Denken durch Begriffe** (M. I. 402. C. 358).

9. Endlich giebt es allgemeine Sätze, die aus der Vernunft entspringen, und es giebt entweder gar keine absoluten Principien, oder sie müssen solche allgemeine Vernunftsätze seyn. Es ist also nun die Frage, enthält die Vernunft *a priori* solche Grundsätze, in denen Prädicat und Subject so verknüpft sind, dafs das eine nicht in dem andern enthalten ist, und welche sind es? (M. I. 407. C. 362).

10. Dieser Grundsatz ist nun

I

Für das theoretische Denken:

Zu dem bedingten Erkenntnisse des Verstandes das Unbedingte zu finden, d. h. alles, was wir mit unserm Verstande erkennen, das erkennen wir aus seinem Grunde, die Vernunft verlangt aber von diesem Grunde wieder einen Grund, und von diesem wieder einen u. s. f. bis auf einen Grund, der keinen Grund mehr hat, welcher eben darum der **oberste und absolute** Grund heifst, und gerade ein solcher Grund ift der erörterte Grundfatz felbft. Dafs die Vernunft eben diefen Grundfatz hat, fehen wir aus dem logifchen Gebrauch der Vernunft. Denn wenn fie fchliefst, fo fchliefst fie aus zwei Vorderfätzen, zu deren jedem fie wieder zwei Vorderfätze fucht, aus welchen jene als ihre Schlufsfätze folgen, welches man Profyllogismen, oder Schlüffe, die vorhergehen, nennt. Diefe neuen Vorderfätze werden dann wieder Schlufsfätze aus neuen Vorderfätzen, und fo ift es denn eine logifche (Maxime) Regel, diefes fo weit zu treiben, bis es nicht mehr geht. Das heifst aber nichts anders, als es ift Vernunftgrundfatz von einer Bedingung, unter welcher etwas wahr ift, zur andern fortzugehen, bis man auf eine folche Bedingung kommt, die keiner weitern Bedingung bedarf, fondern unmittelbar wahr ift (M I. 410).

11. Dies ift nun das oberfte Princip aller Principien fchlechthin, aber formal, d. i. es betrifft den Gebrauch der Vernunft ohne Rückficht auf den Inhalt deffelben. Wenn die Vernunft befriedigt werden foll, fo mufs das Denken über jeden Gegenftand, der erkannt werden foll, fo lange fortgefetzt werden, bis man auf Gründe kömmt, die weiter keines neuen Grundes bedürfen, oder auf Urfachen, welche in keiner neuen Urfache gegründet find. Diefer Satz ift aber, obwohl er formal ift, dennoch fynthetifch, denn der Begriff des Unbedingten fteckt gar nicht in dem des Bedingten, fondern fein Gegentheil; auch ift der Satz eine Aufgabe, welche nie analytifch feyn kann, weil ihre allgemeine Formel ift: das A zu B machen, läge nun das B und das machen fchon in A, fo wäre es fchon gemacht, es mufs daher immer noch etwas drittes dazu kommen, wodurch A zu B gemacht wird. Zu dem bedingten Erkenntniffe des Verftandes (A) das Unbedingte (B) finden, ift alfo nicht analytifch, fonft wäre das Unbedingte fchon mit dem Bedingten gefunden. Mit dem Bedingten ift aber blofs feine Beziehung auf eine Bedingung, wodurch es eben bedingt ift, gegeben, aber nicht das Unbedingte (M. I. 412). Ift nun diefer Satz ein Grundfatz der Ver-

nunft, ein wahrer Anfang, oder abfolutes Princip, fo mufs er a. real möglich feyn b.; nichts weiter vor ihm vorhergehen; c. es müffen andre fynthetifche Sätze aus ihm entfpringen.

a. Er mufs real möglich, d. h. nicht blofs als Princip denkbar feyn, fondern es mufs auch wirklich alles, was erkannt wird, unter ihm ftehen. Das ift er aber nur dann, wenn man annimmt, dafs, wenn das Bedingte gegeben ift, auch die ganze Reihe feiner einander untergeordneten Bedingungen gegeben ift, welche Reihe dann nicht mehr bedingt ift (M. I. 411); z. B. wenn E das Bedingte wäre, fo müfste nicht nur feine Bedingung z. B. feine Urfache D, fondern auch die Urfache von D, welche C heifse, und auch die Urfache von C, welche B heifse, und auch die Urfache von B, welche A heifse, mitgegeben, d. h. in der Erfahrung zu finden feyn, und die Urfache A, oder eine noch weiter vor A hergehende, müfste eine folche feyn, die weiter keine Urfache hätte. Dann wäre die Reihe von jener unbedingten Urfache an, diefe mit eingefchloffen, alfo wenn die unbedingte Urfache A heifst, die Reihe:

A, B, C, D, E, ...

nicht mehr bedingt, fondern unbedingt. Giebt es aber folche Reihen nicht, fo fcheint das Princip nicht anwendbar, nicht real möglich, folglich kein Princip zu feyn. Allein die transfcendentale Dialectik, ein Theil der Transfcendentalphilofophie, lehrt, dafs die abfoluten Principien oder die Grundfätze der Vernunft fich darin von den comparativen Principien oder den Grundfätzen des Verftandes unterfcheiden, dafs fie transfcendent find, d. h. dafs in der Erfahrung nichts zu finden ift, was vollkommen fo wäre, wie das Princip es fordert, dafs alfo kein (empirifcher) folcher Gebrauch in der Erfahrung von dem Princip gemacht werden kann, der demfelben vollkommen angemeffen (adequat) wäre; dahingegen die Grundfätze des Verftandes immanent find, d. h. dafs alles in der Erfahrung denfelben gemäfs ift, ja durch fie erft die Erfahrung möglich wird (fie haben die Möglichkeit der Erfahrung zu ihrem Thema). Es ift z. B. ein Grundfatz des Verftandes, dafs alles, was gefchieht, eine Urfache haben mufs; es ift gar keine Erfahrung möglich, wenn fie nicht unter diefem Grundfatze ftehen follte, f. Analogie der Urfache und Wirkung. Wenn das nun ift, fo kann keine unbedingte Urfache in der Erfahrung vorkommen, keine Urfache A, die nicht für die Wirkung einer andern, obwohl vielleicht unbekannten, Urfache erkannt würde, und folglich kann es keine unbedingte Reihe von Urfachen und Wirkungen geben, wie die obige A, B, C, D, E . . . . . . feyn follte. Der Grundfatz der Vernunft, zu dem bedingten Erkenntniffe des Verftandes das Unbedingte zu finden (10), ift alfo transfcendent, d. i. überfteigt die Grenzen aller Erfahrung, und bleibt nicht innerhalb der Erfahrungserkenntnifs (ift nicht immanent). Für das theoretifche Denken giebt es alfo wirklich kein abfolutes, oder Vernunftprincip, das objective Gültigkeit hätte, oder in der Erfahrung einen Gegenftand anträfe, der völlig unter diefem Princip enthalten wäre. Die Vernunftprincipien gehen nehmlich gar nicht unmittelbar auf Erfahrung, wie die Verftandesgrundfätze; fondern fo wie die Verftandesgrundfätze Einheit in die Erfahrung bringen, und dadurch das Mannichfaltige zur Erfahrung Gegebene zu einem Ganzen machen (fo dafs es nicht mehr fo einzeln und ifolirt ift, wie es durch die finnlichen Eindrücke in uns zum Bewufstfeyn kömmt, fondern ein zufammenhängendes Ganzes ausmacht), fo machen die fpeculativen Vernunftprincipien wieder aus den Grundfätzen des Verftandes ein Ganzes, oder ein Syftem, und fetzen ihnen in dem Unbedingten gleichfam einen idealen Punct, in welchen alle aus der Anwendung der Verftandesgrundfätze auf den Stoff der Erfahrung entftehende Reihen zufammenlaufen, z. B. die Reihe der Urfachen und Wirkungen nach einer unbedingten, d. h. folchen Urfache hin, die keine Urfache weiter hat, welche aber in der Erfahrung nirgends zu finden, und daher ideal ift. Dies (in 10) angeführte fpeculative Vernunftprincip ift daher eine blofs logifche (oder formelle) Vorfchrift, fich im Auffteigen, von Bedingung zu Bedingung, zu immer höhern Bedingungen, der Vollftändigkeit derfelben zu nähern, um dadurch die höchfte uns mögliche Vernunfteinheit in unfre Erkenntnifs zu bringen, fo wie die Verftandesgefetze Verftandeseinheit in den zur Anfchauung gegebenen Stoff bringen, und dadurch aus ihm Erfahrung erzeugen. Man hat aber das Bedürfnifs der Vernunft, Einheit in die Verftandeserkenntnifse zu bringen, mifsverftanden, und jenes logifche Princip (in 10) für einen transfcendentalen Grundfatz der reinen Vernunft gehalten, d. h. für einen folchen, durch welchen die reinen Verftandesgrundfätze möglich werden, da doch diefe für fich beftehen, und in einem ganz eigenen Vermögen, nehmlich dem Vermögen, Erfahrungserkenntnifs zu erzeugen, oder zu denken und zu erkennen gegründet find. Verftandeserkenntnifs gehet aufs Verftehen der finnlichen Objecte, Vernunfterkenntnifs aber auf die Vollftändigkeit der Verftandeserkenntnifs, die eben fo unabhängig von Vernunftprincipien ift, wie die blofse Anfchauung, wenn man fie nicht auf Begriffe bringen will, von Verftandesgrundfätzen. Aus Mifsverftand wollte (poftulirte) man alfo in den Gegenftänden der Erfahrung felbft eine folche unbefchränkte Vollftändigkeit der Reihen aller ihrer Bedingungen finden (M. I. 604), weil man fie für Dinge an fich hielt, bei denen freilich die ganze Reihe aller Bedingungen mit fammt dem Unbedingten wirklich vorhanden und folglich zu finden feyn müfste (M. I. 606). Daraus find nun manche Mifsdeutungen und Verblendungen in diejenigen Vernunftfchlüffe eingefchlichen, deren Oberfätze aus reiner Vernunft hergenommen, und folche abfolute Principien find, weil man diefe Principien für Poftulate anfahe, d. h. für Sätze, deren Forderungen in der Erfahrung erfüllt werden können, da fie doch eigentlich nur Petitionen find, das heifst Aufforderungen an den Verftand, nach ihnen die Erfahrungserkenntnifs immer weiter zu treiben, nehmlich immer jenem idealen Puncte zu (M. I. 413. 605), weil wir es nehmlich nicht mit Dingen an fich, fondern mit Erfcheinungen zu thun haben, die nur fo weit wirklich find, als die Erkenntnifs durch Erfahrung und durch die Gefetze derfelben getrieben werden kann, und aufser derselben nicht so vorhanden find, fondern durch die Anwendung der Erfahrungsgefetze erft erzeugt werden, nach welchen wir aber immer mitten in der Reihe der Erfahrungen, nie am Anfange und nie am Ende find, und folglich die Vollftändigkeit der Reihe nie finden (C. 365).

b. Diefes Princip ift aber auch darin abfolut, dafs nichts weiter vor ihm vorhergehet. Denn es gehet weder ein neues Princip als Bedingung des Satzes (in 10) vorher, weil diefer Satz das Unbedingte fordert, alfo etwas, über das fich weiter nichts denken läfst; noch etwa eine Erfahrung, denn das Unbedingte ift in keiner Erfahrung zu finden, und die Erfahrung ift möglich ohne daffelbe.

c. Dennoch entfpringen aus diefem Vernunftprincip fynthetifche Sätze, obwohl nicht die Verftandesgrundfätze (in welchem Falle es ein transcendentales Princip wäre, wofür man es aus Mifsdeutung immer gehalten hat). Denn man kann zu jeder Reihe von Bedingungen eine denken, die man als unbedingt betrachtet, und ihr folglich die Beftimmungen beilegen, die das Unbedingte von dem Bedingten unterfcheiden, wodurch fynthetifche Sätze *a priori* über jedes befondere Unbedingte logifch möglich werden.

Solcher fynthetifchen abfoluten Vernunftprincipien giebt es eigentlich drei, weil es drei Reihen von Bedingungen giebt, zu welchen die Vernunft das Unbedingte fucht, nehmlich fo viel als es Categorien des Verhältniffes (der Relation) giebt (M. I. 427. C. 379). S. **Vernunftbegriffe**.

a Die Categorie der Subftanz und des Accidenz giebt die Reihe vom Prädicat zum Subject, das immer wieder Prädicat eines andern Subjects ift, gleich als könnte man endlich einmal auf ein Subject kommen, das nicht mehr Prädicat ift. Das wäre nun ein **unbedingtes** Subject, das den Begriff einer **unbedingten** Subftanz enthielte. Die **Petition** der Vernunft heifst alfo hier: **Zu der Reihe aller Accidenzen und Subftanzen die unbedingte Subftanz zu finden, die nicht weiter das Accidenz einer andern Subftanz ift.**

β Die Categorie der **Ursache und Wirkung** giebt die Reihe von dem Gegründeten zum Grunde, der immer wieder in einem andern Grunde gegründet ist, gleich als könnte man endlich einmal auf einen letzten Grund kommen, der nicht in einem andern gegründet wäre. Das wäre nun ein unbedingter Grund, der den Begriff einer unbedingten Ursache enthielte. Die Petition der Vernunft heifst also hier: **Zu der Reihe aller Wirkungen und Ursachen die unbedingte Ursache zu finden, die nicht weiter die Wirkung einer andern Ursache ist.**

γ Die Categorie der **Wechselwirkung** giebt die Reihe aller Glieder der Eintheilung, von welchen keins fehlt, gleichsam als könnte man das ganze Aggregat aller Glieder der Eintheilung umfassen. Dann wäre die Eintheilung vollendet, und folglich erhielt das ganze Aggregat den Begriff eines unbedingten Alls, aufser dem es weiter nichts mehr gäbe. Die Petition der Vernunft hiefs also: **das unbedingte All zu finden, zu welchem alles Uebrige als ein Glied zum Ganzen gehört** (M. I. 428).

12. Diese Grundsätze der speculativen Vernunft oder **Principien** schlechthin sind also nicht, wie die Verstandesgrundsätze, **constitutiv**, d. h. geben dem Verstande nicht das Gesetz, wie er erkennen muſs, so wie die Grundsätze des Verstandes den Erscheinungen das Gesetz geben, welchem sie unterworfen seyn müssen. Sondern sie sind blofs **regulativ**, d. i. sie geben dem Verstande blofs eine Vorschrift, wie er verfahren soll, nehmlich in der Reihe der Erfahrungen nirgends, als wäre es eine Grenze, stehen zu bleiben, sondern immer nach einer neuen Erfahrung zu forschen, welche die Bedingung der zuletzt erkannten Erfahrung enthalte. Das drückt Kant so aus, diese Principien geben dem Verstande den **Regressus** (Zurückgang) in der Reihe der Bedingungen auf, oder fordern den Verstand auf, von Bedingung zu Bedingung zurück zu gehen. Aber sie setzen nicht fest, dafs in der Sinnenwelt ein wirklich Unbedingtes vorhanden seyn müsse, in welchem Fall sie keine Vernunftprincipien, sondern Grundsätze des Ver-

ſtandes wären; welches aber nicht möglich iſt, weil zwar jede Erfahrung ihre Grenzen hat, die aber nie unbedingte Grenzen ſind, ſondern ſolche, die von gewiſſen Bedingungen im erfahrenden Subject abhängen, z. B. daſs er nicht früher lebte, oder ſeine Sinne nicht weiter reichen u. ſ. w. (M. I. 616).

13. Das theoretiſche Princip ſchlechthin ſagt alſo nicht, was ein Object wirklich ſei, denn es gehet gar nicht auf Objecte, welches allein die Sache der Verſtandesgrundſätze iſt.; ſondern es ſagt, wie der Erfahrungs-Regreſſus anzuſtellen ſei, nehmlich ſo, daſs keine Erfahrungsgrenze für eine abſolute gelten muſs. Denn das ſchlechthin Unbedingte wird in der Erfahrung gar nicht angetroffen, indem in derſelben alle Subſtanz wieder Accidenz einer andern, alle Urſache wieder Wirkung einer andern, und keine Wechſelwirkung die letzte unter allen iſt. Der Regreſſus der Wahrnehmungen müſste ſonſt auch hinter dem Abſolutunbedingten auf Nichts, oder das abſolute Leere ſtoſsen, welches ein Widerſpruch iſt; indem wahrnehmen ohne etwas, das wahrgenommen wird, den Begriff des Wahrnehmens ſelbſt aufhebt, welcher den Begriff von etwas, das wahrgenommen wird, als eins ſeiner Merkmale enthält (M. 1. 617. 626. C. 537).

14. Bei dem Gebrauche eines ſpeculativen Vernunftprincips in der Sinnenwelt kann alſo nicht davon die Rede ſeyn, etwa das Unbedingte einmal aufzufinden, oder einmal an die abſolute Grenze aller Erfahrung zu kommen, denn eine ſolche giebt es nicht; ſondern davon, wie weit wir im Erfahrungs-Regreſſus, bei Zurückführung der Erfahrungen auf ihre Bedingungen, zurück gehen ſollen, um nach der Regel der Vernunft bei keiner andern, als einer, dem Gegenſtande angemeſſenen, Beantwortung der Fragen, nach ihren Gründen, ſtehen zu bleiben, weil wir nirgend wo ſtehen bleiben müſſen, da wir nirgends ans Ende kommen (M. I. 624. C. 543).

15. Folglich iſt ein theoretiſches Vernunftprincip nur gültig, als eine Regel, die Erfahrung mög-

lichst weit fortzusetzen und zu erweitern; aber nicht das absolute Ende aller Erfahrung als wirklich vorhanden anzunehmen und aufzusuchen. Das wäre aber der Fall, wenn die Objecte der Erfahrung Dinge an sich wären; da sie aber Erscheinungen sind, so müssen sie den Verstandesgrundsätzen unterworfen seyn, die von keinem Unbedingten und absoluten Ende etwas wissen (M. I. 625. C. 544).

16. In (11, c. α. β. γ.) ergaben sich drei theoretische Vernunftprincipien, von welchen (α) und (γ) aus Misverstand die Veranlassung zu einer eingebildeten Erkenntniss der Seele und des allervollkommensten Wesens wurden, wie unter den Titeln Paralogismus und Ideal zu finden ist. Das Princip in (β) aber betrifft die Reihe der Ursachen und Wirkungen, und da giebt es nach den vier Titeln der Categorien vier solcher Reihen, und daher vier Fortgänge (Regressus) zu dem Unbedingten, woraus vier theoretische Principien entspringen, die ich hier zwar anführen, aber jedes derselben unter seinem eigenen Namen und im Artikel Antinomie erläutern, und deren Ableitung von den 4 Titeln der Categorien unter dem Wort cosmologische Idee zeigen werde. Diese Principien sind also:

a. Der Quantität (der Objecte in der Sinnenwelt) nach führt die Frage der Vernunft nach dem Unbedingten auf das Princip: in der Welt ist ein Regressus in unbestimmte Weite, sowohl dem Raume als der Zeit nach, s. Antinomie 4, A. a. und Zusammensetzung.

b. Der Qualität (der Objecte in der Sinnenwelt) nach führt die Frage der Vernunft nach dem Unbedingten auf das Princip: in der Welt geht der Regressus in der Theilung, sowohl des Raums als der Materie ins Unendliche, s. Antinomie 4. A. b. und Theilung.

c. Der Relation (der Objecte in der Sinnenwelt) nach führt die Frage der Vernunft nach dem Unbedingten auf das Princip: in der Welt ist alles, was geschieht, nothwendig, geschieht es aber durch ein moralisches Wesen, so ist die Handlung zwar als **Naturwirkung** nothwendig, und in so fern erklärbar, obwohl ohne moralischen **Werth**; aber als **moralisch** nicht in den Gesetzen der Natur, sondern in der Vernunft, **einem** (zu einer ganz unbegreiflichen, intelligibeln, nur des Moralgesetzes wegen, nothwendig gedachten Welt gehörigen) **Dinge an sich gegründet, und in so fern frei, und von moralischem Werth, obwohl unerklärbar,** f. **Antinomie 4. B: a. und Freiheit.**

d. Der **Modalität** (der Objecte in der Sinnenwelt) nach führt die Frage der Vernunft nach dem Unbedingten auf das Princip: **in der Welt hat alles, was da ist, seinen Grund in seiner Naturursache, und ist in so fern nicht absolut, sondern nur hypothetisch nothwendig, d. i. zufällig;** aber **die ganze Reihe des Zufälligen ist** (in so fern uns das Moralgesetz nöthigt, den Erscheinungen ein, von einem nothwendigen Wesen abhängiges) **Ding an sich zum Grunde zu legen, in einem nothwendigen intelligibeln Wesen gegründet,** f. **Antinomie 4. B. b. und Nothwendigkeit.**

17. Die Vernunftprincipien sollen eigentlich alle Verstandeskenntnisse in Eine Einheit zusammen fassen, welche allemal ein Vernunftbegriff (eine Idee) ist, deren Object in der Erfahrung nie gefunden wird, z. B. unsre Kenntnisse von dem Zusammenhang der grofsen Weltkörper enthalten dadurch Einheit, dafs wir uns den Fortgang ins Unendliche als vollendet vorstellen, unter der Idee eines Ganzen, das wir Welt nennen. Eine solche Einheit, in der alles, als in Einem Princip zusammenhängt, heifst eine systematische Einheit. Das Princip stellt also eine solche systematische Einheit, z. B. die Idee eines Weltganzen auf, um unsre Verstandeserkenntnifs in Ein System zu verbinden. Dieses Princip ist aber darum doch nicht subjectiv oder ein solches, das blofs von der Beschaffenheit eines einzelnen denkenden Subjects abhängt; sondern objectiv, oder ein solches, das die Beschaffenheit eines Objects

mein und nothwendig beftimmt. Diefes Object ift aber nicht ein Erfahrungsobject der finnlichen Anfchauung, wie bei den Grundfätzen des Verftandes; fondern ein ideales Object, oder Vernunftwefen, alfo nichts Wirkliches. Diefes ideale Object, z. B. das Weltganze, ift das Ziel, das dem Verftandesgebrauch die Richtung giebt. Für diefen ift das Vernunftprincip ein regulativer Grundfatz, der dem Verftande das Gefetz vorfchreibt, nach welchem fich derfelbe in feinem Gefchäfte, Erfahrungserkenntnifs hervorzubringen, richten mufs (M. I. 832. 833. C. 708).

18. Der Grundfatz der Vernunft

II

Für das practifche Handeln

ift: Nach einer folchen Maxime zu handeln, durch die man wollen kann, dafs fie allgemeines Gefetz werde, d. h. wenn du handelft, fo liegt deinen Handlungen ftets eine Regel (Maxime) zum Grunde, nach welcher du handelft. Diefe Regel mag nun ihren Grund wieder in andern Regeln haben, und fo fort, aber der oberfte Grund aller deiner Handlungsregeln (Maximen) foll die Maxime feyn, dafs du ftets nach folchen Maximen handeln willft, in der dein Wille mit eingefchloffen feyn kann, dafs alle vernünftige Wefen nach diefer Maxime handeln, dafs fie alfo als allgemeines Gefetz für alle vernünftige Wefen gelte. Dafs die practifche Vernunft aber diefen Grundfatz hat, das fehen wir daraus, weil der Gegenftand, welcher durch die Handlung bewirkt werden foll, bei moralifchen Handlungen nicht der Grund (*caufa finalis*) derfelben feyn darf. Bei einer fittlichen oder moralifchen Handlung, als folcher, ift gar nicht die Frage, was bringt die Handlung für Nutzen oder Schaden, was wird durch fie für mich, den Handelnden, bewirkt, wie fteht es mit ihrem Einflufs auf meine Wohlfahrt? fondern blofs, ift fie moralifch gut oder fchlecht? Folglich ift der Wille, der eine moralifche Handlung, als folche, hervorbringen foll, aller Antriebe beraubt. Es bleibt daher für den Willen nichts übrig, als die allgemeine Gefetzmäfsigkeit der Handlung überhaupt, d. i. dafs fie fo befchaffen fei, dafs fie als gefetzmäfsig für jedes vernünftige Wefen erkannt werden kann. Gefetz ift aber eine Handlungsregel, von der keine Ausnahme gilt, folglich ift die allgemeine Gefetzmäfsigkeit der Handlung diejenige Befchaffenheit derfelben, dafs fie von einem jeden vernünftigen Wefen, welches nicht nach finnlichen Antrieben, fondern nach Gefetzen handeln foll, in dem gegebenen Fall gefchehen mufs (M. II. 31. G. 17.).

19. Dies ift das oberfte Princip aller practifchen Principien oder Grundfätze des fittlichen Handelns, d. i. folcher Sätze, welche den Willen allgemein beftimmen und wieder mehrere befondere Maximen unter fich haben. Es ift aber ein **unbedingtes** Princip, denn es fetzt kein anderes practifches Princip weiter voraus, enthält aber felbft das Unbedingte, **allgemeine Gefetzmäfsigkeit**, wodurch jeder andere practifche Grundfatz bedingt oder beftimmt wird, was er enthalten mufs, wenn er **practifch oder fittlich** feyn foll. Er ift ebenfalls **formal**, d. i. er betrifft den Gebrauch der practifchen Vernunft, ohne Rückficht auf irgend eine beftimmte, gegebene Handlung, oder auf ein Object, das durch eine Handlung bewirkt werden foll. Wenn die Handlung nach Grundfätzen der practifchen Vernunft gefchehen foll, fo mufs fie durchaus nach einer Maxime gefchehen, welche allgemeine Gefetzmäfsigkeit hat. Diefes Princip ftehet daher auch *a priori* feft, wie alle Principien der Sittlichkeit, eben weil der Begriff der allgemeinen Gefetzmäfsigkeit die Criterien der Apriorität, Allgemeinheit und Nothwendigkeit (hier nehmlich moralifche, welche fich nicht durch, du **mufst**, fondern durch, du **follft**, ankündigt), in fich fchliefst (M. II, 44). Diefes Princip ift ferner **nicht analytifch** (alfo **fynthetifch**), denn in dem Begriff des Willens liegt es nicht, dafs er gerade nach diefem Princip handle. Ein Begehrungsvermögen, das die zweckmäfsigften Mittel zu wählen wüfste, Naturtriebe zu befriedigen, und keine Rechtmäfsigkeit oder Unrechtmäfsigkeit derfelben kennte, wäre auch ein Wille, obwohl kein **practifcher**, keine **prac-**

tifche Vernunft. Die Verknüpfung einer durch das practifche Princip bedingten Handlung mit einem Willen, als Prädicat deffelben, oder die Möglichkeit eines Willens, der einer fittlichen Handlung fähig ift, beruhet alfo nicht auf der Möglichkeit eines Willens überhaupt; aber auch nicht auf einer Erfahrung, denn in der Erfahrung finden wir keinen fo vollkommen gefetzmäfsigen Willen, der, wider den Einflufs aller Neigungen, blofs nach dem Princip der allgemeinen Gefetzmäfsigkeit handelte. Worauf gründet fich denn alfo die Nothwendigkeit der Verknüpfung eines Willens mit einer allgemein gefetzmäfsigen Handlung? Auf der Idee einer Vernunft, die über alle finnlichen Antriebe völlige Gewalt hat. Ein jeder, der fich über feine unfittlichen Handlungen Vorwürfe macht, fo wie ein jeder, der es fich zum Vorfatz macht, fittlich zu handeln, kurz ein jeder, der moralifch gute und böfe Handlungen unterfcheidet, fetzet voraus, dafs er eine folche Vernunft wirklich habe, und ohne fie könnte er auch nicht einmal von der Moralität einer Handlung etwas wiffen, weil es in der Erfahrung keine vollkommen moralifche Handlung giebt (G. 30*)

20. Diefer Grundfatz heifst auch das Moralprincip, und ift als Vernunftprincip ebenfalls ein Princip fchlechthin, unterfcheidet fich aber vom Princip der fpeculativen Vernunft dadurch, dafs es nicht auf den Verftand geht, und demfelben etwa zum erkennen dienen foll, fondern auf den Willen zum handeln. Es ift aber für den Willen nicht regulativ, d. i. es giebt demfelben nicht etwa blofs eine Vorfchrift, wie er verfahren foll, um, den Antrieben der Sinnlichkeit zu Folge, fich dem gröfstmöglichen Wohlfeyn immer mehr zu nähern, und nirgends, als wäre er an der Grenze der Befriedigung und des Genuffes, stehen zu bleiben; fondern es ift conftitutiv für den Willen, d. h. es giebt demfelben ein Gefetz, wie er handeln foll, ohne alle Rückficht auf jene Antriebe der Sinnlichkeit. Der Grundfatz der Vernunft: Handle nach einer folchen Maxime, durch die du wollen kannft, dafs fie allgemeines Gefetz werde, ift alfo nicht transfcendent,

oder überſteigt nicht die Grenzen alles Handelns; ſondern es muſs der Vernunft möglich ſeyn, durch die Idee des Geſetzes im Felde der Erfahrung eine wirkende Urſache zu werden, d. h. moraliſch zu handeln, wider alle ſinnliche Antriebe. Hier, im practiſchen Felde, wird alſo, nach Kants Ausdruck, der Gebrauch der Vernunft, der im ſpeculativen Felde transſcendent iſt, immanent, oder, ſie wirkt wirklich in der Erfahrung, durch ihre Grundſätze. Für das practiſche Wollen giebt es alſo wirklich ein abſolutes oder Vernunftprincip, das objective Gültigkeit hat, oder in der Erfahrung einen Gegenſtand, obwohl nicht ganz vollkommen, hervorbringt, der unter dieſem Princip enthalten iſt, nehmlich moraliſche, von allem Einfluſſe ſinnlicher Antriebe freie, Handlungen (P. 83.).

Das Uebrige über Grundſatz und Princip ſ. unter dieſer Ueberſchrift.

Kant. Crit. der rein. Vern. Elementl. II. Th. II. Abth. Einl. A. S. 356 — 359. C. S. 362 — 366. I. Buch. II. Abſchn. S. 379. II. Buch. II. Hauptſt. VIII. Abſchn. S. 536 f. IX. Abſchn. S. 543. f. III. Hauptſt. VII. Abſchn. S. 728.
Deſſ. Grundleg. zur Met. der Sitten. S. 17. 50 *)
Deſſ. Critik. der pract. Vern. I. Th. I. B. I. Haupſt. S. 83.

Anfang der Welt.

S. Anfangen.

Anfangen

zu ſeyn, ſchlechthin, *oriri, commencer,* bedeutet das Entſtehen der Subſtanz, ſo daſs ein Zeitpunct vorhergeht, in dem ſie nicht war, welches in der Erfahrung nicht möglich iſt. Denn eine leere Zeit kann nicht wahrgenommen werden, und wir würden daher die Entſtehung der Subſtanz nie wahrnehmen, ſondern uns bloſs bewuſt ſeyn, daſs wir anfingen, die Subſtanz wahrzunehmen; wären aber Dinge vorher vorhanden, ſo daſs wir das Entſtehen von Etwas daran

dige Bedingung, unter welcher allein Erscheinungen als Dinge, oder Gegenstände in einer möglichen Erfahrung bestimmbar sind, oder etwas von ihnen ausgesagt (prädicirt) werden kann. Denn von dem, was nicht bleibend ist, kann nichts ausgesagt werden. Daher müssen die Accidenzen selbst, z. B. die Bewegung, als bleibend, oder beharrlich, d. i. als Substanzen betrachtet werden, wenn sie der Begriff des Subjects zu Prädicaten in einem möglichen Urtheil seyn sollen. Das Beharrliche nennen wir nun die Substanz, welche folglich weder schlechthin anfangen, noch vergehen kann (M. I. 273. C. 232).

Die Frage vom Anfange der Substanz ist für die Metaphysik von der gröfsten Wichtigkeit. Schon in den ältesten Zeiten hat man sich darüber gestritten, ob die Welt angefangen habe zu seyn, oder ob sie immer gewesen sei. Bei diesem Streit hat man nicht bedacht, dafs dieses eigentlich der Streit der Vernunft mit dem Verstande sei. Die Vernunft fordert nehmlich Vollendung der Reihe, im Rückgang von einem Accidenz zum andern in einer Substanz, die nicht weiter Accidenz ist, (f. Anfang. II. c. *). Der Verstand hingegen fordert, dafs auch das allerletzte Glied noch eine Substanz habe, an der ihr Entstehen geknüpft werden müsse. Man hat daher mit der Entscheidung dieses Streits nie zu Ende kommen können. Nach der critischen Philosophie allein ist es möglich, f. Antinomie 4, A, a, und Zusammensetzung. Auch führt uns die Unmöglichkeit eines Anfangs schlechthin in der Erfahrung oder sinnlichen Welt, oder des Anfangs der Substanz, auf die Grenzen unsrer Erkenntnifs. Dies scheint auch der teleologische Zweck der Metaphysik als Naturanlage in uns zu seyn, aufserdem dafs sie dem Verstand nie erlaubt, in seinen Nachforschungen stille zu stehen, ihn auf die Grenzen seines Gebiets hinzuweisen. Denn es kömmt nicht auf uns ab, ob wir die Frage vom Weltanfang aufwerfen wollen oder nicht, sie liegt nothwendig in unfrer Vernunft; sie läfst sich auch nicht abweisen, sondern fordert eine genugthuende Antwort, und findet doch diese Befriedigung in keiner Erfahrung. Die Sinnenwelt enthält keinen absoluten Anfang, f. Antinomie 4, A, a. Alle Anfänge in der Sinnenwelt find fubaltern, d. i. fie fetzen immer wieder etwas anders voraus. Die Sinnenwelt felbft, als Idee des Ganzen aller Gegenftände der Erfahrung, ift kein Object der Erfahrung, fie kann alfo auch weder anfangen noch vergehen*); aber in der Sinnenwelt entfteht und vergeht alles, was wir wahrnehmen, weil wir nicht die Subftanz felbft, fondern nur ihren Zuftand wahrnehmen, dem wir vermöge unfers Verftandes etwas Beharrliches oder die Subftanz unterlegen müffen, ohne welches fich das Entftehen und Vergehen weder wahrnehmen noch denken läfst, und diefer Zuftand ift es, welcher entfteht und vergeht. S. Accidenz.

Die Baumgartenfche Metaphyfik hat den Begriff des Anfangens nicht getroffen, wenn fie fagt: es fei die Veränderung eines Dinges in ein der Zeit nach Gegenwärtiges; denn das Ding, das anfängt, leidet keine Veränderung dadurch, dafs es anfängt, weil es noch nicht vorhanden, und folglich noch kein Ding war.

Kant. Crit. der reinen Vern. Elementarl. II Th. I. Abth. II. Buch. II. Hauptft. III. Abfchn. S. 231. f.

Angebohren.

S. Hang.

Angebohrne

Vorftellungen, *ideae innatae, conceptus connati, idées innées* heifsen im Gegenfatz gegen erworbene (*conceptus*

---

*) Es verfteht fich, dafs hier die Rede ift von der Welt als Gegenftand der Erfahrung, die als folche ein Inbegriff der Erfcheinungen, und in uns ift. Wenn uns aber das Moralgefetz auf eine intelligibele Welt der Dinge an fich hinführt, die den Erfcheinungen zum Grunde liegen, und auf einen Schöpfer der intelligibeln Welt, fo ift das kein Gegenftand der Erfahrung, fondern eines Vernunftglaubens, wovon wir aber

acquisiti) folche, die in der Seele fchon vorhanden find, ehe noch das Erkenntnifsvermögen ift in Thätigkeit gefetzt worden. (P. 254.) Die Critik der practifchen Vernunft verwirft fie, und behauptet, nur die Anlage, oder die Möglichkeit zu gewiffen Vorftellungen in der Seele, welche dann, durch das, zur Bildung der Erfahrungserkenntnifs, in Thätigkeit gefetzte Erkenntnifsvermögen, aus fich felbft erzeugt, und folglich aus den in dem Gemüth liegenden Gefetzen (dadurch, dafs man bei Gelegenheit der Erfahrung auf feine Handlung achtet) abftrahirt, und folglich erworben werden.*) Das find die fogenannten Vorftellungen *a priori*, die folglich von den angebohrnen des Plato und andrer Philofophen wohl unterfchieden werden müffen. Der Grund oder die Möglichkeit zu diefen Vorftellungen ift allein angebohren. So ift z. B. die Möglichkeit dazu, dafs wir Anfchauungen des Raums haben können, angebohren, die Anfchauung des Raums felbft aber entfpringt *a priori*, wenn das Gemüth folche Eindrücke empfängt, aus denen es vermittelft jener angebohrnen Anlage äuffere Objecte bilden mufs. So wird alfo die formale Anfchauung, die man Raum nennt, aus der Receptivität der Sinnlichkeit, durch ihre eigenthümliche, ihr angebohrne Befchaffenheit erzeugt, wenn fie durch die Eindrücke, die fie bekömmt, gleichfam gefchwängert worden. Diefe Erzeugung der Formen der Sinnlichkeit, Raum und Zeit, der reinen Verftandesbegriffe (Categorien) z. B. Exiftenz, Nothwendigkeit, Subftanz, Urfache u. f. w., und der Vernunftbegriffe (Ideen) z. B. Welt, Gott, Seele, Freiheit u. f. w., kann man *acquifitio ori-*

---

nichts begreifen und verftehen. Die Schöpfung der Welt wird alfo durch obige Behauptung nicht umgeftofsen, denn die Schöpfung betrifft nicht die Erfcheinungen, fondern die Dinge an fich.

*) *Conceptus in Metaphyfica obvii quaerendi funt in ipfa natura intellectus puri, non tanquam conceptus connati, fed e legibus menti infitis (attendendo ad eius actiones occafione experientiae) abftracti, adeoque acquifiti.* Kant *de mundi fenfibilis etc.* §. 8.

ginaria oder eine urfprüngliche Erwerbung, die Erzeugung hingegen der Anfchauungen und Begriffe, welche jenen *a priori* gemäfs find, z. B. einer beftimmten Gröfse, Figur, Urfache, u. f. w. *acquifitio derivativa* oder eine abgeleitete Erwerbung nennen.

In welchem Sinne Plato, Descartes, Malebranche und Leibnitz von angebohrnen Begriffen reden, fetzt Hifsman fo auseinander:

1. Plato behauptete, in der Seele des Menfchen lägen alle menfchlichen Kenntniffe, die fie fchon in einem vergangenen Leben gehabt, und aus demfelben mit in das gegenwärtige Leben herübergebracht habe. Man brauche fich daher nur einen einzigen Gegenftand in das Gedächtnifs zurückzurufen, und anhaltend nachzuforfchen, fo könne man alle damit verbundenen Wahrheiten wiederfinden; denn Unterfuchen und Lernen heifse weiter nichts, als **fich erinnern**. Descartes und Leibnitz*), welche doch auch angebohrne Begriffe behaupteten, verwarfen beide die angeführte Hypothefe des Plato, die er im Menon und Phädrus aufgeftellt hat.

2. Plato, Descartes und Malebranche behaupteten, Gott habe der Seele gewiffe Vorftellungen ganz entwickelt mitgegeben, oder liefse die Seele mit ihnen gebohren werden. Nach Leibnitzens Meinung find zwar diefe Vorftellungen mehr als blofse Anlagen oder Möglichkeiten zu Vorftellungen (welches Kants Behauptung ift), denn fie liegen in der Seele, wie die Grundftriche zur künftigen Statue im Marmor; aber fie äufsern fich doch nicht eher, als bis fie durch Erfahrung und Raifonnement entwickelt werden (*Descartes Meditat. de prima Phi-*

---

*) *Mais cette opinion n'a nul fondement, et il est aifé de juger que l'ame devoit deja avoir des connoiffances innées dans l'état précédent, (fi la préexiftance avoit lieu; quelque reculé qu'il pût être, tout comme ici: ol-les devroient donc auffi venir d'un autre état précédent, ou, elles feroient enfin innées ou au moins concreées, ou bien il faudroit aller a l'infini, et faire les ames éternelles, au quel cas ces connoiffances feroient innées en offa, parcequ'elles n'auroient jamais de commencement dans l'ame etc. Leibnitz, Nouv. Eff. fur l'Ent. hum. liv. I. ch. I. p. 55. ed. de Rafpe.*

lofoph.' Medit. III. und *V. Epiſtol. Part. II. Epiſt.* 54. — 59. *Princip. philoſ. Part.* I. 5. 13. Leibnitz *Nouv. Eſſ.* Liv. I. ch. 1 — 3. Liv. II. ch. 1. *Act. Erudit.* 1684; p. 541).

3. Alle vier Philoſophen ſahen ein, daſs man die Entſtehungsart gewiſſer Erkenntniſſe (nehmlich der *a priori*) aus der Erfahrung nicht erklären kann, daher laſſen Plato, Descartes und Malebranche ſie überſinnlich entſtehen, der erſte ſchon vor der Geburt, die beiden letztern, mit der Geburt von der Gottheit anerſchaffen werden. Leibnitz macht zwar auch die Seele zur Quelle derſelben, will aber, daſs ſie erſt durch Hinzukunft ſinnlicher Eindrücke und des Raiſonnements entwickelt werden.

4. Alle Vertheidiger der angebohrnen Vorſtellungen vom Plato bis auf Leibnitz hielten es für einen Beweis einer angebohrnen Wahrheit, wenn ſie vom ganzen oder gröſsten Theil des menſchlichen Geſchlechts geglaubt wird. Leibnitz verwarf dieſen Beweis, und ſagte, der durchgängige Beifall des menſchlichen Geſchlechts ſei höchſtens eine Anzeige*), aber keine Demonſtration eines angebohrnen Grundſatzes, deſſen entſcheidender Beweis einzig darin zu ſuchen ſei, daſs ſeine Gewiſsheit bloſs auf dem, was in uns iſt (dem innern Bewuſstſeyn) beruhet.

5. Vor Leibnitz hatten alle angebohrne Begriffe und Grundſätze das Privilegium, ohne Beweis überall für wahr zu paſſiren. Leibnitz räumte ihnen dieſen groſsen Vorzug nicht ein, und drang vielmehr auf eine Demonſtration derſelben.*)

6. Locke verwarf alle angebohrnen Vorſtellungen, ſelbſt alle Anlage oder Möglichkeit dazu, und ſuchte, wie Epicur, alle Erkenntniſs (auch die *a priori*) von der Erfahrung abzuleiten (*Eſſ. conc. l'Ent humain.* L. I.)

---

*) Pour moi, je me ſers du conſentement univerſel non pas comme d'une preuve principale, mais comme d'une confirmation car les verités innées, priſes pour la lumiere naturelle de la raiſon, portent leurs caracteres avec elles comme la geometrie, car elles ſont enve-

7. Kant verwirft ebenfalls alle angebohrnen Vorftellungen*), behauptet aber eine Anlage oder Möglichkeit dazu im Erkenntnifsvermögen des Menfchen, woraus fie bei Gelegenheit der Erfahrung entfpringen, und daher nicht angebohrne Vorftellungen, fondern Vorftellungen *a priori* genannt werden müffen. (Ueber eine neue Entdeck. S. 68. f.)

> Hifsmann. Bemerkungen über einige Regeln für den Gefchichtsfchr. philofoph. Syft. über Dutens Unterf. und über die angebohrnen Begriffe des Plato, Descartes und Leibnitz, im Teutfch. Merk. 1777. October II. S. 22—52.

Angebot,

das Angebot, *oblatio, l'offerte*. Derjenige rechtliche Act der Willkühr, wodurch bei einem Vertrag dem Andern bekannt gemacht wird, worüber man mit ihm einen Vertrag fchliefsen will. Bei einem jeden Vertrage find nehmlich zwei Perfonen, eine, welche etwas verfpricht, und die der **Promittent** heifst, und eine, der etwas verfprochen wird, welche der **Promiffar** genannt wird. Der Vertrag fängt fich nun damit an, dafs er **vorbereitet** wird, welches das **Tractiren** heifst. Diefes Tractiren beftehet aus zwei rechtlichen Acten der Willkühr, von denen das **Angebot** der erfte ift. Diefes beftehet alfo darin, dafs der Promittent dem Promiffar etwas **anbietet**, oder

---

lopies dans les principes immediats, que vous reconnoiffés vous mêmes pour inconteftables. Leibnitz. Nouv. Eff. fur l'Entend. hum. liv. I. ch. 2. p. 55.

*) *Tandem quafi fponte cuilibet oboritur quaeftio, utrum conceptus uterque (temporis ac fpatii) fit connatus an aequifitus. Pofterius quidem per demonftrata iam videtur refutatum, prius autem, quia viam fternit philofophiae pigrorum, ulteriorem quamlibet indagationem per cuationem cauffae primae irritam declarantis, non ita temere admittendum eft. Verum conceptus uterque procul dubio acquifitus eft.* Kant de mundi fenfibilis etc. §. 15.

erklärt (fagt), dafs er mit ihm worüber einen Vertrag fchliefsen will. Der Verkäufer z. B. bietet, entweder mit Worten, oder ftillfchweigend, feine Waare an. Der Verkäufer auf dem Markte fitzt da, um feine Waare zu verkaufen, welches ein ftillfchweigendes Angebot ift; jeder Kaufmann übt diefen rechtlichen Act der Willkühr fchon dadurch aus, wenn er fich das Recht zu handeln erwirbt, d. i. fich vom Staate für einen gültigen Kaufmann erklären läfst[*]) (fich, nach einem Magdeburgfchen Kunftausdruck, vollftändig macht, vermuthlich, weil es das letzte ift, was aufser dem Lernen u. f. w gefchehen mufs, um ein Kaufmann zu werden, wodurch er dann in die Kaufmannfchaft, oder die Gefellfchaft der Kaufleute überhaupt, oder auch nur eines gewiffen Theils derfelben aufgenommen wird). Das Angebot heifst auch das Anerbieten, und ift eine Declaration oder Willenserklärung.

Kant. Metaph. Anfangsgr. der Rechtsl. I. Th. II. Hauptft. 2. Abfchn. §. 19. S. 98.

Angebotene,

das **Angebotene**, *oblatum.* Dasjenige, worüber ein Vertrag gemacht wird (K. 98). Es hat den Namen von dem erften Act der freien Willkühr bei einem Vertrage, dem Angebot, f. Angebot. Dasjenige alfo, was einer bei einem Vertrag anbietet, z. B. das Pferd, welches der Rofshändler verkaufen will, ift das Angebotene. Diefes mufs der, dem es angeboten wird, erft billigen, es mufs ihm (dem Promiffar) angenehm feyn, fonft kann es nicht zum Abfchliefsen des Vertrags kommen. Billigt er aber das Angebotene, fo ift das Tractiren zu Ende, aber noch nichts von beiden Seiten erworben, fondern beide Theile gehen nun erft zu den Acten des

---

[*]) Zwar kann Jemand fich auch aufnehmen laffen, um gewiffe Vorrechte zu geniefsen; diefes ift aber eine Ausnahme von der Regel.

Abschließens über, welche das **Versprechen** von der einen und das **Annehmen** von der andern Seite sind.

> Kant. Metaphys. Anfangsgr. der Rechtsl. I. Th. II. Hauptst. 2. Abschn. §. 19. S. 98.

Angenehm,

iucundum, agréable. Diejenige Beschaffenheit eines **Gegenstandes der Sinnlichkeit**, vermöge der er zum Begehren desselben reitzt, oder das **Angenehme** ist ein Object, das vermittelst der **Empfindung** (dadurch, daß sie in die Sinne fällt) auf das Begehrungsvermögen Einfluß hat, und dasselbe zum Begehren des Objects bestimmt, oder auch dasjenige, **was den Sinnen in der Empfindung** (als sinnliche Vorstellung) **gefällt, was vergnügt oder ergötzt** (*delectat*). Denn eben dadurch, daß etwas den Sinnen in der Empfindung gefällt, bestimmt es das Begehrungsvermögen zum Begehren des (angenehmen) Gegenstandes (C. 576. 21. 7.).

2. **Angenehm** kann aber ein Gegenstand nicht Jedermann seyn, und daher kann nicht ein Jeder den Gegenstand begehren. Wenn nehmlich das Begehrungsvermögen soll so beschaffen seyn, daß es einen gewissen sinnlichen Gegenstand begehren soll, so muß dasselbe von den Empfindungen, die der Gegenstand, dadurch, daß er das Gemüth afficirt, in demselben hervorbringt, abhängen, d. h. die Empfindung verhält sich zur Begehrung oder Begierde wie die Ursache zur Wirkung. Die Wirkung muß aber nothwendig auf die Ursache folgen, so wie also der Eindruck des Gegenstandes auf das Gemüth, welcher **Empfindung** heißt, entsteht, so entsteht auch die Begehrung. Diese Abhängigkeit des Begehrungsvermögens von der Empfindung heißt die **Neigung**. Allein die Empfindung würde die Begehrung nicht unmittelbar hervorbringen, wenn nicht auch in dem Gemüth eine Anlage dazu da wäre, das Object zu begehren, welche wirksam wird durch die Empfindung. Diese Anlage heißt der **Naturtrieb**. Sobald dieser Naturtrieb einmal durch den Einfluß eines Gegen-

ftandes geweckt oder in Wirkfamkeit gefetzt ist, so beftimmt er das Begehrungsvermögen zum Begehren, das Begehrungsvermögen **bedarf** des Gegenstandes, und diefe Beftimmung des Begehrungsvermögens heifst das **Bedürfnifs**, in fubjectiver Bedeutung; aber auch den Gegenstand, den das Begehrungsvermögen begehrt, nennt man ein **Bedürfnifs**, in objectiver Bedeutung. Alle Subjecte, für welche Gegenstände angenehm find, fühlen ein **Bedürfnifs** derfelben, und diefe Gegenstände find für fie **Bedürfniffe**. Der angenehme Gegenstand läfst aber dem bedürftigen Subject keine Freiheit, fich felbft irgend woraus einen Gegenstand der Luft zu machen, es ift dabei keine Wahl (M. II. 458). Das Intereffe der Sinne zwingt den Beifall ab, es ift unmöglich für dasjenige Subject, welches ein finnliches Wohlgefallen an der Exiftenz eines Objects hat, daffelbe nach Willkühr nicht mehr angenehm zu finden; obwohl der angenehmfte Gegenstand dem Subject, dem er fo angenehm ift, unangenehm und widerlich gemacht werden kann, entweder durch die Phantafie oder eine andere Modificirung der Sinnenorgane. Dafs nun ein Subject diefen oder jenen Naturtrieb hat, gehört zu der eigenthümlichen Befchaffenheit derfelben, folglich auch, dafs ihm ein Gegenstand **angenehm** ift oder nicht. Die **Annehmlichkeit**, oder die Befchaffenheit, dafs etwas angenehm ift, ift nicht blofs in dem angenehmen Gegenftande, fondern zugleich in der Befchaffenheit, des Subjects, dem ein Gegenstand angenehm ift, gegründet, folglich kann einem Subject ein Gegenstand angenehm feyn, der einem andern unangenehm, einem dritten gleichgültig ift (G. 38. *).

3. In Anfehung des Angenehmen befcheidet fich alfo ein Jeder, dafs fein Urtheil, welches er auf ein Privatgefühl, nehmlich fein befonderes, individuelles Gefühl gründet, und wodurch es möglich wird, dafs ihm der Gegenstand gefällt, fich auch blofs auf feine Perfon einfchränke. Man follte daher nicht fagen, der Canarienfect ift angenehm, der Fafan ift wohlfchmeckend, fondern er ift **mir angenehm**, **für meinen Gefchmack wohlfchmeckend**. Und fo nicht allein im Gefchmack der Zunge, des Gau-

mens, fondern auch dem, was für die Augen und Ohren
jedem angenehm ift. Dem einen ift die violette Farbe
fanft und lieblich, dem andern todt und erftorben; dem
einen gefällt roth am beften, dem andern blau; der eine
fieht für jeden Gegenftand eine eigene beftimmte Farbe
gern, der andere möchte, dafs eine Anzahl Gegenftände
alle feine Lieblingsfarbe hätten. Man findet, dafs Einer
den Ton der Blafeinftrumente, der Andre den der Saiten-
inftrumente, der Dritte Trommeln und Pauken vorzieht.
Man kann alfo nicht darüber ftreiten, ob etwas angenehm
fei oder nicht, denn was dem Einen angenehm ift, das ift
dem Andern unangenehm (M. II. 461). Gleichwohl findet man auch, dafs manches Object **vielen** Menfchen
angenehm ift, allein diefes giebt doch nur die Erfahrung,
man kann daher nicht in **abfoluter**, fondern nur in
comparativer Bedeutung fagen, dafs diefe Objecte **allgemein** angenehm find, d. h. die meiften Menfchen, oder
auch vielleicht alle, an denen man die Wahrnehmung bisher anftellte, fanden das Object angenehm. Eine folche
Allgemeinheit heifst beffer **Einhelligkeit**. Nach diefer Einhelligkeit fagt man dann wohl, der Fafan ift wohlfchmeckend, und wer das nicht zugiebt, hat keinen feinen
Gefchmack, d. h. fein Gefchmacksorgan ift nicht geübt genug, das wohlfchmeckend zu finden, was die meiften im
Wohlfchmack geübten Zungen wohlfchmeckend finden.
Diefe Einhelligkeit giebt alfo keine **univerfalen** Regeln,
d. h. folche, von denen keine Ausnahme gilt, fondern nur
generale, oder folche, die in den meiften Fällen gelten.
Mit dem **Schönen** und **Guten** ift es hierin ganz anders.
Niemand gründet fein Urtheil, dafs etwas fchön oder gut
fei, auf fein individuelles **Gefühl**, das ihm allein eigen
ift, fondern in Anfehung des Schönen fordert ein Jeder,
dafs alle Menfchen, wie er, Wohlgefallen an dem Object,
welches er für fchön erklärt, finden follen; und in Anfehung des Guten fordert ein Jeder, dafs alle Menfchen,
wie er, das für gut erkennen follen, was er dafür erkennt. Niemand wird fagen, das ift mir fchön, oder
das finde ich nur zu einem gewiffen Zweck nützlich,
oder das ift nur für mich fittlich gut (M. II, 462, 463.
U. 18. U. 20.).

4. Ist dem Subject der Gegenstand angenehm, so ist ihm auch das Daseyn des Gegenstandes angenehm. Diese Annehmlichkeit des Daseyns eines Gegenstandes heifst das Interesse an demselben, und der Gegenstand interessirt mich, wenn sein Daseyn mir angenehm ist. Wer aber aus Interesse handelt, der hat es sich zur Regel gemacht, seine Handlung nach der Annehmlichkeit einzurichten, die das Daseyn eines Objects für ihn hat; daher heifst die Abhängigkeit des Begehrungsvermögens von einer solchen Regel auch das Interesse, und wenn er so handelt, so sagt man, er handelt interessirt. (U. 9).

Das Angenehme ist auch hierin vom Schönen und vom Guten unterschieden. Wenn der Gegenstand so beschaffen ist, dafs er blofs mein Wohlgefallen an demselben rege macht, ohne dafs das Daseyn desselben Einflufs auf mein Gefühl der Lust hat, so ist der Gegenstand schön, interessirt aber der Gegenstand, so ist er angenehm. Bei dem schönen Gegenstande habe ich blofs ein Wohlgefallen an dem Gegenstande. Die Existenz des Gegenstandes aber kann mir gleichgültig oder gar zuwider seyn, z. B. die eines schönen Pallastes, der vom Schweifs der Unterthanen erbauet ist. Ein solches Wohlgefallen drücke ich dadurch aus, dafs ich sage: der Gegenstand gefällt mir. Der angenehme Gegenstand hat hingegen Einflufs auf meinen Zustand, oder macht mein Interesse rege, und dieses drücke ich dadurch aus, dafs ich sage: er vergnügt mich (U. 7.). Das erste Urtheil drückt den Beifall aus, den ich dem schönen Gegenstande geben mufs, das zweite aber giebt die Neigung an, die das Daseyn des Gegenstandes zu demselben in mir erzeugt. Ist der Gegenstand aber in einem hohen Grade angenehm, so ist das Vergnügen, das er macht, so innig, dafs das Subject sogar nicht einmal gern über ihn urtheilt, sondern nur das innige Vergnügen fühlt, welches geniefsen genannt wird, und dessen auch vernunftlose Thiere fähig sind, dahingegen der Genufs des Wohlgefallens am Schönen vornehmlich im Urtheil bestehet, dessen nur vernünftige Wesen fähig sind (M. II. 450. 457. U. 15.).

Wenn der Gegenstand gut ist, so hat ebenfalls das Daseyn desselben auf mein Gefühl der Lust Einfluss, aber das Daseyn gefällt dann nicht vermittelst der Empfindung (als etwas, das in die Sinne fällt), sondern vermittelst eines Begriffs (als etwas im Verstande vorhandenes, es sei nun vermittelst des Begriffs, dass es Mittel zu einem Zweck ist, oder, dass es an sich gut ist, im ersten Fall ist es das **Nützliche**, im zweiten das **sittlich Gute**). Das **Angenehme** gefällt also durch **Empfindung**, das **Schöne** durch **Reflexion**, das **Nützliche** durch den Begriff vom Object, dass es **wozu gut** ist, das **Gute** (M. II. 456) durch den Begriff vom Object, dass es **an sich gut** ist (M. II. 457. 452. U. 10.). Zwar **scheint** das Angenehme mit dem Guten in vielen Fällen einerlei zu seyn. Man gebraucht nehmlich gemeiniglich **dauerhaft angenehm** und **gut** als gleichbedeutend. So sagt man von einem Essen, was dem Geschmack stets angenehm ist, es schmeckt **gut**, und versteht darunter, dass dem so Urtheilenden der Geschmack des Essens jedesmal angenehm sei. Allein eigentlich ist das unbestimmt, und fehlerhaft gesprochen, denn **gut** ist das Wort, das entweder das bezeichnet, was das Moralgesetz billigt, das **sittlich Gute**, oder das, was zu einem Zweck taugt; beides aber ist nicht das, was durch **gut schmecken** ausgedrückt werden soll, nehmlich dass es dem Geschmack unmittelbar gefällt. Man könnte zwar auch sagen, die wohlschmeckende Speise sei zweckmäsig für den Geschmack; allein das verstehet man nicht darunter, wenn man sagt, dass sie **gut schmeckt**, welches man schon daraus sieht, dass man nicht sagen kann, sie **schmeckt nützlich**, sondern sie **ist nützlich**. Der Unterschied besteht nehmlich darinn, dass wenn **gut**, im Sinne des **Nützlichen**, von der wohlschmeckenden Speise gebraucht werden soll, so bringe ich diese erst unter ein Vernunftprincip vermittelst des Begriffs eines **Zwecks**. Gesetzt, wir wollten z. B. diesen Abend eine leckere Mahlzeit halten, und uns durch unsere Gaumen vergnügen, so haben wir einen Zweck. Wer aber den Zweck will, der will auch die Mittel. Will ich mich durch den Gaumen vergnügen, so muſs ich nicht was wohlriechendes oder wohlklingendes, sondern wohlschmeckendes eſſen. Das find Vernunftprincipien der Willensbestimmung nach Zwecken. Nun weiſs ich, ein Faſan iſt wohlschmeckend, er taugt also zu meinem Zweck, und wird mir, wenn ich ihn habe, zu meinem Vorhaben nützlich ſeyn. Aber dadurch, daſs er zu meinem Zweck dient, iſt er nicht angenehm, wohl aber dient er dadurch, daſs er dem Geſchmack angenehm iſt, zu meinem Zweck. Hier brauchte ich alſo Verſtand und Urtheilskraft, um den Faſan für **nützlich** zu erklären, oder für **gut** dazu, mich durch den Gaumen zu vergnügen; aber ihn für **angenehm** zu erklären, bedarf es keines Begriffs von Mittel oder Zweck, ſondern blofs, daſs ich den Faſan koſte und ſchmecke, und daſs ich weiſs, daſs dasjenige, was mir unmittelbar (ohne Begriffe z. B. des Zwecks oder der Sittlichkeit dazu nöthig zu haben) gefällt, wenn ichs ſchmecke, angenehm heiſst (M. II. 453. U. 11.).

5. Selbſt in den gemeinſten Reden macht man dieſen Unterſchied. Ein Kind will noch von einer Speiſe eſſen, ein Beweis, daſs ihm die Speiſe **angenehm** iſt, daſs ſie ſeiner Zunge und ſeinem Gaumen **behagt**; allein die Mutter ſchlägt es ab, ihm noch von der Speiſe zu geben, mit den Worten, **es iſt nicht gut**, und will damit ſagen, es könnte dir ſchädlich ſeyn, ſchlimme Folgen für deine Geſundheit haben, wenn du noch davon äſseſt. So kann alſo etwas **angenehm** ſeyn, und dennoch einen Zweck vernichten, d. h. ſchädlich oder **nicht gut** ſeyn. Rhabarber iſt **unangenehm** für vieler Menſchen Geſchmack, und dennoch **gut**, nehmlich für den, welchem die Geſundheit Zweck iſt, ſie iſt nützlich oder unſrer Geſundheit zuträglich. (M. II. 454).

6. Wir haben alſo nun die unterſcheidenden Merkmale des Angenehmen gefunden, nehmlich wenn etwas **angenehm** iſt, ſo

Angenehm.

a. darf es nicht gerade Jedermann gefallen (2), fondern das Vergnügen, das es verurfacht, ift nicht allgemein (3);

b. das Dafeyn des angenehmen Gegenftandes ift ebenfalls angenehm, oder der Gegenftand intereffirt (4. 5).

c. der Gegenftand und das Dafeyn deffelben vergnügen unmittelbar, ohne Reflexion und ohne Begriff (4. 5).

Das Vermögen, in Beurtheilung des Angenehmen mit mehrern zufammenzuftimmen (oder der Einhelligkeit darin (3)) heifst der Sinnengefchmack. Ein Jeder hat aber feinen eigenen Sinnengefchmack, weil es ein Urtheil über einen Gegenftand in Anfehung feines Verhältniffes zum Gefühl ift, welches nur fubjectiv ift, und blofs comparative Allgemeinheit oder Einhelligkeit giebt (3) (M. II. 465).

7. Das Angenehme ift, als Triebfeder der Begierden, durchgängig von einerlei Art. Daher find die angenehmen Gefühle nur dem Grade nach verfchieden, und darauf beziehen fich auch ihre verfchiedenen Namen, z. B. anmuthig, lieblich, ergötzend, erfreulich u. f. w. deren Befchaffenheit die empirifche Pfychologie unterfucht. Es kömmt folglich bei Beurtheilung des Einfluffes deffelben auf das Gemüth nur auf die Menge der Reize und gleichfam nur auf die Maffe der angenehmen Empfindung an, und diefe läfst fich alfo durch nichts als nur durch die Quantität verftändlich machen. Dennoch kann ein Jeder für fich felbft eine Tafel der angenehmen Objecte, geordnet nach der Anzahl ihrer Reize, feinen eigenen Gefühlen nach, entwerfen. Eine folche Tafel würde alfo für jedes Subject anders ausfehen, oder die Objecte würden in jeder derfelben in einer andern Ordnung auf einander folgen, eben weil die befondere Modification der Sinnenorgane eines jeden Individui die Annehmlichkeit beftimmt. Es hängt diefe Ordnung fogar von dem Zuftande ab, worin fich das Subject befindet, z. B. eine Tafel über den Wohlgefchmack des Obftes würde ganz anders ausfehen, wenn fie wäre entworfen worden, da das Subject durftete, als da es hungerte. Denn im erften Fall würden

die faftreichen Früchte der Zahl der Reize nach oben
an ftehen, im letztern Falle hingegen die mehlreichen
oder mufsigten. Eben fo würde der Weinkenner die
Weine nicht immer nach derfelben Ordnung auf einander folgen' laffen, fondern nach dem Zuftande, worin
fich feine Zunge jedesmal befände. U. 113.

   Kant. Critik der reinen Vern. Elementarl. II. Th. II.
    Abth. II. Buch. II. Hauptft. IX. Abfchn. S 576.
   Deffen Grundl. zur Met. der Sitten. S. 38 *)
   Deffen Critik der Urtheilskraft I. Th. §. 3. S. 7. ff.
   §. 4. S. 10. ff. §. 5. S. 14. ff. §. 7. S. 18. ff.

Animalifch.

S. Animalität.

Animalität,

animalitas, la vie animale. So heifst das Leben in der
Materie, oder diejenige Befchaffenheit derfelben, dafs fie
aus einem **innern** Princip zur Bewegung oder Ruhe beftimmt werden kann. Wenn die Materie fo befchaffen ift, dafs
fie ohne Einwirkung einer andern Materie aus der Ruhe in
Bewegung, oder umgekehrt, aus der Bewegung in Ruhe
gefetzt wird, fo ift fie **animalifch** (C. 403), fo ift
z. B. alles Vergnügen ein **animalifches** Gefühl, d.
h. ein Gefühl in der Materie, das den Grund der Veränderung des Zuftandes eines Körpers, aus der Ruhe
in die Bewegung, oder umgekehrt, enthält. Da wir
nun kein anderes inneres Princip, oder innern Grund
kennen, der den Zuftand einer Subftanz verändern
könnte, als das **Begehren,** das Begehren aber nicht
im äufsern Sinn ift: fo find wir genöthigt, in jeder Materie, in fo weit fie animalifch ift, ein Begehrungsvermögen vorauszufetzen. Folglich ift alle Materie, als
folche, eigentlich leblos, weil Materie etwas im äuf-
fern Sinn befindliches ift. Finden wir aber eine Materie, welche animalifch ift, fo müffen wir ihr einen
Grund der Animalität, ein Lebensprincip beilegen, welches daher nicht etwas in der Materie feyn kann, fon-

Animalität.

dern ein in einem innern Sinn befindliches und mit der Materie nicht räumlich, sondern **virtualiter** (der Wirkung nach) verknüpftes Begehren. Ein solcher innerer Grund der Veränderung des Zuftandes der Materie heifst ihr **Lebensprincip**, oder ihre **Seele**, und eine begrenzte Materie oder ein Körper mit einer Seele virtualiter verknüpft, ein **lebendes Wefen**. S. Materie, Seele.

2. Die **Animalität** eines Körpers aber, oder diejenige Befchaffenheit deffelben, dafs er aus einem innern Princip in Bewegung gefetzt werden kann, beftehet in zwei Stücken, worin er fich von jedem andern Körper, der nur durch äufsere Einwirkung eines andern Körpers aufser ihm, alfo nur **mechanifch** in Bewegung gefetzt werden kann, unterfcheidet, in der **Irritabilität** und **Senfibilität**.

a. Die **Irritabilität** oder **Reizbarkeit** ift eine ganz befondere und eigenthümliche Kraft der thierifchen Muskelfafern, welche den thierifchen Körper der **willkührlichen Bewegung** fähig macht. Sie ift das eine vermittelnde Princip, wodurch dem Lebensprincip im innern Sinne die Veränderung des Zuftandes des thierifchen Körpers zur Bewegung oder Ruhe möglich wird. Man kann fie daher die **Thierkraft** nennen.

b. Die **Senfibilität** oder **Fühlbarkeit** ift eine ganz befondere und eigenthümliche Kraft der Nerven, welche die thierifchen Körper der äufsern und innern Eindrücke und folglich der **Empfindung** fähig macht. Sie ift das zweite vermittelnde Princip zwifchen dem innern Lebensprincip und der Materie, und da durch fie allein Vorftellungen möglich werden, und fie auch Vorftellungen vorausfetzt, fo kann fie die **Seelenkraft** heifsen.

Kant. Crit. der rein. Vernunft. ElementarL. II. Th. II. Abth. II. Buch. I. Hauptft. 403.
Deff. Crit. der Urtheilskraft. I. Th. §. 53. Anmerkung S. 225.

Anlage,

DISPOSITION, *dispositio*, *disposition*. Die Beſtandſtücke und die Formen ihrer Verbindung, die zu etwas erforderlich ſind, z. B. die Anlagen des Menſchen ſind die Beſtandſtücke, die dazu erforderlich ſind, um ein Menſch zu ſeyn, und die Formen ihrer Verbindung. Sie iſt **urſprünglich**, wenn ſie zu der Möglichkeit eines ſolchen Weſens nothwendig gehört; wenn das Weſen aber auch ohne dieſelbe möglich wäre, ſo iſt die Anlage **zufällig** (R. 18).

Anlagen des Menſchen zum Begehren.

1. Man kann die Anlagen des Menſchen, die ſich unmittelbar auf das Begehrungsvermögen und den Gebrauch der Willkühr beziehen, auf drei Klaſſen, als Elemente deſſen, wozu der Menſch beſtimmt iſt, bringen, nehmlich die Anlage (R. 13)

a) für die **Thierheit** des Menſchen, als eines **lebenden**;

b) für die **Menſchheit** des Menſchen, als eines **vernünftigen**;

c) für die **Perſönlichkeit** des Menſchen, als eines der **Zurechnung fähigen Weſens** (R. 14.).

Anmerk. Die letzte iſt nicht ſchon im Begriff der zweiten enthalten, ſondern muſs nothwendig als eine beſondere Anlage betrachtet werden; denn daraus, daſs einer Vernunft zu ſpeculiren hat, folgt noch nicht das Vermögen einer practiſchen Vernunft, oder ſich unmittelbar durch die Vorſtellung des Geſetzes, ohne alle Rückſicht auf Vortheil oder Schaden, bloſs um des Geſetzes ſelbſt willen zum Handeln beſtimmen zu laſſen.

2. Die Anlage für die **Thierheit** des Menſchen, oder die Möglichkeit deſſelben zu leben, kann man unter dem allgemeinen Titel der phyſiſchen und bloſs mechaniſchen Selbſtliebe, d. i. einer ſolchen bringen, wozu nicht Vernunft erfordert wird. Eine ſolche mechaniſche Selbſtliebe haben daher auch die unvernünftigen Thiere, ſie nähren ſich, pflanzen ſich fort und leben in Gemeinſchaft mit andern Thieren. Sie iſt dreifach:

a) zur Erhaltung seiner selbst;
b) zur Fortpflanzung seiner Art;
c) zur Gemeinschaft mit seines Gleichen.
(R. 14.)

3. Die Anlagen für die Menschheit, oder die Möglichkeit des Menschen vernünftig zu leben und mit Ueberlegung zu handeln (zur Klugheit), können auf den allgemeinen Titel der zwar physischen, aber doch vergleichenden Selbstliebe (wozu Vernunft erfordert wird) gebracht werden; sich nehmlich nun in Vergleichung mit andern als glücklich oder unglücklich zu beurtheilen. Dem Menschen muss es nehmlich, durch die Einrichtung seiner Natur, möglich seyn, geneigt und fähig zu werden, seinen Zustand mit dem Zustande andrer Menschen zusammen zu halten, um zu beurtheilen, ob diese oder Er ihren Naturtrieben besser genugthun, oder sie besser befriedigen, und wer also unter ihnen der glücklichste ist. Von dieser vergleichenden Selbstliebe rührt die Neigung her, sich in der Meinung Anderer einen Werth zu verschaffen, oder der Trieb nach Ehre; und zwar ursprünglich blofs der der Gleichheit (ein Mensch will so viel seyn als jeder Anderer): keinem über sich Ueberlegenheit zu verstatten, mit einer beständigen Besorgnifs verbunden, dafs Andere darnach streben möchten; woraus nach gerade eine ungerechte Begierde entspringt, sich über Andere eine Ueberlegenheit zu erwerben, sich über Andere zu erheben, und diese unter sich hinabzusetzen. Man sieht hier also die Anlage zur Eifersucht und Nebenbuhlerei (R. 15.)

4. Die Anlage für die Persönlichkeit, oder die Möglichkeit zur Moralität, ist die Empfänglichkeit der Achtung für das moralische Gesetz, als einer für sich hinreichenden Triebfeder. Solche Anlage ist das moralische Gefühl, welches, wenn es Triebfeder der Willkühr wird, zugleich Zweck dieser Naturanlage wird; von ihr rührt also der gute Character her, oder diejenige Beschaffenheit der Willkühr, dafs sie das moralische Gefühl in ihre Maxime aufgenommen hat, welche Beschaffenheit, wie über-

haupt jeder Character der freien Willkühr, etwas ist, das nur erworben werden kann, dessen Möglichkeit aber auf unsrer Natur beruhet, oder wozu die Anlage in uns vorhanden seyn muſs (R. 16).

5. Diese drei Anlagen können nun nach den Bedingungen ihrer Möglichkeit betrachtet werden. Die **erste** (2) hat keine Vernunft, die **zweite** (3) nur **pragmatische**, oder andern Triebfedern dienstbare, die **dritte** (4) aber allein für sich selbst **practische**, d. i. unbedingt gesetzgebende Vernunft zur Wurzel. Allein diese Anlagen im Menschen sind nicht allein (negativ) **gut**, sie widerstreiten nicht dem moralischen Gesetze, sondern sie sind auch Anlagen **zum Guten**, sie befördern die Befolgung des Gesetzes. Diese Anlagen gehören auch zur Möglichkeit der menschlichen Natur, und sind also **ursprünglich**. Die beiden erstern kann der Mensch zweckwidrig gebrauchen, aber nicht vertilgen.

6. Wenn wir nehmlich die Anlage zur **Thierheit** (2) betrachten, so finden wir, daſs sie zwar nicht die Wurzel von Lastern sei, daſs aber doch durch die Willkühr Laster auf sie gepfropft werden, und so aus ihr entsprieſsen können. Man kann sie Laster der **Rohigkeit** der Natur heiſsen. Dieser Laster giebt es, nach der dreifachen Anlage zur Thierheit, eigentlich drei, welche hernach, nach der physiologischen Beschaffenheit des Menschen und seinen Verhältnissen zu den übrigen Menschen, Modificationen leiden, nehmlich:

a) die **Völlerei**, oder die zweckwidrige Befriedigung des Erhaltungstriebes, wider das Moralgesetz;

b) die **Wollust**, oder die zweckwidrige Befriedigung des Fortpflanzungstriebes, wider das Moralgesetz.

c) die **wilde Gesetzlosigkeit**, oder die zweckwidrige Befriedigung des Geselligkeitstriebes, wider das Moralgesetz (R. 15).

Diese Laster heiſsen in ihrer höchsten Abweichung vom Naturzwecke **viehische Laster**, weil derjenige, der sich ihnen überläſst, auf die beiden übrigen Anlagen gar keine Rücksicht weiter nimmt. Da man aber doch

Anlagen des Menſchen zum Begehren.

weiſs, daſs ſelbſt bei ſolchen Menſchen, die wir viehiſche nennen, noch Klugheit und moraliſches Gefühl anzutreffen iſt, ſo kann man es wohl als möglich anſehen, daſs unter jeder Hinabſinkung zum Vieh noch eine tiefere ſeyn könne, und alſo iſt die höchſte Abweichung nur eine Idee, die im hohen Grade bei Menſchen als erreicht angeſehen wird. Es läſt ſich hierauf eine Eintheilung der Pflichten gründen, welche den viehiſchen Laſtern entgegen geſetzt ſind, daher giebt es auch drei Tugenden, nehmlich: **Nüchternheit, Keuſchheit** und **Gerechtigkeit.**

7. Wenn wir die Anlage für die **Menſchheit** betrachten, ſo finden wir wiederum, daſs ſie nicht die Wurzel von Laſtern ſei, aber doch Laſter, vermittelſt der Willkühr und vergleichenden Vernunft (welche nehmlich bloſs ſpeculirend iſt, und nichts vom Moralgeſetz weiſs, als welches zur Anlage für die Perſönlichkeit gehört), darauf gepfropft werden können. Dieſe Laſter ſind die der geheimen und offenbaren Feindſeligkeit. Sie entſtehen, wenn der Menſch beſorgt, daſs Andere ſich bemühen, ſich eine verhaſste Ueberlegenheit über ihn zu verſchaffen. Dann entſteht die Neigung in ihm, der Sicherheit halben, ſich eine Ueberlegenheit über diejenigen zu verſchaffen, die ſich darum bemühen, als Vorbauungsmittel gegen den Erfolg dieſer Bemühungen. Die Idee eines ſolchen Wetteifers iſt an ſich nichts böſes, ſie ſchlieſst die Wechſelliebe nicht aus, und ihr Naturzweck iſt eigentlich, als Triebfeder zur Cultur zu dienen. S. **Cultur.** Sie wird nur böſe, wenn ſie mit Uebertretung des Moralgeſetzes ausgeführt wird; dann entſtehen Laſter, die in ihren höchſten Abweichungen vom Naturzwecke alle Wechſelliebe ausſchlieſsen und **teufliſche Laſter** heiſsen. (R. 16.).

8. Wenn wir die Anlage für die **Perſönlichkeit** betrachten, ſo finden wir, daſs keine Laſter aus ihr entſprieſsen und auf ſie gepfropft werden können, aber daſs ſie doch die Möglichkeit zur Unmoralität, ſo wie zur Moralität enthalte. Die Idee des moraliſchen Geſetzes allein, mit der davon unzertrennlichen Achtung, kann man nicht füglich eine **Anlage** für die Perſönlichkeit nennen. Sie iſt die

Perfönlichkeit selbst (die Idee der Menschheit als eines Dinges an sich, folglich ganz intellectuell betrachtet). Das ist etwas, das nur erworben werden kann, dessen Möglichkeit aber, d. i. die Anlage dazu, dennoch in unsrer Natur vorhanden seyn muſs, worauf aber schlechterdings nichts Böses gepfropft werden kann. Diese Anlage ist die Möglichkeit, die Achtung fürs Gesetz in unsre Maxime aufzunehmen. Dieses ist eine Anlage zur Perfönlichkeit und noch nicht die Perfönlichkeit selbst, sondern ein subjectiver Grund derselben, ein Zusatz zur Perfönlichkeit. Diese Anlage ist daher auch nicht der Grund einzelner Tugenden oder Laster, sondern der Moralität oder Sittlichkeit überhaupt, ohne sie wäre der Mensch weder moralisch noch unmoralisch. (R. 17).

Der Mensch hat noch mehrere Anlagen, z. B. seine Anlagen zum Dichten, zur Malerei, überhaupt zu den Künsten, Wissenschaften u. s. w. Hier ist aber nur die Rede von den Anlagen des Menschen, die sich auf das Begehrungsvermögen und den Gebrauch der Willkühr beziehen.

Kant. Religion innerhalb der Grenzen. I. Stück. 1. S. 15.
Jacob. Philos. Sittenlehre. 3. Th. 1. Hauptst. 7. Abschn. §. 414 — 416.
Deſſelb. Krit. Anfangsgründe zu einer allgemeinen Metaphyſik. Halle 1788. §. 175. S. 124.
Locke Essai concernant l'Entendement. liv. II. ch. XXII. §. 10.

Anleihe,

mutuum, prêt. Die Veräuſserung einer Sache, unter der Bedingung, sie nur der Species nach wieder zu erhalten, z. B. Getraide gegen Getraide, oder Geld gegen Geld (K. 120). Wenn ich nehmlich einem Ackermann das Getraide zu seiner Aussaat gebe, unter der Bedingung, daſs er mir dasselbe nach der Ernte wieder gebe, so ist das eine Anleihe dieses Getraides. Die Anleihe ist vom Verleihen wohl zu unterscheiden. S. Anleiher und Verleihen.

> Kant. Metaph. Anfangsgr. der Rechtslehre. I. Th. II.
> Hauptſt. 3. Abſchn. §. 31. S. 120.

Anleiher,

commodator, prêteur. Derjenige, der eine Sache veräuſsert, unter der Bedingung, ſie nur der Species nach wieder zu erhalten. S. Anleihe. Kant nennt aber (K. 145) Anleiher, was er eigentlich Verleiher nennen ſollte. Ein Verleiher iſt nehmlich derjenige, der den Gebrauch einer Sache, die ihm gehört, einem Andern eine Zeitlang umſonſt bewilliget. S. Verleiher. So braucht auch Kant ſelbſt das Wort Verleihen. (K. 120).

> Kant. Metaph. Anfangsgr. der Rechtslehre. I. Th. II.
> Hauptſt. §. 31. A, b. S. 120. III. Hauptſt. §. 38.
> S. 145.

Anmaſsung

des Geſchmacksurtheils. S. Geſchmacksurtheil.

Annehmen.

S. Vorausſetzen.

Annehmen

die göttliche Beihülfe im Guten. K. 45. Dieſer Ausdruck bezeichnet das Aufnehmen der poſitiven Kraftvermehrung durch Gott in unſre Maxime, wodurch es allein möglich wird, daſs Jemanden das Gute zugerechnet, und er für einen guten Menſchen erkannt werde. So wird z. B. die Beihülfe zum Guten angenommen, wenn wir den beſtändigen Vorſatz haben, auf jede gute Regung, jedes Gefühl der Achtung für eine Pflicht zu achten, die Aufforderung in uns zur Erfüllung derſelben zu befolgen, den Muth, den wir fühlen, eine gute, aber mit Schwierigkeiten verbundene That nicht verrauchen zu laſſen, und die Mittel, durch die wir zum Guten ermuntert werden können, zu benutzen.

2. Da der Menſch den freien Willen haben muſs, die göttliche Beihülfe zu benutzen oder nicht, wenn ihm das Gute, das dadurch gewirkt wird, ſoll zugerechnet werden, ſo muſs die Beſſerung von dem Menſchen abhängen. Daher der Satz der Kirchenväter: *Deus volentibus dat gratiam*, nur denen, die wollen, giebt Gott die Gnade.

3. Man nennt insgemein die Beihülfe Gottes zum Guten in dem Menſchen die Gnade (*gratia*). Dies kann zugelaſſen werden, nur muſs man nicht den falſchen Begriff damit verbinden, als ob Gott ſich dann allein thätig und der Menſch nur leidend verhielte. Dann könnte dem Menſchen ſein ſittlich gutes Verhalten nicht zugerechnet werden. Bisweilen iſt man, durch eine falſche Exegeſe verleitet, darin ſo weit gegangen, daſs man dem Menſchen dabei alle Mitwirkung abgeſtritten, und alles Gott zugeſchrieben hat. Wenn der Menſch nicht nach bloſser Willkühr, ſondern nach Gerechtigkeit ſoll behandelt werden, ſo muſs er die göttliche Beihülfe annehmen, und ihm dadurch das Gute zugerechnet werden. Da aber die göttliche Beihülfe die Wirkung einer überſinnlichen Urſache iſt, und es folglich keine Erfahrung davon geben kann, ſo muſs der Menſch nur immer den Vorſatz haben, alle Mittel zum Guten, die er in und auſser ſich findet, zu benutzen, und folglich gut ſeyn wollen. So iſt es ſehr ſchicklich, die Beſſerung des Menſchen von Gott abhängen zu laſſen, aber die Annehmung derſelben dem Menſchen zuzurechnen. Begriffen wird aber durch dieſe Idee von der göttlichen Beihülfe eigentlich nichts, weil hierbei immer ein Actus der menſchlichen Freiheit vorkömmt, der jederzeit für uns unbegreiflich iſt (R. 279).

4. Das Annehmen der göttlichen Beihülfe geſchieht entweder ſchon vorher, durch den Vorſatz der Beſſerung, den der Menſch faſst (er macht ſich der Beihülfe Gottes würdig), oder Gott wirkt in dem Menſchen den Vorſatz der Sinnesänderung, und der Menſch nimmt das an und führt es aus.

5. Wenn die Beihülfe Gottes fo gedacht wird, dafs fie den Menfchen vollkommen beffert, fo heifst fie die vollkommene Gnade *(gratia efficax)*. Von diefer vollkommenen Gnade behaupteten einige, der Menfch könne ihr nicht widerftehen.

6. Alle Bekehrung des Menfchen ift unbegreiflich, aber fie mufs möglich feyn, follte auch das, was wir dabei thun können, für fich allein unzureichend feyn, und wir uns dadurch nur eines für uns unerforfchlichen höhern Beiftandes empfänglich machen, f. **Gnade**. Wenn alfo höhere Mitwirkung das ergänzen foll, was nicht in des Menfchen Vermögen fteht, fo mufs der Menfch thun, fo viel in feinen Kräften fteht. Wir haben es nicht nöthig zu wiffen, worin diefe höhere Mitwirkung Gottes beftehet, f. **Gnadenwirkung**. Es ift dem Menfchen genug zu wiffen, was er felbft zu thun habe.

7. Hieraus läfst fich nun erklären, wie die Vernunft auf die Idee der übernatürlichen Beihülfe Gottes kömmt. Die Vernunft ift fich ihres Unvermögens zum Guten bewufst, f. **Verderbtheit des menfchlichen Herzens**, daher dehnt fie fich bis zu überfchwenglichen Ideen aus, die jenen Mangel erfetzen könnten, ohne fie doch als einen erweiterten Befitz fich zuzueignen, obwohl fie auch die Möglichkeit oder Wirklichkeit der Gegenftände derfelben nicht beftreitet.

8. Man kann den Glauben an folche Ideen den (über die Möglichkeit derfelben) reflectirenden nennen, wenn man fich aber anmafst, die Gegenftände derfelben zu erkennen, etwas davon zu wiffen, den dogmatifchen. Der letztere kömmt der Vernunft unaufrichtig und vermeffen vor. Die Schwierigkeiten wegzuräumen bei dem, was moralifch feft fteht, ift ein Nebengefchäft (Parergon). Der Nachtheil des Gebrauchs der Gnadenwirkungen in der Religion heifst **Schwärmerei**.

9. Die Herbeirufung der Gnadenwirkungen kann alfo nicht in die Maxime der Vernunft aufgenommen werden, wenn diefe fich innerhalb ihrer Grenzen hält, wie überhaupt nichts Uebernatürliches, weil gerade bei

diesem aller Gebrauch aufhört. Die Voraussetzung einer practischen Benutzung dieser Idee ist ganz sich selbst widersprechend.

  Kant. Religion der Vernunft. 2 Aufl. S. 49 — 64. vorzüglich die Anmerkung S. 64.

Annehmlichkeit,

iucunditas, *agrément*. Diejenige Beschaffenheit eines Objects, dass es den Sinnen in der Empfindung gefällt, und folglich vergnügt. Ein Apfel hat Annehmlichkeit für manchen Gaumen. Der Canariensect schmeckt manchem Menschen wohl, und hat daher Annehmlichkeit für ihn, s. den Artikel: angenehm. (U. 238.). Diese Annehmlichkeit kann nicht der Bestimmungsgrund des Geschmacks seyn, denn sonst liesse sich über ein Geschmacksurtheil nicht streiten, weil die Annehmlichkeit von der subjectiven Beschaffenheit der Gefühlsorgane abhängt, und daher das, was für den Einen Annehmlichkeit hat, es nicht immer für den Andern hat. Aber man trachtet dennoch, ohne objective Gründe zu haben, durch wechselseitigen Widerstand nach Einhelligkeit der Urtheile über eine Sache des Geschmacks. Folglich kann Schönheit und Annehmlichkeit nicht einerlei seyn. Ueber Schönheit lässt sich streiten, weil sie für Jedermann gilt, der Geschmack hat, daher spricht man auch dem den Geschmack ab, der das Schöne nicht für schön erkennen will; über Annehmlichkeit aber lässt sich nicht streiten, denn sie gilt nur für einen so oder so modificirten Sinn, folglich nicht für Jedermann, wie liesse sich denn darüber streiten, ob etwas angenehm sei oder nicht.

  Kant. Crit. der Urtheilskr. I. Th. §. 57. S. 238.

Annehmung,

Acceptation, *acceptatio*, *acceptation*. Derjenige rechtliche Act der Willkühr, wodurch, bei einem Vertrage, dem Andern (Promittenten) erklärt wird, dafs man fich das Verfprochene wolle leiften laffen. S. Angebot. Der Vertrag endigt fich nehmlich damit, dafs er conftituirt wird, welches das Abfchliefsen heifst. Diefes Abfchliefsen beftehet aus zwei rechtlichen Acten der Willkühr, von denen die Annehmung der zweite oder letzte des ganzen Vertrags ift. Sie beftehet alfo darin, dafs der Promiffar das annimmt, was der Promittent verfpricht, und dann wird der Promiffar ein Acceptant, d. i. derjenige, der erklärt, dafs er das Verfprechen annimmt. Wer etwas kauft, und die Waare für den Preis, worüber die Contrahirenden oder Pacifcenten (d. i. diejenigen, die einen Vertrag fchliefsen, hier Käufer und Verkäufer) einig geworden find, zu nehmen erklärt, ift der Acceptant in Anfehung der Waare. Da hier das Verfprechen gegenfeitig ift, fo ift der Verkäufer der Acceptant in Anfehung des Geldes, das für die Waare gegeben wird (K. 98). Ohne diefe Annehmung kann nichts von dem Einen auf den Andern übergehen, weil es fonft an dem Willen des Andern fehlen würde, ohne welchen keine rechtliche Behandlung deffelben möglich ift. (K. 135).

2. Die Frage ift nun, was ift das Aeufsere, das ich durch die Annehmung, durch die der Vertrag nun völlig gefchloffen ift, folglich durch den Vertrag erwerbe? Ich habe behauptet (Grundlegung 165): die Annahme eines Verfprechens und die Annahme einer Sache ift einerlei. Denn auch das Verfprechen ift eine Sache, und die Annahme beider kann nur auf diefelbe Art gefchehen. Wodurch ich habe fagen wollen (Grundleg. 169), dafs die blofse Annehmung des Verfprechens ein Recht auf die Leiftung giebt, oder fobald die Annahme gefchehen ift, oder vorausgefetzt werden kann, auch der Wille des Verfprechenden (Promittenten) an das Verfprechen gebunden und zur Leiftung verpflichtet und verbunden ift. Er kann feinen Willen weder pflichtmäfsig, noch rechtsgültig ändern. Und (Grundl. 171.) durch den Vertrag bekömmt der Annehmende das Recht, die Erfüllung des Verfprechens zu fordern, folglich ift diefe Erfüllung des Verfprechens ein Eigenthum des Acceptanten.

3. Kant unterscheidet nun noch sehr richtig zwischen der **That**, nehmlich der Erfüllung des Versprechens, und der **Sache**, nehmlich dem Gegenstande des Versprechens, und behauptet, daſs ich durch die Annehmung zwar die That des Promittenten, aber noch nicht die Sache, oder das Versprochene, erwerbe. Die Sache selbst aber werde nicht durch die bloſse **Annehmung** des Versprechens, sondern durch **Uebergabe** *(traditio)* des Versprochenen und durch **Annehmung** dieser **Sache** erworben. Denn alles Versprechen gehe auf eine **Leistung**, und wenn das Versprochene eine Sache ist, könne die Leistung nicht anders verrichtet werden, als durch einen Act der Willkühr, wodurch der Promissar vom Promittenten in den Besitz der Sache gesetzt wird, d. i. durch **Uebergabe**. Vor der Uebergabe und dem Empfang der Sache ist freilich die Leistung noch nicht geschehen, die Sache ist von dem einen zu dem Andern noch nicht übergegangen, folglich sei sie von dem Promissar noch nicht erworben worden. Daher sei das Recht aus einem Vertrage nur ein persönliches, und würde nur durch die Tradition ein **dingliches Recht** (K. 102).

4. Es ist nehmlich die Frage, wenn zwischen der Schlieſsung und Vollziehung eine (bestimmte oder unbestimmte) Zeit zur Uebergabe der Sache bewilligt ist, ob ich, als Acceptant, dann schon vor der Uebergabe sagen kann, die Sache ist mein, oder bloſs, ich habe das Recht zu fordern, daſs die Sache mein werde, ob also mein Recht ein Recht **in der Sache** sei, oder ob noch ein besonderer Vertrag, der allein die Uebergabe betrifft, dazu kommen müsse; ob folglich das Recht durch die bloſse Annehmung nur ein **persönliches** sei, und allererst durch die Uebergabe ein Recht **in der Sache** werde? Kant entscheidet für das letztere, und will es durch folgendes Beispiel ins Licht setzen (K. 102).

5. Gesetzt, ich schlieſse einen Vertrag über eine Sache, z. B. über ein Pferd, das ich erwerben will, und nehme es zugleich mit in meinen Stall, oder sonst in meinen physischen Besitz, so ist es **mein**, und mein Recht ist ein **Recht in der Sache**. Das hat gar keinen Zweifel. Lasse ich aber das Pferd in den Händen des Verkäufers,

in deſſen phyſiſchem Beſitze (Inhabung) dieſe Sache vor meiner Beſitznehmung (ſ. Apprehenſion), mithin vor dem Wechſel des Beſitzes ſeyn ſollte; ſo, ſagt Kant, iſt dieſes Pferd noch nicht mein, und mein Recht, was ich erwerbe, iſt nur ein Recht gegen eine beſtimmte Perſon, nehmlich gegen den Verkäufer, von ihm in Beſitz geſetzt zu werden, welches die ſubjective Bedingung iſt, unter welcher ich die Sache erſt brauchen kann. Das iſt, ſagt Kant, mein Recht iſt nur ein perſönliches Recht, von jenem die Leiſtung des Verſprechens, mich in den Beſitz der Sache zu ſetzen, zu fordern. Ich kann, wenn der Vertrag nicht zugleich die Uebergabe enthält, nicht anders zum Beſitz der Sache gelangen, als dadurch, daſs ich einen beſondern rechtlichen, nehmlich einen Beſitzact (*actum poſſeſſorium*) ausübe, der einen beſondern Vertrag ausmacht, und dieſer iſt: daſs ich ſage, ich werde die Sache (das Pferd) abholen laſſen, wozu der Verkäufer einwilligt. Denn bis auf den Zeitpunct, wo nach dem beſondern Vertrag der Käufer die Sache abholen läſst, iſt der Verkäufer noch immer Eigenthümer, und muſs daher alle Gefahr, welche die Sache treffen mag, tragen. Der Beſitzact iſt daher als ein neuer Vertrag anzuſehen, wodurch das durch den erſten Vertrag erworbene perſönliche Recht nun ein dingliches Recht wird.

6. Allein iſt nicht der rechtliche Beſitz etwas ideales, der mit Zeitbedingungen eigentlich gar nichts zu thun hat, und iſt es nicht hier bloſs der phyſiſche Beſitz, welcher mangelt, ſo lange der Käufer noch das Pferd behält? Der Verkäufer kann wohl nicht mehr ſagen, das Pferd iſt mein, denn vielleicht noch ehe er das ſagte, hat der Verkäufer es ſchon wieder an einen dritten verkauft, und der Verkäufer kann nicht mehr über das Pferd disponiren, welches doch dazu gehörte, wenn es auch nur bis zu jenem Zeitpunct der Abholung ſein ſeyn ſollte. Eigentlich läſst es ihm der Käufer nur noch eine Zeitlang, das iſt, dieſer leihet dem Verkäufer das von demſelben erworbene Eigenthum. Für das aber, was mir geliehen iſt, (oder auch für ein Depoſitum), muſs ich ſtehen, und das muſs ich auch

wieder geben, wie es der Fall mit dem Pferde ift. Es ift alfo zwar ein neuer Vertrag, nehmlich der Befitzact, wodurch der Käufer in den Befitz kömmt, aber dies ift der nehmliche Act, wodurch ich etwas geliehenes wieder erhalte, in den idealen oder rechtlichen Befitz kömmt der Verkäufer aber fchon durch die Annehmung, oder durch den erften Vertrag (K. 104 f.)

Kant. Metaphyf. Anfangsgr. der Rechtslehre. I. Th. II. Hauptft. 2. Abfchn. §. 19. S. 98. §. 21. S. 102. ff.

Anrathungen,

confilia, *conjeils*, Anweifungen, wie ein gewünfchter Zweck zu erreichen ift, nach welchem zu ftreben uns nichts nöthigt, f. **Klugheit** (G. 47).

Diefe Anrathungen gebieten alfo eigentlich nicht, man kann fie aber doch, analogifch, Imperativen der Klugheit nennen, weil fie für die Glückfeligkeit eben das find, was die Imperativen der Sittlichkeit für die Tugend find.

Hiervon aber ift unterfchieden das **Anrathen** (*fuafiones*), oder die Bewegungsgründe zur Hervorbringung einer Handlung, die von der Annehmlichkeit hergenommen find. Man fehe von diefem Anrathen den Artikel **Ueberredung**.

Kant. Grundl. zur Met. der Sitten 2 Abfchn. S. 47.

Anreize,

finnliche Triebfedern, *ftimuli*, *reffort fenfitif.* Der fubjective Grund des finnlichen Begehrens, z. B. der Gefchlechtstrieb als der fubjective Grund des Zeugungsacts, der Hunger als der fubjective Grund des Effens, der Gefelligkeitstrieb als der fubjective Grund des Verlangens nach Umgang, find finnliche Triebfedern (G. 63). Die finnlichen Triebfedern machten nehmlich das Begehren rege, oder reizen zum Begehren, und daher heifsen fie auch **Anreize**. Sie find als etwas fubjectives zufällig und folglich empirifch. Soll daher die Handlung fittlich gut feyn, welches eine objective Beschaffenheit derselben ist, indem sie Jedermann für gut erkennen muſs, so darf die sinnliche Triebfeder nicht der Grund der Handlung seyn. Auf dem Anreize oder der sinnlichen Triebfeder beruhet nun die Annehmlichkeit des Objects der Handlung. Also darf die sittlich gute Handlung nicht um der Annehmlichkeit des Objects willen geschehen. Der Genuſs aller möglichen Annehmlichkeiten heiſst nun Glückseligkeit, folglich darf nicht Glückseligkeit der Grund der sittlich guten Handlungen seyn. Hingegen streitet die sittlich gute Handlung nicht nur oft mit einem Anreize, welcher überwunden werden muſs, sondern sie ist überhaupt auch nicht denkbar, ohne daſs die Vorstellung des Gesetzes das Begehrungsvermögen in Wirksamkeit setze. Denn da bei der sittlich guten Handlung die sinnliche Triebfeder nicht wirken darf, so bleibt nichts übrig, was zum Begehren wirken kann, als die Vorstellung des Gesetzes selbst, und man muſs darum die Vorstellung des Gesetzes auch als eine practische Triebfeder oder einen practischen Anreiz, d. i. einen subjectiven Bestimmungsgrund betrachten. Ein System der reinen Sittlichkeit, das vom Begehren nach sittlichen Gesetzen handelt, muſs von der Wirkung des bloſsen Gesetzes auf den Willen als practischer Triebfeder desselben handeln. Nun haben wir aber eigentlich keine Vorstellung von der Wirkung einer solchen Triebfeder nach Gesetzen der Freiheit, indem alle sinnlichen Triebfedern, als solche, nach Causalgesetzen, d. i. nach Gesetzen der Nothwendigkeit, oder Naturgesetzen wirken. Folglich enthält der Begriff einer practischen Triebfeder bloſs die Verneinung einer sinnlichen Triebfeder bei einer sittlich guten Handlung, daſs nehmlich entweder der sinnliche Anreiz als Hinderniſs überwunden werde, oder nicht der Grund der Handlung sei (s. Anschauung, 5.). Ein System der reinen Sittlichkeit kann daher nicht zur Transfcendentalphilosophie gehören, welche Wiſsenschaft gar keine empirischen Momente zuläſst, indem hier doch sinnliche Triebfedern oder Anreize sind. Es giebt nehmlich in der practischen Philosophie keine reine Sinnlichkeit, wie in der speculativen Philosophie, welche den practifchen Grundfätzen Realität gäbe. Die practifchen Grundfätze und Begriffe bekommen ihre Realität nur durch ihren Einfluſs auf den Willen, oder die Willensbeſtimmung durch fie, diefe iſt aber unmöglich ohne eine fubjective Receptivität oder ein Gefühlsvermögen, auf welches die Vorſtellung des moralifchen Grundfatzes als Triebfeder gegen alle andere Triebfedern oder mit Ausfchluſs derfelben wirke. Folglich muſs ein finnlich afficirter Wille in der reinen practifchen Philofophie vorausgefetzt werden, d. i. fie hat ein empirifches Datum, und iſt daher bloſs Metaphyfik, aber nicht ein Theil der Transcendentalphilofophie, f. **Achtung** und **Triebfeder**.

    Kant. Critik der rein. Vern. Einleitung. S. 29.
    Deſſ. Grundl. zur Met. der Sitten. 2. Abfchn. S. 63.
    Deſſ. Critik der pract. Vern. I. Th. I. B. III. Hauptft.
    S. 133. 140.
    Deſſ. Critik der Urtheilskr. I. Th. §. 5. S. 14.

Anfchauung,

finnliche Vorſtellung, intuitive Vorſtellung, *intuitus, intuition*, iſt diejenige Art von Vorſtellungen, die unmittelbar auf den Gegenſtand bezogen wird, oder auch die unmittelbare Vorſtellung (C. 41) eines Objects. Kant will fagen, es giebt mehrere Arten und Mittel zu erkennen. Wenn ich nehmlich erkennen will, fo will ich mir eigentlich eine richtige Vorſtellung von einem gewiſſen Gegenſtande machen. Das kann nun dadurch gefchehen, daſs mir Jemand die Merkmale des Gegenſtandes angiebt. Der Gegenſtand, den ich erkennen will, fei z. B. die Stadt Magdeburg, fo kann ich mir dadurch eine Erkenntniſs derfelben erwerben, daſs ich mir aus einem Buche, oder aus Jemandes Erzählung, die Lage derfelben denke, daſs fie, fo lang als fie iſt, dicht am linken oder weftlichen Ufer der Elbe von Norden nach Süden liegt, etwa von Abend nach Morgen halb fo breit als lang iſt, eine breite Strafse hat, die von Mittag nach Mitternacht durch die ganze Stadt läuft, fie in zwei Theile theilt, und an jedem Ende von einem Thore begrenzt ift, u. f. w. Um nun diefe Befchreibung zu verſtehen, muſs ich wieder wissen, was Ufer, Norden, Süden u. s. w. heißt, und den Sinn dieser Worte mir denken. Mit allen diesen Worten verbinde ich nun bloß Gedanken, z. B. mit dem Wort Süden, daß es die Gegend des Himmels ist, wo die Sonne auf unsrer Seite des Aequators im Mittag stehet, so denke ich mir die Gegenstände, welche diese Worte ausdrücken durch Begriffe, welche zusammen mir einen Begriff von der Stadt Magdeburg geben. Oder, ich mache mir mit meiner Einbildungskraft ein Bild von dem Ufer eines Flusses (der Elbe), ein Bild von der Mittagsseite, und der Länge einer Stadt, u. s. w. Dann stelle ich mir die Stadt Magdeburg in der Phantasie dar. Das sind Arten und Mittel, sich eine Erkenntniß von Magdeburg zu verschaffen. Nun giebt es aber noch eine Art, die beste und sicherste, nehmlich hinzureisen und die Stadt selbst zu sehen. Das giebt eine Erkenntniß von Magdeburg durch die **Anschauung**. Hier wird mir Magdeburg unmittelbar vorgestellt. In den vorigen Arten der Erkenntniß stellte ich mir Magdeburg durch allerhand Mittel vor, nehmlich durch Begriffe und Bilder, die ich mir davon machte, hier aber, wenn wir die Stadt sehen, fällt Vorstellung und Gegenstand zusammen, beides ist völlig eins, zwischen dem Gegenstande, Magdeburg, und meiner Erkenntniß davon, ist nicht noch ein Mittel, etwa Begriffe und Bilder der Phantasie, welche machen müßten, daß meine Erkenntniß von Magdeburg mit dieser Stadt übereinstimmte, sondern beides ist eins, wir stellen uns die Stadt nicht durch ein Mittel vor, sondern die Stadt selbst wird unsre Vorstellung, welche Vorstellung sich also nicht erst durch einen Begriff, sondern ohne alle Vermittelung, folglich unmittelbar auf den Gegenstand, nehmlich die Stadt, beziehet. Es ist hier kein Unterschied weiter zwischen Magdeburg als meiner Vorstellung und Magdeburg als Gegenstand meiner Vorstellung. Noch ist zu bemerken, daß wir zwar ein Beispiel gewählt haben, bei welchem von der Anschauung durch den Sinn des Gesichts die Rede war, allein, obwohl das Wort Anschauung vom Sehen hergenommen ist, so bedeutet es doch nicht bloß

Vorstellungen durchs Gesicht, sondern alle die sinnlichen Vorstellungen, in denen sich der Gegenstand unmittelbar selbst darstellt, es sei nun, dass wir ihn sehen, oder auch hören, riechen, schmecken, oder fühlen, oder uns auch nur seiner als einer unsrer Vorstellungen im Gemüth bewusst sind. Die Ausdünstungen der Rose, die ich rieche, wären mir auch die Augen verbunden, schaue ich durch denn Sinn des Geruchs an, die Musik, die ich höre, durch den Sinn des Gehörs u. s. w.

2. Anschauung ist die Vorstellung, die nur durch einen einzigen Gegenstand (ein Individuum) gegeben werden kann, und ist einzeln (individuell). Da in der Anschauung der Gegenstand selbst sich uns darstellt, so kann dieselbe Anschauung uns nicht durch einen andern Gegenstand bewirkt werden. Bei dem Begriff ist das anders, wenn wir uns durch Erzählungen und Beschreibungen andrer einen Begriff von der Stadt Magdeburg machen, so kann dieser Begriff nie so genau und vollständig werden, dass sich nicht noch eine zweite Stadt denken liefse, die gerade alle Merkmale dieses Begriffs auch in sich vereinigte. Allein die Anschauung der Stadt Magdeburg kann nur diese Stadt selbst und allein geben, denn gäbe sie eine andere Stadt, so können wir uns zwar irren, und sie für die Anschauung von Magdeburg halten, wie Constantins Soldaten Constantinopel für Rom hielten, aber es wäre dennoch nicht wirklich die Anschauung von Magdeburg, sondern dieser andern Stadt. Der Gegenstand giebt die Anschauung, heifst, ich kann sie entweder nicht wie meine Gedanken nach Willkühr in mir hervorbringen, oder ihr doch nicht eine willkührliche Beschaffenheit geben; sondern es ist in derselben alles so beschaffen, dass es nicht von mir abhängt, den Gegenstand, den ich in der Anschauung vor mir habe, entweder anzuschauen, oder doch durch den Verstand willkührlich zu bestimmen, wie er in allen Stücken beschaffen seyn soll.

3. Anschauung ist das, was, als Vorstellung, vor aller Handlung irgend etwas zu denken, vorhergehen kann, oder diejenige

Vorstellung, die vor allem Denken gegeben seyn kann.

Ehe ich mir einen Gegenstand denke, oder ihn mir in Gedanken vorstelle, konnte er noch vorher sich meinen Sinnen darstellen, und meine unmittelbare Vorstellung werden. Noch eine andere Vorstellung aber als die Anschauung kann vor dem Denken des Gegenstandes nicht in mir seyn. Wenn ich mir Begriffe, oder Bilder, oder Zeichen von einem Gegenstande mache, so gehört dazu, dafs ich denke, mein Denkvermögen zum Denken handeln lasse. Aber wenn ich den Gegenstand anschaue, dann denke ich noch nicht, sondern bekomme blofs eine Vorstellung, von der ich erst durchs Denken verstehe, was sie ist, und die blofse Anschauung ist also blind, d. i. Niemand versteht, was der Gegenstand, den er anschauet, ist, bis er anfängt darüber zu denken. So ist also die Anschauung eine Vorstellung, die nicht nur allem Denken eines Gegenstandes vorhergehen kann, sondern auch eine nothwendige Beziehung hat auf das: Ich denke, in demselben Subject, darin sie angetroffen wird, (C. 67.) S. Apperception, 2, b. 3. 4.

4. Durch Anschauung wird aber der Gegenstand nur als Erscheinung gegeben. Die Anschauung ist nehmlich die unmittelbare Vorstellung eines Gegenstandes. In Gedanken kann ich nun noch die Anschauung von dem Gegenstande, den ich anschaue, unterscheiden, aber mit meinen Sinnen kann ich das nicht, da ist beides Eins. Wenn ich die Stadt Magdeburg vor mir sehe, in ihren Strafsen herumwandle, ihre Häuser mit meinen Händen fühle, die Stimmen ihrer Einwohner höre u. s. w., so kann ich zwar meine Sinne vor allen Eindrücken verschliefsen, und nun mir durch meine Einbildungskraft alles, was ich sahe, fühlte und hörte, noch einmal bildlich vorstellen, allein das ist nicht mehr die Anschauung der wirklichen Stadt Magdeburg, sondern eines Bildes der Stadt Magdeburg in meinem Innern, oder meines innern Zustandes. So lange ich aber die wirkliche Stadt Magdeburg, oder Theile dersel-

ben, anschaue, kann ich nicht diese Anschauung, diese sinnliche Vorstellung, von der Stadt selbst in der Anschauung trennen. Beides ist Eins. Es fragt sich nun, ist der Gegenstand, den ich unter dem Namen der Stadt Magdeburg anschaue, und den ich mir durch meinen Verstand jetzt so denken will, dass ich ihn nicht mehr anschaue, alsdann noch wirklich so, wie ich ihn anschauete? Findet sich, gesetzt dass die Stadt Magdeburg nicht mehr angeschauet würde, (abstrahirt jetzt von ihren Einwohnern), gerade ein solcher Gegenstand wirklich vor, so dass ihn auch Gott selbst und alle lebende und erkennende Wesen (ausser den Menschen) auf die diesen Wesen eigene Art zu erkennen, dennoch eben so finden müsten, als wir? Kurz, ist das Magdeburg, das wir anschauen, ein Ding an sich? S. An sich. Die Antwort ist: Nein. Es ist eine Erscheinung. Denn unsre Anschauung derselben ist eine sinnliche Vorstellung, welche zwar etwas enthält, was nicht aus uns herrührt, sondern in unsre Vorstellung hinein kömmt, wir wissen nicht wie, oder woher, aber dieses Etwas (das Empirische) ist so modificirt durch das, was unser eigenes Erkenntnisvermögen bei dem Anschauen hinzuthut, dass wir von der ganzen Anschauung nicht mehr sagen können, dass ein solcher Gegenstand, als uns in derselben dargestellt wird, auch ausser dem Wirken des Anschauungsvermögens vorhanden ist. Ja wir können nicht einmal in Gedanken dieses Etwas (das Empirische) von dem trennen, was das Erkenntnisvermögen in der Anschauung hinzuthut. Wir können uns das, was das Erkenntnisvermögen hinzuthut, besonders denken, aber jenes Etwas nicht. Die Stadt Magdeburg nimmt z. B. einen bestimmten Raum ein, existirt für die anschauenden Menschen in einer bestimmten Zeit, aber Raum und Zeit ist etwas, was das Erkenntnisvermögen zu der Anschauung der Stadt Magdeburg hinzuthut. Das Bestimmte in dem Raum und in der Zeit hingegen, oder dass Magdeburg in Niedersachsen liegt, gerade jetzt existirt u. s. w., und das, was den Raum und die Zeit erfüllt, die Materie, rührt nicht von dem Erkenntnisvermögen her; denn es ist zufällig und könnte auch anders seyn, und man kann es nicht *a priori* erkennen. Denket aber nun allen Raum und alle Zeit weg, nehmlich logisch, oder abstrahirt davon (denn mit der Einbildungskraft sie wegdenken, ist nicht möglich), so ist auch das Bestimmte des Raums und der Zeit, und die Materie, die sie erfüllt, nicht mehr denkbar, (s. Absondern a.). Was wir also anschauen, sind nicht Dinge an sich, sondern Erscheinungen (das ist, Gegenstände, von deren Beschaffenheiten wir vieles unserm Erkenntnisvermögen zuschreiben müssen), die wir nur als Gegenstände anschauen und denken können, die aber, wenn sie sich uns nicht in der Anschauung vorstellen und vom Verstande gedacht werden, nicht so vorhanden sind, da sie zum Theil ihren Grund in unserm Erkenntnisvermögen haben (C. 125). Wenn wir also unser Subject, oder auch nur die subjective Beschaffenheit der Sinne überhaupt, aufheben könnten, so würden damit auch alle sinnlichen Beschaffenheiten, alle Verhältnisse der Objecte in Raum und Zeit verschwinden, da sie als Erscheinungen nicht an sich selbst, sondern nur in uns, als Wirkungen unsrer Anschauungsfähigkeit oder Sinnlichkeit, als Anschauungen, zu denen nur ein Stoff gegeben ist, und denen der Verstand einen Gegenstand setzt, existiren, (C. 59). S. An sich.

Anmerk. So unmöglich es ist, von Gott zu reden und ihn zu denken, ohne auch nicht die feinste menschliche Vorstellung einzumischen; eben so unmöglich ist es, von den Gegenständen der Anschauung, oder den Erscheinungen zu reden, und sie den Dingen an sich gegenüber zu stellen, ohne etwas aus unserm Erkenntnisvermögen, etwas von menschlicher Vorstellung dem Dinge an sich beizumischen, z. B. ohne die Worte: aufser uns, vorhanden seyn, finden u. s. w. zu gebrauchen, die sich doch alle wieder auf Erscheinungen beziehen. Daher rührt der ewige Streit zwischen den Dogmatikern und Critikern, oder denen, die da behaupten, die Dinge sind aufser uns so vorhanden, wie sie uns in die Sinne fallen, und wir erkennen sie, sobald wir die sinnlichen

nicht anschauen, und erhielten keine Gegenstände der Erkenntniſs. S. Sinnlichkeit. Der Verstand kann zwar denken, aber was sollte er denken, wenn nicht durch die Sinnlichkeit Gegenstände gegeben wären? Denn wenn der Verstand denkt, so stellt er sich entweder geradezu (*directe*) einen gewissen Gegenstand durch seine Merkmale vor, d. j. er macht sich einen Begriff von ihm; oder die Begriffe, die er denkt, beziehen sich im Umschweife (*indirecte*), durch Merkmale, die wieder Begriffe sind, doch zuletzt auf Anschauung, z. B. wenn wir uns etwas denken, was uns noch nicht vorgekommen ist, so sind uns doch die einzelnen Merkmale in einzelnen Anschauungen vorgekommen, oder wir denken uns das Gegentheil von dem, was in einer Anschauung vorkömmt. Das letzte könnten wir nun nicht, wenn wir nicht dasjenige in einer Anschauung gefunden hätten, dessen Gegentheil wir uns nun denken. Da wir nun bloſs durch Sinnlichkeit Gegenstände erhalten, so bezieht sich alles unser Denken zuletzt auf unsre Sinnlichkeit, oder zweckt als Mittel auf die Anschauungen ab, um diese Producte unsrer Sinnlichkeit zu verstehen und zu begreifen. Der Zweck des Denkens ist nehmlich nichts anders, als sich das durch Begriffe zu denken, oder in Gedanken vorzustellen, was sich uns durch unsre Sinne unmittelbar vorstellt, oder was wir anschauen, weil wir es erst dann verstehen, d. i. die Ursachen, die Wirkungen, den Zusammenhang, die Beschaffenheit u. s. w. davon einsehen. Und wir würden durch die Begriffe nichts begreifen, wenn ihnen nicht Anschauungen zum Grunde lägen.

8. Die Anschauungen sind aber entweder **empirisch oder rein**. Eine empirische Anschauung ist eine solche, welche sich auf den Gegenstand durch Empfindung bezieht. Die Anschauung der Stadt Magdeburg ist empirisch, denn ich kann diese Anschauung nicht durch mich selbst haben, sondern es muſs eine Einwirkung auf meine Sinnlichkeit vorgegangen seyn, ehe der Gegenstand, die Stadt Magdeburg, von mir kann angeschauet werden. Diese Wirkung nun schreibe ich dem Gegenstande zu, und sage, er fällt mir in die

Sinne, ob ich wohl weiſs, daſs nur etwas darin, nehmlich das **Empirische** (das Zufällige und Besondere) in mir gewirkt wird, das übrige aber aus mir selbst entspringt. Durch beides aber wird die Anschauung möglich, der mein Verstand dann einen Gegenstand setzt, welcher daher nur **Erscheinung** und nicht **Ding an sich** ist, und der, weil das objectiv oder in allen Menschen so ist, auch von Jedermann die Stadt Magdeburg genannt wird. Bei der **empirischen** Anschauung wird folglich die Sinnlichkeit so afficirt, daſs dadurch eine beständige Veränderung in ihrem Zustande bewirkt wird. Diese Wirkung nehmlich, die den Zustand des Erkenntniſsvermögens beständig verändert, heiſst eben **Empfindung** (C. 34). Diese empirischen Anschauungen sind die *Data* zur möglichen Erfahrung (C. 298).

9. Es giebt aber auch **nichtempirische** Anschauungen, oder solche, in denen nichts, was zur Empfindung gehört, angetroffen wird, und das sind solche, die bloſs aus der Anlage des Gemüths herrühren, bei Gelegenheit der Empfindung gewisse sinnliche Vorstellungen aus sich selbst zu erzeugen, welche der Empfindung die Form geben, so daſs sich der Verstand das Gegentheil dieser Vorstellungen, oder die Empfindungen ohne sie gar nicht als möglich denken kann. Da bei diesen Vorstellungen keine Veränderung des Gemüths oder Erkenntniſsvermögens vorkömmt, indem der Grund dieser Vorstellungen im Gemüth selbst liegt, so findet bei denselben nicht Empfindung eines Gegenstandes statt, indem sie das sind, worin sich die Empfindungen ordnen, oder was ihnen die Form giebt. Ich erfahre hier nicht etwas, sondern die Vorstellung ist, wo ich mich auch hinwende, wenn ich mir nur derselben bewuſst werden will, immer da, und eine solche **nicht empirische Anschauung** heiſst auch eine **reine Anschauung**, oder eine Anschauung *a priori*, z. B. wenn ich mir Magdeburg wegdenke aus dem Raum, den es einnimmt, so bleibt noch der Raum übrig, den es erfüllt, und diesen Raum kann ich nicht mit wegdenken, er gehört nehmlich zu meinem Gemüth, und wird von demselben erzeugt, sobald ich äuſsere Gegenstände anschauen will (C. 34.).

10. Mit allen empirischen Anschauungen ist auch immer eine solche reine Anschauung unzertrennlich verknüpft. Jeder Körper muſs sich in einem Raume befinden, jeden Gedanken muſs ich in der Zeit haben. Ich mag hingehen oder mich hindenken, wohin ich will, so bin ich immer mitten im Raum und in der Zeit. Diese reinen Anschauungen sind folglich die reinen Formen aller empirischen Anschauungen, oder ich kann nicht anschauen, ohne daſs die Empfindung sich in jene reine Anschauung, als ihr Gewand kleide, eine Zeit und einen Raum erfülle, und mit Zeit und Raum umgeben sei. Da wir nun diesem Raum und dieser Zeit nicht entlaufen können; da sie uns wie unser Schatten begleiten, und wir sie durch keine Anstrengung der Denkkraft, selbst nicht der dichtenden Phantasie, aus unserm Erkenntniſsvermögen verbannen können; da wir überdem ihre Beschaffenheit, ohne sie erst an den empirischen Anschauungen zu untersuchen, *a priori* als nothwendig und allgemeingeltend angeben können: so sind Raum und Zeit, oder die reinen Anschauungen in Raum und Zeit, als Theile derselben, Formen unsers Erkenntniſsvermögens, worin sich das Mannichfaltige aller Erscheinungen in gewisse Verhältnisse ordnen muſs, und dann in dieser Gestalt angeschauet wird. Wenn also die Anschauung nichts als die Form von Verhältnissen, nicht aber die Materie, die sich in diese Verhältnisse ordnet, enthält, so ist sie rein und die bloſse Form der empirischen Anschauung, welche nichts vorstellt, als die fortdauernde Einwirkung des Gemüths auf sich selbst, um die Anschauungen zu formen. Die transcendentale Aesthetik ist die Wissenschaft von der Möglichkeit solcher reinen Anschauungen, s. Aesthetik, Raum, Zeit.

11. Ob es nun gleich, wie wir gesehen haben, die Sinnlichkeit ist, welche anschauet, so ist sie es doch nicht allein, welche die Anschauung hervorbringt. Kant hat unter allen Philosophen zuerst die sehr zusammengesetzte Operation des Erkenntniſsvermögens bei der Anschauung, die es hervorbringt, zerlegt. Ich will hier einen Versuch machen, diese Operation, nach allen

ihren Theilen, deutlich darzustellen. Das erste, was sich hierbei denken läfst, ist, dafs die **Sinnlichkeit**, oder die Fähigkeit sinnliche Eindrücke zu erhalten, **afficirt** wird. Wenn ich z. B. die Anschauung eines Haufes erhalten soll, so kann ich das nicht willkührlich bewirken, ich kann nicht machen, dafs zugleich, wenn ich will, ein Haus vor mir wirklich da stehe. Daher sagt Kant, der Gegenstand mufs mir **gegeben** werden, d. h. das Ding, was ich Haus nenne, ist nicht ein Werk meines Erkenntnifsvermögens, sondern, wenn ich es in einer wirklichen Anschauung vor mir haben soll, so mufs

a. der Gegenstand, oder das, was in der Anschauung vorgestellt wird, das Gemüth (das die Vorstellungen zusammensetzende und zu Einer Vorstellung verknüpfende Vermögen) **afficiren**, die Anschauung des Haufes mufs mit einem Eindruck auf mein vorstellendes Vermögen verknüpft seyn, dessen ich mich bewufst werden kann;

b. der Gegenstand mufs durch diesen seinen Eindruck auf das Gemüth mir **gegeben** werden; woher oder wodurch, das ist gänzlich unbegreiflich, denn das zu begreifen, würde neue Eindrücke erfordern, von denen wieder die Frage seyn würde, wo ist der Gegenstand her, der sie macht, und so ins Unendliche.

Die Wirkung des Eindrucks, die der Gegenstand auf das Gemüth macht, heifst die **Empfindung**. Diese Empfindung kömmt nun einzeln in uns, wir empfinden nicht etwa mit **einemmale** alles das, was wir in der Anschauung eines Haufes anschauen, sondern wir empfinden es **theilweise** nach einander. Jede Empfindung erfüllt nehmlich einen Moment der Zeit (einen sehr kleinen Zeittheil), da nun die Zeittheile auf einander folgen, so müssen nothwendig auch die Empfindungen, die zu einer Anschauung nöthig sind, und den Inhalt derselben ausmachen, auf einander folgen. Diese Empfindungen kommen folglich nach und nach in den Sinn, und dieses Hineinkommen der einzelnen, an und für sich nicht zusammenhängenden Empfindungen in den Sinn nennt Kannt die **Synopsis** des Mannichfaltigen durch den Sinn. Sollen nun diese an sich unzusammenhängenden Empfindungen eine Anschauung geben, so müssen sie mit einander verknüpft werden. Dieses kann nun der Sinn nicht, sondern hier gehet schon das Geschäft des Verstandes an. Der Verstand bewirkt nehmlich das, was **Synthesis der Apprehension** heisst, und im Artikel **Apprehension**, 2. 3. beschrieben ist; ferner die **Synthesis der Reproduction**, s. **Apprehension**, 4. Wenn ich aber durch die Einbildungskraft die bereits gehabten Empfindungen reproducire (sie durch die Einbildungskraft mir wieder darstelle), um die neuen Empfindungen mit ihnen zu verbinden, so muss ich sie auch für diejenigen Empfindungen wieder erkennen, die ich bereits gehabt habe, und dies heisst die **Synthesis der Recognition**. Hierdurch entstehet nun nach und nach das Bild eines Haufes, das ich in der Anschauung vor mir habe, dessen ich mir Theilweise in den einzelnen Empfindungen bewusst wurde, und mir nun als eines einzigen Ganzen bewusst bin, welches die **Einheit der Synthesis durch die Apperception** heisst. S. **Apperception**. Diese Einheit denkt sich nun der Verstand durch den Begriff eines **Gegenstandes**, und von diesem Gegenstande sind wir eben genöthigt zu gestehen, er **afficire** unser Gemüth und sei uns **gegeben**, weil wir nicht die Schöpfer der Empfindungen in den Zeitmomenten sind, aus welchen wir die Anschauung zusammensetzen. So gehört also zu jeder empirischen Anschauung

a. **Afficirung des Gemüths**
b. **gegebene Empfindung**
c. **Synopsis durch den Sinn**
} vermittelst der **Sinnlichkeit**,

d. **Synthesis der Apprehension**
e. **Synthesis der Reproduction**
f. **Synthesis der Recognition**
} vermittelst der **Selbstthätigkeit der Einbildungskraft und des Verstandes**,

g. dadurch bewirkte **Einheit der Synthesis der Apperception**.

Den Unterſchied zwiſchen empiriſchen und reinen Anſchauungen in Anſehung dieſer Operationen ſ. in Apprehenſion, 3.

12. Man kann die Anſchauungen nun auch nach den zweierlei Sinnesarten, dem äuſsern und innern Sinn, in äuſsere und innere eintheilen. Alles, was im Raum iſt, giebt äuſsere Anſchauungen, und der Raum, als die Bedingung *a priori* aller äuſsern Erſcheinung und als die Form aller äuſsern Anſchauung, iſt folglich ſelbſt eine reine äuſsere Anſchauung. Innere Anſchauungen ſind diejenigen, die im innern Sinne ſind, die gar nicht räumlich ſind, und die wir nur als Veränderungen in uns wahrnehmen, z. B. Gedanken, Bilder der Einbildungskraft, ſelbſt die Begriffe, in ſo fern ſie als Objecte neuer Vorſtellungen Erſcheinungen ſind, und in ſo fern nicht gedacht, ſondern, als Wirkungen der Denkkraft, angeſchauet werden. Die Zeit iſt die reine Form dieſer innern Anſchauungen, und ſelbſt eine innere Anſchauung, denn ſie iſt nicht räumlich, und wird nur als in uns vorgeſtellt. Sie iſt aber nicht bloſs Bedingung der innern Anſchauungen, ſondern auch der äuſsern, denn alle äuſsern Erſcheinungen ſind zu irgend einer Zeit. Da nehmlich die Anſchauungen überhaupt eigentlich im Gemüth oder Wirkungen des Erkenntniſsvermögens, d. i. Vorſtellungen ſind, ſie mögen äuſsere oder innere ſeyn, ſo müſſen die äuſsern Anſchauungen zugleich die Form des innern Sinnes annehmen, und daher ihre Gegenſtände, oder die äuſsern Erſcheinungen auch in der Zeit ſeyn. (C. 50). Alles Aeuſsere iſt auch innerlich, das iſt kein Widerſpruch, weil **Aeuſseres** nur heiſst, was im Raum iſt und der Raum ſelbſt, der dieſe Vorſtellung des Aeuſsern möglich macht, **Inneres** aber, was lediglich Wirkung des Erkenntniſsvermögens iſt. Daher iſt alles Aeuſsere auch ein Inneres, aber nicht umgekehrt. Das Innere hat nehmlich zweierlei Bedeutung. Einmal ſteht es dem Aeuſsern contradictoriſch entgegen, und in ſo fern kann nicht beides zugleich ſtatt finden. Hiernach theilt man die Anſchauungen in **äuſsere** und **innere**

ein, von denen die letztern keine Gestalt haben. Zweitens steht es' auch dem nicht von unserm Erkenntnisvermögen gewirkten Dinge entgegen (f. **Aufser mir.**) Man kann diese letztere die **transcendentale**, die erstere die **empirische** Bedeutung nennen. Im transcendentalen Sinne sagen wir, das Gemüth wird von etwas Unbekannten **aufser demselben** afficirt, im **empirischen** aber sagen wir, die Gedanken sind in uns, und die Stadt Magdeburg aufser uns, da die letztere doch im transcendentalen Sinne ebenfalls in uns ist. S. **Inneres**. Man kann sich aber auch räumliche Gegenstände durch die **Einbildungskraft** im Gemüth vorstellen. Diese Bilder der Phantasie stellen Gestalten vor, obwohl sie selbst als blofs im innern Sinn befindlich keinen Raum einnehmen, und also keine Gestalt haben (C. 51.).

13. Man kann endlich die Anschauung noch eintheilen in **abgeleitete** (*intuitus derivativus*) und **ursprüngliche** (*intuitus originarius*). Die erstere ist diejenige, welche einen Gegenstand haben mufs, von dem sie abgeleitet ist, oder durch den sie möglich wird; die andere wäre diejenige, welche den Gegenstand möglich macht, welche das **Ding an sich selbst**, nicht so wie es erscheint, sondern so wie es ist, anschauete. Die letztere wäre eine **nichtsinnliche** Anschauung, sie müfste mit dem **Dinge an sich selbst** Eins seyn. Eine solche Anschauung, die aber, ohne dafs eine Receptivität vorher afficirt würde, anschauete, würde ihren Gegenstand erschaffen, und eine Anschauung seyn, so wie sie Gott haben mufs. **Ursprüngliche Anschauungen** sind also eben das, was auch **intellectuelle** oder **nichtsinnliche Anschauungen** heifsen (6), und **abgeleitete** sind identisch mit **sinnlichen Anschauungen** (C. 72.).

14. Die Anschauungen sind nun diejenigen Vorstellungen, welche synthetische, d. i. solche Urtheile möglich machen, durch welche man ein Prädicat mit dem Subject verbindet, das nicht in dem Begriff des

Subjects liegt. Wenn ich z. B. urtheile, der Tifch ift roth, fo liegt das Prädicat roth nicht in dem Begriffe des Tifches, denn das Ding kann gar wohl ein Tifch feyn, ohne dafs es gerade roth ift; es giebt auch fchwarze Tifche. Dafs ich alfo urtheile, der Tifch ift roth, das macht mir nicht der Begriff möglich, fondern dafs ich ihn als roth anfchaue. Und fo gründen fich auch fynthetifche Sätze *a priori* auf die reinen Anfchauungen Raum und Zeit. Der Satz, zwifchen zwei Puncten ift nur Eine gerade Linie möglich, gründet fich weder auf den Begriff der Puncte noch der geraden Linie, fondern darauf, dafs es die Befchaffenheit der reinen Anfchauung, die wir Raum nennen, es uns unmöglich macht, mehr als Eine Linie von einem Punct zum andern zu ziehen. Alle Linien, die wir uns nehmlich durch die Einbildungskraft zwifchen zwei Puncten vorftellen, fallen zufammen, und find nur Eine und diefelbe Linie. Diefe Unmöglichkeit, uns mit aller Anftrengung der Einbildungskraft zwei verfchiedene gerade Linien zwifchen zwei Puncten vorzuftellen, macht es uns nun möglich, zu urtheilen: zwifchen zwei Puncten ift nur Eine gerade Linie möglich (C. 73.).

15. **Anfchauungen verftändlich machen**, heifst, fie unter Begriffe bringen. Wenn ich z. B. einen Tifch vor mir habe, und noch nicht über ihn nachgedacht, fondern ihn, auch mit Bewufstfeyn, nur erft gefehen habe, fo weifs ich noch nichts von ihm, ich habe dann noch nicht einmal den Gedanken gehabt, es ift was da, denn ich habe noch gar keinen Gedanken gehabt. Wenn ich aber nun anfange zu denken, ich habe ein Ding vor mir, das hat eine viereckigte, drei Fufs lange und eben fo breite Fläche, die einen 6 Linien dicken Körper begrenzt, den man das Blatt nennt; diefes Ding hat 4 Füfse, und ift das Werk eines Tifchers, und foll dazu dienen, andre Dinge drauf zu fetzen oder zu legen: dann wird mir die Anfchauung verftändlich, ich habe fie auf Begriffe gebracht, und verftehe nun, was es für ein Ding ift, das ich vor mir fehe. Kleine Kinder fragen oft, wenn fie etwas fehen, das ihnen noch nicht vorkam, was ift das?

weil fie noch keinen Begriff von dem Gegenſtande haben, den fie anſchauen, fie wollen, man ſoll ihnen die Anſchauung auf Begriffe bringen, und fie ihnen dadurch verſtändlich machen (C. 75.).

16. Es fragt fich nun noch, ſchauen alle erkennende Weſen ſo an wie wir? Dieſe Frage kann zweierlei heiſsen, entweder, find alle erkennende Weſen an gewiſſe Bedingungen der Anſchauungen gebunden, können fie nicht anders anſchauen als ſo, daſs das, was fie anſchauen, immer nur Erſcheinungen find, nie Dinge an fich (C. 43.)? ſo iſt die Antwort: allerdings; denn ohne alle Bedingungen anſchauen, heiſst aus fich ſelbſt hervorbringen oder erſchaffen, welches für bedingte Weſen, d. i. ſolche, die nicht der Schöpfer ſelbſt, ſondern ihrem Daſeyn ſowohl, als ihrer Anſchauung nach abhängige Weſen find, ein Widerſpruch iſt. Es kann aber obige Frage auch heiſsen: find alle erkennende Weſen an die menſchlichen Bedingungen gebunden, welche unſre Anſchauungen einſchränken, und für uns allgemeingültig find, nehmlich an Raum und Zeit? ſo iſt die Antwort: darüber können wir gar nicht urtheilen. Es iſt gar nicht nöthig, daſs wir die Anſchauungsart im Raum und in der Zeit auf die Sinnlichkeit des Menſchen einſchränken (M. I. 79); es mag ſeyn, daſs jedes endliche denkende Weſen hierin mit dem Menſchen nothwendig übereinkommen müſſe (wiewohl wir dieſes nicht entſcheiden, und eine ſolche Nothwendigkeit auf keine Weiſe begreifen können, indem dieſe Verſtandesgeſetze vorausſetzen, und alſo die Beſchaffenheit eines Dinges an fich nach den Geſetzen der Erſcheinungen beſtimmen würde)}; ſo würde fie doch um dieſer Allgemeingültigkeit willen nicht aufhören Sinnlichkeit und eine einſchränkende Bedingung zu ſeyn (C. 72.). Andere Formen der Anſchauungen als Raum und Zeit können wir uns auf keinerlei Weiſe erdenken und faſslich machen, aber, wenn wir es auch könnten, ſo würden fie doch nicht zur Erfahrung als dem einzigen Erkenntniſs gehören, worin uns Gegenſtände gegeben werden (C. 283).

Kant Crit. der rein. Vern. Elementarl. I. Th. S. 33. 34. — II. Abfchn. S. 43. 47. 50. 51. 59. 67. 71 — 75 — I. Th. I. Abth. I. Buch. I Hauptft. I. Abfchn. S. 92. 93 — II. Th. I. Abth I. Buch. II. Hauptft. I. Abfchn. S. 125 — II. Abfchn. S. 132. 135 — II. Buch. II. Hauptft. III. Abfchn. S. 283 — II. Buch. III. Hauptft. S. 298. 312 — Anhang. S. 323 — II. Th. II. Abth. I. Buch. I. Abfchn. S. 377.

Anfchauungsarten.

S. Anfchauung, 6 — 13.

Anfchiefsen,

Cryftallifiren. Das plötzliche Feftwerden einer flüffigen Materie, nicht durch einen allmähligen Uebergang aus dem flüffigen in den feften (beffer ftarren) Zuftand (welches das Starrewerden, das Geftehen oder Gerinnen heifst), fondern gleichfam durch eine Sprung (M. II. 765). So fchiefsen die Solen, aufgelöften Salze, Metallfolutionen u. f. w. an. Das gemeinfte Beifpiel von diefer Art Bildung ift das Gefrieren des Waffers (U. 249.).

2. Die Theorie des Anfchiefsens beruhet auf folgenden Gründen. Durch irgend eine Vermittelung wird eine flüffige Materie z. B. der Wärmeftoff (eine für fich felbft beftehende fehr feine elaftifche Materie) von der Materie, mit welcher er bis dahin innig verbunden war, abgefondert; hierdurch wird das Hindernifs des Zufammenhangs der Theile weggefchafft, die Theile vereinigen fich durch ihre gegenfeitige anziehende Kraft, und die Materie wird plötzlich ftarre, f. das Flüffige, Configurationen. Der vermittelnden Urfachen giebt es mehrere, die Kälte, der Druck der atmofphärifchen Luft, und andere bis jetzt noch unbekannte. Sonderbar ift es, dafs diefer Uebergang aus dem Zuftande der Flüffigkeit in den der Starrheit durch einen Sprung und nicht ftufenweife gefchieht, wodurch fich eben das Anfchiefsen oder Cryftallifiren von der Gerinnung z. B. des Fetts, oder dem allmähligen

Starrewerden durch Verflüchtigung z. B. durchs Einkochen unterſcheidet; da doch die Wärme bei einem Körper nicht auf einmal, ſondern mit langſamen Schritten abnimmt. So erzeugen ſich in dem gefrierenden Waſſer zuerſt gerade Eisſtrählchen, die ſich in Winkeln von 60 Grad und 120 Grad zuſammenfügen, indeſſen ſich andere an jeden Punct derſelben eben ſo anſetzen und Blättchen oder Flocken bilden, bis alles zu Eis geworden iſt; ſo daſs, während dieſer Zeit, das Waſſer zwiſchen den Eisſtrählchen nicht allmählig zähe wird, ſondern ſo vollkommen flüſſig iſt, als es bei weit gröſserer Wärme ſeyn würde, und doch die völlige Eiskälte hat.

3. Doch wir ſehen dieſe Wirkungsart täglich in der Natur bei andern Gelegenheiten. Wenn eine gewiſſe Laſt 50 Pfund braucht, um aus ihrer Stelle verſchoben zu werden, ſo wird dieſelbe bei einem Gewicht von 49 Pfund noch ganz ſtille liegen, erſt wenn man das funfzigſte Pfund hinzufügt, erfolgt die Bewegung. So hat Waſſer 0 Grad Temperatur nöthig, um zu frieren, bis 1 Grad über 0 friert es noch nicht, und mit dem 0 Grade friert es; nichts deſto weniger würde es ungereimt ſeyn, wenn man behaupten wollte, daſs das Fallen der Wärme bis auf 0 Grad nichts zu dem Frieren beitrüge.

4. Im Augenblick des Starrewerdens entwiſcht der Wärmeſtoff plötzlich. Man ſieht leicht, daſs der Abgang des Wärmeſtoffs, da er bloſs zum Flüſſigſeyn erfordert wurde, das nunmehrige Eis nicht im mindeſten kälter zurückläſst, als das kurz vorher in ihm flüſſige Waſſer. Nach dieſer Theorie wird durch das Anſchieſſen dasjenige ſtarre, was vorher wirklich flüſſig war, durch das allmählige Erſtarren aber nur dasjenige, was bisher ſchon als ſtarre in andern Flüſſigkeiten war, die verflüchtigt werden, oder ſich abſondern, und das Starre zurücklaſſen.

5. Einige Chemiker, z. B. Dürande, haben allen Uebergängen der Körper aus dem flüſſigen Zuſtande in den ſtarren den Namen der Cryſtalliſationen beilegen wollen.

6. Bergmann (Phyſ. Beſchr. der Erdkugel Th. II. S. 279.) beſchreibt das Anſchieſsen der Metalle. Er giebt es als eine Sache an, die keinen Zweifel leide, daſs das Anſchieſsen auch auf dem trocknen Wege erfolgen könne. In den Oefen bei Löſafen ſchoſſen Arſenik- und Rauchgelbcryſtallen an in Octaedern von 8' dreiſeitigen Pyramiden. Bergmann beſaſs eine Cryſtalliſation in einer Schlacke. Indeſſen, ſagt er, iſt es doch nöthig, daſs die Materien, welche ordentlich anſchieſsen ſollen, in einen flüſſigen Zuſtand verſetzt werden, und es iſt daher wahrſcheinlich, daſs auch jenes Anſchieſsen auf trocknem Wege, durch einen flüſſigen Zuſtand, der vorherging, verurſacht wurde. Er führt den Rauch an, als ein Exempel der Cryſtalliſation auf trockenem Wege, allein der Rauch iſt eben eine flüſſige Materie, er iſt eine wahre Solution des Brennſtoffs in der reinen Lebensluft (Oxygen).

7. Durch das Anſchieſsen werden Maſſen von regelmäſsiger Geſtalt gebildet, welche Cryſtalle heiſsen, und jede Art Materie ſchieſst immer in denſelben Geſtalten an. Merkwürdig iſt es, daſs Tetraedern, Cuben, Octaedern, Dodecaedern, Icoſaedern, oder alle 5 reguläre geometriſche Körper unter dieſen Cryſtallen vorkommen. Die meiſten äuſsern Verſchiedenheiten ſcheinen vom Mangel zu entſtehen, denn wenn Rücken und Ecken an einem, von vielen ebenen Seiten eingeſchloſſenen, Körper mehr oder weniger verſtümmelt werden, ſo kann dadurch das Anſehen auf faſt unendliche Art verändert werden. Ein dreiſeitiges Prisma kann dadurch ſechsſeitig werden, eine vierſeitige Pyramide achtſeitig u. ſ. w.

8. Indeſſen können manche Verſchiedenheiten auch einen andern Grund haben. Man ſieht nehmlich leicht, daſs die anziehende Kraft der ſchon ſtarre gewordenen Theile an den gröſsten Seiten am ſtärkſten ſeyn müſſe. Sind alſo Theile eines Körpers durch eine dazwiſchengekommene Flüſſigkeit, z. B. den Wärmeſtoff, getrennt, und wird ihnen dieſe Flüſſigkeit nach und nach entzogen, ſo werden ſie ſich regelmäſsig bilden, wofern ſie Zeit und Freiheit haben, ſich mit den geſchickteſten Flächen zu berühren, und es werden daraus Maſſen von einer beſtändigen und immer gleichen Geſtalt entſtehen. Geſchieht aber

der Uebergang allzuschnell, so vereinigen sie sich ohne Unterschied mit Flächen, welche der Zufall zusammen bringt, und bilden zwar feste Massen, aber ohne regelmäßige Gestalt, weil die Theilchen nicht Zeit genug haben, der anziehenden Kraft zu folgen. — Da man die Salze geneigter findet, eine cryftallische Form anzunehmen, als andere Körper, so glauben einige Naturkündiger, alle Anschiessungen seien eine Wirkung von vorhandenen Salzen.

Kant. Critik der Urtheilskr. I. Th. §. 58. S. 249.
Gehler. Phys. Wörterbuch. Art. Kryftallifation.

Anspruch

auf Jedermanns Wohlgefallen, s. Geschmacksurtheil.

Anstiftung

des Verraths, *perduellio*. In der Kriegskunst, oder der Lehre von der Bezwingung eines Volks durch die Gewalt des andern, wird dieser Name, als ein allgemeines Kunstwort, einem gewissen ehrlosen Stratagem (Kriegslist) beigelegt, nehmlich der Verführung eines Staatsbürgers des bekriegten Staats, diejenigen Geheimnisse dem Feinde desselben zu offenbaren, deren Bekanntmachung dem bekriegten Staate nachtheilig seyn kann. Dieses Stratagem ist ehrlos, weil es wider die Moralität dessen ist, der es braucht, und die Moralität dessen verdirbt, der zum Verräther gebraucht wird. Auch kann man auf die Denkungsart eines Feindes kein Vertrauen setzen, der sich eines solchen Mittels bedient. Wenn aber irgend einmal ein Friede soll abgeschlossen werden können, so darf nicht alles wechselseitige Vertrauen der Kriegführenden zu ihrer gegenseitigen Denkungsart wegfallen (Z. 12.).

2. Stellt man sich vor, daß zwei Staaten mit einander Krieg führen, um ihr Recht gegen einander zu behaupten, so muß der Ausgang jedes Krieges seyn, daß der Ueberwundene des Ueberwinders Forderung für rechtsgültig anerkenne. Daher muß der Ueberwinder zu dem Ueberwundenen das Vertrauen fassen können, dieser werde des Ueberwinders Recht nicht bloß so lange anerken-

nen, als ihn die Macht des Siegers drückt. Sonft würde ein Ausrottungskrieg ftatt finden, der aber fchlechterdings unerlaubt ift, mithin auch der Gebrauch der Mittel, die dahin führen, f. Ausrottungskrieg. Eigentlich würde Anftiftung des Verraths auch Verräther zu Friedenszeiten machen (Z. 14.).

3. Es ift alfo ein Verbotgefetz des Naturrechts: ftifte keinen Verrath an, d. i. das Gegentheil würde einen Widerfpruch in der Intention des Machthabenden vorausfetzen.

4. Ein Verbotgefetz, welches das Anftiften des Verraths verbietet, ift von der ftrengen Art (*lex ftricta*), denn es gilt ohne Unterfchied der Umftände, und dringt fo fort auf Abfchaffung.

Kant. Zum ewigen Fr. I. Abfchn. 6. S. 12 — 14.

Antagonismus.

S. Gegenwirkung.

Anthropologie,

Menfchenkunde, Menfchenlehre, *anthropologia anthropologie, science de l'homme*. Die Lehre von den empirifchen Bedingungen des Menfchen. Sie handelt von den empirifchen Bedingungen des Vorftellens und Handelns des Menfchen, oder feiner ganzen Wirkfamkeit, und zerfällt daher in zwei Theile, in die theoretifche und practifche. Die theoretifche Anthropologie hat drei Haupttheile, nehmlich die Unterfuchung a. des Menfchen als Gegenftandes des äufern Sinnes, des menfchlichen Körpers, als Organs des Vorftellens und Handelns; b. des Menfchen als Gegenftandes des innern Sinnes, oder der menfchlichen Seele, als Sitzes des Vorftellens und Quelle des Handelns; c. des Menfchen als eines Zufammengefetzten aus beiden. Sie heifsen:

a) Anthropologie des äufsern Sinnes, Phyfiologie oder Körperlehre.

b) **Anthropologie des innern Sinnes**, empirische Psychologie oder Erfahrungsseelenlehre, und

c) **Anthropologie des Menschen überhaupt**, theoretische Anthropologie oder Menschenlehre im engern Sinn des Worts.

2. Die theoretische Anthropologie, im weitern Sinne des Worts, gehört eigentlich zur empirischen Naturlehre, einem Theile der angewandten Philosophie, denn sie enthält die Anwendung der Principien *a priori* auf die empirisch gegebene Beschaffenheit des menschlichen Körpers, als eines Organs, und der menschlichen Seele, als Quelle der Wirksamkeit. Kant (C. 877) sagt: die empirische Psychologie müsse aus der Metaphysik gänzlich verbannet seyn, denn sie sei schon durch die Idee derselben gänzlich davon ausgeschlossen. Man muſs das so verstehen: die Metaphysik ist die Philosophie der reinen Vernunft, d. i. alles dessen, was *a priori* ist; nun ist die empirische Psychologie die Lehre von der menschlichen Seele, so wie sie im innern Sinn erscheint, folglich kann sie nicht zur Metaphysik gehören. Schmid (Emp. Psych. I. Th. S. 8.) versteht unter der Anthropologie die Philosophie d. i. Kenntniſs von menschlichen Eigenschaften und Begebenheiten, geordnet und bearbeitet nach Gesetzen der Vernunft. Dann sind nehmlich unter Begebenheiten nicht die Schicksale einzelner Menschen oder ganzer Völker zu verstehen, sondern die Gründe derselben, als Phänomene, die aus den Gesetzen und Anlagen des Menschen, als solchen, seinem Körper und seiner Seele nach, entspringen. Der objective Stoff, den also die Menschenlehre behandelt, ist der **Mensch**.

3. Bei der Anthropologie des äuſsern Sinnes liegt die reine Physik*) zum Grunde, nur daſs noch

---

*) Worüber wir eine Schrift von Kant besitzen, unter dem Titel: **Metaphysische Anfangsgründe der reinen Naturlehre**.

Anthropologie.

ein eigenes empirisches Princip hinzukömmt und die Quelle vieler Phänomene wird, nehmlich die **Animalität** (Sensibilität und Irritabilität). Sie kann in zwei Theile eingetheilt werden, in die **allgemeine Physiologie**, welche den menschlichen Körper nach seinen Kräften und Functionen, im gesunden Zustande, betrachtet, und die **besondere Physiologie** oder **medicinische Anthropologie**, welche die möglichen Störungen der Kräfte und Functionen des menschlichen Körpers von innen (durch Krankheitsstoffe), und von aussen (durch Zerstörung oder Hemmung der Theile) betrachtet.

4. Die **rationale Seelenlehre** giebt blofs einen negativen Begriff von unserm denkenden Wesen, als Subject aller Gegenstände des innern Sinnes, nehmlich den, dafs keine seiner Handlungen und Erscheinungen des innern Sinnes materialistisch erklärt werden könne; dafs also von seiner abgesonderten Natur und der Dauer oder Nichtdauer seiner Persönlichkeit nach dem Tode uns schlechterdings kein erweiterndes bestimmendes Urtheil aus speculativen Gründen durch unser gesammtes theoretisches Erkenntnifsvermögen möglich sei. Alles übrige der Seele ist empirisch, und die **Anthropologie des innern Sinnes** folglich blofs Kenntnifs unsers **denkenden Selbst im Leben**.

5. Die Anthropologie in **engerer** Bedeutung hat eigentlich gar keinen rationalen Theil, denn die Verbindung beiderlei Arten von Sinn ist ganz empirisch, und daher auch die Gesetze der daraus entspringenden Phänomene.

6. Der zweite Theil der Anthropologie, im **weitern** Sinne des Worts, ist die Anwendung der Moral auf die eigenthümliche Beschaffenheit und Lage des menschlichen Begehrungsvermögens, auf die Triebe, Neigungen, Begierden und Leidenschaften des Menschen und die Hindernisse das Moralgesetz auszuüben, und handelt von der Tugend und dem Laster. Sie ist der **empirische Theil der Ethik**, welcher **practische Anthropologie**, eigentliche **Tugendlehre**, angewandte **Philosophie der Sitten** oder **Moral** heifsen kann. Sie ent-

hält eigentlich zwei Theile, wie die Moral, die Lehre von den Menschenpflichten und von den Menschenrechten. In der practischen Anthropologie ist nehmlich die ganze pragmatische Sinnlichkeit des Menschen aus der empirischen Psychologie, oder theoretischen Anthropologie gegeben, ferner die Moralität und das Sittengesetz, aus der Moral oder Metaphysik der Sitten, und die Aufgabe der practischen Anthropologie ist nun: anzugeben, wie der Mensch durch das Sittengesetz soll bestimmt werden; oder welches die moralischen Gesetze sind, denen die Menschen, unter den Hindernissen der Gefühle, Neigungen und Leidenschaften unterworfen sind. Sie ist also der empirischen oder psychologischen Principien wegen keine wahre oder demonstrirte Wissenschaft. Es hat noch Niemand, selbst von den critischen Philosophen, aus diesem einzig richtigen Gesichtspunct eine practische Anthropologie geliefert. Die practische Anthropologie ist also die Lehre von den Pflichten und Rechten der Menschen, und nach ihr müssen alle Handlungen der Menschen gewürdigt, so wie aus der allgemeinen theoretischen Anthropologie erklärt werden. Man kann nehmlich eine Handlung würdigen

a.) strenge nach dem Gesetze, dann steht sie vor dem Richterstuhle der Moral (dem h. Geist), und hiernach ist kein Fleisch (Mensch) gerecht, vor diesem Richterstuhle besteht keine einzige Handlung der Menschen, weil bei der besten immer auch empirische Triebfedern im Spiele sind;

b.) mit Nachsicht oder mit Rücksicht auf die Macht der sinnlichen Triebfedern des einzelnen Menschen, dann steht sie vor dem Richterstuhle der practischen Anthropologie (Jesu Christi), und hiernach ist eine Handlung eher zu entschuldigen, als eine andere, und der Mensch der Begnadigung fähig.

7. In der practischen Anthropologie wird entweder der Mensch überhaupt, oder der Mensch in besondern Lagen und unter subjectiven Bedingungen betrachtet, und hiernach zerfällt sie in zwei Theile.

Anthropologie.

a) Der erste Theil ist die practische Anthropologie, die den Menschen, als solchen, betrachtet, oder den Menschen überhaupt. Er kann allgemeine practische Anthropologie oder allgemeine angewandte (menschliche) Moral heifsen.

b) Der zweite Theil ist die practische Anthropologie für die Menschen, nach ihren zufälligen Beschaffenheiten und Verhältnissen. Sie kann die besondere (specielle) practische Anthropologie (specielle angewandte Moral) genannt werden.

Der erste Theil enthält dann wieder

α) die allgemeine Pflichtenlehre, oder die Lehre von den Pflichten des Menschen überhaupt, ohne auf seine besondern Verhältnisse zu sehen;

β) die allgemeine Rechtslehre, oder die Lehre von den Rechten des Menschen überhaupt, ohne Rücksicht auf diejenigen, die aus besonderen Verhältnissen entspringen.

Der zweite Theil enthält

a) die specielle Pflichtenlehre nach den besondern Verhältnissen und Lagen des Menschen;

b) die specielle Rechtslehre, ebenfalls nach den besondern Verhältnissen und Lagen des Menschen.

Jeder Theil hat seine Elementar- und Methodenlehre.

8. Endlich kann man sich auch eine pragmatische Anthropologie denken, als ein Organon der Klugheit. Sie soll Klugheit befördern, um auf Menschen zu bestimmten Absichten Einflufs zu haben. Nach dieser Idee existirt noch keine Anthropologie. Man hat nachgeschriebene Hefte von Vorlesungen, die Kant über eine solche Anthropologie gehalten hat.

9. Die empirischen Quellen der Anthropologie sind: Beobachtung andrer Menschen, Selbstbeobachtung und Geschichte. Der Nutzen der Anthropologie ist Beförderung der Moralität, der Geschicklichkeit im Umgange mit Menschen und der Unterhaltung, indem sie Stoff dazu liefert, und, durch die Beobachtung der Menschen in Gesellschaft, die sie erfordert, auch die Langeweile in sonst nicht unterhaltenden Gesellschaften verhindert.

Kant. Critik der rein. Vern. Elementarl. II. Th. Einl.
S. 79. Methodenl. III. Hauptſt. S. 869. 877.
Deſſ. Critik der Urtheilskr. II. Th. §. 89. S. 443.
Deſſ. Grundl. zur Metaph. der Sitt. Vorr. S. 3. a.
Abſchn S. 32.
Deſſ. Relig. innerh. der Grenz. 3. St. Allg. Anm. S.
20c*).

Anthropomorphismus,

anthropomorphismus, *anthropomorphisme*. Dieſer Name gebührt eigentlich ſolchen Vorſtellungen von Gott, welche nur Menſchen zukommen, aber von dieſen auf Gott übertragen werden. In dieſer Bedeutung gebraucht ihn Kant ſehr richtig (C. 725. Pr. 173. 174.). Er erklärt ihn (P. 246.) durch: **Verſinnlichung der reinen Vernunftideen von Gott, dem Reiche Gottes und der Unſterblichkeit.** Im weitern Sinne kann man alſo allgemein die Uebertragung einer zur Sinnenwelt gehörigen Eigenſchaft auf ein Weſen auſserhalb derſelben darunter verſtehen, ſo daſs alſo der Anthropomorphismus nach obiger Erklärung nur eine Art des Anthropomorphismus im weitern Sinne iſt, ſ. **Anſchauung**, 4, Anmerk. Er iſt nach Schmids Eintheilung

a) **dogmatiſch**, wenn die ſinnlichen Eigenſchaften dem überſinnlichen Weſen ſelbſt beigelegt werden, z. B. wenn man ſagt: Gott hat, im eigentlichen Sinne, Verſtand. Dieſen Anthropomorphismus muſs man als den eigentlichen Quell der Superſtition anſehen; er iſt eine ſcheinbare Erweiterung der Ideen des Ueberſinnlichen durch vermeinte Erfahrung (P. 244.).

b) **ſymboliſch**, wenn man nur die Verhältniſſe des Ueberſinnlichen zu der Sinnenwelt dadurch ausdrückt, z. B. Gott verhält ſich zur Welt, wie ein verſtändiges Weſen zu ſeinem Kunſtwerk. Dieſer letztere iſt erlaubt, weil durch ihn nicht eine Erkenntniſs des überſinnlichen Weſens ſelbſt vorgegeben wird; der erſtere iſt nur erlaubt, wenn die Idee des überſinnlichen Weſens als ein Regulativ zur ſyſtematiſchen Welterkenntniſs gebraucht wird, d. h. wenn man die Idee von Gott nicht gebrauchen will, um dadurch zu beſtimmen, wie Gott an und für ſich felbst beschaffen ist, sondern um nach derselben seine Erkenntniß von den Theilen der Welt nach einem einzigen Princip zu erweitern, und ihr Einheit zu geben, dadurch, daß man sie als das Werk eines verständigen Urhebers betrachtet. Dann ist es nicht nöthig, auf den Unterschied zwischen dogmatischem und symbolischem Anthropomorphismus zu sehen, und man kann immer thun, als wenn Gott das an und für sich selbst wäre, was sich eigentlich nur analogisch von ihm denken läßt.

2. Den Schematismus der Analogie, den wir nicht entbehren können, in einen Schematismus der Objectsbestimmung des Objects Gott verwandeln ist dogmatischer Anthropomorphismus, der in moralischer Absicht von den nachtheiligsten Folgen ist. Der Schematismus der Analogie besteht nehmlich darin, daß wir uns Etwas nach der Analogie mit etwas Anderm denken, um uns jenes Beschaffenheiten faßlich zu machen. Die Naturwesen geben z. B. das Schema des Uebersinnlichen, nehmlich eine sinnliche Vorstellung seiner Beschaffenheiten, die aber kein Bild jemals vollkommen erreicht. Dieser Schematismus der Analogie auf das Uebersinnliche angewendet ist also der erlaubte symbolische Anthropomorphismus (in 1, b). Der Schematismus der Objectsbestimmung hingegen ist, wenn wir Etwas durch ein Schema so bestimmen, daß wir dadurch erkennen, wie das Object an und für sich beschaffen ist, z. B. in der Geometrie einen Triangel, durch Construction seines Schema in der reinen Anschauung. Halten wir nun jenes Schema in der Analogie für ein Schema, das die Beschaffenheit des Objects an und für sich bestimmt, so ist das Anthropomorphismus. Stellen wir uns z. B. Gott als einen weisen Menschen vor, so ist das nicht ein Bild von Gott, weil es keinen Menschen giebt, welcher weise wäre, und wir daher mit unserer Einbildungskraft ihn auch nicht darstellen können. Allein die Vorstellung von dem Bestreben der Einbildungskraft darnach, für den Begriff von Gott ein solches Bild hervorzubringen, heißt ein Schema, und dieses Schema bestimmt nicht, wie Gott an und für sich selbst ist, sondern nur ein Analogon Gottes, weil

Gott, der nichts finnliches ift, eigentlich durch kein Schema verfinnlicht werden kann. Wer alfo diefes Analogon Gottes, welches durch das Schema dargeftellt wird, für Gott felbft hält, der verwandelt auf diefe Weife den Schematismus der Analogie in den der Objectsbeftimmung, und fällt in den Anthropomorphismus, welcher darum von den nachtheiligften Folgen für die Moralität feyn kann, weil gerade das, was bei dem Analogon dem Object, dem es analogifch ift, nicht ähnlich ift, etwas unfittliches feyn kann; z. B. wer es zur Weisheit rechnete, jeden Irrenden in der Religion entweder zur Wahrheit zurückzuführen, oder zu verbrennen, der würde Gott zu einem Grofsinquifitor machen, und folglich dadurch den Lehrfatz, die Ketzer mit Feuer und Schwerdt auszurotten, wider die Stimme des Gefetzes heiligen; wer aber die menfchliche Weisheit nur für ein Analogon der göttlichen hält, der wird fich immer noch fragen können, ob nicht gerade diefe Ketzerverfolgung etwas fei, worin feine menfchliche Weisheit der göttlichen fehr unähnlich ift; denn Gott gebrauchte auch wohl harte Mittel, den Menfchen zur Erkenntnifs der Wahrheit, zur Befferung zu führen, allein er weifs die gewiffe Erreichung feiner Zwecke vorher, dahingegen der Menfch fich nicht nur bei der Erkenntnifs der Wahrheit felbft, fondern auch bei der Anwendung der Mittel, Andere dazu hinzuführen, irren kann. Zwifchen dem Verhältniffe eines Schema zu feinem Begriffe und dem Verhältniffe eben diefes Schemas zur Sache felbft ift gar keine Analogie, fondern ein gewaltiger Sprung (μετάβασις εἰς ἄλλο γένος), der gerade in den Anthropomorphismus hinein führt, z. B. ich kann nicht fagen, wie fich verhält meine Vorftellung eines weifen Mannes zu meinem Begriffe von Gott, fo verhält fich diefe meine Vorftellung eines weifen Mannes zu Gott felbft. Denn obwohl ein Schema die vermittelnde Vorftellung der Einbildungskraft zwifchen Begriff und Object ift, fo ftellt doch das Schema nicht das Object vor, wenn es auch den Begriff vorftellt. Wenn ich fage: die Subftanz diefes Holzes, fo ftelle ich mir etwas zu aller Zeit Beharrliches vor, das unter allen Veränderungen des Holzes immer bleibet. Dadurch verfinnliche ich mir den Begriff der Subftanz, und mache es mir auch möglich, Etwas im Holze als Subftanz zu denken, nehmlich das Beharrliche in demfelben, das **Beharrliche ift alfo das Schema der Subftanz**, allein durch die blofse Vorftellung des Beharrlichen zu aller Zeit erkenne ich gar nicht das Object Holz, fondern diefes mufs ich zu dem Ende anfchauen. Durch ein Schema ein Object erkennen zu wollen, wäre alfo ein Sprung von der Verfinnlichung meines Verftandes- oder Vernunftbegriffs (welches das Schema feyn foll) auf eine Erkenntnifs des Objects, die aus diefer Verfinnlichung abgeleitet werden foll, wozu ein Schema ganz untauglich ift, ausgenommen bei reinen Anfchauungen. Da nun Gott und alles Ueberfinnliche gar nicht einmal (wie das Empirifche) **vermittelft** eines Schema, gefchweige denn **aus dem** Schema erkannt werden kann, indem das Ueberfinnliche nicht in der Zeit ift, alle Schemate aber transfcendentale Zeitbeftimmungen find, fo wäre es wahrer Anthropomorphismus, Gott oder irgend etwas Ueberfinnliches aus einem Schema erkennen zu wollen (R. 81 *) f.)

3. Ein Anthropomorphismus mufs nur nicht auf Pflichtbegriffe einfliefsen, dann ift er unfchuldig, fonft ift er aber in Anfehung unfers practifchen Verhältniffes zu Gottes Willen und für unfere Moralität felbft höchft gefährlich, denn da **machen wir uns einen Gott**, wie wir ihn am leichteften zu unferm Vortheil zu gewinnen glauben. Man hat einen folchen Anthropomorphismus oft gebraucht, um fich des Wirkens auf das Innerfte der moralifchen Gefinnung zu überheben. Ein Beifpiel hierzu ift der Grundfatz, dafs wir der Gottheit durch alles dienen können, wenn wir es nur in der Abficht thun, ihm zu dienen, und es nicht geradezu der Moralität widerftreitet, ob es gleich auch nicht das Mindefte dazu beiträgt. Man hat behauptet, dafs es nicht immer Aufopferungen feyn dürfen, dadurch der Menfch Gott dienen könne, fondern auch Feierlichkeiten, felbft öffentliche Spiele, z. B. bei den Griechen und Römern. Aber die Aufopferungen, z. B. Büfsun-

gen, Kasteiungen, Wallfahrten u. d. g. hat man jederzeit für kräftiger, auf die Gunst des Himmels wirksamer und zur Entsündigung tauglicher gehalten, weil sie die unbegrenzte (obgleich nicht moralische) Unterwerfung unter seinen Willen stärker zu bezeichnen dienen. Eine solche Meinung ist der allgemeinen moralischen Besserung der Menschen ungemein hinderlich; es zieht von der Moralität ab, und um desto mehr, weil, da diese Aufopferungen in der Welt zu gar nichts nuzzen, aber doch Mühe kosten, sie lediglich zur Bezeugung der Ergebenheit gegen Gott abgezweckt zu seyn scheinen. Ist, sagt man, Gott auch hierbei durch die That in keiner Absicht gedient worden, so sieht er doch hierin den guten Willen, das Herz an, welches zwar zur Befolgung seiner moralischen Gebote zu schwach ist, aber durch seine hierzu bezeugte Bereitwilligkeit diese Ermangelung wieder gut macht (R. 257.).

4. Man siehet also, dafs dieses Verfahren keinen moralischen Werth hat. Es kann höchstens als ein Mittel dienen, das sinnliche Vorstellungsvermögen zur Begleitung intellectueller (oder Vernunft-) Ideen des Zwecks, nehmlich der Sittlichkeit, zu erhöhen. Versteht man etwa die Unterscheidungen des Sinnlichen vom Intellectuellen (Ueberfinnlichen oder blofsen Vernunftideen) nicht gehörig, so wird man hier einen Widerspruch der Critik der reinen Vernunft mit ihr selbst anzutreffen glauben. Man wird meinen, einmal verwerfe die Critik alle Einmischung des Uebersinnlichen unter die Naturursachen und Naturwirkungen, und ein andermal, z. B. hier, behaupte sie wieder, das Uebersinnliche (die moralische Gesinnung) könne die Wirkung von etwas Sinnlichen (jene Büsungen, als Fasten, u. s. w.) seyn. Allein, es ist zu merken, dafs wenn von sinnlichen Mitteln, das Intellectuelle (der reinen moralischen Gesinnung) zu befördern, oder von dem Hindernisse geredet wird, welches das Sinnliche dem Intellectuellen entgegen stellet, dieser Einflufs zweier so ungleichartiger Principien niemals als direct gedacht werden müsse. Nehmlich, als Sinnenwesen können wir an den Erscheinungen des intellectuellen Princips, d. i. der Bestimmung unsrer

physischen Kräfte durch freie Willkühr, die sich in Handlungen hervorthut, dem Gesetze entgegen, oder ihm zu Gunsten wirken; so, dass Ursache und Wirkung in der That als gleichartig vorgestellt werden. Die Wirkung ist nehmlich eine Handlung, d. i. Erscheinung in der Sinnenwelt, und die Ursache dieser Handlung ist ebenfalls eine Erscheinung, nehmlich ein Bestimmungsgrund unsrer physischen Kräfte, ein Bewegungsgrund, der in unserm innern Sinne, also als Erscheinung vorhanden ist. Wirkung und Ursache sind also Erscheinungen und etwas Sinnliches, folglich gleichartig. Selbst dafs die Vorstellung meiner Pflicht der Bestimmungsgrund zu meiner Handlung ist, macht ihn nicht ungleichartig mit der Wirkung; denn es ist immer ein Grund, der im innern Sinne vorhanden ist, und dessen ich mir als Grund meiner Handlung bewufst bin. Aber die Möglichkeit der Handlungen, als Begebenheiten der Sinnenwelt aus der moralischen Beschaffenheit der Menschen, d. i. wie das Sinnliche (die Handlung) aus dem Uebersinnlichen (das die Vorstellung der Pflicht wirkt) entsteht, zu erklären, ist uns unmöglich. (R. 259. *.).

  Kant. Crit. der rein. Vern. Elementarl. II. Th. II. Abth. II. Buch. III. Hauptst. VII Abschn. S. 725.
Dess. Critik der pract. Vern. I. Th. II. B. II. Hauptst. S. 244. 246.
Dess. Proleg. S. 173. 174.
Dess. Relig. innerh. der Grenz. II. St. I. Abschn. b. 1. Aufl. S. 75 *). 2. Aufl. S. 81 *). IV. St. II. Th. §. I. 1. Aufl. S. 242 — 244. 2. Aufl. S. 257 — 260.

Anticipation.

S. Vorherbestimmung.

Antinomie

der reinen Vernunft, Widerstreit der Gesetze, Dialectik, ἀντινομία, antinomia, antinomie, Namen, welche der Entgegensetzung zweier Urtheile beigelegt werden, welche beide *a priori* auf Allgemeinheit Anspruch machen; daher bei beiden eine, aus dem Erkenntnisvermögen entspringende, folglich unvermeidliche, aber dennoch falsche, Vorausfetzung zum Grunde liegen muſs. Aufser diefer objectiven Bedeutung gebraucht Kant diefes Wort auch in fubjectiver Bedeutung, für den Zuftand der Vernunft bei diefen dialectifchen Schlüffen. Die Vernunft fordert nehmlich immer abfolute Totalität, z. B. für alle Reihen der Urfachen und Wirkungen die letzte, oder diejenige Urfache, die nicht weiter Wirkung einer andern Urfache ift (f. Anfang. II, b), und fchliefst aus dem Widerfpruch, der hieraus entfteht, dafs es keine abfolute Totalität gebe, welches wieder unbegreiflich ift. Der Zuftand der Vernunft alfo, dafs folche dialectifche Schlüffe aus ihrem Grundfatz der abfoluten Totalität entftehen, heifst ihre **Antinomie** (C. 398). Aber die beiden fich widerfprechenden Folgen aus diefen Schlüffen, **es giebt für eine folche Reihe eine abfolute Totalität oder ein abfolut letztes Glied, und es giebt keine folche abfolute Totalität oder kein abfolut letztes Glied**, heifsen auch **Antinomien**, in objectiver Bedeutung. Diefe Folgen, oder Sätze, müffen fich

a) nur dem Scheine nach widerftreiten;

b) diefer Schein mufs natürlich, und der menfchlichen Vernunft unvermeidlih feyn;

c) der Scheinwiderfpruch mufs daher können **aufgedeckt**, aber weil er natürlich ift, **nie weggefchafft** werden.

Diefer Artikel foll nun die verfchiedenen Arten von Antinomien angeben, dann die Antinomien felbft aufftellen und endlich ihre Auflöfung zeigen und ins Licht fetzen.

2. Kant lehrt, dafs es dreierlei Arten von Antinomien der reinen Vernunft gebe, nach den drei verfchiedenen Erkenntnifsvermögen: dem Verftande, der Urtheilskraft, und der Vernunft. Jedes diefer Erkenntnifsvermögen hat feine Principien (f. Anfang) *a priori*, zu welchen die Vernunft das Unbedingte fordert, und daher mit ihnen in Widerfpruch geräth, wenn fie die

ſes Unbedingte in der Sinnenwelt finden, und dadurch die Sinnenwelt zu einem Dinge an ſich ſelbſt machen will. So giebt es alſo

a. eine Antinomie der Vernunft in Anſehung des theoretiſchen Gebrauchs des Verſtandes bis zum Unbedingten hinauf fürs eigentliche Erkenntniſsvermögen, oder den Verſtand;

b. eine Antinomie der Vernunft in Anſehung des practiſchen Gebrauchs der Vernunft bis zum Unbedingten hinauf fürs Begehrungsvermögen, ſo fern die Vernunft für daſſelbe geſetzgebend iſt, oder den Willen;

c. eine Antinomie der Vernunft in Anſehung des äſthetiſchen ſowohl als teleologiſchen Gebrauchs der Urtheilskraft bis zum Unbedingten hinauf fürs Gefühl der Luſt oder Unluſt, oder das Feld deſſelben, worin die Urtheilskraft conſtitutiv iſt (oder der Natur Geſetze vorſchreibt), den Geſchmack und den teleologiſchen Gebrauch der Vernunft. So giebt es alſo

I. eine Antinomie der ſpeculativen Vernunft;

II. eine Antinomie der practiſchen Vernunft;

III. eine Antinomie der Urtheilskraft, welche wieder

α. die der äſthetiſchen, oder

β. die der teleologiſchen Urtheilskraft iſt.

Alle fünf Arten will ich nun aufzählen, begreiflich machen und auflöſen.

3. I. Die Antinomie der ſpeculativen Vernunft beſtehet in vier Widerſprüchen oder einzelnen Antinomien, nehmlich zwei mathematiſchen (ſolchen, wo die Bedingungen, zu deren Reihe die Vernunft das Unbedingte fordert, alle gleichartig ſind) und zwei dynamiſchen (ſolchen, wo jene Bedingungen ungleichartig ſind).

A. Die beiden mathematiſchen ſind:

a. die ſich widerſprechenden Behauptungen, daſs die Welt einen Anfang und Grenzen, und daſs die Welt keinen Anfang und keine Grenzen habe (M. I. 507. 510. C. 454. 455). Beides ist unwidersprechlich, wenn die Sinnenwelt ein von unserm Erkenntnissvermögen unabhängig existirendes Ding, ein Ding an sich ist, und beides widerspricht sich. Hätte die Welt nehmlich keinen Anfang und keine Grenzen, so wäre sie doch *a parte post* (nach der Seite zu, nach welcher hin die Theile auf einander folgen) durch jeden Zeitpunct, den wir erleben, und jede Raumesgrenze, an der wir uns befinden, begrenzt. Man denke sich z. B. eine gerade Linie, die nach der einen Gegend zu unendlich wäre, so liesse sie sich doch nach der andern Gegend zu überall abbrechen und begrenzen; folglich gäbe es ein Unendliches, das begrenzt oder endlich wäre, welches sich widerspricht. So hätte denn auch die ganze Welt, ob sie gleich ohne Anfang und Grenzen wäre, doch in jedem Zeitpunct und überall im Raume Grenzen, welches der Unendlichkeit derselben widerspricht, und daher ist eine unendliche Welt, ohne alle Grenzen unmöglich. Dieses wird deutlich, wenn man die *a parte ante* (oder nach der Seite zu, nach welcher hin die Theile vor einander hergehen) unendliche Welt, in Gedanken, über den begrenzenden Zeitpunct, oder die begrenzende Raumesgrenze, vorrückt, so muss ja nothwendig *a parte ante*, wo die Welt unendlich ist, in der Zeit und im Raum eine Lücke entstehen, d. h. die Welt dort einen Anfang und eine Grenze haben. Bis zu jedem Zeitpunct wäre überdem eine Ewigkeit abgelaufen, und das Unendliche vollendet. Eine unendliche Reihe aber, die vollendet wäre, ist ein Widerspruch (M. I. 508.), welches auch von der Welt im Raume gilt (M. I. 509.). Hat aber die Welt einen Anfang und Grenzen von vorne her (*a parte ante*), so fragt sichs, was war vor der Welt, und was ist jenseits der Weltgrenze? Da müsste folglich die Zeit leer gewesen, oder nichts in derselben vorhanden gewesen seyn, auch müsste hinter der Weltgrenze wenigstens der leere Raum seyn. Die Welt entstand also in einer leeren Zeit, und steht im Verhältnisse mit dem leeren Raum. Dies ist aber ein Widerspruch. Denn diejenige leere Zeit, in der die Welt entstand, muss von jeder andern leeren Zeit, in der sie nicht entstand, unterschieden seyn. Nun kann aber eine Zeit von einer andern nur durch das unterschieden werden, was in der Zeit ist, denn übrigens ist ein Theil der Zeit von dem andern nur der Größe nach unterschieden. Folglich kann die Welt nicht in einer leeren Zeit, sondern nur in einer erfüllten entstehen. Der Anfang der Welt setzt also schon das Daseyn von Theilen der Welt voraus, welches sich widerspricht. Sie kann also keinen Anfang gehabt haben (M. I. 511). Und eben so verhält es sich auch mit dem leeren Raum. Denn mit welchem leeren Raume sollte die Welt grenzen? doch mit dem, der sich von jedem andern unterscheidet, und folglich nicht leer seyn kann (M. I. 512. C. 456. 457.).

b. die sich widersprechenden Behauptungen, **dafs in der Welt alles aus einfachen Theilen zusammengesetzt, und dafs nichts Einfaches in der Welt existire** (M. I. 519. 522). Denn wäre nicht alles aus einfachen Theilen zusammengesetzt, so müfste, wenn man in Gedanken alle Zusammensezzung aufhebt, gar nichts übrig bleiben, welches unmöglich ist (M. I. 520). Existirte aber etwas Einfaches in der Welt, so müfste dasselbe im Raume seyn, folglich auch, wie der Raum, den es erfüllt, zusammengesetzt, seyn (M. I. 523). Gesetzt aber, wir nähmen etwas Einfaches wahr, so könnten wir doch aus dieser Wahrnehmung nicht schliefsen, dafs es nicht zusammengesetzt wäre (M. I. 524. C. 462. 463.).

B. Die beiden dynamischen Antinomien sind:

a. die sich widersprechenden Behauptungen, **dafs es einen freien Willen gebe**, und dafs in der Welt alles nothwendig sei (M. I. 530. 533.). Denn gäbe es keinen freien Willen, so wäre jede Ursache wieder Wirkung einer andern Ursache, und es fehlte dann an einer ersten Ursache, d. i. am zureichenden Grunde der ganzen Reihe von Ursachen und Wirkungen (M. I. 531). Wäre aber in der Welt nicht alles nothwendig, fo gäbe es eine Urfache, die fich ohne Grund beftimmen liefse, welches unmöglich ift (M. I. 534. C. 472. 473.).

b. die fich widerfprechenden Behauptungen, dafs eine fchlechthin nothwendige Urfache zur Welt gehöre, und dafs es gar kein fchlechthin nothwendiges Wefen gebe (M. I. 540. 542). Denn giebt es kein fchlechthin nothwendiges zur Welt gehöriges Wefen, fo fehlt es der Welt an einer erften Urfache, die durch nichts weiter bedingt feyn mufs, und an einem erften Theile, der auch nicht weiter bedingt feyn mufs (M. I. 541). Giebt es aber ein fchlechthin nothwendiges Wefen, fo giebt es etwas, was keine Urfache hat, und die ganze Welt ift nothwendig und befteht doch aus zufälligen Theilen (M. I. 542. C. 480. 481.).

4. Folgendes ift die Auflöfung diefer Widerfprüche. Die Sinnenwelt ift kein Ding an fich, fondern nur der Inbegriff der Reihen der Erfcheinungen, welche fich die Vernunft als ein vollendetes Ganzes vorftellt, welches fie auch feyn müfsten, wenn die finnlichen Gegenftände, oder Naturdinge, keine Erfcheinungen, fondern Dinge an fich wären. Dann müfsten fie freilich irgend wo Grenzen haben; aber eben dafs bei diefer Annahme ein Widerfpruch entfteht, beftätigt die Richtigkeit deffen, was die transcendentale Aefthetik beweifet, dafs alle Naturdinge nicht unabhängig von unferm Erkenntnifsvermögen fo vorhanden find, wie wir fie wahrnehmen, fondern dafs fie Producte unfers eignen Erkenntnifsvermögens find, die aber doch einen gegebenen Stoff enthalten, der feine Quelle nicht im Erkenntnifsvermögen hat. Daher find nun

A beide mathematifche Antinomien falfch.

a. Die Welt ift der Zeit und dem Raum nach weder endlich, noch unendlich (M. I. 631. C. 548.). Denn der Befchaffenheit unfers Anfchauungsvermögens und Verftandes nach kann es nirgends eine abfolute Zeit - oder Raumesgrenze geben; aber das Unendliche kann in der Erfahrung eben fo wenig gegeben feyn, fondern die Frage nach dem Anfang und der Grenze ift eine Aufgabe unfrer Vernunft, die zu, in unbeftimmbare Weite (*in indefinitum*) fortgehenden, Reihen des Verftandes das Ende fordert; in der Erfahrung aber ift immer eine bedingte Begrenzung (M. I. 635. C. 550.), die unbedingte ift nur eine Idee der Vernunft. Der Rückgang aber von Wirkung zur Urfache gehet in der Erfahrung in unbeftimmbare Weite (*in indefinitum*) (M. I. 633. C. 549.).

b. Es ift falfch, dafs alles in der Welt aus einfachen Theilen beftehet; denn alles Zufammengefetzte in der Welt ift theilbar, aber immer in Theile, die wieder theilbar find, der Befchaffenheit unfers Anfchauungsvermögens und Verftandes gemäfs, die nichts Unbedingtes zulaffen (M. I. 638. C. 552.) Es ift aber auch falfch, wenn man behauptet, man könne in der Erfahrung die Theilung wirklich ins Unendliche fortfetzen, man mufs einmal auf das bedingte Einfache kommen; das abfolut Einfache ift hingegen eine Idee der Vernunft, die nirgends in der Erfahrung anzutreffen ift. Es giebt daher in der Erfahrung weder eine endliche Zahl einfacher, noch eine unendliche Zahl immer noch zufammengefetzter Theile, fondern die Theilung gehet ins Unendliche, weil diefes die Erfcheinung ift, die aus der Natur unfers Erkenntnifsvermögens fo entfpringen mufs (M. I. 637.). In der Erfahrung ift aber weder die wirkliche Theilung ins Unendliche zu vollenden, noch auf das abfolut Einfache zu kommen; von welchen beiden nur dann Eins ftatt finden müfste, wenn die Naturdinge Dinge an fich wären; in der Reihe der Sinnenwefen, als Erfcheinungen, ift beides unmöglich (C. 551.).

B. Bei den beiden dynamifchen Antinomien ift jeder Gegenfatz wahr, der eine nehmlich für diejenige Welt, die ein Ding an fich ift, der andere für die Reihe der Erfcheinungen.

a. Es giebt einen freien Willen, oder eine Caufalität durch Freiheit, aber nicht in der Erfahrung, fondern darum, weil es eine Moralität giebt, in der intelligibeln Welt; dahingegen ift in der Sinnenwelt alles nothwendig, oder dem Gefetz der **Caufalität der Natur** unterworfen, nach welchem jede Urfache die nothwendige Wirkung einer andern Urfache ift (M. I. 670. C. 581.).

b. Es kann ein fchlechthin nothwendiges Wefen geben, aber nicht in der Reihe der Erfcheinungen, in der alles bedingt ift, fondern in der intelligibeln Welt, und die Lehre vom höchften Gut zeigt, dafs es für die Vernunft nothwendig fei, ein folches voraus zu fetzen, wenn der Endzweck eines vernünftigen, aber finnlich bedingten Willens foll erreichbar, und es alfo vernünftig feyn, ihm nachzuftreben (M. I. 678. C. 588.).

5. II. Die Antinomie der practifchen Vernunft beftehet

a. in der Antinomie der ethifch-practifchen Vernunft, nehmlich in den fich widerfprechenden Behauptungen: **Tugend und Glückfeligkeit müffen als die beiden nothwendig mit einander verbundenen Elemente des höchften Guts gedacht werden, und dennoch ift weder die Begierde nach Glückfeligkeit die Bewegurfache der Tugend, noch die Tugend die wirkende Urfache der Glückfeligkeit.** Beides ift unwiderfprechlich. Die Tugend allein zum Endzweck alles Wollens, oder zum höchften Gut zu machen, ift unmöglich; denn wir find der Glückfeligkeit bedürftig, und find alfo durch unfre Natur genöthigt fie zu wollen; durch Tugend werden wir aber auch derfelben würdig, und können fie alfo unbefchadet unfrer Tugend wollen; hätten wir alfo die Gewalt dazu, fo würde es wider die Vernunft feyn, uns nicht glückfelig zu machen. Folglich gehört die Glückfeligkeit zum Endzweck unfers, obwohl durch Tugend bedingten Wollens, oder zum höchften Gute. Dennoch kann die Begierde nach Glückfeligkeit nicht die Bewegurfache der Tugend feyn; weil dadurch, dafs man um der Glückfeligkeit willen die Tugend will, nie Tugend möglich ift. Aber die Tugend kann auch nicht die wirkende Urfache der Glückfeligkeit feyn, weil die Tugend keine Natururfache ift, und alfo keine Naturwirkung hervorbringen kann. Hieraus würde alfo folgen, dafs das höchste Gut unmöglich, und folglich auch die Tugend eine Chimäre sei (M. II. 323. P. 204.).

Die Auflösung dieses Widerspruchs bestehet darin: Das Bestreben nach Glückseligkeit kann zwar nicht tugendhafte Gesinnungen hervorbringen, aber ohne alle Hoffnung der Glückseligkeit kann doch die moralische Triebfeder nicht wirken. Es ist daher nur falsch, dafs die Tugend Glückseligkeit bewirke, wenn die Sinnenwelt ein Ding an sich ist; ist sie aber blofs eine Reihe von Erscheinungen, so ist zwar kein natürlicher Zusammenhang zwischen Tugend und Glückseligkeit in der Sinnenwelt, aber die Moralität nöthigt uns zu glauben, dafs es einen in dem Willen des intelligibeln Urhebers der Welt gegründeten Zusammenhang zwischen Tugend und Glückseligkeit gebe, der also in der intelligibeln Welt nothwendig ist, in der Erfahrung oder der Sinnenwelt aber, in der alles nach Naturgesetzen fortgehet, nur als zufällig erscheint (M. II. 324 — 326. P. 205. f.).

b. in der Antinomie der **rechtlich practischen Vernunft**, nehmlich in den sich widersprechenden Behauptungen: **es ist möglich, etwas Aeufseres als das Meine zu haben, ob ich gleich nicht im Besitz deffelben bin; und, es ist nicht möglich, etwas Aeufseres als das Meine zu haben, wenn ich nicht im Besitz deffelben bin.** Beide Sätze sind wahr; denn es kann nichts Aeufseres geben, das den Einflufs meiner Willkühr erfahren, und doch unter keiner Bedingung das Meine werden könnte, sonst könnte ich es blofs **physisch** und nicht rechtlich gebrauchen, d. i. der Gebrauch von etwas Brauchbaren könnte absolut unerlaubt seyn, so dafs es Niemand gebrauchen dürfte. Dieses wäre aber ein Widerspruch, der vernünftige Willkühr mit sich selbst, indem sie dadurch etwas für sie Brauchbares für Unbrauchbar erklären, und so die Willkühr selbst den Gebrauch der Willkühr aufheben würde. Ob es also gleich nicht möglich wäre, im **physischen** Besitz einer Sache, z. B. eines grofsen Ackers, zu seyn, indem ich vielleicht nicht die Bsitznehmung deffelben durch eine Anzahl Menschen von abhalten könnte; so mufs es dennoch möglich folche Sache als das Meine zu haben, d. i. im rechtlichen Befitz deffelben zu feyn, weil fonft kein rechtlicher Gebrauch diefer Sache möglich feyn würde. Aber diefer rechtliche Befitz einer Sache ift doch wiederum nicht möglich, wenn ich nicht mit einem phyfifchen Befitz deffelben die Idee des Rechts verbinden kann, fonft kann ich keinen rechtlichen Gebrauch von diefer Sache machen.

Die Auflöfung diefes Widerfpruchs beftehet alfo darin: im erftern Satz ift unter Befitz, der Befitz in der Erfahrung zu verftehen (der empirifche Befitz). Es mufs möglich feyn, etwas Aeufseres als das Meine zu haben, wenn ich es auch nicht phyfifch in meiner Gewalt habe. Im zweiten Satze aber ift der rechtliche Befitz zu verftehen. Es ift nicht möglich, etwas als das Meine zu haben, wenn ich nicht die Idee des Rechts damit verknüpfen kann, dies heifst der reine intelligibele Befitz (K. 71.).

6. III. Die Antinomie der Urtheilskraft betrifft
a. das Princip des Gefchmacks, oder ift erftens eine Antinomie der äfthetifchen Urtheilskraft, d. i. des Gefchmacks. Es beftehet in den zwei fich widerftreitenden Behauptungen: das Gefchmacksurtheil gründet fich nicht auf Begriffen, und, es gründet fich auf Begriffen. Beides ift wahr; denn gründete fich das Gefchmacksurtheil auf Begriffen, fo liefse fich darüber disputiren, welchem doch der richtige Satz widerfpricht, über den Gefchmack läfst fich nicht disputiren, das heifst, mit Gründen ftreiten. Gründete fich aber das Gefchmacksurtheil nicht auf Begriffen, fo liefse fich nicht darüber ftreiten, welches doch diejenigen ftillfchweigend behaupten, welche einander den Gefchmack abfprechen, wenn fie fich nicht darüber vereinigen können, ob etwas fchön fei, oder nicht (M. II. 737 — 739. U. 234.).

Die Auflöfung diefer Antinomie befteht in der Bemerkung, dafs in beiden widerftreitenden Behauptungen der Begriff des Begriffs nicht derfelbe ift, und daher beide Behauptungen richtig find, obwohl in beiden der Schein, als fei von einerlei Begriffen die Rede, nicht weggeschafft werden kann. Das Geschmacksurtheil sagt aus, das Object ist für mich schön oder häslich, in so fern gründet es sich nicht auf bestimmten Begriffen; aber wir sagen doch auch zugleich mit dem Geschmacksurtheil aus, das Object muss Jedermann schön finden, der Geschmack hat, und in so fern gründet sich unser Urtheil auf einem bestimmten Begriffe, den wir in allen Subjecten, die Geschmack haben, voraussetzen, nehmlich auf der bestimmten Idee des Uebersinnlichen in uns; der Bestimmungsgrund des Geschmacksurtheils liegt in der unbestimmten Idee, daſs jedes übersinnliche Substrat des Subjects mit dem übersinnlichen Substrat des Objects in einer solchen unbestimmbaren Verbindung stehe, daſs das Geschmacksurtheil darum allgemeingültig seyn muſs (M. II. 740. — 746.).

b. Die Antinomie der teleologischen Urtheilskraft bestehet in den beiden sich widerstreitenden Maximen: **alle Erzeugung materieller Dinge muſs als nach bloſs mechanischen Gesetzen möglich beurtheilt werden; und, einige Erzeugungen können nicht darnach beurtheilt werden.** Denn in den organischen Körpern ist immer ein Glied wechselseitig um des andern willen vorhanden, und es muſs also bei diesen Körpern die Erklärung nach Zwecken oder Endursachen, oder die teleologische angewendet werden. Die teleologische Erklärungsart ist aber wieder nicht hinreichend, die Entstehung derselben begreiflich zu machen, folglich muſs die mechanische, nach dem Gesetze der Ursache und Wirkung gebraucht werden (M. II. 835. 836. U. 315. f.).

Allein zwischen diesen Sätzen wäre nur das ein Widerspruch, wenn sie Naturgesetze wären, und folglich ausfagten, daſs die Natur der Dinge, ihrer Erzeugung nach, bloſs nach mechanischen oder teleologischen Gründen möglich sei, nicht aber daſs sie bloſs darnach beurtheilt werden könne. Wir können aber von der Möglichkeit der Dinge nach bloſs empirischen Gesetzen der Natur kein solches Grundgesetz *a priori* haben. Die obigen Sätze machen aber nicht eine Antinomie der Vernunft, sondern der Urtheilskraft aus, und find blofse Principien über die Natur zu reflectiren, und in fo fern enthalten fie keinen Widerfpruch, fondern können fehr wohl neben einander beftehen. Wir müffen alle Naturproducte möglichft mechanifch erklären, denn fonft können wir keine Einficht in die Natur der Dinge erlangen; aber es ift eine Eigenthümlichkeit des menfchlichen Verftandes in Anfehung der Urtheilskraft, den Naturproducten überhaupt die Idee eines andern möglichen Verftandes zum Grunde zu legen, damit man fagen könne, gewiffe Naturproducte müffen von uns als Zwecke betrachtet werden können. Denn ohne die Erklärung der Natur nach Zwecken kann man nicht angeben, wie zufällige Formen der Natur möglich find, da nach mechanifchen Principien alles nothwendig ift. Hierzu mufs aber eine willkührlich wirkende Urfache angenommen werden, die alfo nicht wie bei den mechanifch wirkenden Urfachen Materie feyn kann. Wir müffen alfo, der Befchaffenheit unfers Verftandes nach, in der Sinnenwelt alles mechanifch erklären, aber doch die mechanifchen Gründe insgefamt, einem nach Zwecken wirkenden überfinnlichen Princip unterordnen, nicht als wenn es darum wirklich einen folchen oberften Verftand gäbe, fondern es ift blofs ein Princip der Nachforfchung für unfern Verftand, durch welchen wir genöthigt werden, am Ende alles Sinnliche auf etwas Ueberfinnliches zu beziehen, und eine abfichtlich wirkende Urfache anzunehmen (M. II. 841. 889 — 891. U. 317. f.).

7. Die alten Rhetoriker brauchten das Wort Antinomie (ἀντινομία) von einem Widerfpruch in den Gefezzen, wenn nehmlich ein Gefetz dem andern widerfprach, welches das Wort auch eigentlich ausdrückt. (*Quintilian*, *Inftit. Orat. lib. VII. cap. VIII.*)

  Kant. Critik der rein. Vern. Elementarl. II Th. II.
  Abth. II. Buch. S. 398. II Hauptft. II. Abfchn. S.
  454. ff. IX. Abfchn. S. 548. ff.
  Deff. Critik der pract. Vern. I. Th. II. B. II. Hauptft.
  I. S. 204. II. S. 205. ff.
  Deff. Critik der Urtheilskr. I. Th. II. Abfchn. §. 56.
  S. 234. ff. II. Th. §. 70. ff. S. 313 ff.
  Deff. Metaph. Anfangsgr. der Rechtsl. I. Th. I. Hauptft.
  §. 7. S. 71. f.

Antithetik,

antithetica. In der Wissenschaft, welche den Schein aufdeckt, der natürlicher Weise entsteht, wenn man die sinnlichen Dinge für Dinge an sich selbst hält, die auch unabhängig von unserm Erkenntnisvermögen so existiren, als sie uns durch dasselbe vorgestellt werden (welche Wissenschaft **Dialectik** heisst), ist **Antithetik** der Name der Untersuchung des Widerstreits der dem Scheine nach dogmatischen Erkenntnisse (s. **Antinomie**, 3. ff.) Bei diesem Scheine giebt man keinem von jenen einander widerstreitenden Erkenntnissen vor der andern ihr entgegengesetzten Behauptung einen vorzüglichen Anspruch auf Beifall, weil die eine eben so viel für sich hat als die andere (M. I. 501).

2. Die Antithetik beschäftigt sich also gar nicht mit einseitigen Behauptungen; sondern betrachtet allgemeine Erkenntnisse nur nach dem Widerstreit derselben unter einander und den Ursachen derselben. Die **transcendentale Antithetik** ist eine Untersuchung über die Antinomie der reinen Vernunft, die Ursachen und das Resultat derselben. Wenn wir nehmlich unsere Vernunft nicht bloss auf Gegenstände der Erfahrung verwenden, sondern über die Grenze der Erfahrung hinaus auszudehnen wagen, so entspringen **vernünftelnde Lehrsätze**, die in der Natur der Vernunftbedingungen ihre Nothwendigkeit antreffen, nur dass unglücklicher Weise der Gegensatz eben so gültige und nothwendige Gründe der Behauptung auf seiner Seite hat (M. I. 501. C. 448.).

3. Bei einer solchen **Antithetik** der reinen Vernunft bieten sich drei Fragen dar, nehmlich:

a. bei welchen Sätzen denn eigentlich die reine Vernunft einer Antinomie unterworfen sei, so dass sich zwei widerstreitende Behauptungen ergeben?

b. auf welchen Ursachen die Antinomie beruhe, oder woraus dieser Widerstreit entspringe?

c. ob und auf welche Art dennoch der Vernunft unter diesem Widerspruch ein Weg zur Gewissheit offen bleibe? (M. I. 502.)

Die Antithetik ist nun die Wissenschaft, welche diese drei Fragen beantwortet.

4. Antwort auf a. Die reine Vernunft ist bei solchen Sätzen einer Antinomie unterworfen, auf die jede menschliche Vernunft stöfst, und die dennoch einen unvermeidlichen Schein bei sich führen; z. B. jede menschliche Vernunft, wenn sie die Reihe aller Wirkungen und Ursachen durchgehet, stöfst auf die Frage nach einer ersten und obersten Ursache. Da nun die Natur der Vernunft diese Frage nothwendig macht, so entsteht dadurch der unvermeidliche Schein, als müsse ein solches Wesen darum wirklich vorhanden seyn, weil wir für die Welt sonst keinen zureichenden Grund ihres Daseyns haben; weil nehmlich die sinnliche Welt als ein Ding an sich betrachtet wird, da hingegen in der Erscheinung nur Theile der Welt gefunden werden, die in der Erfahrung wohl eine Ursache, aber keine erste und oberste Ursache haben (M. I. 503. C. 449.).

5. Antwort auf b. Die Ursachen, worauf die Antinomie beruhet, sind, dafs die Sätze, wenn sie der Vernunft angemessen sind, für den Verstand zu grofs, und wenn sie dem Verstande angemessen sind, für die Vernunft zu klein sind; z. B. eine erste Ursache der Welt ist ein Satz, der der Vernunft angemessen ist, aber für den Verstand ist er zu grofs, denn dieser weifs nur von Ursachen, die immer Wirkungen andrer Ursachen sind, also nie die ersten sind. Eine solche bedingte Ursache aber, die Wirkung einer andern Ursache ist, ist dem Verstande angemessen, allein für die Vernunft, welche die Reihe aller Wirkungen und Ursachen vollendet haben will, und daher nach der ersten Ursache fragt, zu klein (M. I. 504. C. 450.).

6. Antwort auf c. Die skeptische Methode ist der Weg zur Gewifsheit. Diese Methode bestehet darin, dafs man dem Widerstreite der Behauptungen zusiehet, um zu untersuchen, ob der Gegenstand des Streits nicht ein blofses Blendwerk sei (M. I. 505.). Diese skeptische Methode ist aber allein der Transcendentalphilosophie, oder der Wissenschaft von der Möglichkeit der Erkenntnisse *a priori*, eigen, weil es derselben an der

lichkeit nichts anders ist, als das Ausdehnungsvermögen der Materie, welches in dem Artikel Zurückstofsungskraft bewiefen werden foll. In den Theilen der Materie, und zwar in einem jeden derfelben ift folglich eine Zurückstofsungskraft, oder eine ihn wefentlich bewegende Kraft, durch welche die Theile einander zurückftofsen. Diefes Zurückftofsen wird aber durch nichts begrenzt und hört alfo nicht auf. Denn

a. fich felbft kann daffelbe nicht Grenzen fetzen, weil diefes Zurückstofsen die Wirkung der Kraft ift, wodurch die Materie fich immer mehr und mehr ausdehnt, und einen immer gröfsern Raum einnimmt.

Auch kann

b. nicht der Raum diefer Kraft Grenzen fetzen, denn er kann zwar wohl den Grund davon enthalten, dafs die Wirkung der Zurückstofsungskraft in den Theilen der Materie immer fchwächer wird, je gröfser der Raum wird, den die Materie erfüllt, die Grade diefer Kraft können alfo immer kleiner und kleiner werden, bis ins Unendliche, aber in dem Raum liegt doch kein Grund, dafs fie irgendwo zu wirken aufhören follten.

Folglich müfste fich die Materie, durch ihre Zurückstofsungskraft, da nichts derfelben widerftände, und keine andere bewegende Kraft ihr entgegenwirkte, ins Unendliche zerftreuen. Es würde daher kein, auch noch fo grofser Raum zu finden feyn, in welchem eine anzugebende Menge Materie befindlich feyn würde, weil diefe anzugebende Menge durch die Zurückstofsungskraft ihrer Theile einen immer noch gröfsern Raum würde eingenommen haben. Folglich würde bei einer blofsen Zurückstofsungskraft der Materie eigentlich gar keine Materie vorhanden feyn, das heifst, fie würde nicht möglich feyn. Es erfordert alfo die Zurückstofsungskraft der Materie eine Kraft, die ihr entgegenwirkt. Diefe kann aber nicht etwa in einer andern Materie gefucht werden, denn diefe bedarf felbft, weil fie Materie ift, deren Grundkraft die Zurückstofsungskraft ift, einer ihrer Zurückstofsungskraft entgegen wirkenden Kraft. Alfo bedarf jede Materie einer folchen der Zurückstoſsungskraft entgegenwirkenden Kraft, d. i. einer Kraft, die der Entfernung der Theile von einander widerstehet, welches wir die **Anziehungskraft** nennen. Folglich gehört die Anziehungskraft zur Möglichkeit der Materie, als Materie. Sie darf also nicht bloſs einer gewiſſen Gattung der Materie beigelegt werden, weil wir sie vor aller Unterscheidung der Materien von einander derselben beilegen müſſen. Eine solche Kraft heiſst aber eine wesentliche Grundkraft. Folglich fordert die Möglichkeit der Materie, als eines Undurchdringlichen, welches durch Zurückstoſsungskraft den Raum erfüllt, eine **Anziehungskraft** als ihre zweite wesentliche Grundkraft (N. 53.).

4. Es ist merkwürdig, daſs, wie (in 3) bewiesen worden, die Unfähigkeit der Theile der Materie einander absolut zu fliehen eben sowohl ursprünglich zur Möglichkeit der Materie gehört, als die Undurchdringlichkeit derselben. Es fragt sich also, wie es zugeht, daſs diese Unfliehbarkeit, wie man sie nennen könnte, nicht eben sowohl zum Begriff der Materie gehört, als die Undurchdringlichkeit? Wollte man antworten, die Anziehung wird von unsern Sinnen nicht so unmittelbar wahrgenommen, als die Zurückstoſsung, so wird dadurch die Schwierigkeit noch nicht hinlänglich gehoben. Denn gesetzt, wir hätten das Vermögen, die Anziehung eben sowohl wahrzunehmen, als die Zurückstoſsung; so wird dennoch nicht dies Streben der Materie nach einem gewiſſen Puncte zu, sondern die Erfüllung des Raums, so wir jetzt, das Merkmal des Begriffs der Materie seyn. Die Subſtanz oder das Beharrliche im Raume würden wir nicht durch ein solches Zuſammenfallen der Materie in einen Punct bezeichnen können, da die Materie vielmehr ihr Daſeyn durch Erfüllung eines Raumes offenbaret. Darum liegt in dieser Erfüllung, oder wie man sie sonst nennt, in der **Solidität** das Characteriſtiſche der Materie. Dahingegen die Wirkung der Anziehung ist, den Raum der Materie zu vermindern, oder immer mehr Raum leer zu laſſen, wodurch also kein Kennzeichen entſteht, durch welches die Materie vom leeren Raume

unterschieden würde. Gesetzt also, wir empfänden die Anziehung der Materie noch so sehr, so würde sich dadurch nur unser Streben nach dem Mittelpunct der Anziehung, nicht aber die Materie ihrem Umfange und ihrer Gestalt nach offenbaren. Wenn uns z. B. die Erde anzieht, so empfinden wir das Ziehen nach dem Mittelpunct derselben, aber ihre Gestalt und ihr Umfang entdeckt sich dadurch nicht. Eben so würde es mit der Anziehung eines Bergs, Steins und jedes Körpers seyn. Ja wir würden nicht einmal wahrnehmen können, wo der anziehende Punct wäre, sondern blofs die Richtung, nach welcher wir angezogen würden. Hieraus ist klar, dafs wir den Begriff der Gröfse nur auf die Materie anwenden können, in so fern sie einen Raum erfüllt. Daher rührt es nun, dafs die Anziehungskraft nicht so einleuchtend ist, als die Zurückstofsungskraft. Denn man sagt ganz richtig, das, was den Raum erfüllt, ist die Substanz. Diese offenbart sich aber, wenn sich die Materie einer andern nähert, durch den Anfang der Berührung, welcher Stofs heifst, und durch die Fortdauer der Berührung, welche Druck heifst, zwei Einflüsse, die wir unmittelbar durchs Gefühl empfinden; dahingegen Anziehung nicht durch die Empfindung (von Stofs oder Druck) unterschieden werden kann, und uns gar keine Substanz entdeckt, und daher uns auch als Grundkraft so unmöglich scheint (N. 54.) s. Grundkraft.

5. Die Wirkung einer Materie auf die andere aufser der Berührung ist die Wirkung in die Ferne (*actio indistans*). Diese Wirkung in die Ferne ohne die Vermittelung einer zwischen inne liegenden Materie heifst die Wirkung der Materie auf einander durch den leeren Raum. Ein Magnet wirkt z. B. in die Ferne auf das Eisen, allein die Wirkung ist nicht unmittelbar, sondern durch den Ausflufs einer unsichtbaren Materie, die von einem Pole des Magnets nach dem andern hinfliefst, und das Eisen, das in diesen Flufs kömmt, mit sich fortreifst. Die Sonne wirkt aber auf die Erde, wenn sie dieselbe verhindert, nach einer geraden Linie in ihrem Laufe fortzuschiefsen, sondern macht, dafs sie sich in einer El-

lipfe um die Sonne bewegt. Diefe Wirkung gefchieht ohne Vermittelung einer zwifchen Sonne und Erde liegenden Materie, und ift alfo eine unmittelbare Wirkung der Sonne in die Ferne (N. 59.). S. Wirkung in die Ferne.

6. Die aller Materie wefentliche Anziehung ift eine unmittelbare Wirkung derfelben durch den leeren Raum, ohne alle Vermittelung einer zwifchen inne liegenden Materie, und fie ift es eben, durch die die Sonne ihren Einfluſs auf den Lauf der Erde äuſsert. So unbegreiflich auch diefer Satz dem Herrn de Lüc (Briefe über die Gefchichte der Erde u. f. w. 1. Th. Num. XI) fcheint, daſs ein Körper da wirken foll, wo er nicht ift, fo richtig ift er doch. Es bringt aber nicht das Wort, wefentliche Eigenfchaft aller Materie, diefe Wirkung hervor, fondern diefe Eigenfchaft der Materie als wirkende Grundkraft (N. 60.).

7. Kant beweifet diefen Satz nun fo: In (3) ift bewiefen, daſs die urfprüngliche Anziehungskraft eine wefentliche Grundkraft der Materie ift. Ja ohne fie gäbe es nicht einmal eine phyſiſche Berührung, weil die Theile der Materie fich ſtets einander zurückſtoſsen würden, und es alfo zu einer folchen Berührung, die wahrgenommen werden könnte, gar nicht kommen würde. Folglich gehet die Anziehungskraft vor der Berührung her, macht diefe möglich, und kann alfo nicht eine Wirkung der Berührung feyn. Eine Anziehung aber, welche von der Berührung unabhängig ift, kann auch nicht von einer Materie, die zwifchen der anziehenden und angezogenen Materie liegt, abhängen. Alfo ift die urfprüngliche und aller Materie wefentliche Anziehung eine unmittelbare Wirkung derfelben auf andere durch den leeren Raum. Hierdurch wird auch Ioh. Bernoullis Schwierigkeit gehoben (Gehlers phyf. Wörterbuch, Artikel Gravitation, S. 529.), welcher fich vorftellt, daſs eine Menge Strahlen aus dem anziehenden Körper ausflöſsen, und ein Elementartheilchen der Materie ergriffen.

8. Wollte man übrigens fordern, daſs man diefe Grundkraft begreiflich machen follte, fo hieſse das verlangen, daſs man eine Kraft angeben follte, von der fich die Grundkraft ableiten lieſse, wodurch fie aber aufhören würde eine **Grundkraft**, das heiſst, eine urfprüngliche und nichtabgeleitete Kraft zu ſeyn. Es iſt aber, wie fchon Maupertuis (Gehler a. a. O. S. 528) bemerkt, die Natur des Stoſses und der Mittheilung der Bewegungen, folglich die urfprüngliche Zurückſtoſsung nicht begreiflicher, als die urfprüngliche Anziehungskraft. Die letztere ſcheint nur unbegreiflicher zu ſeyn (4), weil fie nicht gefühlt, fondern gefchloſsen wird; darum fcheint es auch, als fei fie nicht urfprünglich, fondern von der Zurückſtoſsung abzuleiten. Allein diefe Ableitung iſt unmöglich, weil die zurückſtoſsende Materie ja wieder der Anziehungskraft bedarf (5), und an und für fich felbſt das Gegentheil der Anziehungskraft iſt. Der gemeinſte Einwurf wider die unmittelbare Wirkung in die Ferne iſt der des de Lüc (6): wer kann begreifen, daſs ein Körper da wirken foll, wo er nciht iſt? Wenn die Erde den Mond unmittelbar anzieht, fo wirkt die Erde auf einen von ihr über 50000 geographifche Meilen entfernten Körper, und dennoch, wie de Lüc fich ausdrückt, ohne alle materielle Verbindung, d. h. Berührung durch Materien, die zwifchen Erde und Mond wären; denn die Wirkung einer Materie auf einander durch Anziehung iſt auch eine materielle Verbindung, weil der Grund nicht in etwas Ueberſinnlichem (dem unmittelbaren Willen Gottes), fondern in der wefentlichen Kraft der Materie liegt. Denn die Materie, die etwa zwifchen Erde und Mond liegt, thut nichts zur Anziehung. Die Erde wirkt alfo da, wo fie nicht iſt, nehmlich auf den Mond, welches dem de Lüc einer Zauberei ähnlich fcheint. Allein das iſt es fo wenig, daſs es vielmehr mit jedem Dinge der Fall iſt, daſs es immer an dem Ort wirkt, wo es nicht iſt. Denn ein Ding, das auf ein andres wirkt, wirkt ja eben dadurch auſser fich, folglich nicht an dem Ort, wo es iſt, ſon-

dern an dem Ort, wo das andre Ding ift. Wenn Erde
und Mond einander auch berührten, fo wäre doch der
Punct der Berührung ein Ort, in dem weder die Erde
noch der Mond ift; denn der Ort, wo die Erde ift,
und der, wo der Mond ift, find um die Summe der
Halbmeffer beider Körper von einander entfernt; weil
der Ort der Punct ift, in welchem fich der Mittelpunct eines Körpers befindet. Im Puncte der Berührung
aber ift weder ein Theil der Erde, noch des Mondes,
denn diefer Punct liegt in der Grenze beider erfüllten
Räume, die keinen Theil weder von dem Raum, den
die Erde einnimmt, noch von dem, den der Mond
einnimmt, ausmacht. Dafs alfo Materien in der Entfernung nicht unmittelbar in einander wirken können,
würde fo viel fagen, als, fie können ohne Vermitte-
telung der Kräfte der Undurchdringlichkeit nicht in einander wirken. Das hiefse aber, die Zurückftofsungskraft für die einzige Grundkraft der Materie erklären,
oder doch die Anziehungskraft davon ableiten (gegen
3). Der ganze Mifsverftand beruhet darauf, dafs man
die mathematifche Berührung der Räume, worin
zwei Körper find, mit der phyfifchen Berührung
zweier Körper durch zurückftofsende Kräfte verwechfelt.
Warum follte es fich nicht eben fowohl denken laffen,
dafs Körper, ohne Vermittelung der Zurückftofsungskraft, einander anziehen, als es fich denken läfst, dafs
fie, ohne Vermittelung der Anziehungskraft, einander
zurückftofsen? Es ift nicht der mindefte Grund da, eine
diefer Kräfte von der andern abhängig zu machen, denn
fie find fpecififch verfchieden, und die Möglichkeit der
einen beruhet nicht auf der andern (N. 61.).

9. Aus der Anziehung in der Berührung kann gar
keine Bewegung entfpringen; denn die Berührung ift
Wechfelwirkung der Undurchdringlichkeit, welche alfo
alle Bewegung abhält. Alfo mufs doch irgend eine
unmittelbare Anziehung aufser der Berührung, und
mithin in der Entfernung, angetroffen werden; denn
fonft könnten die ftofsenden und drückenden Kräfte, welche,
nach denen, die die Anziehungskraft in die Ferne leugnen, die Urfachen der Annäherung der Körper feyn

follen, nicht wirken, weil diefe eine Kraft vorausfezzen, welche hindert, dafs die Materie fich nicht durch ihre Zurückftofsungskraft ins Unendliche zerftreue (3). Man kann die Anziehung ohne Vermittelung der Zurückftofsungskraft die **wahre**, und die durch Vermittelung der Zurückftofsungskraft die **fcheinbare** nennen, bei der letztern übt der Körper, dem fich ein nach ihm hingeftofsener Körper nähert, eigentlich gar keine Anziehung aus. Allein auch die fcheinbare Anziehung, da fie durch Stofs entftehet, beruhet auf der Anziehungskraft des ftofsenden Körpers, der nicht ftofsen könnte, wenn die Zurückftofsungskraft feiner Theile nicht durch die Anziehungskraft derfelben befchränkt würde (5). **Gehler** (Phyf. Wörterbuch. Art. **Attraction** 1. B. S. 166) meint, „Newton habe das Wort Attraction nur gebraucht, um das allgemeine Phänomen des **Beftrebens der Körper nach wechfelfeitiger Annäherung** (*conatus accedendi*) damit zu bezeichnen, nicht um eine **Urfache** diefes Phänomens damit anzugeben. Diefer bei der Gröfse feines Genies dennoch fo befcheidene Naturforfcher fei ftets den fichern Weg der Experimentalunterfuchung gegangen, habe aus vielen Erfahrungen allgemeine Gefetze gezogen, und, unbekümmert um die verborgenen Urfachen derfelben, durch die erhabenften Kunftgriffe der Geometrie, die Folgen diefer Gefetze für Fälle, über welche unmittelbare Erfahrungen fehlten, beftimmt. Diefe nachahmungswürdige Methode gründe fich einzig auf Induction, oder auf den der gefunden Vernunft einleuchtenden Schlufs, dafs das, was in allen beobachteten Fällen wahr gefunden ward, auch in ähnlichen unbeobachteten ftatt finde, und alfo allgemein wahr feyn werde. Die häufigen Beifpiele von Fallen, Nähern, Anhängen der Körper gegen und an einander hätten ihn veranlafst, diefes Nähern als ein allgemeines Phänomen anzufehen, er habe das Gefetz deffelben für Erde und Mond entdeckt, und gefchloffen, dafs eben diefes Gefetz für Sonne und Planeten, und für die Planeten unter einander felbft gelten werde. Diefe Methode fei fo untadelhaft, und die dadurch gemachte Entdeckung der Mechanik des Himmels fo beftätigt, dafs nur Unwiffende jene fchmähen und diese verwerfen könnten. Ursachen dieses Phänomens angeben zu können, habe sich Newton nie gerühmt. Man thue Newton Unrecht, wenn man glaube, er habe durch die Attraction das Phänomen **erklären** wollen, da er es dadurch blofs **benennen** wolle. Und (Art. Gravitation 2. B. S. 526), Newton ist nie so weit gegangen, dafs er die Schwere nebst ihrem Gesetze als eine **wesentliche Eigenschaft** der Materie angesehen hätte." Allein wäre das richtig, so hätte er nicht behaupten können, dafs die Anziehung der Körper sich in gleichen Entfernungen nach der Menge der Materie richte, die der Körper hat, nach welchem hin die Anziehung treibt. Ein Körper, der noch einmal so viel Materie hat als ein andrer, zieht auch in gleichen Entfernungen noch einmal so stark als der andre. Zwar nähert sich ein Körper, der noch einmal so viel Materie hat als ein andrer, noch einmal so langsam einem diesem andern ihm ziehenden Körper, allein das ist ein Gesetz, das sich nicht auf die Proportion der Anziehungskraft gründet, sondern auf die Menge der Theile, welche in beiden Körpern vorhanden sind. Wenn zwei Magnete sich einander gleich stark anzögen, und der eine steckt in einer schweren hölzernen Büchse, so wird der, welcher frei ist, sich mit gröfserer Geschwindigkeit dem Magnet in der Büchse nähern, als der Magnet mit der Büchse ihm, da sie vorher, als der eine noch aufser der Büchse war, sich einander gleich schnell näherten. Newton schlofs sogar nicht einmal den Aether, wie viel weniger andere Materien, vom Gesetz der Anziehung aus. Es hat nehmlich Gegner der Anziehungskraft gegeben, z. B. **Cartesius, Huygens, Joh. Bernoulli, Bilfinger** u. a, welche behaupteten, es sei der Aether oder eine andre freie unsichtbare Materie, welche die Körper gegen einander zu stofse, so dafs es blofs scheine, als zögen sie sich einander an. Und dieser Meinung war auch **Euler** (Briefe an eine deutsche Prinzessin 68. B. S. 229.). „Die letzte Meinung, sagt er, gefällt denen mehr, die in der Philosophie helle und begreifliche Grundsätze lieben; weil sie nicht sehen, wie zwei von einander entfernte Körper auf einander wirken können, ohne dafs etwas zwifchen ihnen fei." Allein diefe können ja eben fo wenig begreifen, wie Körper einander durch die Berührung zurückftofsen (8). Und die Erklärung durch den Stofs macht die Sache warlich nicht begreiflicher. „Aber fobald man annimmt, fagt Euler (S. 230), dafs der Raum zwifchen den Körpern mit einer freien Materie angefüllt ift; fo fieht man gleich ein, dafs diefe Materie auf die Körper durch den Stofs wirken kann, und die Wirkung beinahe eben diefelbe feyn mufs, als wenn fie fich anzögen. Da wir nun wiffen, dafs in der That eine folche flüfüge Materie vorhanden ift, welche den Raum zwifchen den himmlifchen Körpern ausfüllt, nehmlich der Aether, fo fcheint es vernünftiger zu feyn, der Wirkung des Aethers die gegenfeitige Anziehung der Körper zuzufchreiben, wenn man auch die Art diefer Wirkung nicht einfieht, als zu einer ganz unverftändlichen Eigenfchaft feine Zuflucht zu nehmen." Da nun Newton felbft dem Aether Schwere beilegt, fo konnte er nicht wie Euler die Nothwendigkeit des Antriebs durch den Stofs annehmen, um das Phänomen der Annäherung zu erklären. Euler giebt auch das zu (Br. 54. S. 187), indem er fagt: Newton war fehr für die Meinung der Attraction. Allein Eulers Erklärung fchiebt alle Schwierigkeit auf den Aether, deffen Möglichkeit felbft eine Anziehungskraft vorausfetzt (3). Wenn daher Newton fich dagegen verwahrt [*]), dafs er unter der Gravitation keine wefentliche Grundkraft der Materie verftehe, fo war er hierin mit fich felbft nicht einig, denn wenn er behauptete, dafs fich die Anziehungskräfte der Weltkörper nach der Menge der Materie richten, fo mufste er durchaus annehmen, dafs fie als Materien, folglich nach einer ihrer allgemeinen ihnen wefentlichen Eigenfchaften fo wirken. Denn warum follte ein Körper vom Aether gegen einen gröfsern

---

[*]) *Optice. Edit. noviff. Laufannae et Genevae* 1740. 4. *Authoris monitio altera ad lectorem*; *Pag. XIV. XV. Et ne qnis gravitatem inter effentiales corporum proprietates me habere exiftimet, quaeftionem unam de ejus caufa invefliganda fubjeci.*

ſtärker hingetrieben werden als gegen einen kleinern (N. 63.).

10. Kant nennt diejenige Kraft, wodurch eine Materie auf die Theile der andern über die Fläche der Berührung hinaus unmittelbar wirken kann, eine **durchdringende Kraft**. Die Wirkung der Erde auf den Mond, und des Monds auf die Erde, die auf den Lauf beider Körper Einfluſs hat, oder diejenige Wirkung des Monds auf die Erde, wodurch Ebbe und Fluth entſteht, entſpringt nicht durch Berührung, ſondern gehet weit über die Grenzen dieſer Körper hinaus, und iſt alſo die Wirkung einer **durchdringenden Kraft** (N. 67.).

11. Durch die Anziehungskraft nimmt die Materie einen Raum ein, ohne ihn zu erfüllen, und wirkt auf andere durch den leeren Raum; ihr kann alſo keine dazwiſchen liegende Materie Grenzen ſetzen. So muſs die urſprüngliche und der Materie weſentliche Anziehungskraft gedacht werden, daher iſt ſie eine der Quantität der Materie proportionirte durchdringende Kraft. Wenn alſo auch noch ſo viele Körper zwiſchen zwei andern Körpern liegen, ſo ziehen ſich dennoch dieſe letztern an, und je gröſser ein Körper iſt, deſto gröſser iſt die Kraft, mit der er andere Körper anzieht.

12. **Die urſprüngliche Anziehungskraft, ohne welche nicht einmal Materie möglich iſt, erſtreckt ſich im Weltraume von jedem Theile derſelben auf jeden andern unmittelbar ins Unendliche.** Gäbe es nur zwei Körper in der Welt, ſie möchten noch ſo weit von einander ſeyn, als ſie wollten, ſo würde der eine den andern anziehen, ſie würden ſich folglich einander nähern, und endlich vereinigen. Dieſer Satz iſt nicht bloſs Hypotheſe, aber er war bis auf Kant bloſs eine durch Analogie und Unterſuchung der Phänomene beſtätigte Thatſache; Kant aber führt für ihn folgenden Beweis *a priori* aus dem Begriff der Materie (N. 68.).

13. Weil die urſprüngliche Anziehungskraft zum Weſen der Materie gehört (3), ſo kommt ſie auch jedem Theil derſelben zu, nehmlich unmittelbar auch in die Ferne zu wirken, ohne nehmlich mit der Materie, auf die ſie wirkt, durch Berührung, in Verbindung zu

ſtehen. Wäre nun irgend eine Entfernung, bis wohin ſie ſich nicht erſtreckte, ſo müfste das entweder von der Materie herrühren, die dazwiſchen läge, oder von der Gröſse des Raums zwiſchen der Materie und jener Entfernung. Allein die dazwiſchen liegende Materie kann die Anziehungskraft nicht begrenzen, weil es eine durchdringende Kraft iſt (11), und es alſo einerlei iſt, ob Materie dazwiſchen liegt oder nicht. Aber auch die Gröſse des Raums, der zwiſchen der Materie und jener Entfernung liegt, kann der Anziehungskraft nicht Grenzen ſetzen. Denn jene Anziehung hat einen Grad, unter dem ins Unendliche noch immer kleinere gedacht werden können, folglich muſs ſich zwar die Anziehung deſtomehr vermindern, je gröſser der Raum wird, in dem ſie ſich ausbreitet, aber ſie kann nirgends ganz aufgehoben werden. Folglich giebt es nichts, was die Wirkſamkeit der Anziehungskraft irgendwo gänzlich aufhübe, und ſie erſtreckt ſich folglich im Weltraume von jedem Theile der Materie auf jeden andern unmittelbar ins Unendliche.

14. Es kann alſo nur eine urſprüngliche Anziehung im Widerſtreit (Conflict) mit der urſprünglichen Zurückſtoſsung Materie möglich machen; der Grad der Dichtigkeit der Materie kann aber entweder von der eigenen Anziehung ihrer Theile, oder von der Vereinigung derſelben mit der Anziehung aller Weltmaterie herrühren (N. 70.). Der Grad der Erfüllung eines Raums durch Materie (oder der Dichtigkeit derſelben) muſs auf der beſtimmten Einſchränkung der Zurückſtoſsung aller ihrer Theile beruhen, welche nur durch die ins Unendliche ſich erſtreckende Anziehung möglich iſt. Die Wirkung von der allgemeinen Anziehung aller Materien auf einander heiſst die Gravitation; die Beſtrebung in der Richtung der gröſseren Gravitation ſich zu bewegen iſt die Schwere (N. 71.).

15. Die Alten, welche die Schwere ebenfalls aus der Erfahrung kannten, gaben ſchon dem Gedanken von einer allgemeinen Schwere Raum. Anaxagoras (*Diog. Laert. de vita philoſ. lib. II. Art. Anaxagoras*)

als er das Phänomen erklären wollte, daſs ein Stein vom Himmel gefallen wäre, sagte, der ganze Himmel beſtehe aus Steinen, die eine Schwere gegen die Erde hätten, und nur durch ihre ſchnelle Kreisbewegung verhindert würden, auf die Erde zu fallen. Lucrez aber, der das Epicuriſche Syſtem aufgeſtellt hat, lehrt die allgemeine Schwere, als einen Grundſatz deſſelben, und folgert daraus, daſs die Welt keine Grenzen haben könne, weil dieſe gegen nichts Aeuſseres ſchwer ſeyn, und alſo zu den innern Theilen der Welt herabſtürzen würden (*Lucretius de rer. nat. lib. I. v.* 983. *ſqq.*). Kepler erſtreckte zuerſt die Schwere auf den Mond, die Sonne und die Planeten unter einander. Die Leſung ſeiner Schriften war hinreichend, der Meinung von der allgemeinen und wechſelſeitigen Schwere mehrere Vertheidiger zu erwecken, z. B. einen gewiſſen Fermat, welcher ſchon behauptete, daſs die Schwere wie der Abſtand vom Mittelpunct abnehme. Roberval ſcheint der erſte geweſen zu ſeyn, der allen Theilen der Materie die Schwere als eine weſentliche Eigenſchaft beilegte. D. Hook hat vor Newton die Lehre von der allgemeinen Gravitation am vollkommenſten eingeſehen, aber noch nicht das Geſetz entdeckt, nach welchem dieſe Kraft zunimmt. Die Entdeckung des Geſetzes der Gravitation, daſs ſie nach den Quadraten der Entfernung abnimmt, nehmlich 2 mal ſo weit, 4 mal weniger, 3 mal ſo weit, 9 mal weniger, 4 mal ſo weit, 16 mal weniger wirkt, war Newton vorbehalten. Newtons Schüler gingen weiter als er. Roger Cotes zählet die Gravitation unter die weſentlichen Eigenſchaften der Materie, ohne welche Materie gar nicht gedacht werden könne oder ſolle, dergleichen Ausdehnung, Beweglichkeit und Undurchdringlichkeit ſind. Maupertuis vertheidigt ebenfalls den Satz, daſs die Gravitation eine weſentliche Eigenſchaft der Körper ſei. Kant hat nun dieſe Behauptung unwiderleglich bewieſen.

16. Gehler, der auf Kants metaphyſiſche Anfangsgründe der Naturwiſſenſchaft keine Rückſicht genommen hat, führet einige, ſeiner Meinung nach, ſtarke Einwürfe an, welchen man ſich ausſetze, wenn man be-

haupte, die allgemeine Schwere fei eine mit der Materie wefentlich verbundene Eigenfchaft (*qualité inhérente*). Da nun diefes gerade Kants Behauptung ift, fo wollen wir diefe ftarken Einwürfe noch hören.

a. „Fürs erfte wird dadurch alle weitere Unterfuchung abgebrochen, und es bleibt nichts mehr zu fagen übrig, als dafs Gott der Materie einmal diefe Eigenfchaft beigelegt und diefe Gefetze vorgefchrieben habe." Allein das ift der Fall mit allen Grundkräften. Der Verftand will zwar auch bei ihnen noch eine Kraft haben, von der fie abgeleitet werden können, weil das dem Verftandesgefetz der Caufalität fo gemäfs ift; allein das widerfpricht dem Begriff einer Grundkraft, die überdem, wenn fie *a priori* bewiefen werden kann, in dem Erkenntnifsvermögen des Menfchen gegründet ift. Von einer folchen Grundkraft kann nur begriffen werden, dafs fie da ift, da feyn mufs, aber nie wie fie möglich ift. Wir fagen alfo nicht, Gott hat einmal der Materie diefe Eigenfchaft beigelegt (denn Gott ift kein Erklärungsgrund eines Naturphänomens); fondern, wenn es eine Materie giebt, die einen Raum erfüllt, fo mufs das durch eine der Materie wefentliche Zurückftofsungskraft und Anziehungskraft gefchehen, weil von uns keine andre den Raum erfüllende Materie vorgeftellt werden, d. i. als Erfcheinung vorhanden feyn kann. „Dennoch", fährt Gehler fort, „ift das Phänomen der wechfelfeitigen Näherung, nach dem verkehrten Verhältniffe des Quadrats der Entfernung, noch nicht einfach genug, und führt noch zu viel befondere Beftimmungen bei fich, als dafs man alle Bemühung, es zu erklären, aufgeben follte. Man ift ja immer noch begierig zu wiffen, warum fich die Gravitation nicht nach dem Abftande felbft, oder nach deffen Würfel, fondern gerade nach dem Quadrate richte." Diefe Frage beantwortet Kant. Eine jede unmittelbar in die Ferne wirkende Kraft ift als ein Quantum zu betrachten, das in Anfehung eines jeden einzelnen Puncts, auf den fie wirkt, fich nach dem Verhältniffe des Raums äufsert, den fie einnimmt. Man denke fich die Materie z. B. mit andern Materien umgeben, fo mufs die Gröfse der Anziehungskraft für jeden Punct der Kugelfläche, in der die Materien, welche angezogen werden, die anziehende Materie umgeben, sich nach der Gröſse der Kugelfläche richten. Nun lehrt aber die Geometrie, daſs die Kugelflächen nach den Quadraten ihrer Halbmeſſer (oder Durchmeſſer) wachſen, daſs nehmlich eine Kugelfläche, die noch einmal ſo weit von ihrem Mittelpunct entfernt iſt, als eine andere, 4 mal ſo groſs iſt, daſs die, welche dreimal ſo weit vom Mittelpunct entfernt iſt, 9 mal ſo groſs iſt, als die erſtere u. ſ. w. Folglich gründet ſich das Geſetz der Anziehungskraft auf das Geſetz, nach welchem die Räume wachſen, und auf die unveränderliche Gröſse dieſer Kraft im Verhältniſſe zu einem Raum, der nach jenem Geſetze zunimmt (N. 72.).

b. „Ferner ſieht man ſchwerlich ein, wie zwei von einander entfernte Körper ohne ein Zwiſchenmittel auf einander wirken ſollen." Dieſe Schwierigkeit iſt (in 8 und 9) gehoben worden.

c. „Endlich macht man, wenn man den einzigen Grund in dem Willen des Schöpfers ſucht, die ganze Schöpfung zu einer beſtändigen Reihe von Wunderwerken." Allein dieſer Einwurf trifft die Kantiſche Theorie nicht, weil es nach derſelben ein Wunderwerk wäre, wenn uns eine Materie vorkäme, welche keine Anziehungskraft hätte, indem dann nichts anders als die Allmacht Gottes die Materie vor der Zerſtreuung in den unendlichen Raum bewahren, d. i. ſelbſt die Materie, um der Zurückſtoſsungskraft zu widerſtehen, zuſammen drücken müſste.

Kant. Metaph. Anfangsgr. der Naturw. II. Hauptſt. Erkl. 2. § 34. Lehrſ. 5. Bew. Anm. S. 52 — 57. Erkl. 6. S. 59. Lehrſ. 7. Bew. Anm. 1. 2. Erkl. 7. Zuſ. Lehrſ. 8. Bew. S. 60 — 69. Zuſ. 2. S. 70. 71. Anmerk. 1. S. 72.

Gehler. Phyſ. Wörterb. Art. Attraction und Gravitation.

Apathie.

S. Affectloſigkeit.

Apodictisch.

Kant gebraucht dieses Wort offenbar in zweierlei Bedeutung. Einmal nennt er das **apodictisch**, was mit dem Bewustseyn der Nothwendigkeit verbunden ist, z. B. die Sätze, der Raum hat nur drei Abmessungen, die Zeit hat nur eine Abmessung. Das Gegentheil dieser Sätze läfst sich gar nicht denken, und diese Beschaffenheit derselben heifst die Nothwendigkeit derselben. Da wir uns nun bewufst sind, dafs wir uns keinen Raum von mehr oder weniger Abmessungen als drei z. B. von einer, und keine Zeit von mehr als einer Abmessung z. B. von drei vorstellen können, so heissen diese Sätze, um dieser ihrer Beschaffenheit willen, **apodictische** (C. 41.).

2. In diesem Sinn giebt es eine besondere Modalität der Sätze, vermöge der sie **apodictische** genannt werden. Die Modalität der Sätze ist nehmlich der Werth, den die Copula derselben in Beziehung auf das Denken hat, ob nehmlich die Verknüpfung der Prädicate mit dem Subject blofs als logisch möglich, oder als logisch wirklich, oder als logisch nothwendig gedacht wird. Wird diese Verknüpfung als logisch nothwendig gedacht, so heifst der Satz **apodictisch**, und die Copula kann durch **mufs** ausgedrückt werden, z. B. der Raum hat drei Abmessungen, kann auch heissen, der Raum mufs drei Abmessungen haben; denn das Gegentheil ist gar nicht denkbar. Wird die Verknüpfung zwischen Subject und Prädicat blofs als logisch wirklich gedacht, so heifst der Satz **assertorisch**, z. B. der Raum hat drei Abmessungen; hier denke ich nehmlich noch nicht an die logische Nothwendigkeit der Verknüpfung des Prädicats mit dem Subject. Denkt man sich nun einen solchen assertorischen Satz durch die Gesetze des Verstandes selbst bestimmt, so wird er **apodictisch**. Dann drückt er aus, dafs das Gegentheil gar nicht denkbar sei, welches man die logische Nothwendigkeit eines Satzes nennt. Wenn ich mir auch einen Raum von mehr oder weniger Abmessungen als drei vorstellen wollte, so ist es mir doch nicht möglich, es ist

den Gesetzen, wornach ich mir den Raum vorstellen muſs, gänzlich zuwider, diese Gesetze bestimmen meine Vorstellung vom Raum, und machen den Satz nothwendig, und ein solcher Satz ist *a priori*. Es ist unzertrennlich mit unserm Erkenntnisvermögen verbunden, daſs wir uns den Raum nach drei Abmessungen denken (C. 101.).

3. Alle Nothwendigkeit ist aber entweder bedingt oder unbedingt. Sie ist **bedingt**, wenn nur unter gewissen Voraussetzungen das Gegentheil nicht möglich ist; **unbedingt**, wenn sie an und für sich, ohne alle Voraussetzung und Vergleichung, innerlich unmöglich ist. Und da pflegt nun Kant im strengsten Sinne nur das **apodictisch** zu nennen, was **unbedingte** Nothwendigkeit hat. Wenn wir den Verstand gebrauchen, um die **Anschauungen** eines Gegenstandes selbst in Begriffe zu verwandeln, so heiſst das der **mathematische** Gebrauch des Verstandes; gebrauchen wir ihn aber, um uns Begriffe vom **Daseyn** eines Gegenstandes in Begriffe zu verwandeln, so heiſst das der **dynamische** Gebrauch des Verstandes. Bei dem letztern sind die Sätze immer nur mit **bedingter** Nothwendigkeit verbunden, nehmlich es gilt nur unter der Bedingung, daſs die Objecte in einer möglichen Erfahrung existiren sollen, dahingegen die Objecte der Anschauungen gar nicht anders als in einer möglichen Erfahrung existiren können, weswegen die Sätze des mathematischen Verstandesgebrauchs mit unbedingter Nothwendigkeit verknüpft sind. Der Satz, der Raum hat drei Abmessungen, ist von der letztern Art, denn die Unmöglichkeit des Gegentheils ergiebt sich sogleich, wenn wir uns einen andern Raum in der reinen Einbildungskraft darstellen wollen, und so bedarf es denn hier nicht der Bedingung, es giebt keinen andern Raum **in der Erfahrung**, weil es uns auch nicht einmal möglich ist, uns einen andern Raum vorzustellen. Wenn ich hingegen sage: jeder Mensch muſs einen Vater haben, so ergiebt sich die Unmöglichkeit des Gegentheils nicht unmittelbar, sondern nur unter der Bedingung, daſs der Mensch **ein Gegenstand der Erfahrung seyn soll**, und nicht etwa ein übersinnliches Wesen. Die Entstehung eines Menschen ohne Vater, z. B. Adams durch den Schöpfer, läſst sich **denken**, obwohl

Apodictisch.

nicht begreifen, weil hier der Erklärungsgrund, die Natururfache, wegfällt. Nur dann, wenn der Menfch zu der Reihe aller Menfchen in der Natur, fowohl in auf als abfteigender Linie, gehören, wenn er uns ferner in der Erfahrung vorkommen, kurz zur finnlichen Welt gehören foll, fo mufs er durchaus den Gefetzen derfelben unterworfen feyn, und daher feine Natururfache, d. i. einen Vater haben. Die Gewifsheit ift in beiden Sätzen die nehmliche. Es ift eben fo gewifs, dafs ein jeder Menfch, der uns vorkömmt, einen Vater, als dafs der Raum drei Abmeffungen hat. Aber bei dem erften Satz ift die Gewifsheit nicht fo einleuchtend, als bei dem zweiten, und dies rührt eben daher, weil ich bei dem zweiten mir blofs die Sache felbft vorftellen darf, um die Unmöglichkeit des Gegentheils einzufehen; bei dem erftern aber mufs ich erft noch einen andern Satz denken, nehmlich daran, dafs wenn es nur einen einzigen Menfchen gäbe, der keinen Vater hätte, die Allgemeinheit des Satzes, dafs jede Begebenheit, alfo auch die Entftehung eines Menfchen, feine Natururfachen haben müffe, und damit die Möglichkeit der Erfahrung felbft, über den Haufen fallen, und zwifchen Erfahrungen und Träumen der Phantafie weiter kein Unterfchied feyn würde. Wenn nun die Gewifsheit eines Satzes unmittelbar einleuchtet, wie die von den drei Abmeffungen des Raums, fo ift fie apodictifch (Pr. 49), und der Satz felbft im ftrengften Sinne des Worts apodictifch (C. 199.). Diefe Befchaffenheit haben alle Sätze der Geometrie. S. acroamatifch, befonders 7.

4. Kant nennt es, einen apodictifchen Gebrauch der Vernunft, wenn fie dazu angewendet wird, befondere Sätze aus folchen allgemeinen abzuleiten, die an fich gewifs und gegeben find. Dafs der Raum drei Abmeffungen hat, ift ein allgemeiner Satz, denn er gilt von jedem Theile des Raums, auch ift er an fich gewifs, denn man darf fich den Raum nur vorftellen, um feine Gewifsheit einzufehen, auch ift er durch unfer Erkenntnifsvermögen felbft gegeben. Aus diefem Satze folgt aber unmittelbar, dafs alle Materie, oder das, was den Raum erfüllt, ebenfalls drei Abmeffungen haben müffe. Es wird nichts weiter als Urtheilskraft erfordert, um die-

fen letztern Satz von dem erftern abzuleiten, welches man
fubfumiren nennt. Denn den Raum erfüllen, heifst
nichts anders, als die drei Abmeffungen deffelben erfüllen,
folglich felbft drei Abmeffungen haben. Diefe Ueberlegung machen, heifst fubfumiren, und ift ein Werk
des Vermögens fo zu überlegen oder zu fubfumiren,
welches eben Urtheilskraft heifst. Der befondere
Satz von den drei Abmeffungen der Materie, wird
nun durch diefe Ableitung von dem apodictifchen allgemeinen Satz, von den drei Abmeffungen des Raums,
ebenfalls unbedingt nothwendig, weil das Gegentheil
wieder gar nicht denkbar ift, und von keiner Materie
aufser der Erfahrung die Rede feyn kann. Ein folcher
Gebrauch der Vernunft nun heifst der apodictifche
Gebrauch derfelben (C. 674.).

5. Kant theilt alle apodictifchen Sätze, im weitern
Sinne des Worts, in Dogmata und Mathemata ein.
Dies ift aber nur zu verftehen, in fo fern fie direct
fynthetifch find. Diefe Eintheilung gründet fich auf die
zwiefache Art zu erkennen, nehmlich aus Begriffen,
oder durch Conftruction der Begriffe. Ein Dogma
ift nehmlich ein directfynthetifcher Satz aus Begriffen.
Ein fynthetifcher Satz aus Begriffen ift der, bei dem
fich die Verknüpfung des Prädicats mit dem Subject auf
einen Begriff gründet. Ein fynthetifcher Satz ift aber
direct aus Begriffen, wenn die Verknüpfung des Prädicats mit dem Subject unmittelbar aus einem Begriffe
folgt, nicht etwa durch Beziehung diefes Begriffs auf
etwas anders. Ein folches Dogma hat die fpeculative
Vernunft nicht, wohl aber die practifche, z. B. die
Seele ift unfterblich. Hier liegt das Prädicat unfterblich nicht in dem Subject Seele. Denn dafs die Denkkraft, die wir Seele nennen, noch nach dem Tode, und
immer fort dauern werde, liegt gar nicht in dem Begriff
derfelben, folglich ift der Satz fynthetifch. Die Verknüpfung des Prädicats unfterblich mit dem Begriff
Seele gründet fich auf die Nothwendigkeit, das Moralgefetz vollkommen zu befolgen, welches nur bei einer unendlichen Fortdauer des vernünftigen Wefens möglich
ift. Die vollkommene Befolgung des Moralgefetzes fetzt

Apodictifch. Apperception.

alfo diefe unendliche Fortdauer als nothwendig voraus. Giebt es alfo ein Sittengefetz, das mit practifcher Nothwendigkeit (oder apodictifch) gebietet, d. h. das nicht unerfüllt bleiben darf, deffen Gegentheil, nehmlich ihm nicht zu gehorchen, für ein finnliches moralifches Wefen nicht denkbar ift, fo folgt auch unmittelbar daraus, dafs ein folches moralifches Wefen feine unendliche Fortdauer für eben fo nothwendig halten müffe, weil ohne fie fein Zweck, der fich ihm aber mit Nothwendigkeit aufdringt, nicht erreichbar ift. Allein diefe unmittelbare (directe) Folgerung des Satzes, die Seele ift unfterblich, aus der Nothwendigkeit der Befolgung des Moralgefetzes, ift nicht die Folgerung aus einer Erkennthifs, fondern aus dem Sittengefetz, wenn es befolgt werden foll. Folglich ift das Dogma nicht ein Satz der fpeculativen, fondern der practifchen Vernunft, oder der Vernunft als eines Vermögens, aus dem für finnliche Wefen ein Sittengefetz entfpringt. Die Nothwendigkeit ift nicht die des Objects, Unfterblichkeit der Seele, fondern die des Subjects, des vernünftigen Wefens fie (die Unfterblichkeit) anzunehmen, weil es das Moralgefetz nothwendig befolgen foll. Denn wer die Nothwendigkeit der Befolgung des Sittengefetzes nicht anerkennte, für den fiele auch die nothwendige Annahme der Unfterblichkeit der Seele weg. S. Dogma. Ein Mathema ift ein directfynthetifcher Satz durch Conftruction der Begriffe. Ein Beifpiel hierzu f. Acroamatifch, 1. (C. 764. P. 22. 23.*).

Kant. Critik der rein. Vern. Elementarl. I. Tb. I. Abfchn. §. 3. S. 41. II. Th. I. Abth. I Buch. I. Hauptft. II. Abfchn. §. 9. 4 S. 101. II. Buch. II. Hauptft. III. Abfchn S 199. II. Th. II. Abth. II. Buch. III. Hauptft. VII. Abfchn. Anhang. S. 674. Methodenl. I. Hauptft. I. Abfchn. 3. S. 764.
Deff. Prolegom. §. 6 S. 49.
Deff. Crit. der pract. Vern. Vorrede. S. 22. 23.*).

Apperception,

Bewufstfeyn, Selbftbewufstfeyn, *apperceptio, confcientia, perception, confcience, fentiment interieur (self—confciousneſs).* Diefes Wort wird von Kant in zweierlei Bedeutung gebraucht:

1. heifst es fo viel als das **Bewufstfeyn feiner felbft**, d. i. die einfache Vorftellung des Ich. Wenn ein der Vorftellungen fähiges Subject Vorftellungen hat, fo verknüpft es ſtets mit diefen Vorſtellungen noch die, dafs **es ſie hat**. Diefe zweite Vorſtellung, dafs Ich, das vorſtellende Subject, diefe Vorſtellungen habe, heifst das **Bewufstfeyn meiner felbft**, oder die **Apperception**. Diefe Vorſtellung iſt einfach, oder es laſſen ſich in ihr keine Merkmale unterſcheiden. Sie iſt eine Wirkung des Verſtandes, der dadurch alles Mannichfaltige einer Vorſtellung in eine einzige Vorſtellung verknüpft, oder nach Kants Kunſtſprache eine **Syntheſis** hervorbringt. Wenn ich z. B. denke, **ich ſehe**, fo wird alles Mannichfaltige in der Vorſtellung des Sehens, durch die einfache Vorſtellung des Ich, verknüpft, und dadurch eine **einzige** Vorſtellung, von der ich nun ſage, dafs ſie mit Apperception verbunden iſt. Würde das Mannichfaltige in der Vorſtellung, **ich ſehe**, durch die Vorſtellung Ich eben ſo **ſelbſtthätig** in meinem Subject hervorgebracht, als das Mannichfaltige derſelben **ſelbſtthätig** verbunden wird, fo ſchauete der Verſtand an, und wir hätten intellectuelle Anſchauungen. Allein dieſes Mannichfaltige wird dadurch, dafs die Sinnlichkeit afficirt wird, gegeben, denn ich kann nicht Licht und Augen und Gegenſtände durch ein bloſses Denken herbeiſchaffen, wenn keine da ſind; alſo **ſchauet die Sinnlichkeit vermittelſt der Affectionen an**, und **der Verſtand denkt**, oder vereinigt durch jene Syntheſis das durch die Affectionen gegebene Mannichfaltige in einen Begriff (C. 68.).

2. Diefe **Apperception** iſt nun von zweierlei Art:

a. Die **empiriſche Apperception**, oder das Bewufstfeyn, welches blofs die Vorſtellungen begleitet, d. i. das einfache **Ich**, welches zu jeder Vorſtellung unmittelbar hinzukömmt, z. B. **Ich ſehe**, **Ich denke**, **dieſer Tiſch** (d. h. der Tiſch, den **Ich** anſchaue), der Stuhl (nehmlich derjenige, den Ich in Gedanken habe) u. ſ. w. Diefe empiriſche Apperception nennt man auch die **Wahrnehmung**

ſtellungen *a priori* möglich macht, das transſcendentale Selbſtbewuſstſeyn. Das reine Ich, oder die reine Vorſtellung Ich denke, (Ich bins, der dieſe Vorſtellungen hat) muſs alle meine Vorſtellungen begleiten; denn ſonſt würde etwas in mir vorgeſtellt werden können, was doch nicht gedacht werden könnte, denn es wäre in keiner Verbindung mit dem vorſtellenden Subject. Das heiſst, die Vorſtellung wäre nicht dieſes Subjects Vorſtellung, wie das Bild im Spiegel nicht des Spiegels Vorſtellung iſt, ſondern nur durch den Spiegel einem andern, in den Spiegel ſchauenden vorgeſtellt wird; oder die Vorſtellung wäre doch für mich nichts, ſo wie das Bild im Spiegel für den Spiegel nichts iſt. Denn wenn auch

Verbindung aller Ich, zu Einem Ich, entsteht, nenn'
Kant die synthetische Einheit der Apperception. Sie
macht die Vorstellung möglich, dafs alle jene Ich identisch, oder das Bewufstseyn in allen einzelnen Vorstellungen das nehmliche ist, welches er die analytische
Einheit der Apperception nennt. So wie es nun mit
diesen Vorstellungen war, so ist es nothwendig auch mit
den einzelnen Theilen derselben, und folglich auch mit
den Anschauungen und ihren einzelnen Theilen Das
Mannichfaltige einer Anschauung kömmt einzeln in uns.
Jedes Einzelne dieses Mannichfaltigen wird mit empiri-

fchem Bewufstfeyn verbunden, und durch die Heftung des empirifchen Bewufstfeyns in jeder Theilvorftellung der Anfchauung an, ein einzelnes Bewufstfeyn, oder an die Vorftellung, Ich denke, die das Bewufstfeyn in allen jenen Theilvorftellungen begleitet, wird es mir möglich, das Bewufstfeyn in denfelben immer für das nehmliche zu erkennen, und fo die Anfchauung zu erzeugen. Diefes Bewufstfeyn oder diefe urfprüngliche Apperception geht alfo allen meinen Anfchauungen, und alfo allem meinen beftimmten Denken *a priori* vorher, und ift der urfprüngliche Grund aller Verknüpfung. Die Verknüpfung kommt alfo nicht von dem Gegenftande her, und wird nicht etwa von dem Verftande wahrgenommen, und dadurch erkannt; fondern umgekehrt der Gegenftand von diefer Verknüpfung durch den Verftand; denn der Verftand macht diefe Verknüpfung und eben dadurch den Stoff der Anfchauungen zu Anfchauungen, die fich dann der Verftand unter dem Begriff **Gegenftand** denkt, der als finnlicher, aber noch nicht durch Prädicate beftimmter, Gegenftand **Erfcheinung** heifst. Der Verftand ift alfo ein Vermögen *a priori* zu verbinden, und das Mannichfaltige gegebener Vorftellungen in ein einziges Bewufstfeyn mit einander zu verbinden. Daher ift nun auch der oberfte Grundfatz aller menfchlichen Erkenntnifs: **alles Mannichfaltige der Anfchauung ftehet unter dem, wodurch der Verftand Einheit, und zwar urfprüngliche fynthetifche Einheit der Apperception, hervorbringt** (M. I. 154. C. 133 f.).

4. Diefer Grundfatz, dafs alles Mannichfaltige gegebener Vorftellungen unter den Bedingungen der urfprünglich - fynthetifchen Einheit der Apperception ftehen mufs, ift **identifch**. Denn er fagt nichts weiter, als dafs alle **meine** Vorftellungen unter den Bedingungen ftehen, die fie zu **meinen** Vorftellungen machen. Sie find **meine** Vorftellungen, heifst nehmlich nichts anders, als fie find in meinem Bewufstfeyn verbunden, welches eben durch die Verknüpfung (Synthefis) des Verftandes gefchieht. (M I. 153. C. 138.). Obiger Grundfatz ift alfo **analytifch**, denn das Prädicat, unter den Bedingungen der urfprünglich - fynthetifchen Ein-

heit der Apperception stehen, steckt in dem Subject, gegebene Vorstellungen, weil gegebene Vorstellungen nichts anders heifst, als solche, die durch Afficirung meiner Sinnlichkeit, und Wirkung des Verstandes, meine Vorstellungen geworden sind. Dennoch ist dieser Grundsatz nicht leer und überflüfsig, sondern er erklärt die Synthesis der ursprünglichen Apperception für nothwendig, wenn das gegebene Mannichfaltige der Anschauung nicht blofs mit Bewufstseyn soll in uns seyn, sondern das Bewufstseyn in allen Theilvorstellungen derselben soll identisch, oder als immer das nehmliche gedacht werden, kurz wenn alles, was wir anschauen, zu einem und demselben Selbst gehören soll (M. I. 149. C. 135). Obiger Grundsatz heifst der **Grundsatz der synthetischen Einheit der Apperception**, und ist der oberste Grundsatz für den Verstand, und für denselben eben das, was der Grundsatz, dafs alles Mannichfaltige der Anschauungen unter den formalen Bedingungen des Raums und der Zeit stehe, **für die Sinnlichkeit** ist.

5. Der Grundsatz der ursprünglich-synthetischen Einheit der Apperception ist also das, den Erkenntnifsquellen nach, **erste reine Verstandeserkenntnifs**. Ich sage, den **Erkenntnifsquellen nach**, denn es gehört der Zeit nach eine lange Cultur des philosophischen Verstandes dazu, ehe er sich bis zum deutlichen Bewufstseyn dieses obersten Grunsatzes aller Verstandeserkenntnifs erheben kann. Der Zeit nach kömmt er also sehr spät. Aber er gehet doch in der Genesis, oder Erzeugung aller Erkenntnifs durch den Verstand, vor aller andern Verstandeserkenntnifs her, und macht sie erst möglich. Auch ist er von Raum und Zeit, als den Bedingungen der sinnlichen Anschauung gänzlich unabhängig, vielmehr hängen diese, als Anschauungen (aber nicht als blofse Formen, denn als solche sind sie blofs ein Mannichfaltiges, das erst durch Apperception zu Anschauungen verknüpft werden mufs) von demselben ab. Die blofse Form der äufsern sinnlichen Anschauung ist z. B. das Mannichfaltige, das hernach zu einer Anschauung verknüpft ist, die Raum heifst. So lange es

noch Form des Gemüths ist, so lange giebt es noch keine Vorstellung, so lange ist es nur noch ein Mannichfaltiges *a priori*, woraus Anschauung werden kann. Will ich nun etwas im Raume, z. B. eine Linie, erkennen, so muſs ich sie in Gedanken ziehen. Dadurch verbinde ich das Mannichfaltige, das mein Gemüth giebt, auf eine bestimmte Weise in Eine Apperception. Durch diese Handlung entstehet nun die Einheit einer bestimmten Anschauung (der Linie), die Einheit des Bewuſstseyns eines Objects, das ich anschaue, oder auf das ich meine Anschauung durch den Verstand beziehen, und es demnach durch nähere Bestimmung, vermittelst der Prädicate, erkennen kann. (C. 137).

6. Soll also ein Gegenstand für mich entstehen, so muſs durch den Actus des Verstandes, Ich denke, jedes Mannichfaltige der Anschauung in ein transcendentales Selbstbewuſstseyn verknüpft werden; und so bedürfen wir dieser transcendentalen Apperception nicht etwa bloſs, um Gegenstände zu erkennen, sondern zu erzeugen (C. 138). Noch ist zu merken, daſs dieser Grundsatz der ursprünglich-synthetischen Einheit der Apperception, ob er wohl **objectiv**, das ist, für jeden Verstand, der durch Begriffe erkennt, gültig ist, dennoch nicht für jeden möglichen Verstand überhaupt gilt. Brächte der Verstand durch sein Selbstbewuſstseyn, oder seine Vorstellung, Ich denke, das, was er denkt, oder das Mannichfaltige der Anschauung selbst hervor, so wäre es schon in diesem erzeugenden Selbstbewuſstseyn verbunden, und bedürfte keiner weitern Verknüpfung (Synthesis). Aber für den **menschlichen** Verstand ist er doch unvermeidlich der erste Grundsatz. Und eben daher rührt es auch, daſs wir uns von einem andern Verstande, der selbst anschauete, oder doch auf eine andre Art der Sinnlichkeit, als die unsrige ist, angewendet würde, **eigentlich** keinen Begriff machen können (M. I. 154. C. 138 f.).

was zur Erörterung der Apperception Artikeln Bewuſstseyn, Selbst-

7. II. Kant verfteht aber unter **Apperception** auch das **Vermögen des Bewufstfeyns** (N. 117.), oder das Vermögen, die Vorftellungen mit der Vorftellung des Ich zu begleiten, und diefes ift hiernach ebenfalls wieder

a. die **empirifche Apperception**, oder das Vermögen, welches da. macht, dafs ich mir meiner Vorftellungen bewufst bin; und heifst auch der **innere Sinn**. Es ift das Vermögen, fich feines jedesmaligen Zuftandes, feiner Wahrnehmungen, bewufst zu werden; und

b. die **reine, urfprüngliche oder transfcendentale** Apperception, oder das Vermögen, durch welches ich mir der Identität des empirifchen Bewufstfeyns in allen meinen Vorftellungen bewufst werde, oder dafs es immer das nehmliche Ich ift, das fie alle begleitet. Diefes Apperceptionsvermögen ift ganz intellectuell und der **Verftand** felbft.

8. Wir find uns aber entweder der Gegenftände bewufst, mit welchen wir uns befchäftigen, dieſes ift das **empirifche Bewufstfeyn derfelben**, oder wir machen uns felbft zum Gegenftande unferer Beobachtung oder unfers Nachdenkens, und fpeculiren über unfer eigenes Ich; dann haben wir das **empirifche Bewufstfeyn unfrer felbft**. Darum heifst nun auch die urfprüngliche Apperception das urfprüngliche **Selbftbewufstfeyn**, weil wir uns durch daffelbe der Identität unfers Ichs bewufst find. Aus allem diefem fehen wir nun, warum Kant (in einer pragmatifchen Anthropologie, welche blofs im Manufcript vorhanden ift) fagt: „das Ich ift das, was den Menfchen von den Thieren unterfcheidet. Wenn ein Pferd den Gedanken Ich faffen könnte, fo würde ich hinunterfteigen und es als meinen Gefellfchafter betrachten müffen. Denn das Ich macht den Menfchen zur Perfon. Diefer Gedanke giebt dem Menfchen das Vermögen zu allem, und macht ihn felbft zum Gegenftande feiner Reflexionen. Diefes Ich begleitet alle unfere Gedanken und Handlungen, und ift der ftärkfte Gedanke, den der Menfch faffen kann."

ģ. Jede Vorstellung, die wir haben, ist mit Bewufstseyn verbunden, weil wir ohne Bewufstseyn derselben nicht wissen können, ob wir Vorstellungen haben. Nun hat das Bewufstseyn seine Grade. Locke behauptet das Gegentheil, hat aber unrecht. So lange Vorstellungen dunkel sind, sind wir uns ihrer nur nicht klar und deutlich bewufst, denn sie liegen dann blofs in der unmittelbaren Empfindung, welche noch nicht zur Anschauung gebracht worden, wir können aber dann doch durch Schlüsse herausbringen, dafs sie vorhanden sind. Kant giebt (in dem angeführten Manuscript) hierzu folgendes Beispiel. Wir sehen am Himmel eine Milchstrafse, die Alten sahen sie auch, und glaubten, es sei ausgespritzte Milch einer Göttin u. s. w. Der Tubus zeigt uns jetzt, dafs es der Widerschein von vielen kleinen Sternen ist. Folglich haben die Alten auch diese kleinen Sterne gesehen, denn sonst hätten sie die Milchstrafse nicht gesehen, aufser dafs sie nur nicht jeden einzelnen Stern sahen, sondern nur den Widerschein desselben. Also lagen die dunkeln Vorstellungen von den Sternen der Milchstrafse schon in den Alten, sie hatten zwar die unmittelbare Empfindung derselben, aber sie schaueten sie nicht an, sondern konnten blofs schliefsen, was es wohl seyn möchte.

Kant. Critik. der rein. Vern. Elementarl. I. Th. II. Abschn. § 8. II. S. 68. II. Th. I. Abth. I. Buch. II. Hauptst. II. Abschn. §. 16. S. 131 ff. §. 17. S. 136 ff. Dess. Metaphys. Anfangsgr. der Naturw. Mechan. Lehrsatz. 2. Anmerk. S. 117.

Apprehendiren,

auffassen, *apprehendere*, *appréhender* heifst, dasjenige, was im Gemüth liegt, aufsuchen, um sich desselben bewufst zu werden (C. 68); oder derjenige Actus des Vermögens sich bewufst zu werden, dadurch ich eine Vorstellung davon bekomme, dafs mir ein Object erscheint. Der Ausdruck ist lateinischen Ursprungs, und bedeutet etwas ergreifen, auffassen, und daher bei Kant ins Bewufstseyn aufnehmen (C. 202). S. Apperception I. a.

2. Das Apperceptionsvermögen, oder das Vermögen, sich bewufst zu werden, mufs verschiedene Actus oder Handlungen vornehmen, ehe eine Vorstellung zum Bewufstseyn kömmt, und kann also in viele einzelne Vermögen eingetheilt werden. Allein dann wird das Wort Apperceptionsvermögen im weitern Sinne des Worts gebraucht (C. 68); man thut aber besser, wenn man, wie Kant aufser der angeführten Stelle immer thut, es blofs im engern Sinne gebraucht, so wie es unter dem Artikel Apperception ist erklärt worden. Dann mufs man sagen, es müssen mehrere Vermögen wirken, ehe die Apperception ihr Ich mit der Vorstellung verbinden kann. Zu diesen Vermögen gehört nun auch das zu apprehendiren, welches eigentlich die Einbildungskraft ist. Gesetzt nehmlich, es afficirt etwas meine Sinnlichkeit so, dafs daraus die Anschauung eines Hauses entspringen kann, so mufs ich das Mannichfaltige in der Empfindung (die Materie zur Anschauung) von Augenblick zu Augenblick durchgehen. So zeichne ich gleichsam, durch dieses Durchlaufen der Empfindungen, das Haus mit dem Raum, in welchem ich es mir vorstellen mufs (C. 162). Oder, wenn ich das Gefrieren des Wassers wahrnehmen will, so durchlaufe ich zwei Zustände, den, da es flüfsig war, und den, da es fest ist. Dadurch entstehet eine allmählige Verknüpfung (Synthesis), welche die Apprehension heifst, wodurch zugleich die Zeit mit erzeugt wird, in die ich beide Zustände, nehmlich die des Flüssig- und Festseyns, setze. Hierdurch wird es nun möglich, dafs ich meinen eigenen Zustand bestimmen und mir bewufst werden kann, dafs ich diese Anschauungen habe, indem ich sowohl mit dem Apprehendiren des Flüssigseyns, als des Festseyns mein Ich verknüpfe (C. 162). Wir sehen also, dafs die Apprehension das durch die Affection des Sinnes gegebene Mannichfaltige eigentlich in ein Bild zusammensetzt, entweder blofs in der Zeit, oder in Raum und Zeit zugleich. Diese figürliche Verbindung geschieht also durch die Einwirkung des Verstandes auf den durch die Sinnlichkeit gegebenen Stoff, und dasjenige

Apprehendiren.

Vermögen des Verſtandes, wodurch er das leiſtet, heiſst die **Einbildungskraft**, und zwar die **productive**, weil ſie den bildlichen Gegenſtand ſelbſt hervorbringt, zum Unterſchiede von der **reproductiven**, welche nur ein im Gedächtniſſe aufbewahrtes Bild wieder hervorbringt.

3. Man ſchrieb ſonſt dieſes Apprehendiren der Sinnlichkeit zu, und liefs dem Verſtande nur das Geſchäft, durch Analyſis der Merkmale Deutlichkeit in das Aufgefafste zu bringen. Die Sinnlichkeit hatte hiernach das Geſchäft, undeutliche oder verworrene Copien von den **Dingen an ſich** zu liefern. Man ſtellte ſich vor, daſs die **Dinge an ſich** der Sinnlichkeit ſchon ein Ganzes und Verbundenes darſtellten, dieſes apprehendire dann die Sinnlichkeit, obwohl verworren, und der Verſtand ſei nun dazu, Deutlichkeit in dieſe verworrenen Vorſtellungen zu bringen. Aber Kant lehrt, daſs die Sinnlichkeit **afficirt** werde, ohne daſs wir wiſſen wodurch, hierdurch entſtehe ſucceſſive Empfindung, die die Einbildungskraft **apprehendire**, der Verſtand **wahrnehme** und an ein und daſſelbe Ich knüpfe, und dadurch die **Anſchauung** bewirke; dieſer legt alsdann der Verſtand den Begriff eines **Gegenſtandes** unter, d. i. eines Etwas, in dem alle Theilvorſtellungen der Anſchauung als nothwendig verknüpft gedacht werden, und dieſer Gegenſtand heiſst, ſo lange er noch nicht durch Merkmale beſtimmt iſt, **Erſcheinung**.

4. Daſs es aber nicht die Sinnlichkeit iſt, welche apprehendirt, das ſiehet man daraus, weil die Sinnlichkeit eine bloſse Receptivität oder Fähigkeit, aber kein **ſelbſtthätiges Vermögen** iſt. Nun ſteht es aber doch bei uns, z. B. wenn unſre Augen nach einer gewiſſen Gegend zugekehrt ſind, ob wir den Eindruck des uns unbekannten Etwas auf unſre Sinnlichkeit **apprehendiren**, und alſo die Gegend wahrnehmen wollen, oder nicht. Wir können ja auch, in uns ſelbſt gekehrt, uns des vorhandenen Gegenſtandes gänzlich unbewuſst bleiben, und folglich nicht apprehendiren **wollen**. Die Einbildungskraft aber iſt

eine Spontaneität, oder ein felbftthätiges Vermögen. Der Gegenftand ift übrigens vorhanden, ob wir gleich nicht apprehendiren, und ihn für uns nicht erzeugen, das heifst, Andere, die das thun, müffen ihn nothwendig anfchauen und als exiftirend denken, und es ftehet blofs bei uns, ob wir die Anfchauung deffelben haben wollen oder nicht. Das Uebrige, was das Apprehendiren betrifft, im folgenden Artikel: Apprehenfion.

>Kant. Critik der rein. Vern. ElementarL I. Th. II. Abfchn. § 8. II. S. 68 II. Th I. Abth. I. Buch. II. Hauptft. II. Abfchn. § 26. S. 162. II. Buch. II. Hauptft. III. Abfchn. I. Bew. S. 202. f.

Apprehenfion,

Auffaffung, *apprehenfio*, *apprehenfion*. Diejenige Verknüpfung (Synthefis), durch welche die Vorftellungen, als Modificationen des Gemüths, in Eine Anfchauung zufammengeftellt werden, fo dafs dadurch Wahrnehmung möglich wird (M. I. 172. C. 160. 219.) f. Apperception. I. a. u. Apprehendiren.

2. Unfre Vorftellungen mögen *) *a priori* oder empirifch (durch die Erfahrung) entfpringen, fo find fie doch alle Modificationen des Gemüths, den formalen Bedingungen des innern Sinnes oder der Zeit unterworfen. Jede Anfchauung enthält ein Mannichfaltiges in fich, diefes Mannichfaltige kömmt nun fucceffiv in Zeitmomenten in den innern Sinn. Die Vorftellungen der Theilchen folgen auf einander. Jedes Zeitmoment ift mit einem Theile des Mannichfaltigen erfüllt, welcher Empfindung heifst, und nichts anders als eine durch etwas Unbekanntes hervorgebrachte Modification unfers Gemüths und die Materie zur nachherigen Anfchauung ift. Der Verftand fetzt nun

---

*) Nehmlich nicht nur diejenigen, welche blofs im innern Sinne find, oder die Gedanken, fondern auch die zugleich im äufsern Sinne befindlichen, oder die Körper; denn auch die letztern find Vorftellungen, die als Dinge, die einen Raum erfüllen, eine Figur haben, u. f. w. aufser dem modificirten Gemüth nicht vorhanden find.

ein erfülltes Zeitmoment nach dem andern zu den übrigen hinzu, und wenn es zugleich eine Modification des äufsern Sinnes ift, ein erfülltes Raumtheilchen nach dem andern zu den übrigen. Diefes heifst nun die Apprehenfion. Diefe erfüllten Zeitmomente und Raumtheilchen, wodurch nicht nur die Anfchauungen in Zeit und Raum, fondern diefe zugleich mit erzeugt werden, und folglich auch die Erfcheinungen felbft, welche nichts anders find, als das noch unbeftimmte Object, das mein Verftand den Anfchauungen unterlegt. Diefe Zufammenfetzung ift nun eine Verknüpfung (Synthefis), und heifst daher die Synthefis der Apprehenfion (M. I, 172. C. 160).

3. Nun kann aber diefe Synthefis auch blofs Zeitmomente und Raumtheilchen zufammenfetzen, ohne dafs fie erfüllt find, nehmlich in der reinen Einbildungskraft; denn wirklich leere Zeitmomente und Raumtheilchen können nicht apprehendirt werden. Oder ich kann von dem erfüllten Zeitmomente und Raumtheilchen abftrahiren, und blofs die Apprehenfion der Zeitmomente und Raumtheilchen betrachten, die felbft allen erfüllten oder empirifchen Zeitmomenten und Raumtheilchen zum Grunde liegen, d. i. der reinen*); fo folgt, dafs die Synthefis der Apprehenfion auch a priori, d. h. in Anfehung der Vorftellungen, die nicht empirifch find, ausgeübt werde. Alfo haben wir eine reine und eine empirifche Synthefis der Apprehenfion. Durch die erfte werden blofs die reinen Anfchauungen von Raum und Zeit, z. B Zahlenvorftellungen, geometrifche Figuren u. f. w., durch die andere die Empfindungen mit Zeit und Raum, welche dann empirifch find, apprehendirt (C. 235. 237).

---

*) Denn, wenn ich z. B. die ganze Regierung des Angufus, folglich auch die Dauer derfelben, alfo die Zeit, welche von ihr erfüllt wird, wegdenke, fo entftehet darum keine Zeitlücke, fondern es bleibt, wegen der Continuität der Zeit, die reine Zeit übrig, in die jene empirifche Zeitdauer gefetzt wird.

4. Die Apprehenſion ſelbſt iſt ſehr leicht, denn was iſt leichter als ein durch Empfindung erfülltes Zeitmoment oder Raumtheilchen nach dem andern zu den übrigen hinzuthun, wenn ich nur nicht meine Einbildungskraft anſpannen darf, an die bereits hinzugeſetzten weiter zu denken. Dann können wir die Apprehenſion ins Unendliche fortſetzen. Allein durch dieſe Apprehenſion **allein** würden wir nimmermehr eine Anſchauung erhalten. Darum iſt mit ihr noch ein Actus der **reproductiven** Einbildungskraft nothwendig verbunden, nehmlich, die immer wiederholte Darſtellung des bereits Apprehendirten, welches Kant die **Reproduction in der Einbildungskraft** nennt. Denn, wenn wir uns z. B. eine gewiſſe Zahl vorſtellen wollten, wir vergäſsen aber immer wieder die nach einander vorgeſtellten Einheiten, ſo würde niemals eine Vorſtellung von der ganzen Zahl entſtehen. Dieſe Reproduction und das folgende Apprehendirte damit **zuſammen zu faſſen** iſt weit ſchwerer, als die Apprehenſion, und kann nur bis zu einem gewiſſen Punct getrieben werden, welches aber ſubjectiv iſt. Sie iſt indeſſen durchaus nöthig, um das Bild in der Anſchauung zu **vollenden**. Wenn man z. B. den ägyptiſchen Pyramiden zu nahe iſt, ſo bedarf das Auge einige Zeit, um die **Auffaſſung** von der Grundfläche bis zur Spitze zu vollenden, in dieſer Zeit aber erlöſchen immer zum Theil die erſtern Theile, die aufgefaſst werden, ehe die Einbildungskraft die letztern aufgenommen hat, ſie können von der Einbildungskraft nicht wieder reproducirt werden, und die Zuſammenfaſſung iſt nie vollſtändig (U. 87). S. das Uebrige im Artikel **Apprehendiren**.

5. Unter der Apprehenſion verſtehet Kant aber auch, in der Rechtslehre, das erſte Moment der urſprünglichen Erwerbung. Er ſagt, ſie ſei **die Beſitznehmung des Gegenſtandes der Willkür im Raum und in der Zeit**. Wenn z. B. mit Soldaten nach einer Inſel geſchickt w[...] keinem angehört, folglich noch [...] und die Inſel würde im Namen [...] Schiff abgeſendet hätte, von [...]

Befitz genommen, fo wäre das die **Apprehenfion** der Infel. Diefe Apprehenfion widerftreitet Niemandes Recht, da die Infel noch keinem angehört. Diefe Apprehenfion ift nun ein Stück (Moment) der **Befitzergreifung** oder **Bemächtigung** (*occupatio*) f. **Bemächtigung** (K. 77.).

 Kant. Critik der rein. Vern. Elementarl. II. Th. I. Abth. I. Buch. II. Hauptft. II. Abfchn. §. 26. S. 160. II. Buch. II. Hauptft. III. Abfchn. 3. Bew. S. 219. B. S. 235. 237.
 Deff. Crit. der Urtheilskraft. §. 26. S. 87.
 Deff. Metaph. Anfangsgr. der Rechtsl. I. Th. II. Hauptft. §. 10. S. 77. f.

Archäologie

der **Natur**, *Archaeologia naturae*. Die Vorftellung des ehemaligen alten Zuftandes der Erde, f. **Naturgefchichte**, oder die Sammlung der auf Gründen beruhenden Vermuthungen (**Hypothefen**), in welchem Zuftande fich die Erde ehemals befunden habe, als z. B. die Petrefacten noch nicht verfteinert waren, als die Thiere noch lebten, deren Knochen man am Ohio findet, als in Europa noch Elephanten waren (U. 285.*).

 2. Der **Archäologe der Natur** leitet nehmlich den ehemaligen Zuftand der Erde und ihrer auf derfelben lebenden Bewohner aus denen Ueberbleibfeln der Urwelt ab, welche man noch jetzt auf und in der Erde findet, und aus den übriggebliebenen Spuren der älteften Revolutionen. So laffen z. B. einige die grofse Familie organifirter Wefen nach einem Mechanismus entfpringen. Sie laffen nehmlich den Mutterfchoofs der Erde gebähren, können aber daraus nicht erklären, wie auf diefe Art lebendige organifirte Wefen entftehen konnten, an denen jedes Glied um aller übrigen willen, und wieder alle um jedes einzelnen willen vorhanden find, fo dafs man daraus Endurfachen oder Zwecke zur Erklärung des Dafeyns diefer Glieder zum Grunde legen muß (... 707. U. 369.).

3. Wir finden, um ein anderes Beispiel zu geben, dafs die Individuen gewisser organisirter Gattungen sich verändert haben; dies mufs der Archäologe der Natur erklären. Pflanzt sich die Veränderung durch die Zeugung fort, so ist dieser abgeänderte Character jener Individuen erblich, und mufs folglich sich auf die Zwecke an diesen organisirten Wesen beziehen, oder mit den übrigen als Mittel und Zweck in Verbindung stehen; denn es ist der Character eines organisirten Wesens, dafs an demselben alles als Zweck und Mittel in Verbindung stehet. Folglich mufs der Archäologe der Natur annehmen, dafs ehemals die ursprüngliche Anlage zu der Veränderung jener Individuen, nur noch unentwickelt, in der Gattung gelegen habe (M. II. 902. U. 371.).

4. Man findet ferner allenthalben auf und in der Erde Denkmäler von alten mächtigen Verwüstungen und wilden allgewaltigen Kräften einer im chaotischen Zustande arbeitenden Natur. Eine nähere Untersuchung der Länder auf der Erde beweiset, dafs sie blofs als die Wirkung theils feuriger, theils wässeriger Eruptionen, oder auch Empörungen des Oceans zu Stande gekommen sind, sowohl was die erste Erzeugung ihrer Gestalt, als die Umbildung derselben und den Untergang ihrer ersten organischen Erzeugungen betrifft (U. 385.).

5. Man hat bisher an einer solchen Archäologie unter dem Namen einer Theorie der Erde vielfältig gearbeitet. Man kann die vornehmsten Systeme über die Entstehung des jetzigen Zustandes der Erde auf folgende drei bringen.

Die Haupturfache der jetzigen Beschaffenheit der Erde ist entweder

    I. die Sündfluth; oder

    II. eine sich allmählig senkende Wasseroberfläche; oder

    III. Feuer und Wasser zugleich.

Archäologie.

I.

a, Nach Thomas Burnet (*Telluris theoria sacra Amstel.* 1694*). 4. *lib. I. Cap. VIII*) erzählt Moses nur eine Veränderung der Erde; die Welt sei weit älter als diese Veränderung. Burnet denkt sich unsern Planeten als eine unordentliche Vermischung von allerhand Materien**). Diese schieden sich nach ihrer verschiedenen Schwere: zuoberst blieb die Luft, tiefer senkten sich die ölichten oder fetten Flüssigkeiten, noch tiefer das Wasser, das schwerste setzte sich nach und nach um den Mittelpunct fest, und bildete einen festen Kern. Die Luft war noch mit fremden und erdartigen Theilen vermischt, die endlich nieder fielen, stehen blieben und sich mit den ölichten Theilen vermischten, woraus eine Schicht ganz feiner und für den ersten Samen passender Erde über dem Wasser entstand (*Lib. I. Cap. V.*). So war der erste Aufenthalt der Menschen beschaffen, ausserdem eben, ohne Meer und Jahreszeiten, und folglich von unserm gegenwärtigen ganz verschieden***). Dieser Zustand blieb nun 1600 Jahre, in welcher Zeit die Sonnenwärme die Schlammrinde, so austrocknete, dass sie mehr und mehr zu bersten anfing. Die Sonne drang durch die Risse und Spalten, erhitzte das Wasser unter der Rinde, verwandelte vieles davon in Dünste, welche einen Ausgang suchten, und von unten gegen die Rinde drückten. Endlich zerbrach dadurch die Erdrinde

---

*) Er gab sie znerst 1680 heraus, auch hat er *archaeologias philosophicas* geschrieben, worin er die Lehren der alten Philosophen von dem Anfange und Ende der Welt vorträgt, und welche der eben angeführten Ausgabe seiner *Theoria* angehängt sind.

**) So wie Ovidius sich das Chaos vorstellt. *Fast. lib. I.*
Lucidus hic aër, et quae tria corpora restant,
Ignis, aqua et tellus, unus acervus erant.

***) Burnet fasst seine Theorie in einige Hauptsätze (*Propositiones*) zusammen. Pr. 1. *Forma Telluris primae et antediluvianae diversa fuit ab hodierna.* Lib. I. Cap. IV. Pr. 2. *Forma telluris primae, sive primi orbis habitabilis, erat aequabilis, uniformis, continua, sine montibus et sine hiatu maris.* Lib. I. Cap. V.

auf einmal in viele Stücke, die in den Abgrund des Waffers hinabfanken, fo entftand, durch Mitwirkung eines fchrecklichen Regens, die Sündfluth. Mit den finkenden Stücken der Rinde ereignete fich aber alles das, was eine folche Zerftörung natürlicher Weife begleitet; die am höchften aufgethürmten Stücke ragten aus dem Waffer hervor, und das Waffer verlief fich zum Theil in die unterirdifchen Klüfte, und hierdurch entftand das Land, welches wir jetzt bewohnen (*Lib. I. Cap. VI. et VII.*)*). — Allein de Lüc (Briefe über die Gefchichte der Erde und des Menfchen I. Band. XVI. Br.) fragt mit Recht: wie können fo viele Seethiere unter der trockenen Rinde, die das ganze Waffer bedeckte, leben und fich fortpflanzen? und Moro hat (in feinem III. e, angeführten Buche, I. Th. Hauptft. VII. — XVI.) Burnets Syftem aus phyfifchen Gründen weitläuftig widerlegt.

b. Johann Woodward (*Hiftoria naturalis telluris.* Lond. 1695. 8.) läfst in der Sündfluth die höchften Berge mit dem Waffer bedecken, welches feiner Meinung nach im Innern der Erde um den Mittelpunct fich befindet. Gott hob zugleich die Gefetze der Schwere und des Zufammenhangs der Körper auf, dadurch wurde es möglich, dafs das Waffer die härteften Metalle auflöfen konnte, aber Schnecken und Knochen, deren Bauart, wegen der Verflechtung ihrer Fibern, anders befchaffen ift, blieben unzerftört. Er liefs darauf die Schwere wieder entftehen. Nun fingen die Materien an, fich nach ihrer verfchiedenen Schwere nach dem Mittelpunct zu fenken; daher rühren die Erdfchichten und der verfchiedene Meeresgrund in der Erde, die oberfte Schicht ift unfer bewohntes Land. — Allein de Lüc (1. B. XVII. Br.) fragt: was ift eine Fiber anders, als ein Körper, deffen Theile durch Cohäfion (Zufammenhang) verbunden find? Woodward macht ferner die Sündfluth zu einem Wunderwerk, dann bedarfs aber weiter keines Syftems zur Erklärung derfelben.

---

*) *Pr. 3. Ex diffolutione Veteris mundi et lapfu exterioris terrae in Abyffum ortum effe Diluvium univerfale.*

Archäologie.

— Moro widerlegt Woodwards Syftem ebenfalls (Hauptft. XVIII. — XXIII), und de Luc (Br. XVII. — XIX); beide aus phyfifchen Gründen.

c. Whifton (*A new Theory of the Earth.* London. 1708. 8.) legte die Schöpfungsgefchichte fo aus: die Erde war vor der Schöpfung des Mofe, welche nur eine Umbildung war, ein Comet, und erhielt am Schöpfungstage ihre jetzige Bewegung, woraus und durch die von einem andern Cometen herrührende Sündfluth die ganze gegenwärtige Befchaffenheit unfers Wohnplatzes entftand. — Es find bei diefem Syftem zu viel willkührliche Vorausfetzungen.

d. Scheuchzer (*Hift. d'Acad. d. Sc. de Paris a.* 1708. *edit. en* 12. *Pag.* 36. *fq.*) fchickte der Academie der Wiffenfchaften zu Paris eine Abhandlung über die Bildung der Erde zu. Er nahm in derfelben auch die allgemeine Sündfluth als eine Urfache der Umbildung der Erde an, behauptete aber, um die Rückkehr des Waffers und zugleich die Entftehung der Berge zu erklären, Gott habe eine grofse Anzahl horizontaler fteinartiger Schichten der Erde über die Fläche der Erdkugel emporgehoben. Gott habe das aber nur in Ländern gethan, wo viele fchon fteinartige Schichten gewefen wären. Hieraus erklärt er, warum fteinigte Länder, wie die Schweiz, auch fehr bergigt, fandigte aber, z. B. Flandern, Deutfchland, Polen beinahe ganz ohne Berge find. — Allein ein Wunder erklärt nichts.

e. Plüche (*Spectacle de la Nature.* T. III. Partic. 2.) fagt: bei der erften Entftehung der Erde fei die Ebene des Aequators der Ebene ihrer Bahn um die Sonne parallel gewefen. In diefem erften Zuftande fei das Meer noch zum Theil unter der Erdfläche verborgen gewefen; es habe im Innern der Erde grofse Wafferbehältniffe gegeben, welche durch einen tiefen Abgrund mit einander zufammengehangen hätten. Nun habe der Schöpfer die Axe der Erde ein wenig mehr nach den nördlichen Geftirnen hingelenkt. Dadurch fei die Hitze der Sonne alle auf die eine Halbkugel gefallen, indem die andere dem ftrengften Froft ausgefetzt gewefen. Daher entftanden Ausdehnungen und Zufammenziehungen, gewaltfame Stürme, welche die Athmofphäre beunruhigten, und zwifchen das unterirdifche Waffer und das darüber ftehende Gewölbe hineindrangen. Das Waffer der Atmofphäre ward durch diefe Windftöfse verdichtet, und ftürzte wie ein Meer herab. Die Erde zerbrach davon, fank in den Abgrund, und trieb dadurch das Waffer deffelben in die Höhe. Hierdurch entftand die allgemeine Sündfluth. Endlich dienten Sonne und Winde wiederum, die Erde aufs Trockene zu bringen. Das Waffer zog fich theils in die tiefften Stellen, theils ftieg es in die Atmofphäre hinauf. — Aber auch in diefem Syftem fpielt ein Wunder die Hauptrolle.

f. Engel (Verfuch über die Frage: Wenn und wie ift Amerika bevölkert worden) giebt Gründe an, warum man Mofes Ausdrücke über die Allgemeinheit der Sündfluth nicht buchftäblich nehmen müffe, und hat eine eigene Hypothefe über die Sündfluth, die er als ein Wunderwerk betrachtet. „Sie beftand" fagt er, „in einer Veränderung des Schwerpuncts der Erde, welche das Meer über Afien führte; darauf kehrte diefer Punct beinahe wieder an feine vorige Stelle zurück, und brachte diefes Land aufs neue ins Trockene." — Dies ift aber wieder ein Wunderwerk, das doch das Phänomen nicht erklärt.

g. Silberfchlag (Geometrie oder Erklärung der mofaifchen Erderfchaffung nach phyfik. und mathem. Grundfätzen, Berlin 1. u. 2. Th. 1780. 3. Th. 1783. gr. 4.) macht ganz die mofaifche Schöpfungsgefchichte zur Grundlage feines Syftems. Ein plötzlich wirkendes Feuer bildete ungeheure Höhlungen im Innern der Erde, und trieb die Erde hier mehr, dort weniger empor, und das Meer verlief fich zum Theil in die Höhlen. Aus diefen Höhlen brach das Waffer der Sündfluth hervor, durch eine Wirkung, die der eines Heronsbrunnen gleich war. Die Conchylien in den Erdfchichten follen vorher in den Seen der unterirdifchen Höhlen gelebt haben, und durch den Ausbruch der Gewäffer bei der Sündfluth auf die Erdfläche geführt worden feyn. Die Elephanten- und Rhinoceros-Knochen fchwammen durch die Verwefung leichter gemacht, auf dem Waffer, wurden durch Wind, Wellen und Ströme der ablaufenden Fluth herumgeführt, und endlich in den von höhern Gegenden herabfliefsenden Schlamm und Sand begraben. — Ein fehr gezwungenes Syftem, um den Meeresgrund auf dem feften Lande zu erklären, und nicht zuzugeben, dafs daffelbe ehedem Meer gewefen.

II.

a. Bourguet (*Memoire fur la Theorie de la Terre*, welches feinen *Lettres philofophiques fur la formation des fels et des criftaux. à Amfterd.* 1729. 12. beigefügt ift) erklärte die Bildung der Berge aus Strömen des ehemaligen Meeres, fo wie fich an den Biegungen der Flüffe ebenfalls Winkel mit parallelen Schenkeln an beiden Ufern gegenüber ftehen. — Allein dies ift mehr die Wirkung eines reiffenden Stroms, der fich Wege durchbricht, als die eines weit ausgebreiteten und Niederfchläge abfetzenden Meers.

b. Linné (*Orat. de telluris habitabilis incremento* 1743. *in Amoenit. Academ. Vol. II.*) ftellte fich vor, das Trockene fei anfänglich eine Infel unter der Linie gewefen. Diefe Infel war ein hoher Berg, der alfo alle mögliche Climate hatte, und nur fo grofs, dafs fie hinreichte, das Gefchaffene zu beherbergen. Alles übrige war Waffer, welches nach und nach abnahm, wodurch unfer Wohnplatz fich immer mehr vergröfserte.

c. Le Cat (*Magazin François, Juillet.* 1750) trug ein Syftem vor, welches die Entftehung der Berge auf dem fonft ebenen Meergrunde der Wirkung des Mondes, oder der Ebbe und Fluth zufchrieb. Diefe, fagt er, häufte den Schlamm in ungeheuern Maffen auf; dadurch mufsten an den andern Stellen Vertiefungen entftehen, in welche fich das Waffer fenkte, und einen Theil der erhobenen Erde auf dem Trockenen zurückliefs. Diefe Wirkungen dauern noch immer, wiewohl langfamer, fort, weil jetzt die Materien der Erde fefter find. Daher tritt das Meer immer weiter zurück, und die Länder werden gröfser. Endlich wird das Meer die ganze Erdkugel aushöhlen. — Allein Ebbe und Fluth kann den Schlamm auf einer regelmäfsigen fphäroidifchen Fläche nicht in Berge aufhäufen, fondern höchftens nur ein wenig gegen die Pole treiben, und in Geftalt von Zonen anlegen.

d. De Maillet (*Telliamed, ou Entretiens d'un Philofophe Indien avec un Miffionaire François fur la diminution de la Mer. Nouv. edit. à la Haye.* 1755. 2. T. 12.) erklärt die Bildung der Erde aus einer fanften und langfam wirkenden Urfache, aus der beftändigen Abnahme oder dem Zurücktreten des Meers. Das Waffer dünftet jetzt immer mehr aus und nimmt ab. Das Meer fenket fich jetzt um 3 Fufs in 1000 Jahren. Die Berge find von Bodenfätzen des alten weit höhern Meeres, und ihre Ungleichheiten von den Meerftrömen entftanden. Aus der Waffer find alle Pflanzen, ja auch alle Thiere und felbft der Menfch, welcher anfänglich ein Bewohner des Meers war, hervorgegangen. Diefes fein Syftem gründete er auf einige locale Beobachtungen an den Küften des mittelländifchen Meers. Den Satz, **dafs unfer feftes Land ehedem Meeresgrund gewefen fei**, hat er fehr fchön und überzeugend dargethan. Alles übrige feines Syftems hat aber de Lüc (Briefe über die Gefch. der Erde Th. I. XLI. u. XLVI. Brief) umftändlich widerlegt.

e. Wallerius (Phyfifch-chemifche Betrachtungen über den Urfprung der Welt, befonders der Erdwelt und ihrer Veränderungen, aus dem latein. Erfurt, 1782. 8.) leitet auch den Urfprung aller Körper aus dem Waffer her, aus welchem die feften Körper durch Gerinnungen und Concretionen entftanden feyn follen. Er bemühet fich, diefe Hypothefe mit den mofaifchen Tagewerken in eine buchftäbliche Uebereinftimmung zu bringen.

III.

a. R. des Cartes (*Principia philofophiae. Amft.* 1650. 4. P. III. p. 411.) erfann eine Hypothefe, aus welcher fich alle Phänomene der Welt follten erklären laffen. Nicht als wenn die Welt wirklich fo entftanden fei, fondern fie fei nur fo befchaffen, als wenn fie fo entftanden fei. (P. III. XLVI. p. IV. I.). Er ftellte fich nehmlich vor, Gott habe durch feine Allmacht einen grofsen Klumpen Materie zerquetfcht und in Bewegung gefetzt, wodurch eine anfehnliche Menge Theilchen in unendlich kleine Kugeln wären verwandelt worden. (P. III. XLVIII.) Hieraus bauet dann Cartefius die Welt vermittelft feiner berühmten Wirbel (P. III. XLVI.). Die Erde war Anfangs ein Stern mit einem eigenen Wirbel, welcher aus Aether beftand, der aber noch mit vieler groben Materie vermifcht war, welche endlich eine ganz dunkele Rinde um die Erde bildete, aus der das innere Centralfeuer nur hie und da noch hervorbricht (P. IV. VIII.). Die gröbften Theile des Erdftoffs ftürzten zuerft nieder, und bildeten die Erdfchichten und das Waffer (P. IV. IX. — XL.). Da aber die feinern Theile des Erdftoffs, welche über dem Waffer lagen, nicht ganz von den gröbern befreiet werden konnten, fo wuchs von ihnen ein Bette über das Waffer zufammen, das endlich einftürzte, und Plänen, Anhöhen, Berge und Meere hervorbrachte (P. IV. XLI. fqq.) So macht er aus Materie und Bewegung die Welt. Allein die Erfahrung unterftützt diefe feine Hypothefe nicht im mindeften.

b. Leibnitz (*Theodicée*, §. 244. 245. *Acta Erudit.* 1683. p. 40. *fqq.* vornehmlich aber in feiner *Protogaea f. de prima facie telluris et antiquiffimae hiftoriae vestigiis in ipfis naturae monumentis, diff. in Act. Erud. Lipf.* a. 1683, vermehrt von Scheid, Göttingen 1749) nahm die Wärme für die Urfache aller innern Bewegungen in der Natur an. Er läfst die Erde aus einem gebrannten und ausgefchmolzenen Körper entftehen. Der Anfang feines Erlöfchens ift die Scheidung des Lichts von der Finfternifs und die Epoche der Schöpfung. Die durch Hitze verglafeten Schlacken machten die Rinde aus, in welcher beim Erkalten Buckeln und Blafen d. i. Berge und grofse Höhlen entftanden. Als die Oberfläche kalt genug war, fielen die Dünfte aus der Atmofphäre herab*), bedeckten die Fläche mit

---

*) *La mer tout entière peut être une espece d'Oleum perdelituum. Theodicée*, §. 244.

Waſſer, und löſten die Salze auf; daher das ſalzige
Seewaſſer. Bei zunehmendem Abkühlen zerriſs die Rinde,
das Waſſer verlief ſich zum Theil in die Höhlen, und
machte Länder trocken, welche den erſten Menſchen zu
Wohnplätzen dienten. Endlich ſtürzten die höchſten,
vormals vom Waſſer bedeckten und alſo ſchon mit Conchylien angefüllten Theile auf einmal nieder, und trie-
ben dadurch das Waſſer zum zweitenmale über die ganze
Erdfläche, ſo entſtand die Sündfluth, bis ſich endlich
Zugänge zu neuen Höhlen öffneten, worin ſich daſſelbe
wieder verlaufen konnte. Allein man findet keine Spuren
einer ehemaligen Erkaltung oder Verglaſung in den Materien der Erdrinde.

c. Ray (*Phyſico-theological diſcourſes concerning the
primitive chaos, the general deluge and the diſſolution of
the world.* London, 1692. 1713. 8.) nimmt einen Nie-
derſchlag der feſten Theile im anfänglichen Chaos an, wobei die Oberfläche mit Waſſer bedeckt war. Er läſst aber
bei der Schöpfung durch unterirdiſche Winde und entzündete Dünſte Erdbeben entſtehen, die Berge und das
trockne Land erheben, und das Waſſer ſich in den
Vertiefungen ſammlen. Durch die Ritzen der Erde brach
das Feuer aus, und bildete neue vulkaniſche Berge, auch
Höhlen in der Tiefe. Die Sündfluth erfolgte durch eine
allmählige Verrückung des Schwerpuncts der Erde, veran-
laſſete groſse Veränderungen der Oberfläche, und brachte
Länder aufs Trockene, die vordem Meeresgrund geweſen,
und mit Seekörpern angefüllt waren. — Es iſt unmöglich,
daſs alle Berge Wirkungen des unterirdiſchen Feuers ſeyn
ſollten.

d. D. Hook (*Poſthumous Works*, Lond. 1705. fol.)
erklärt die Veränderung der Erdfläche aus Erdbeben, welche ganze Theile des Meeresgrundes ohne Verlez-
zung der Schichten, woraus ſie beſtanden, und der darauf befindlichen Berge emporgehoben hätten, durch
gewaltſame Waſſerſtröme, Sturmwinde und allmähliges
Herunterfallen der ſchweren Theile. Beſonders, glaubt
er, ſei durch Erdbeben eine Verrückung des Schwerpuncts
der Erde entſtanden, wodurch ſich die Bewegung der Erdkugel um ihre Axe ſowohl der Richtung, als der Zeit nach

merklich geändert habe. Kaspe (*Specimen hiftoriae naturalis globi terraquei praecipue de novis e mari natis infulis. Amft.* 1763. 8. m.) hat diefes Syftem verbeffert vorgetragen.

e. Moro (Neue Unterfuchung der Veränderungen des Erdbodens, aus dem Italienifchen. Leipzig 1751. 8.) behauptet, der ganze trockne Erdboden fei durch unterirdifche Feuer entftanden. Bei der Schöpfung befand fich im Mittelpunct der Erde das Centralfeuer, darüber eine dicke Erdrinde, und zu oberft 175 Toifen oder 1160 Fufs hoch Waffer. Am dritten Schöpfungstage liefs der Schöpfer das Feuer wirken, das die Rinde hob und fo die urfprüngliche oder Felfenborge (*primarios*) bildete. Das Feuer durchbrach auch die Rinde hie und da, warf vulkanifche Materien um fich, bildete Schichten davon im Meere, und gab diefem den falzigen Gefchmack, worauf es Seethiere und Pflanzen erhalten konnte. Inzwifchen erhob das Feuer auch den Meeresgrund, und bildete dadurch die Berge, welche Schichten, aber keine Seeproducte erhalten (*fecundarios*). Die immer fortdauernden Wirkungen des Feuers hoben nun auch die mit Seekörpern verfehenen Felfenberge (*primarios*) empor, und bildeten unfere Erdfchichten in den Plänen (II. Th. 15. Hauptft.). Die nachherigen Wirkungen der Vulkane haben noch bis auf unfere Zeiten manche locale Veränderungen hervorgebracht, die Wohnplätze der Thierarten u. f. w. verändert, woraus fich erklärt, dafs man fo viel Elephantenknochen in den Nordländern aus der Erde gräbt, und an fo vielen Orten verfteinerte Ammonshörner findet, deren lebendige Originale nicht mehr angetroffen werden(II.Th. 26. Hauptft. ff.).

f. Krüger (Gefchichte der Erde in den älteften Zeiten. Halle 1746. 8.) nimmt drei grofse Veränderungen der Erde an. Zuerft war fie vom Waffer bedeckt, in welchem die Schalthiere lebten, damals erhielt fie ihre fphäroidifche Geftalt. Dann brannte fie aus, die Conchylien wurden gekocht, und in Schiefer und andere gefchmolzene Materien begraben. Endlich wurde fie durch Erdbeben erfchüttert, welche den Bergen, Hügeln und Sandlagen ihre gegenwärtige Geftalt gaben.

g. Kefsler von Sprengseyfen (Unterfuchung über die jetzige Oberfläche der Erde, befonders der Gebirge. Leipzig 1787. 8) hat eine Hypothefe, die der des Moro fehr ähnlich ift, nur nimmt er mehr Rückficht auf die mofaifchen Erzählungen. Allein es ift unmöglich, dafs die elaftifche Kraft der unterirdifchen Dämpfe folche Bergketten, wie die Cordelieren und Alpen find, aus der Tiefe des Meeres erheben und mit gehöriger Feftigkeit unterftützen könnte. Der Bau der Berge ift offenbar dagegen.

h. I. H. G. von Jufti (Gefchichte des Erdkörpers, Berlin 1771, gr. 8) läfst die Erde aus der Sonne entfpringen, und eignet ihr ein Centralfeuer zu, welches nach einer Arbeit von mehr als 1000 Jahrhunderten die urfprünglichen Felfen emporgehoben haben foll. Die übrigen Berge leitet er von abwechfelnden Ueberfchwemmungen her, nimmt auch eine Veränderung der Erdaxe an, um zu erklären, wie die Elephantenknochen in die nordifchen Gegenden kommen. Wiedeburg (Anwendung der Natur und Gröfsenlehre zur Rechtfertigung der h. Schrift. Nürnberg 1782, gr. 8) hat diefes Syftem umftändlich widerlegt.

i. Der Graf Büffon (*Histoire generale et particuliere To. I. Theorie de la terre*, ingleichen mit beträchlichen Abänderungen *Supplement*, *To. IX. et X. Paris* 1778. 8) nimmt an, dafs unfere Erde aus einer brennenden, durch einen Cometen von der Sonne abgeriffenen, Maffe entftanden fei, und, feitdem fie um die Sonne laufe, immer mehr erkalte. Wenn ein Klumpen gefchmolzenes Glas oder Metall erkaltet, fo entftehen auf der Oberfläche Löcher, Wellen, Ungleichheiten, und darunter Höhlen und Blafen. So entftanden die urfprünglichen Bergketten und Höhlen der Erde, auch wurden in diefem Zeitraume die Metalle in den Gängen durch Sublimat bereitet. Da die Sonne als die äufsere Urfache der Wärme auf die Pole weniger, als auf den Aequator wirkt, fo haben die Pole diejenige Temperatur, in welcher die Thiere

Archäologie.

leben können, zuerst erreicht, und die Bevölkerung hat also von den Nordländern angefangen. Bei der fortgehenden Erkaltung der Erde mufste endlich eine Epoche kommen, in welcher die Polarländer, für diejenigen Thiere, welche mehr Wärme bedürfen, als andere, zu kalt wurden, daher sie in wärmere Gegenden übergehen mufsten. Man sieht hieraus, wie sich in unsern Ländern Elephanten- und Rhinozerosknochen finden können, obgleich diese Thiere nicht mehr bei uns leben. Er nimmt dabei an, dafs die Erde eine eigene Wärme hat, welche von der, die ihr die Sonne mittheilt, unabhängig ist, und eben daher rührt, dafs die Erde ein Stück der Sonne ist. Man findet aber keine Spuren einer Abnahme der Wärme auf Erden, vielmehr zeigen die Beobachtungen sogar das Gegentheil, auch ist nichts da, was der Erde ihre Wärme entziehen könnte. De Lüc (Briefe über die Geschichte der Erde Th. II. CXLI u. f. Br.) widerlegt dieses System umständlich.

k. Pallas (*Obfervations fur la formation des montagnes, et les changemens arrivés au globe, à St. Petersb.* 1777. 4. überfetzt in den Leipziger Sammlungen zur Phyfik und Naturgefchichte. II. Band) nimmt an, dafs die hohen Granitketten jederzeit Infeln auf der Oberfläche der Gewäffer ausgemacht haben, und dafs in den Schichten, die fich daran anlegten, Kiefe und Vulkane entstanden sind. Diese alten Vulkane zertrümmerten die Schichten, schmolzen und verkalkten ihre Materien, und bildeten dadurch die ersten Schiefer und Kalkberge, ingleichen die nachher mit Erzen u. dergl. ausgefüllten Spalten und Gänge derfelben, fie zerftörten auch die auf dem Meeresgrunde liegenden Haufen von Conchylien und Mufchelbänken, und veranlafsten Bodenfätze von verfchiedener Art. Endlich trieb eine gewaltfame Revolution, welche er von den Ausbrüchen der häufigen Vulkane im Indischen und Stillen Meere herleitet, die Gewäffer gegen die zufammenhängenden Bergketten von Europa und Afien zu, zerftörte die füdwärts derfelben gelegenen Länder, überftieg die niedrigften Theile der Ketten, und führte die Trümmer der Pflanzen und Thiere mit fich in die nördlichen Gegenden, aus welchen das Waller wieder in neueröffnete Schlünde abflofs. Das wird aus der Geftalt der Meerbufen, Spitzen des feften Landes, aus der Lage der Gebirge und andern Umftänden wahrfcheinlich gemacht.

1. De Luc (*Lettres phyfiques et morales fur l'hiftoire de la terre et de l'homme, adreffées à la Reine de la Grande Bretagne, à la Haye* 1779. *Tomes V.* 8 maj. mit einiger Abkürzung überfetzt unter dem Titel: Phyfikalifche und moralifche Briefe uber die Gefchichte der Erde und des Menfchen, an Ihre Majeftät die Königin von Grofsbritannien, Leipzig 1781. 1782. 2 Bände gr. 8) hat nicht nur viele der vorhergehenden Hypothefen fehr fcharf geprüft, fondern auch ein befferes Syftem aufgeftellt. Er geftcht, dafs er die Urfache der urfprünglichen Berge nicht angeben könne, und behauptet: 1) **dafs unfer feftes Land ehedem Meeresgrund gewefen fei, und es damals Länder gegeben habe, die wahrfcheinlich jetzt nicht mehr vorhanden find. 2) Dafs das Meer fein ehemaliges Bette durch eine plötzliche Revolution, und 3) noch nicht feit fogar langer Zeit verlaffen habe.** Das alte Meer häufte Bodenfätze von kalkartigen Materien, die nach und nach immer mehr mit **Seekörpern**, auch mit Trümmern von **Pflanzen** und **Landthieren** vermifcht wurden, welche die **Flüffe** aus dem damaligen feften Lande herbeiführten. Dahin gehören die **Jura** u. f. w. Das Waller filtrirte fich durch den Boden, erzeugte unter dem Meere innere Gährungen, entzündete **Feuer**, erzeugte Dämpfe und Ausbrüche von **Vulkanen**, welche Berge aus **Lavafchichten** bildeten, die hin und wieder mit Bodenfätzen des Meers abwechfelten. Die davon unzertrennlichen Erdbeben machten **Spalten** in den Bergen, welche fich nachher mit Materien ausfüllten, die Producte des Waffers und Feuers zugleich feyn können. Dies find unfere **Gänge**. Auch warfen die Vulkane Trümmer des urfprünglichen Bodens aus, und bildeten davon Anhäufungen und Schichten. Durch

Archäologie.

den Einsturz des Bodens in die vom unterirdischen Feuer erweiterten Höhlen ward die Fläche des alten Meeres immer niedriger; die Vulkane traten mit ihren Oeffnungen hervor, wirkten freier, und warfen oft ungeheuere Granitblöcke mitten in die Kalkgebirge. Endlich machte das Meer, ftatt der kalkartigen, nur noch kieselartige oder fandige Bodensätze, und führte Mergel, Thon und Sand über den Boden. Dies war fein letztes Werk. Auf einmal verliefs es den so gebildeten Boden unserer festen Länder durch eine plötzliche Revolution, die de Luc von dem Einsturze des alten festen Landes herleitet, welches nach ihm Wölbungen über grofse Höhlen waren. Das Waffer hatte sich nach und nach Zugänge dazu eröffnet, Gährungen und Explosionen veranlasset, die Gewölbe stürzten nieder, das fefte Land verschwand, das Waffer breitete sich darüber aus, ohne doch den fandigten Grund, auf dem es vorher geruhet hatte, zu zerstören, und die Meeresfläche ward dadurch so niedrig, dafs unfre jetzigen festen Länder aufs Trockene kamen, dagegen die Stelle der ehemaligen Länder anjetzt vom Weltmeere bedeckt wird. Das Meer aber hat jetzt ein unveränderliches Bette, und alle kleinen Veränderungen desselben erfolgen blofs aus particularen und localen Ursachen. Die Revolution, welche das Meer in diesen neuen Zustand versetzt hat, muss alle Theile des festen Landes, in welchen die Schicht der vegetabilischen Erde von gleicher Stärke ist, zu gleicher Zeit betroffen haben. Diese Revolution war die Sündfluth. Sobald die neuen Länder vom Waffer verlaffen waren, machte das unterirdische Feuer neue Explosionen, wodurch die Trümmer des zerbrochenen Bodens weit umher geworfen wurden. Aber es gebrach diesem Feuer bald an Nahrung, es verlosch, in dem neuen Bette des Meeres hingegen entzündeten sich neue Vulkane, und bildeten die vulkanischen Archipelagen. Dies ist die grofse Revolution, welche die Geschichte unfrer Erde in zwei Perioden theilt. (CXXXVII. CXXXVIII. CXLVII Brief). Mit diesem System stimmt Hollmann (*Comment. de corporum marinorum aliorumque peregrino-*

rum in terra continente origine, in *Comment. Gotting.* Tom. III. p. 285. *sq.*) in den Hauptfätzen, dafs unfer Land Meeresgrund gewefen, und durch Einftürzung des alten Landes aufs Trockene gekommen fei, völlig überein, obgleich feine Abhandlung bereits 1753 gefchrieben ift.

m. Gerhard (Verfuch einer Gefchichte des Mineralreichs, Berlin 1781. 8) läfst den Schöpfer blofs Kiefelerde, Feuer und Waffer hervorbringen, und daraus durch die Bewegung im Chaos die Salze und übrigen Erden, nebft Thon, Oelen, Schwefel und Kiefen entfpringen, dann aber durch Gährung und Niederfchlag der Schichten fich ordnen und durch Erhitzung und Ausbrüche fixer Luft wieder zertrümmern. Diefer Archäologe läfst alfo alles chemifch, fo wie Descartes alles mechanifch, entftehen. Beides ift nicht allein hinlänglich, alle Phänomene zu erklären.

n. Der Freiherr von Gleichen genannt Rufsworm (Von Entftehung, Bildung, Umbildung und Beftimmung des Erdkörpers, Nürnberg 1782. 8) glaubt, die Erde fei Anfang eine blofse Wafferkugel gewefen, welche zuerft Fifche hervorgebracht habe, aus deren Verfaulung Erde entftanden fei, die fich gefetzt, und den feften Körper zu bilden angefangen habe. Die Gährung habe darauf Hitze, Aufblähungen und Erhöhungen veranlaffet, die Bewegung des Waffers habe den Schlamm zu Schalen geformt, woraus denn Kalk bereitet worden fei. Endlich fei die Erde über das Waffer hervorgetreten und dem Sonnenlichte ausgefetzt worden. Das Waffer nehme immerfort ab, die Wärme aber zu, und fo werde endlich die ganze Erdkugel im Feuer zerfchmelzen.

6. So viel ift aus Beobachtungen gewifs, dafs die Erde ehedem anders als jetzt ausgefehen hat (f. *A: F. v. Veltheim Etwas über die Bildung des Bafalts und die vormalige Befchaffenheit der Gebirge in Deutfchland. Leipzig 1787. gr. 8.*), dafs unfere Länder ehedem Meer-

resgrund gewefen find *), welches aufser **Maillet**, **Hollmann**, **Büffon** und **de Lüc**, auch **Lehmann** (Verfuch einer Gefchichte von Flötzgebirgen. Berlin 1756. 8) dargethan hat, dafs eine einzige Ueberfchwemmung, alfo auch die von Mofe erwähnte Sündfluth, allein zur Erklärung der Phänomene nicht hinreicht, dafs die Vulcane und Erdbeben an der Bildung der Erdfläche einen fehr grofsen Antheil haben, und dafs überhaupt fehr viele mit einander verwickelte, theils gewaltfam, theils allmählig wirkende Urfachen zufammengekommen find, um die Erdfläche zu dem, was fie jetzt ift, zu bilden.

Kant. Critik der Urtheilskraft. II. Th. §. 80. S. 364. §. 82. S. 385. *).

Lulof. Einleit. zu der math. phyf. Kenntnifs der Erdkugel 18. Hauptft. S. 355 ff.

Erxleben. Anfangsgr. der Naturlehre. 4. Aufl. 13 Abfchn. §. 773. ff. S. 690. ff.

Bergmann. Phyf. Befchr. der Erdkugel 2. Aufl. Th. II. S. 239 ff.

De Lüc phyf. und moral. Briefe über die Gefch. der Erde. XV. Br. ff. Th. I. S. 104 ff. CXXXVII. Br. ff. Th. II. S. 432. ff.

Gehlers phyf. Wörterbuch. Art. Erde. Th. II S 53 ff.

Burnet Telluris theoria facra. lib. I. cap. V. fqq.

Cartefii Principia Philofophiae. P. III. et IV.

Leibnitz Theodicée. §. 244. 245.

Moro. Neue Unterfuch. der Veränd. des Erdbod. II. Th.

Architectonik,

architectonica, architectonique. Die Kunft der Syfteme, oder die Lehre des Scientififchen

---

*) — — *Sic toties verfa es, fortuna locorum.*
Vidi ego, quod fuerat quondam folidiffima tellus,
Effe fretum. Vidi factas ex aequore terras:
Et procul a Pelago conchae iacuere marinae.
Et vetus inventa est in montibus anchora summis
Ovid. Metam. lib. XV. v. 261. fq.

in unserer Erkenntniſs überhaupt. Es läſst sich nehmlich unsere Erkenntniſs so zusammenstellen, daſs zwischen den einzelnen Theilen derselben kein nothwendiger Zusammenhang ist, dies nennt man eine rhapsodische Zusammenstellung, das Zusammengestellte selbst aber macht ein Aggregat aus; sie läſst sich aber auch so zusammenstellen, daſs jeder Theil um aller übrigen willen an seiner Stelle stehet, und alle übrigen um jedes einzelnen willen ihre Stelle einnehmen, so daſs alle zusammen ein einziges Ganzes ausmachen, aus welchem man keinen Theil herausnehmen darf, und in welchem kein Theil fehlt, dies nennt man eine systematische Verknüpfung, das Zusammengestellte selbst aber macht ein System aus, welchem ein Vernunftbegriff (eine Idee) eines solchen Ganzen, zum Grunde liegt, die eben die Einheit giebt. Die Kunst nun, ein solches System hervorzubringen, heiſst die Architectonik, sie ist also ein Zweig der Lehre von der Behandlung unsrer Erkenntniſs (der Methodenlehre) und ist noch wenig bearbeitet (M. I. 1001. C. 860.).

2. Kant hat eine solche Architectonik für alle Erkenntniſs aus reiner Vernunft entworfen. Hier ist also ein nothwendig verbundenes Ganzes reiner Vernunfterkenntniſs die Idee, welche den Zweck und die Form des ganzen Systems aller Erkenntniſs aus reiner Vernunft enthält; und dieses System hat er in der Critik der reinen Vernunft in seinen Grundzügen, durch Critik des Vernunftvermögens, entworfen. — Lambert hat schon eine Architectonik (1764) geschrieben, und Riga 1771, in 2 Bänden 8. herausgegeben. Es ist ein eigenes metaphysisches Lehrgebäude, welches zu der Zeit, da es her auskam, Epoche zu machen schien. Lambert hat das Wort Architectonik aus Baumgartens Metaphysik (§. 4.) genommen, der es für gleichbedeutend mit allgemeiner Metaphysik, Metaphysik überhaupt oder Ontologie erklärt. Lambert sagt (Vorrede XXVIII): „es ist in so fern ein Abstractum von der Baukunst, und hat in Absicht auf das Ge

Architectonik.

menfchlichen Erkenntnifs eine ganz ähnliche Bedeutung, zumal, wenn es auf die erften Fundamente, auf die erfte Anlage, auf die Materialien und ihre Zubereitung und Anordnung überhaupt, und fo bezogen wird, dafs man fich vorfetzt, daraus ein zweckmäfsiges Ganzes zu machen." Wir fehen hieraus, dafs Baumgarten das Gebäude der metaphyfifchen Erkenntnifs felbft, Lambert diefes Gebäude nebft der Kunft es zu errichten, Architectonik nennt. Kant aber verftehet unter Architectonik der reinen Vernunft, die vollftändige Auffindung und Ableitung aller Theile der reinen Vernunfterkenntnifs nach folgender Idee. Wir haben ein Erkenntnifsvermögen, aus welchem Erkenntniffe entfpringen, die zwar in allen Erfahrungen zu finden find, aber nicht aus denfelben entfpringen, fondern durch unfer Erkenntnifsvermögen hineingelegt werden, und eben dadurch die Erfahrung möglich machen. Diefe Erkenntniffe follen nun, durch die Architectonik derfelben, alle erfchöpft, oder in ihrem ganzen Umfange und nach der Folge aufgeftellt werden, wie fie nach Anweifung der Critik der reinen Vernunft (welche den ganzen Mechanismus der Erzeugung unfrer Erkenntnifs aufdeckt) zur Erzeugung der Erfahrung aus den verfchiedenen Erkenntnifsvermögen entfpringen (C. 863).

3. Architectonifch ift dasjenige Prädicat, das man einer Erkenntnifs beilegt, wenn fie nach der Idee eines folchen fyftematifchen Ganzen behandelt wird. So fpricht Kant von einer architectonifchen Einheit, d. i. einer folchen Einheit der Erkenntnifs, welche zufolge jener Idee, oder eines Vernunftbegriffs entfpringt, im Gegenfatz gegen technifche Einheit, welche entfteht, wenn man das zufällig Aufgefundene nach diefer oder jener zufälligen Abficht verbindet, z. B. dafs man es am beften überfehen, oder am leichteften behalten, am bequemften vortragen kann (C. 861). Ein architectonifcher Plan ift ein Plan, der nach Principien entworfen ift. So entwirft die Critik der reinen Vernunft den Plan der Transfcendentalphilofophie

architectonisch, d. h. sie giebt aus einem Vernunftprincip, nehmlich dass ein sehr wichtiger Theil unserer Erkenntniss aus dem Erkenntnissvermögen selbst hervorgehet, und dass die Nothwendigkeit der ganzen Erfahrung sich darauf gründet, den Plan zu einer Wissenschaft von den Erkenntnissen, die unmittelbar aus dem Erkenntnissvermögen erzeugt werden, oder von der Möglichkeit, dem Umfange, der Vollständigkeit und Gültigkeit solcher Erkenntnisse, die bei der Genesis (Erzeugung) der Erfahrung derselben jederzeit vorhergehen und ihr zum Grunde liegen, und daher Erkenntnisse *a priori* heissen, s. *a priori* (C. 27). Die Aufmerksamkeit, die man auf eine Wissenschaft wendet, welche man Theilweise studirt hat, ist dann architectonisch, wenn man sich nun nach vollendetem Studium bemühet, die Idee des Ganzen richtig zu fassen, und alle einzelnen Theile, die man durchlaufen ist, unter diese Idee zu bringen, und ihnen nach derselben ihren Ort, ihren Werth und ihren wechselseitigen Zusammenhang untereinander zu bestimmen (P. 18). Die menschliche Vernunft ist architectonisch heisst, sie ist ein Vermögen, das darauf hingehet, alle unsere Erkenntniss unter die Idee eines Ganzen zu verbinden und so zu einem System zu erheben. Sie verwirft daher jede Erkenntniss, die diesem Systematischen aller unserer Erkenntnisse hinderlich ist; alles hingegen, was demselben beförderlich ist, dessen Daseyn gefällt ihr eben darum, oder das hat ein architectonisches Interesse für sie, z. B. Gott, als Princip der Vollendung des ganzen Systems aller Ursachen und Wirkungen (C. 502. 503.).

Kant. Crit. der rein. Vern. Einleit. VII. S. 27 Elementarl. II. Th II. Abth. II. Buch. II. Hauptst. III. Abschn. S. 502. 503. Methodenl. III. Hauptst. S. 860. 861. 863.

Kant. Crit. der pract. Vern. Vorrede S. 18.

Architectonisch.

S. Architectonik.

Aristokratie,

Adelsgewalt, *concilium f. curia multorum.* Diejenige Form der Beherrschung eines Staats, wo mehrere unter sich verbundene Menschen, die einander gleich sind, das Staatsoberhaupt ausmachen, und also zusammen die Herrschergewalt (Souveränität) besitzen, ohne dass Andere daran Theil nehmen können, die nicht zu dieser Gesellschaft (dem Staatsoberhaupt) gehören. Gemeiniglich sind diese Menschen aus gewissen Familien im Staate, die nur allein das Recht haben, demselben seine Regierungsmitglieder zu geben (*aristocratia successiva*). Der Venetianische Staat giebt das bekannteste Beispiel von Aristokratie. Aber auch Frankreich ist, seiner gegenwärtigen Beschaffenheit nach, eine Aristokratie (*aristocratia electiva*), denn die beiden Räthe, welche die Herrschergewalt besitzen, bestehen aus vielen Personen, und doch nicht aus allen Staatsbürgern; im letztern Falle würde es allein eine wahre Demokratie, obwohl ein Ungeheuer, seyn (Z. 25).

2. Einige haben behauptet, in der Aristokratie sei es schwerer, zu einer rechtlichen Verfassung zu gelangen, als in einer Demokratie. Die Demokratie ist aber dazu gar nicht fähig. Sie haben blofs darin recht, dafs es in einer Aristokratie schwer ist. Die gröfsere Anzahl der Regierungsmitglieder schwächt die Kraft der Regierung, denn der Herrscher-Wille ist alsdann sehr getheilt, und sehr verschieden von dem Privatwillen eines jeden Einzelnen, und der allgemeine Wille wirkt daher schwerer auf den Willen des Staatsoberhaupts. Wo die Zahl der Herrschenden grofs ist, da giebts eine Menge von Factionen, weil sich der Herrscher-Wille Aller gar zu leicht in den übereinstimmenden Privatwillen mehrerer Einzelnen auflöset, und so durch die vereinigte Macht Mehrerer der Privatwille wider den allgemeinen Willen durchgesetzt wird, welches dem rechtlichen Zustande entgegen ist. So ist es also in der Aristokratie schwerer, als in der Monarchie, zur einzigen vollkommenen rechtlichen Verfassung zu gelan-

gen. Beide aber können nur allein (die Demokratie nie) der rechtlichen Regierungsart angemessen seyn.

3. Hobbes schrieb 1646 zu Paris sein Buch vom Bürger. (*Elementa philosophica de cive, auctore Thom. Hobbes Malmesburiensi.*) Im 7. Kapitel des Buchs *Imperium* handelt er von den drei Beherrschungsarten des Staats. 'Die Aristokratie, sagt er, ist diejenige Beherrschungsart, wo die Oberherrschaft (*summum imperium*) in den Händen eines Senats (*concilium*) ist. Mit dieser Beherrschungsart ist also das Characteristische verbunden, dass nicht alle Staatsglieder auch Mitglieder dieses Senats sind, sondern nur ein gewisser Theil derselben, welcher der Adel (*Optimates*) heisst. Dieser Adel kann nun entweder Geburtsadel seyn, d. i. derjenige, der da macht, dass man Mitglied des Senats werden kann, oder Amtsadel, d. i. derjenige, der dadurch entsteht, dass man Mitglied des Senats ist. Von dem erstern geben die römischen Senatoren, von dem andern die jetzigen Mitglieder des Raths der fünf hundert und des Raths der Alten in Frankreich das Beispiel. Der erstere kann auch der herrschende Adel, der letztere der Herrscheradel heissen. Wenn einige alte politische Schriftsteller, ausser der Aristokratie, noch von einer Oligarchie reden, oder der Herrschaft Weniger, so ist das keine specifische Verschiedenheit zwischen beiden. Hobbes sagt, der Name Oligarchie rührt von den Aristokratenfeinden her; denn die Menschen pflegen durch den Namen nicht nur die Gegenstände, sondern auch ihre Neigungen, z. B. Liebe, Hass, u. s. w. auszudrücken. Diese Gewohnheit macht, dass der Eine das Oligarchie nennt, was der Andere Aristokratie heisst, so dass diese verschiedenen Namen nur die verschiedene Denkungsart über diese Form der Beherrschung ausdrücken. Diese verschiedene Benennung drückt also keine Verschiedenheit der Sache aus.

4. Die moralischen und politischen Versuche D. Hume enthalten unter andern einen Versuch, welchem bewiesen wird, dass die Staatskunst die Form einer Wissenschaft annehmen kann. In demselben St-

an den Satz als Axiom auf, dafs die befte Ariftokratie einen Adel ohne Vafallen erfordert. In den von Herrn Garve herausgegebenen Grundfätzen der Moral und Politik (aus dem Englifchen des M. Payley überfetzt, Leipzig 1787. 2. Band. S. 157) findet fich etwas über die verfchiedenen Regierungsformen, unter welchem Worte aber hier die drei Beherrfchungsarten verftanden werden, wovon die zweite die ariftokratifche ift. Die ariftokratifche Form, heifst es, ift diejenige, wo die gefetzgebende Gewalt einer aus dem ganzen Corpore der Nation ausgewählten Verfammlung zukömmt, welche Verfammlung ihre abgehenden Glieder entweder durch eigene Wahl wieder erfetzt, oder neue in ihre Stelle nach beftimmten Succeffionsgefetzen bekömmt, wobei entweder auf die Abftammung aus gewiffen Familien, auf den Befitz eines gewiffen Vermögens oder beftimmter Ländereien, oder endlich auf perfönliche Rechte oder Eigenfchaften gefehen wird. Diefes Buch beurtheilt aber den Werth der Ariftokratie nicht nach dem Rechte, fondern nach den aus ihr entfpringenden Folgen. Man findet daher die Vorzüge und Uebel der Ariftokratie in demfelben aufgezeichnet.

5. Unter den neueften Politikern hat Rouffeau durch feinen gefellfchaftlichen Vertrag das meifte Auffehen erregt. Befchreibungen der Beherrfchungsarten findet man im dritten bis achten Kapitel des dritten Buchs. Aber die Eintheilung der Beherrfchungsarten unterfucht er im dritten Kapitel, wo es heifst, die Regierung kann fich in die Hände einer kleinen Anzahl zufammenziehen, fo dafs es mehr blofse Staatsbürger als Regierungsmitglieder giebt; diefe Form führt den Namen der Ariftokratie. Rouffeau hat ein ganzes Kapitel (das fünfte des dritten Buchs des gefellfchaftl. Vertrags) von der Ariftokratie. Er behauptet, die erften Gefellfchaften hätten fich ariftokratifch beherrfcht, und die Ariftokratie fei dreierlei Art, die natürliche, Wahl- und erbliche. Die zweite fei die befte Ariftokratie im eigentlichen Sinne des Worts, weil man durch die Wahl wirklich die Beften (ἄριστοι, optimates) zu Regierungsmitgliedern ausheben könne. Ja

kobs Eintheilung der Regierungsformen (in der Philosophischen Rechtslehre oder dem Naturrecht) 1.) nach den verschiedenen Personen, welchen die Majestät übertragen wird; und 2.) nach der verschiedenen Art und Weise, wie sie diese Personen, dem Vertrage nach, ausüben, ist ganz richtig; das erste ist die **Form der Beherrschung**, welche entweder **Autokratie, Aristokratie** oder **Demokratie** ist; das zweite, die Form der **Regierung**, welche entweder **republikanisch** oder **despotisch** ist. Jacob (a. a. O. §. 772) sagt: „wenn die höchste Gewalt einer Versammlung gewisser vornehmer Reichsbürger zukömmt, so heißt die Verfassung **Aristokratie**. Die Gesellschaft der Bürger, welcher die Majestät zukömmt, heißt der **souveraine** oder höchste Reichs- oder Staatsrath, welcher aber entweder unumschränkt (*aristocratia pura*) oder beschränkt ist, und in der Ausübung der Majestätsrechte an gewisse positive Bedingungen gebunden seyn kann (*aristocratia temperata*).

6. Die aristokratische Staatsform ist aus zwei Verhältnissen zusammengesetzt, nehmlich

a. dem der Vornehmen (*optimatum*, als Gesetzgeber) zu einander, um zusammen den Souverän zu machen, und

b. dem dieses Souveräns zum Volke. (K. 209.).

Kant. Zum ewigen Frieden. II. Abschnitt. I. Definitivartikel *** S. 25.
Dess. Metaph. Anfangsgr. der Rechtsl. II. Th. I. Abschn. §. 51. S. 209.
Hobbes. Elementa philosophica de cive. Imper. Cap. VII. pag. m. 113. sq.
D. Hume. Essais moraux et politiques, IV. Essai. pag. m. 37.
Garve. Grundsätze der Moral und Politik, aus dem Engl. des Payley. 2. B. S. 157.
Rousseau. Le Contract social, liv. III. ch. 3 — 8.
Jakob. Philosophische Rechtslehre oder Naturrecht. §. 758. 772.
Walch. Philosophisches Wörterbuch. Art. Aristokratie.

Ariſtoteles,

Ἀριστοτέλης, *Ariſtoteles*, *Ariſtote*, wurde im erſten Jahre der 99. Olympiade, oder 384 Jahr vor Chriſti Geburt zu Stagira in Macedonien gebohren. Sein Vater war Nicomachus, des Königs von Macedonien Amyntas, Grofsvaters Alexanders des Grofsen, Leibarzt. Noch vor dem 20. Jahre ſeines Alters ſtudirte Ariſtoteles unter Plato die Philoſophie. In ſeinem 41. Jahre wurde er der Erzieher des jungen Alexander, der damals 15 Jahr alt war. Bei ihm und ſeinem Vater, dem König von Macedonien, Philippus, ſtand Ariſtoteles in grofsen Gnaden. Noch vor ſeines Zöglings Feldzuge nach Aſien ging er nach Athen, und lehrte daſelbſt die Philoſophie. Er ſtiftete eine neue Schule, d. i. lehrte ein ganz neues philoſophiſches Syſtem; dieſe Schule hiefs die peripatetiſche (wandelnde), weil Ariſtoteles im Gehen zu lehren pflegte. Er ſtarb im 3ten Jahre der 114. Olympiade, 322 Jahr vor Chriſti Geburt, in dem nehmlichen Jahre, in welchem auch Demoſthenes ſtarb, und im 63. Jahre ſeines Alters.

2. Kant ſagt (C. Vorrede zur zweit. Aufl. VIII): „dafs die Logik ihren ſichern Gang ſchon von den älteſten Zeiten her gegangen ſei, läſst ſich daraus erſehen, dafs ſie ſeit dem Ariſtoteles keinen Schritt rückwärts hat thun dürfen, dafs ſie aber auch bis jetzt keinen Schritt vorwärts hat thun können. Dieſes wird man am beſten einſehen, wenn man den Inhalt der logiſchen Schriften des Ariſtoteles, denen man in neuern Zeiten den Namen Organon beilegte, mit einer Logik unſrer Zeiten vergleicht. Ich will daher jetzt von dieſem Inhalt dieſer Schriften hier einige Nachricht geben.

Die logiſchen Schriften des Ariſtoteles ſind:

a. ſein Buch von der Erklärung (περὶ ἑρμηνείας). Unter der Erklärung verſteht aber Ariſtoteles nicht, wie gewöhnlich, die Auslegung oder Interpretation, z. B. eines Buchs u. ſ. w., ſondern die Art, ſich ſo gegen einen Andern über unſre Vorſtellungen auszudrücken, dafs dieſer uns vollkommen verſtehen kann. Nach dem Ariſtoteles beſtehet ein Vernunftſchlufs aus einzelnen Theilen, die er Erklärungen nennt. Ein ſolcher Theil iſt nun entweder einfach oder zusammengesetzt. Jener erklärt nur einen einfachen Begriff, und heifst Nennwort (*nomen*) oder Zeitwort (*verbum*); diefer beſtehet aus der Verbindung mehrerer einfachen, und heifst ein Satz. Aus der Verbindung mehrerer Sätze entſteht endlich die Rede. Von allen diefen logiſchen Gegenſtänden handelt nun Ariſtoteles in diefem Buche in 14 Capiteln. Er zeigt, was er unter Erklärung verſtehe, und handelt dann von den Symbolen im Gemüth und in der Sprache. Er lehrt, was ein Nennwort, das unendliche Nennwort und der Fall (Cafus) des Nennworts, was ein Zeitwort, das unendliche Zeitwort und der Fall des Zeitworts ift, und redet von den Zeitwörtern an und für fich. Er handelt fodann von der Rede und ihren Arten; von dem Satze; von der Bejahung, der Verneinung und dem Widerfpruch; von den Entgegenfetzungen und den Widerfprüchen zwifchen den Bejahungen und Verneinungen; von der Antithefe, wo nicht blofs eine Bejahung oder Verneinung ift; von den Antithefen in zukünftigen zufälligen Dingen; von der Antithefe der Sätze mit einem dritten Prädicat (*tertii adjacentis*); von der Verbindung (Synthefis) und Trennung (Diärefis) in den Sätzen; von der Modalität der Sätze; von den Folgerungen aus der Modalität der Sätze; von den entgegengefetzten Sätzen. Dann folgt

b) feine Analytik in zwei Büchern, von denen jedes wieder zwei Abfchnitte hat.

I. Buch. 1. Abfchnitt: trägt in 40 Kapiteln die Lehre von Entftehung des Syllogismus oder dem Schluffe vor, und zwar zuerft, wie die Schlüffe gemacht werden, welches er die Synthefis oder Genefis derfelben nennt; dann wie wir es bewirken können, dafs wir fie bei der Hand haben, oder von der Erfindung derfelben; endlich wie fie in Schriften oder Reden aufzufinden, und in einander zu verwandeln find. Er handelt alfo von dem Satze, Terminus, Schluffe und feinen Elementen; von der Umkehrung der einfachen Sätze und der Sätze in Rückficht auf ihre Modalität; von den brauchbaren und unbrauchbaren Arten der Schlüffe in der erſten Figur; von den Schlüffen der zweiten und dritten Figur; von den drei Figuren und der Vollkommenheit der unvollkommenen Schlüffe; von den Schlüffen, in welchen beide Vorderfätze Nothwendigkeit haben, und von denen der erften zweiten und dritten Figur, da der eine Vorderfatz Nothwendigkeit hat; von den Schlüffen in der erften mit zufälligen Vorderfätzen; von den Schlüffen mit vermifchten, nehmlich einem zufälligen und einem nothwendigen Vorderfatz; von den Schlüffen in der zweiten Figur mit zwei zufälligen Vorderfätzen; von den Schlüffen mit einem in Anfehung der Zufälligkeit unbeftimmten und einem zufälligen Vorderfatz in der zweiten Figur; von den Schlüffen mit einem nothwendigen und einem zufälligen Vorderfatz in der zweiten Figur; von den Schlüffen mit zwei zufälligen, einem abfoluten und einem zufälligen, einem nothwendigen und einem zufälligen Vorderfatz in der dritten Figur. Von der Eintheilung der Schlüffe und ihrer Qualität und Quantität; von der Zahl der Terminus und Vorderfätze in den Schlüffen und den Profyllogismen; wie in einer jeden Figur eine Aufgabe behandelt wird; von der Auffindung der Vorderfätze zu den Schlüffen; von den zu etwas Unmöglichen führenden und andern hypothetifchen Schlüffen; von der Eintheilung; von der Analyfe der Schlüffe in Figuren, Sätze und Glieder; von der Analyfe der hypothetifchen Schlüffe; von der Analyfe der Schlüffe aus einer Figur in die andere; von den endlichen und unendlichen Gliedern.

Der 2. Abfchnitt trägt in 30 Kapiteln die Lehre von dem fchon vorhandenen Schluffe vor, und zwar von dem Grade der Bündigkeit und von der Unbündigkeit der Schlüffe, und dafs es keine Beweife als durch Schlüffe gebe, dafs Induction, Enthymema und Beifpiel u. f. w. nichts anders als Schlüffe find. Er handelt alfo von den Schlüffen, die auf mehreres fchliefsen; von einem wahren Schlufsfatz aus falfchen Vorderfätzen in der erften, zweiten und dritten Figur; von dem Zirkelbeweife in diefen Figuren; von der Umkehrung der Schlüffe in diefen Figuren; von dem apagogifchen Schlufs in diefen Figuren; von dem Unterfchied zwifchen einem oftenfiven und apagogifchen Schluffe in allen Figuren; von dem Schluffe aus dem Gegentheil in allen Figuren; von der Petitio Principii; von dem Tadel eines Schluffes, wenn man fagt: darum ift es noch nicht falsch; von dem falschen Grunde; wie man hindern könne, dass nicht gegen uns geschlossen werde; vom Elenchus oder dem Schlusse des Widerspruchs; vom Irrthum aus einer Meinung; von der Umkehrung der Glieder in der erften Figur; von der Induction, dem Beispiel, der Ablenkung, Instanz; von der Aehnlichkeit, dem Zeichen und dem Enthymena; von den Schlüssen aus der Physiognomie.

II. Buch: trägt in 2 Abschnitten die Natur, Kraft und Eigenschaft des Beweises vor; in dem 1. Abschnitte im Allgemeinen und im 2. Abschnitte ausführlicher.

1. Abschnitt. Dass es Beweise giebt; von der Wissenschaft, dem Beweise und seinen Elementen; von den Meinungen der Alten darüber; von der Allgemeinheit und dem an und für sich; von den Fehlern, wenn man etwas allgemein nimmt; von dem Beweise aus der Nothwendigkeit; von den Beweisen aus eigenen Principien; von den ewigen Wahrheiten, und uns indemonstrabeln Principien; von den Principien, Fragen und Auflösungen; von dem Unterschiede zwischen Beweis und Wissenschaft; von der zum Beweise bequemsten Figur; von den unmittelbaren verneinenden Sätzen; von dem Betrug aus Unwissenheit; von dem Beweise ins Uhendliche und den unendlichen Mittelgliedern; von der unendlichen Bejahung und Verneinung; von der besten Beweisart; von der Gewissheit und Einheit der Wissenschaft; von Dingen, die nicht zu beweisen sind; von den verschiedenen Principien der Schlüsse; von der Verschiedenheit zwischen Wissenschaft und Meinung; vom Scharfsinn.

2. Abschnitt. Von der Anzahl und Ordnung der Fragen; worin alle Fragen übereinkommen; Unterschied zwischen Erklärung und Beweis; von der Erklärung durch den Schlufssatz eines Schlusses; von der Auffuchung der Erklärung durch die Eintheilung; von dem Beweise der Erklärung durch eine andere; von der Auffuchung der Erklärung; vom Beweise der Ursache; von dem Beweise der Ursache, die die Wirkung nicht gleich bei sich hat; vom Zirkel im Erklären und seinem Beweise; von den Bedingungen die Erklärung zu

finden; von der Vortrefflichkeit des W_ges *a posteriori*;
Vorfchriften zur Erfindung der Aufgaben und des Mit-
telgliedes; von dem Verhältniſſe der Urfache zur Wirkung; von dem Urfprung der Kenntniſs der Principien.

c. In der Topik handelt Ariftoteles von den Elementen, woher wir die Principien und Beweife über
etwas zu disputiren hernehmen können; fie enthält die
Dialectik der Alten, oder die Kunft Schein zu erre-
gen, und handelt von dem Wahrfcheinlichen.

1. Buch. Vom Schluſſe und feinen Arten; vom Nuzzen der Topik; von der Materie der Dialectik; von
der Erklärung, dem Gefchlecht, dem Eigenthümlichen
und dem Zufälligen, auf wie viel Art daffelbe genommen wird; von der Anzahl der Prädicate; von den Categorien, von dem dialectifchen Satze, von der dialectifchen Aufgabe und der dialectifchen Thefis; von den
Arten zu vernünfteln; von den Werkzeugen der Erfindung; von der Wahl der Sätze; von der Unterfcheidung
gleichnamiger Dinge und den Oertern, die dahin gehören; von Erfindung der Verfchiedenheiten; von der Be-
trachtung der Aehnlichkeit; von dem Nutzen der Werkzeuge zur Erfindung.

2. Buch. Von der Eintheilung und den Fehlern
der Aufgabe; von den Oertern zu den Aufgaben, dem
Accidens, und den Oertern, die zu folchen Vorftellungen gehören, welche auf vielerlei Art ausgedrückt werden; Oerter, um zu beweifen, daſs das Gegentheil worin enthalten fei; Oerter, die zur Prädicirung des Ge-
fchlechts und der Art gehören; von den Oertern, die
zur Verwandlung des Streits gehören; Oerter, welche
von der Trennung, Etymologie, Befchaffenheit der Zeit,
worin etwas ift, und der Vielnamigkeit hergenommen
find; Oerter, die vom Gegentheil, von der Folge des
Entgegengefetzten, von verbundenen Begriffen, dem Ur-
prung und Untergang, der Wirkung und Zerftörung
hergenommen find; Oerter von der Proportion und Vergleichung, von dem Zufatze, von dem, was auf irgend
eine Art ift, zu dem, was an und für fich ift.

3. Buch. Gründe oder Oerter zu beweifen, daſs
etwas wünfchenswerther oder beſſer fei; vom Nutzen

der Gründe, welche beweisen, dafs etwas zu wählen
oder zu fliehen sei; von den Gründen über das mehr
oder weniger; von den Gründen zu particularen Aufgaben über das Accidenz.

4. Buch. Von den Gründen die Aufgabe, vom Geschlecht, betreffend.

5. Buch. Vom Eigenthümlichen.

6. Buch. Von den Gründen die Aufgabe, von der Erklärung, betreffend; z. B. wie eine Erklärung anzugreifen, von der Dunkelheit der Erklärung u. s. w.

7. Buch. Von den Gründen zu der Frage, ob ein Ding dasselbe oder etwas verschiedenes sei. Von den Gründen, die Erklärung zu bestätigen; von dem Nutzen dieser Argumente, der Bestätigung und Widerlegung.

8. Buch. Von der dialectischen Anordnung und Frage, der dialectischen Argumentation, Antwort und Vertheidigung, dem Tadel des Beweises, dem einleuchtenden und falschen Beweise, der Petitio Principii und der dialectischen Uebung.

d. In dem Buche von den sophistischen Schlüssen zur Widerlegung handelt Aristoteles von den sophistischen Schlüssen zur Widerlegung überhaupt, den Arten der Beweise, dem Zweck der Sophisten, und den Scheinwiderlegungen, die sowohl vom Ausdruck als von der Sache hergenommen werden; von der Zurückführung der Scheinwiderlegungen auf die Versteckung des Fehlers in dem widerlegenden Schlusse; von den Arten zu hintergehen, den verschiedenen Arten widerlegender Schlüsse und ihren Gründen; von der Eintheilung der falschen Beweise in solche, die die Worte, und in solche, die den Sinn betreffen; Vergleichung verschiedener Arten der Schlüsse, die zur Widerlegung dienen; wie man das Falsche und Paradoxe zeigt; von der Tautologie, dem Solöcismus der sophistischen Anordnung und Frage, der Art zu antworten und dem Nutzen dieser Untersuchung; der Scheinauflösung und der wahren Auflösung; von der Auflösung der Trugschlüsse aus der Homonymie und Amphibolie, aus der Verbindung und Trennung, aus dem Accent, der Beweise aus der Figura Dictionis, aus den Accidenzen, aus dem, was absolut oder verhältnisweife ift, aus der Erklärung der Widerlegung, aus der Petitio Principii, aus den Folgerungen, aus dem Zufatz; von der Auflöfung der Beweife, welche mehrere Fragen zu einer machen, oder die darauf hinführen, dafs man daffelbe öfters fagt; von der Auflöfung der Solöcismen; von der Schwierigkeit, die Art des Trugfchluffes zu erkennen und zu beantworten.

3. Wir fehen aus diefem Inhalt des ganzen Ariftotelifchen Organons, dafs es die ganze Logik in ihrer gröfsten Vollftändigkeit enthält; dafs aber auch ihr Urheber die eigenthümliche Natur und die Grenzen diefer Wiffenfchaft gekannt, und daher alle metaphyfifchen Unterfuchungen über die Natur der Seele, über die Quellen und Arten der Erkenntnifs u. f. w., alle pfychologifchen Unterfuchungen, über die Einbildungskraft, den Witz u. f. w. und alle anthropologifchen Unterfuchungen über den Einflufs des Körpers auf das Denken, die Vorurtheile u. f. w. davon ausgefchloffen habe.

4. Ariftoteles hat auch ein Buch von den Kategorien gefchrieben, welches die Alten mit zu dem Organon rechneten, das aber eigentlich kein logifches, fondern ein metaphyfifches Buch ift, indem es nicht mehr das formale Denken, fondern Begriffe *a priori* betrifft. Ariftoteles hatte uranfänglich ebenfalls die Abficht, die allgemeinen Prädicate des Dinges durch die Kategorien anzugeben, nur entfernte er fich in der Ausführung gar fehr von Kant darin, dafs er die Quelle diefer Kategorien nicht kannte, und daher fie theils nicht alle fand, theils Arten der Sinnlichkeit unter fie aufnahm. Er hat nehmlich 10 Kategorien. Er fchlofs nach Buhle fo: das Ding ift entweder das erfte oder aus dem erften entftanden. Was das erfte ift, ift es entweder an und für fich, oder im Verhältniffe mit andern. Das Ding an und für fich giebt die Kategorie der Subftanz. Das Ding im Verhältniffe entfteht entweder aus der Materie der Subftanz und kann getheilt werden, daher die Kategorie der Quantität; oder von der Form der Subftanz, und kann nicht getheilt werden, daher die Kategorie der

Qualität; oder von dem Verhältniſſe der Subſtanz zu etwas anderm, daher die Kategorie der Relation. Was von dem erſten entſtanden iſt, entſpringt entweder von der Subſtanz mit der Quantität, oder von der Subſtanz mit der Qualität, oder von der Subſtanz mit der Relation verbunden. Nun giebt es zwei Arten der Quantität, Ort und Zeit. In wie fern die Subſtanz mit der Quantität an einem Ort iſt, entſtehet die Kategorie Wo; in wie fern ſie in der Zeit iſt, die Kategorie Wann. Aus der Subſtanz mit der Qualität verbunden entſpringen die Kategorien Thun und Leiden, denn die Subſtanz thut und leidet durch die Qualität. Endlich aus der Subſtanz mit der Relation der Theile des Körpers unter ſich entſteht die Kategorie der Lage, und mit der Relation zu etwas Aeuſſerlichen die Kategorie haben. Ariſtoteles iſt aber in der Anzahl der Kategorien nicht immer mit ſich einig, und läſst zuweilen das Haben, die Lage und das Wann weg (C. 105.). Offenbar gehört auch Wann zur Zeit, Wo zum Raum und die Lage zu beiden, als Arten der reinen Sinnlichkeit. Thun und Leiden ſind aber keine Stammbegriffe, ſondern abgeleitete Begriffe, denn ſie ſetzen die Stammbegriffe Subſtanz, Urſache und Wirkung voraus, ſ. Kategorie.

4. Ariſtoteles nannte die Kategorien auch Prädicamente, und er ſahe ſich hernach genöthigt, noch fünf Poſtprädicamente hinzuzuthun, nehmlich das Entgegengeſetzte, das Eherſeyn, das Zugleichſeyn, die Bewegung und das Beſitzen. Allein dieſe liegen doch zum Theil ſchon in jenen, z. B. Eherſeyn und das Zugleichſeyn ſind Modi oder Arten der Zeit, und die Bewegung iſt gar ein empiriſcher Begriff, der nur durch Erfahrung möglich iſt. Allein dieſe Zuſammenraffung der Stammbegriffe des menſchlichen Verſtandes geſchahe wohl nicht ſo ſyſtematiſch wie Buhle (3) will. Auch leitet Buhle einige von andern ab, da ſie eigentlich alle Stammbegriffe ſind. Man ſieht endlich aus dieſer Ableitung nicht die Vollſtändigkeit ihrer Anzahl. Daher konnten Ariſtoteles Bemühungen Kant nur zum Wink für ſeine Unterſuchung der Kategorien dienen,

aber nicht für eine Ausführung nach einer Idee gelten, und von dieser Seite Beifall verdienen. Auch blieb seine Tafel der Kategorien noch immer mangelhaft, denn es fehlt z. B. die Modalität gänzlich darin, u. a. m. Daher rührt es nun auch, dafs sie, bei mehrerer Aufklärung der Philosophie, als ganz unnütz verworfen worden ist (Pr. 118. 119. S. Aggregat 1. 2.).

Kant. Critik der rein Vern. Vorred. VIII. Elementl. II. Th. I. Abth. I. Buch. I. Hauptst. III. Abschn. S. 105. 107.
Dess. Prolegomenen. §. 39. S. 118. 119.
Ἀριστοτέλης. Aristotelis Opera omnia, graece — librorum argumenta et novam versionem latinam adjecit Joh. Theoph. Buhle. Vol. I.III. Biponti 1791. 8.
Fülleborn. Kurze Geschichte der Logik bey den Griechen. In den Beyträgen zur Geschichte der Phil. IV. St. S. 173. f.

Art,

modus. Die innere zufällige Beschaffenheit, oder dasjenige Merkmal, wodurch etwas als zufällig bestimmt werden kann. Die zufällige Beschaffenheit ist ein solches Merkmal des Begriffs, das ihm nicht nothwendig beigelegt werden mufs, das man sich aber doch als möglich in ihm vorstellen kann. So ist das Merkmal gelehrt eine zufällige Beschaffenheit des Begriffs eines Menschen, aber auch zugleich eine Art, wie Menschen an und für sich, ohne sie mit andern Dingen zu vergleichen, also innerlich beschaffen seyn, und daher bestimmt werden können.

2. Kant sagt (U. 201.): es giebt zweierlei Art der Zusammenstellung seiner Gedanken des Vortrags, das heifst hiernach, wenn man seine Gedanken vortragen will, so ist es möglich, dieselben zu dem Ende, nach einem blofsen Gefühl, oder nach bestimmten Grundsätzen zu ordnen; das erste heifst die Manier, das andere die Methode des Vortrags. Da es nun zufällig ist, welche Zusammenstellung man wählt, und man nicht zu der einen durchaus so genöthigt ist, dafs der Vortrag ohne diese Zusammenstellung aufhören würde Vortrag zu seyn, und dennoch diese Beschaffenheit des Vortrags im Vortrage

Art. Articulation.

felbft und nicht in etwas aufser demfelben liegt, fo heifsen diefe Zufammenftellungen Arten (der Beftimmung) des Vortrags, oder *Modi* deffelben.

3. Eben fo giebt es dreierlei Arten der Zeitbeftimmung, oder drei *modi* der Zeit, die Beharrlichkeit, die Folge und das Zugleichfeyn (C. 219). Etwas kann zu jeder Zeit feyn, es kann aber auch frü auf etwas anderes folgen und alfo entftehen und vorgehen, und daher mit andern zugleich feyn oder nicht. Alles diefes find Befchaffenheiten, die, wenn die Zeit wegfällt, felbft wegfallen, folglich Befchaffenheiten, wie die Zeit beftimmt werden kann, von denen aber keine ihr nothwendig anklebt. Die Zeit wird aber hier innerlich beftimmt, nicht im Verhältniffe zu etwas andern. Diefes fcheint zwar bei der Folge und dem Zugleichfeyn nicht gleich fo, vielmehr fcheint es, als fei hier ein Verhältnifs zwifchen dem, was auf das Andere folgt, und diefem Andern, oder zwifchen den beiden Dingen, die zugleich find. Allein hier ift nicht die Rede von diefen beiden Verhältniffen, fondern von dem Hintereinanderfeyn der Zeiträume, in denen fich beide auf einander folgende Dinge befinden, und von der Congruenz der Zeiträume, in denen fich die Dinge befinden, welche zugleich find. Folglich find die genannten Zeitbeftimmungen innerlich, obwohl zufällige Befchaffenheiten der Zeit oder *modi* derfelben.

Kant. Crit. der Urth. I. Th. §. 49. S. 201.
Deff. Crit. der rein. Vern Elementarl. II. Th. I. Abth. II. Buch. II Hauptft. III. Abfchn. 3. S. 219.
Kiefewetter. Logik, §. 43. und *ad* §. 43. S. 19. u. S. 217.

Articulation,

articulatio, articulation, Gliederung. Diefen Namen, der auch fo viel, als das Ausfchlagen eines Baums, oder dafs er neue Reifer bekömmt, bedeutet, legt Kant der Ableitung aller Zweige einer Wiffenfchaft aus einer einzigen Idee derfelben bei;

Articulation.

das Ganze eine fyftematifche Einheit bekömmt, und nicht ein blofses Aggregat ift, f. Aggregat. Man könnte es im Deutfchen die Gliederung nennen, weil die aus einer Idee abgeleiteten Theile gleichfam dasjenige für das Ganze find, was die Glieder für den Körper find. Man kann daher fagen, das Syftem ift gegliedert, d. i. feine Theile find nicht willkührlich, fondern alle nach einer einzigen Idee, aus welcher fie entfpringen, zufammengefetzt. Diefe Glieder müffen fodann wieder gegliedert feyn, d. h. ihre Glieder wieder alle aus der Idee eines Gliedes entfpringen. Leider haben wir jetzt noch kein fo gegliedertes Syftem der Philofophie, vielmehr ift bisher alles in derfelben rhapfodiftifch zufammengefetzt. Daher auch z. B. Baumgartens Metaphyfik nicht fowohl den Namen eines Syftems, als vielmehr einer metaphyfifchen Encyclopädie verdient (C. 861. 862).

2. Inzwifchen hat die Critik der reinen Vernunft die Articulation eines folchen Syftems geliefert, und dadurch das befte Beifpiel einer folchen fyftematifchen Einheit gegeben.

3. Zu diefer Articulation gehört nun die Beftimmung *a priori*

A. der Grenzen und des Mannichfaltigen einer Wiffenfchaft;

B. der Vollftändigkeit ihrer Theile;

C. der Stelle diefer Theile im Syftem;

D. des Umfangs und der Grenzen diefer Theile, mit völliger Gewährleiftung derfelben.

4. Die Folge einer folchen richtigen Articulation ift, dafs man, wenn man die übrigen Theile kennt, fogleich den fehlenden vermifst, und den nicht dazu gehörenden Theil, oder den zu grofsen Umfang und die unrichtigen Grenzen der Theile bemerkt. In der transfcendentalen Methodenlehre der Critik der reinen Vernunft hat Kant eine folche Articulation der Philofophie angegeben. Die idee der Philofophie, aus der fich alle

Zweige derselben ergeben, ist die einer möglichen Wissenschaft aller rationalen Erkenntniss aus Begriffen. Hier wird also, durch die Idee selbst, bestimmt

A. **der Umfang und die Grenzen der Philosophie**, denn

a. sie betrifft alle Erkenntniss, die aus Begriffen möglich ist;

b. sie schliesst dadurch aus, und grenzt dadurch ab

α. die historische Erkenntniss, und behält nur die rationale Erkenntniss aus Principien für ihr Gebiet,

β. die mathematische Erkenntniss, oder das Gebiet der rationalen Erkenntniss aus der Construction der Begriffe.

B. **die Vollständigkeit ihrer Theile.** Denn rationale Erkenntniss aus Begriffen ist nichts anders, als die Erkenntniss der Gesetzgebung der menschlichen Vernunft, und zwar

a. für die Gegenstände der Erkenntniss (Natur), und

b. für die Gegenstände des Willens (Freiheit).

Hieraus entspringen also die beiden Hauptzweige der Philosophie, der theoretische und practische.

C. **die Stelle dieser Theile im System.** Denn dass im System die theoretische Philosophie der practischen vorgehet, folgt daraus, dass die practische das zum Gegenstande hat, was da seyn soll, die theoretische hingegen das, was da ist; da nun die Gesetze dessen, was da ist, die Bedingungen dessen sind, was da seyn soll, und die Bedingungen vor dem, durch sie, Bedingten hergehen müssen, so muss auch die theoretische Philosophie der practischen vorangehen. Ganz anders aber ist es mit dem Range beider Wissenschaften, wenn sie ihrem Interesse nach geschätzt werden, s. Primat.

D. **jeder der beiden Theile der Philosophie, in Ansehung seines Umfangs und seiner Grenzen.**

a. Die theoretische Philosophie umfasst alles, was aus blossen Begriffen erkannt und bewiesen werden kann;

nur giebt fie nicht die *Data* an, fondern erklärt fie blofs, auch erklärt fie nichts, deffen Erklärung auf Darftellung in der Anfchauung beruhet; fie erklärt die aus dem Willen entfpringenden Phänomene als *Facta*, und zeigt, dafs fie nicht anders feyn konnten, folglich bekümmert fie fich nicht darum, wie fie nach einem andern Gefetz (dem practifchen, das ihr fremd ift) feyn follten.

b. Die practifche Philofophie hingegen bekümmert fich um keine Naturphänomene, fondern richtet oder gebietet die Willensäufserungen nach einem eigenen Gefetz, das einen freien Willen vorausfetzt, und zeigt, wie alles, was aus dem Willen entfpringt, feyn follte.

Kant. Crit. der rein. Vern. Methodenl. III. Haupft. S. 861. 862. ff.

Affertorifcher

Imperativ. S. Imperativ.

Affertorifches

Urtheil. S. Urtheil.

Affociation.

S. Vergefellfchaftung.

1. Atomus,

ἄτομος, *atomus*, *atome*. Das Element des Zufammengefetzten, das folglich nicht zufammengefetzt wäre, weil es übrig bleiben müfste, wenn alle Zufammenfetzuung aufgehoben würde, welches aber nach Kant nicht möglich ift, weil die Theilung der Materie ins Unendliche gehet, f. Theilung. Kant unterfcheidet es

a. von Monas, oder dem Einfachen, unmittelbar als einfache Subftanz gegeben feyn (

B. die Seele; dahingegen **Atomus** das Einfache ift, auf welches man kommen foll, wenn alle Zufammenfetzung aufgehoben würde, und welches alfo mittelbar, nehmlich in dem Zufammengefetzten gegeben ift.

b. von **Atomus** in dem Sinn der Alten, nach welchem es fo viel heifst, als ein **Klümpchen Materie**, das durch keine Kraft weiter getheilt werden kann, aber doch noch immer zufammengefetzt wäre, und das fich die Alten als erftes Beftandtheil der Materie dachten, f. den folgenden Artikel, **Atomus**.

2. Das Wort ift griechifch, und ftammt ab von α (a) nicht und dem Zeitwort τεμνω (temno) ich zerfchneide, theile, und heifst alfo etwas **Untheilbares**, folglich hier darum, weil alle Zufammenfetzung aufgehoben ift. Im folgenden Artikel heifst es ein **Untheilbares**, weil man die Theilung durch keine Gewalt bewerkftelligen kann, ohngeachtet das Theilchen noch zufammengefetzt ift.

3. Kant zeigt, dafs, wenn man die materielle Welt für ein Ding an fich nimmt, es fich eben fowohl beweifen laffe, dafs es folche Atomen gebe, als dafs es keine gebe. S. **Monas**.

  Kant, Crit. der rein. Vern. Elementarl. II. Th. II. Abth. II. Hauptft. II. Abfchn. S. 470.

2 Atomus,

Klümpchen, kleinftes Theilchen. Ἄτομος, ἀδιαίρετον σωμα, σωμα σμικροτατον, λεπτοτατον ἁπλης σωμα, 9εωτρα ἐλαχιστον, λεπτομερης σωμα, μεγεθος ἀδιαιρετον, Μονας, σωματιον σμικρον, ὄγκος. ψηγμα ἐλαχιστον. *Atomus, corpusculum individuum, corpus indivifibile, corpus minimum, elementum corporis individuum, corpus atomum, punctum phyficum, corpusculum, corpus infectile, molecula. Atome, molécule.* **Ein kleiner Theil der Materie, der phyfifch untheilbar ift.** Phyfifch untheilbar wäre eine Materie, deren Theile mit einer Kraft zufammenhingen, die durch keine in der Natur befindliche bewegende Kraft überwältigt werden könnte. Ein Atom, der als durch feine Figur von andern

Atomus.

ſpecifiſch verſchieden gedacht wird, heiſst ein **erſtes Körperchen** (N. 100).

2. Daſs wir die Theilung der Körper durch allerlei Mittel ſehr weit treiben können, iſt bekannt. Aber ob dieſe Theilung ohne Ende fort möglich ſei, darüber kann uns die Erfahrung nicht belehren, weil ſich nicht nur, bei fortgeſetzter Theilung, die Theilchen unſern Sinnen bald entziehen, ſondern weil eine Fortſetzung ohne Ende kein Verſuch iſt, den wir anſtellen können. Ob man alſo endlich auf gewiſſe letzte körperliche Theile, die an ſich ſelbſt und ihrer Natur nach nicht weiter theilbar ſind, auf Atomen kommen müſſe, oder ob die Materie ohne Ende theilbar ſei, iſt eine hierher gehörige ſpeculative Frage, welche die critiſche Philoſophie beantwortet. Sie lehrt nehmlich, daſs man beides ſtrenge beweiſen könne, wenn man vorausſetze, daſs die Materie ein Ding an ſich ſei, ſ. **An ſich** und **Monas**. Sie zeigt aber auch, daſs der Fortgang in der Theilung der Materie (als einer Erſcheinung) ins Unendliche gehe, beweiſet die Wahrheit dieſer Behauptung auf das ſtrengſte, und bringt damit einen lange geführten Streit gänzlich zu Ende. S den folgenden Artikel **Atomiſtik**.

3. **Lamarck** verlas den 6. October 1796 in der Sitzung des Nationalinſtituts zu Paris eine Abhandlung über die kleinſten Theilchen (*Molécules*) zuſammengeſetzter Körper, worin er die Unabänderlichkeit ihrer Form und die Einheit ihrer Natur als einen Grundſatz annimmt, und ſchloſs mit der Aeuſserung, daſs die kleinſten Theilchen bei jeder Zuſammenſetzung nothwendig einfach und für ſich beſtehend ſind, und daſs die Verſchiedenartigkeit jeder Materie nur von der Aufeinanderhäufung (*aggrégation*) verſchiedener Arten kleinſter Theilchen herrühre, und nie von ihrer Vereinigung abhänge (Litt. Anzeig. 1796. S. 573). Gegen dieſe Behauptungen ſtreitet die critiſche Philoſophie. S. auch **Atomiſtik**.

> Kant. Met. Anfangsgr. der Naturw. II. Hauptſt. Allgemeine Anmerk. 4. S. 100.

Gehler. Phyſ. Wörterbuch. Art. Atomen.
Allgemeiner Litterariſch. Anzeiger. 1796. S. 573.

Atomiſtik,

Corpuſcularphiloſophie, *atomiſtica*, *philoſophia ſ. phyſica corpuſcularis*. Die Erklärungsart der Erſcheinungen, welche Körper heiſsen, aus der Zuſammenſetzung untheilbarer Körperchen oder Klümpchen (*moleculae*), welche man auch Atomen nannte, ſ. den vorhergehenden Artikel Atomus. Dieſe Bedeutung des Worts Atomiſtik hielt Kant ab, der Behauptung, daſs alles Zuſammengeſetzte aus einfachen Theilen beſtehe, (welche Behauptung transſcendental iſt, weil ſie Erkenntniſſe *a priori* möglich machen würde,) den Namen der transſcendentalen Atomiſtik beizulegen. Auch iſt bei dieſer Behauptung der Begriff des Einfachen, und nicht der des Untheilbaren, die Hauptſache (C. 470).

2. Kant nennt (N. 101.) dieſe Erklärungsart auch die mechaniſche Naturphiloſophie, weil ſie die Verſchiedenheit der Materien aus der Beſchaffenheit und Zuſammenſetzung ihrer kleinſten Theile oder Körperchen (ſ. den vorhergehenden Artikel Atomus, 1) den Atomen und dem Leeren, (τα κλεισρτα και τα κενον, nach dem Metrodorus Chius) ableitet. Dieſe Erklärungsart iſt der Mathematik am fugſamſten, weil dieſe es gemeiniglich bloſs mit ausgedehnten (ſelten mit intenſiven) Gröſsen zu thun hat, die für die mathematiſche Behandlung am bequemſten ſind. Daher haben beſonders die mathematiſchen Naturlehrer ſich für dieſes Syſtem erklärt, und es hat vom alten Domocrit an, der daſſelbe zuerſt am deutlichſten lehrte, bis auf Carteſius, der demſelben in neuern Zeiten die meiſten Anhänger erworben, und ſelbſt bis zu unſern Zeiten immer ſein Anſehn und ſeinen Einfluſs auf die Principien der Naturwiſſenſchaft erhalten (S. 2. Atomus, 3.). Für dieſe Meinung, daſs alle Materie aus untheilbaren Körperchen zuſammengeſetzt ſei, haben ſich ſchon vor Democrit viele Philoſophen erklärt. Moſchus, ein Phönicier

Atomiſtik.

aus Sidon, der noch vor der Zerſtörung der Stadt Troja lebte, ſoll der Erfinder dieſes Syſtems ſeyn (*Strabo Geogr. lib. XVI. p.* 531.). Ferner lehrte es **Pythagoras**; er nannte die Atomen **Monaden** (*Diog. Laert. lib. VIII.*), **Ekphantus**, ein Pythagoräer, **Archelaus** (*Sidonius Apollinaris, Carmin. XV. v.* 94. *p.* 359. *edit. Sirmondi,* wo aber Archelaus ſtatt Arceſilas geleſen werden muſs), **Empedokles**, **Xenocrates**, **Heraklit**, **Anaxagoras** (ſ. **Anaxagoras**), **Aſklepiades** (*Sextus Empiricus lib. III. cap. IV.*), **Diodorus Kronus** (*Sextus Empir. lib. I. adv. Phyſ. Sect.* 363.), **Metrodorus Chius** und **Leucippus** (*Diogen. Laert. lib. IX.*). Ja Ariſtoteles ſagt, daſs faſt alle alte Phyſiker Anhänger dieſes Syſtems geweſen wären (*de ſenſu et ſenſibili C. IV.*). Nach dem **Democrit** machte **Epicur** noch viele Zuſätze zu deſſelben Syſtem (*Cicero de fin. I,* 6). **Lucretius** trägt dieſes Lehrgebäude des Epicur vor (*De rerum natura. Lib. VI.*), und unter den neuern **Gaſſendi** (*Gaſſendi Animadverſiones in X libr. Diogen. Laert. qui eſt de vita, moribus placitisque Epicuri Lugd.* 1675. *fol*). **Newton** und **Boerhave** haben gelehrt, die Materie beſtehe aus einer Menge oder Anhäufung feſter, harter, ſchwerer, undurchdringlicher, träger und beweglicher Theilchen, von deren verſchiedenen Zuſammenordnung die Verſchiedenheit der Körper herrühre. Die kleinſten Theilchen können ſich durch eine ſtarke Anziehung mit einander verbinden, und gröſsere Theile ausmachen, welche einander weniger anziehen. Dieſe können wieder durch ihren Zuſammenhang noch gröſsere Theile bilden, deren Anziehung gegen einander noch ſchwächer iſt, bis endlich die gröbern in unſre Sinne fallenden Theile entſtehen, von welchen die Farben der Körper und die chemiſchen Operationen abhängen, und welche durch ihren Zuſammenhang die Körper von merklicher Gröſse ausmachen (**Gehler, Atomen**).

3. Das Weſentliche dieſer Erklärungsart beſtehet alſo in der Verbindung des **Abſolutvollen** mit dem **Abſolutleeren**, d. i. in der Vorausſetzung.

a. der **abfoluten Undurchdringlichkeit** der primitiven Materie;

b. der **abfoluten Gleichartigkeit** diefes Stoffs, und des allein übrig gelaffenen Unterfchiedes in der Geftalt; und

c. der **abfoluten Unüberwindlichkeit** des Zufammenhanges der Materie in diefen Grundkörperchen;

d. der **abfolut leeren Zwifchenräume** zwifchen diefen Grundkörperchen.

Dies waren die Materialien zu Erzeugung der fpecififch verfchiedenen Materien, um nicht allein zu der Unveränderlichkeit der Gattungen und Arten einen unveränderlichen und gleichwohl verfchiedentlich geftalteten Grundftoff bei der Hand zu haben; fondern auch aus der Geftalt diefer erften Theile, als Mafchinen (denen nichts weiter, als eine äufserlich eingedrückte Kraft fehlte) die mancherlei Naturwirkungen mechanifch zu erklären (N. 101).

4. **Gehler** (Art. Atomen) behauptet ebenfalls das Dafeyn folcher Atomen, und giebt dadurch ein Beifpiel, dafs die Corpufcularphilofophie ihr Anfehen bis auf unfere Zeiten erhalten hat. Er fagt: „wer die Exiftenz der Materie einräumt, kann ihr auch erfte **ungetheilte** Elemente nicht abfprechen." Dies ift es aber, was Kant der Materie abfpricht, ob er wohl die Exiftenz der Materie behauptet. Und zwar verfteht er nicht blofs unter Theilbarkeit die Möglichkeit, fich in jedem Theile der Materie, den man als **ausgedehnt** betrachtet, eine rechte und linke, eine obere und untere Seite zu gedenken, welche der Verftand als abgefondert betrachten kann. Aber er verftehet auch nicht darunter die wirkliche Theilung, fondern er behauptet, dafs, obwohl es in der Erfahrung eine letzte Grenze giebt, auf welcher alle menfchliche Möglichkeit der Theilung aufhört, es dennoch keine untheilbaren erften Körperchen gebe, die eine abfolute Härte hätten, fo dafs fie fich durch keine phyfifchen Kräfte weiter trennen liefsen. Der Fortgang in der Theilung

Atomiſtik.

der Materie, als eines Phänomens der Sinnenwelt, geht ins Unendliche; wenn wir aber an eine Grenze kommen, ſo liegt das an der Eingeſchränktheit unſrer Sinne und Werkzeuge.

5. Dieſe Theilung der Materie ins Unendliche beweiſet nun Kant ſo. Die Materie ift undurchdringlich, und zwar durch ihre urſprüngliche Ausdehnungskraft. Nun iſt der Raum, den die Materie erfüllt, ins Unendliche theilbar. In einem mit Materie erfüllten Raume aber enthält jeder Theil deſſelben impulſive Kraft. Mithin iſt ein jeder Theil eines durch Materie erfüllten Raums, als materielle Subſtanz, trennbar von den übrigen durch phyſiſche Theilung. Folglich gehet die phyſiſche Theilung eben ſo weit, als die mathematiſche, d. i. ins Unendliche. Wir kommen alſo nie an eine abſolute Grenze der Theilung, ſondern nur immer an eine relative, die durch Eingeſchränktheit unſrer Sinne, Kenntniſſe, Kräfte u. ſ. w. beſtimmt wird.

6. Die erſte und vornehmſte Beglaubigung des Corpuſcularſyſtems beruhet auf der vorgeblich unvermeidlichen Nothwendigkeit, zum ſpecifiſchen Unterſchiede der Dichtigkeit der Materie leere Räume zu gebrauchen. Durch das Wort Dichtigkeit drückt man nehmlich die Vertheilung der Maſſe oder Materie eines Körpers durch den Raum, den er einnimmt, aus, ſo dafs man dem Körper eine gröſsere Dichtigkeit zuſchreibt, wenn er unter eben demſelben Raume (Volumen) mehr Materie enthält, eine geringere, wenn er unter eben dem Raume weniger Materie enthält (Gehler phyſ. Wörterb. Art. Dichtigkeit). Dieſe gröſsere oder geringere Dichtigkeit ſtellt man ſich nun gemeiniglich ſo vor, dafs ſie von der Menge kleiner Zwiſchenräume abhänge, die innerhalb der Materie und zwiſchen den Partikelchen derſelben vertheilt wären. „Stellen wir uns, ſagt Erxleben (Anfangsgr. der Naturlehre §. 20) einen Raum als allerwärts mit Materie erfüllt, oder in jedem Puncte undurchdringlich vor, ſo haben wir einen Körper, den wir vollkommen dicht nennen. Eine geringere Dichtigkeit würde der Körper haben, wenn er mit vielen kleinen Löcherchen durchbohrt wäre oder

Zwischenräume hätte, die entweder gleichförmig oder ungleichförmig durch den Körper vertheilt seyn können, so dafs der Körper in allen Theilen einerlei, oder auch eine verschiedene Dichtigkeit hätte." Ja der Körper könnte wohl so locker seyn, dafs der erfüllte Theil des Volumens auch der dichtesten Materie, gegen den leeren beinahe für nichts zu halten wäre. Wäre diese Vorstellung der Dichtigkeit richtig, dann schiene freilich nur der Körper seinen Raum einzunehmen, nähme ihn aber nicht völlig ein, weil nicht in allen Puncten des Raums, nicht in den hohlen Zwischenräumen Materie wäre. Daher auch Gehler in der obigen Erklärung der Dichtigkeit nicht sagt, den er einnimmt, sondern, den er einzunehmen scheint. Mehr oder weniger dicht heifst dann so viel, als weniger oder mehr blasicht oder löchericht (N. 101.). Um nun eine dynamische Erklärungsart einzuführen, d. i. eine solche, die nicht auf blofse Ausdehnung, sondern auf Kräfte gegründet ist, ist es hinlänglich zu zeigen, dafs sich der specifische Unterschied der Dichtigkeit der Materien sehr wohl auch ohne Beimischung leerer Zwischenräume denken lasse. Dann steht Hypothese gegen Hypothese. Nun wird man doch wohl gewifs diejenige vorziehen, die, ohne Zwischenräume zu erdichten, welche in der Erfahrung nicht zu finden sind, die specifische Verschiedenheit der Dichtigkeit erklärt; und diejenige verwerfen, die Körperchen erdichten mufs, die drei absolute Beschaffenheiten haben (3. a. b. c.), welches dem Verstande widerstehet, der nichts von absoluten Beschaffenheiten weifs, sondern nur Gröfsen und Grade kennt, über und unter die noch immer gröfsere und kleinere denkbar sind. Diese Möglichkeit, sich die specifischen Unterschiede der Dichtigkeit der Materie auch ohne Beimischung leerer Zwischenräume zu denken, beruhet nun darauf, dafs die Materie nicht aus Körperchen bestehet, die absolut und undurchdringlich sind, und dadurch den Raum erfüllt, so dafs, wenn sie zusammengedrückt wird, blofs diese Körperchen näher gerückt, und die leeren Zwischenräume ausgefüllt werden; sondern, die Materie erfüllt

Atomiftik.

den Raum durch eine Kraft in allen ihren Theilen, wodurch diefe fich einander zurückftofsen, und welche ihren Grad hat, der in verfchiedenen Materien verfchieden feyn kann. Diefe Zurückftofsungskraft hat mit der Anziehungskraft der Theile nichts gemein. Denn der Grad der letztern hängt von der Menge der Theile (Quantität) der Materie ab. Nun kann die Zurückftofsungskraft der Theile der Materie bei verfchiedenen Materien urfprünglich verfchieden feyn; folglich in verfchiedenen Verhältniffen mit der Anziehungskraft ftehen.

Sind nun, bei einer gleichen Quantität der Materie in zwei verfchiedenen Körpern, in dem einen die Ausdehnungs- oder Zurückftofsungskräfte gröfser als in dem andern, fo ift der erftere (weil in beiden die Anziehungskräfte, wegen der Gleichheit der Menge Materie, gleich find) lockerer oder weniger dicht, als der andere; denn er kann fich mehr ausdehnen, und daher die Materie deffelben einen gröfsern Raum einnehmen, ein gröfseres Volumen ausmachen, und demohngeachtet eben fo wohl ohne leere Zwifchenräume feyn, als der andere. Der Aether ift unter allen uns bekannten Materien am wenigften dicht, folglich mufs die repulfive (zurückftofsende) Kraft feiner Theile die ftärkfte feyn, im Verhältniffe zu den repulfiven Kräften der Theile aller übrigen uns bekannten Materien.

Die Platina ift unter allen uns bekannten Materien am dichteften, folglich mufs die repulfive Kraft ihrer Theile die fchwächfte feyn, im Verhältniffe zu den repulfiven Kräften der Theile aller übrigen uns bekannten Materien. Das ift das einzige Naturgefetz, das wir blofs darum, weil es fich denken läfst, *a priori* annehmen, nur zum Widerfpiel einer Hypothefe (der leeren Räume und abfolut undurchdringlichen gleichartigen und untheilbaren Körperchen oder Atomen), die fich allein auf das Vorgeben ftützt, dafs fich die fpecififch verfchiedene Dichtigkeit der Materie fonft nicht denken laffe.

Kant. Crit. der rein. Vern. Elementarl. II. Th. II. Abth. II. Buch. II. Hauptft. II. Abfchn. S. 470.

Deff. Met. Anfangsgr. der Naturw. II. Hauptft. Allgem. Anmerk. 4. S. 101—103.
Cudworthi System. intellect. Cap. I. §. V. fqq. pag.
8. fqq.
Gehler Phyf. Wörterb. Art. Atomen.

Attraction,

allgemeine Anziehung, *attractio, attraction.*
Die Urfache des Phänomens der Körperwelt, da Körper
fich einander nähern, oder, wenn fie aufgehalten werden,
fich zu nähern ftreben, da fie nach der Berührung an einander bleiben, oder doch der Trennung widerftehen, ohne
dafs man eine äufsere in die Sinne fallende Urfache davon,
einen Druck, Stofs u. d. g. gewahr wird. So fällt ein
freigelaffener Körper fenkrecht auf die Erdfläche nieder,
nähert fich der Maffe der Erde, oder äufsert doch, wenn
man ihn daran hindert, fein Beftreben zu fallen, durch
fein Gewicht, durch Druck auf das, was ihn trägt; fo
fliefsen zwei einander berührende Waffertropfen in einen
zufammen u. f. w., ohne dafs man eine äufsere Urfache davon bemerkte; die Erfahrung zeigt uns, dafs es gefchehe,
belehrt uns aber gar nicht darüber, warum es gefchehe.

2. Die Urfache diefes allgemeinen Phänomens
der Körperwelt ift zwar die urfprüngliche Anziehungskraft der Materie, f. Anziehungskraft, die
allerdings die Wirkung hervorbringt, dafs fich die Theile
der Materie einander nähern, welche Wirkung die Gravitation heifst. Allein die Theile der Materie ziehen
im Verhältniffe ihrer Menge, und daher ftrebt die Materie
fich in der Richtung der gröfsern Gravitation zu bewegen,
oder fich dem Körper zu nähern, der die meifte Materie
hat, und in der Richtung, welche durch die Einwirkung
der anziehenden Kraft aller Theile der ziehenden Körper
hervorgebracht wird. Diefe Urfache jenes allgemeinen
Phänomens der Körperwelt ift eine abgeleitete Anziehungskraft, und alfo von jener urfprünglichen darin verfchieden, dafs fie aus den Kräften aller Theile der Materie zufammengefetzt ift. Sie heifst die allgemeine Attraction und ihre Wirkung die Schwere. Die allgemeine
Attraction wirkt aber nach dem Quadrat der Entfer-

Attraction. Attribute. Aufenthalt.

nungen der Theile der Materie, aus deren Kräften fie zufammengefetzt ift (f. Anziehungskraft 15.); folglich ift auch die Schwere verfchieden, oder es giebt mehrere Schweren. So würde z. B. ein Pfund Blei auf der Sonne weit fchwerer feyn als auf der Erde (N. 71.). Diefe allgemeine Attraction mufs aber, fammt ihrem Gefetz aus Datis der Erfahrung gefchloffen werden, das heifst, weder die Richtung, noch die Kraft der allgemeinen Attraction kann man *a priori* wiffen, weil wir nicht *a priori* wiffen können, wie viel Materie vorhanden ift, auch nicht, wie fie vertheilt ift, in welchen Entfernungen fie von einander liegt, ja felbft die Gröfse der urfprünglichen Anziehungskraft ift uns *a priori* nicht bekannt, wir wiffen weiter nichts *a priori*, als dafs fie vorhanden ift (N. 104.).

3. Kant unterfcheidet fich alfo dadurch von den übrigen Phyfikern, dafs er unter Attraction wirklich die Urfache der Schweren verftehet; da die übrigen Phyfiker darunter blofs das Phänomen der Schwere felbft verftehen. So fagt z. B. Gravefand (*Phyf. elem. mathem. Leid.* 1742 gr. 4. L. I. c. 5): *Attractionem vocamus vim quamcunque, qua duo corpora ad fe invicem tendunt.* Wir nennen jede Kraft, mit der zwei Körper fich einander nähern, die Attraction. Kant aber fagt (N. 104): die allgemeine Attraction ift die Urfache der Schwere. Die übrigen Phyfiker fagen, die Urfachen der allgemeinen Attraction find unbekannt; Kant fagt, die Urfache der allgemeinen Attraction ift die urfprüngliche Anziehungskraft der Materie, die ohne folche Kraft gar nicht einmal denkbar ift, ob man wohl diefe Kraft, als Grundkraft, nicht weiter erklären kann, f übrigens Anziehungskraft.

Kant. Met. Anfangsgr. der Naturw. II. Hauptft. Lehrf.
8. Zuf. 2. S. 71. Allgem. Anmerk 4 S. 104.
Gehler. Phyf. Wörterb. Art. Attraction.

Attribute.
S. Eigenfchaften.

Aufenthalt

der Begriffe, *domicilium conceptuum*. Kant giebt diefen Namen dem Boden in der Natur, auf welchem die

Erfahrungsbegriffe gefetzlich erzeugt werden. Die Erfahrungsbegriffe, oder alle Begriffe, die durch Gegenftände der Sinne entfpringen, können nehmlich nicht anders entftehen, als dadurch, dafs irgend ein Sinn von einem Object afficirt wird, worauf fodann der Verftand die dadurch entftandene Anfchauung auf einen Begriff bringt. Ift nun der Begriff aus einer Geßchtsanfchauung entftanden, fo ift der Aufenthalt diefes Begriffs auf dem Boden der Erfahrung, nehmlich in den Anfchauungen des Geßchts.

2. Das Entftehen der Begriffe auf ihrem Boden in der Natur gefchieht nehmlich fo: es find mir z. B. gewiffe Geßchtsanfchauungen gegeben, f. Anfchauung. Wenn ich nun mein Verftandesvermögen auf diefe Anfchauungen richte, fo finde ich, dafs ich eine ganze Menge einzelner Vorftellungen, die ich durchs Geßcht bekomme, in eine einzige Vorftellung zufammen faffen kann, die ich aber dann nicht mehr fehe, fondern denke, und diefe neue Vorftellung (des Verftandes) von Vorftellungen (des Sinnes) ift der Begriff, z. B. der eines Menfchen, eines Kindes u. f. w.

3. Da nun diefer Begriff aus Geßchtsanfchauungen blofs dadurch entftehen kann, dafs ein finnliches Object, d. h. etwas, das ich mir durch den Begriff: Object, als Einheit überhaupt denke, meinen Sinn des Geßchts rührt; fo hat er feinen Aufenthalt in dem Sinne des Geßchts. Solche Begriffe find gleichfam immer wechfelnde Fremde, die in dem Verftande nicht einheimifch find, ob fie wohl immer auf dem Boden der Erfahrung bleiben (immanent find), und nie denfelben verlaffen (transfcendent werden) dürfen. Dennoch haben fie, als Fremde, auf dem Boden der Erfahrung nicht zu gebieten, fchreiben der Natur kein Gefetz vor (wie die reinen Verftandesbegriffe), fondern werden gefetzlich erzeugt, oder entfpringen blofs nach den Gefetzen der Natur. Eben fo läfst fich aus den Tönen, die mein Ohr rühren, ein Begriff bilden, der feinen Aufenthalt im Sinne des Gehörs hat. (U. XVII.).

Aufenthalt. Auffaffung. Aufgabe.

4. Die Regeln, welche auf Erfahrungsbegriffe gegründet werden, find daher auch empirifch, und gelten nur für diejenige Art der Objecte, von welchen fie abftrahirt worden; z. B. dafs die Katze Mäufe fängt, ift durch Beobachtung vieler Katzen wahrgenommen worden, und daraus diefe Regel entfprungen. Alfo ift eine folche Regel zufällig, denn es könnte wohl einmal eine Katze auch fo organifirt feyn, dafs fie nicht Mäufe finge. Diefe Regel hat alfo eigentlich kein Gebiet, fie gilt nicht als ein Gefetz für die Katzen, man kann nicht fagen, die Katze mufs Mäufe fangen, fondern blofs, die Katze fängt Mäufe, nehmlich gewöhnlich. Die empirifchen Regeln gründen fich nicht auf gebietenden Begriffen, fondern auf folchen, die man zuweilen oder oft in der Erfahrung antrifft, fie haben ihren Aufenthalt auf dem Boden der Erfahrung.

Kant. Crit. der Urtheilskr. Einleit II. S. XVII.

Auffaffung.

S. Apprehenfion.

Aufgabe.

I.

Allgemeine Aufgabe der reinen Vernunft. Das Wort Aufgabe ift von den Mathematikern hergenommen, welche darunter diejenigen Fragen verftehen, welche auf ihre einfachfte Form gebracht find, und dann nur zwei Begriffe haben, von denen der eine ein Zeitwort *(verbum)* ift, z. B. einen Satz beweifen. Die Antwort auf eine folche Frage heifst die Auflöfung derfelben, wozu noch der Beweis kömmt, dafs durch die Auflöfung der Frage ein Genüge gefchehen, oder dafs fie wirklich beantwortet fei. Die Aufgabe drückt eigentlich nur aus, was zu finden oder zu thun fei, welches das *Quaefitum* heifst; die Mathematiker fetzen aber auch noch hinzu, woraus es zu finden, oder zu machen fei, und diefes nennen fie die *Data* (Lambert Organon Dianoiol. §. 156. 163.).

2. In einer Aufgabe können mehrere andere enthalten seyn, die alle mit aufgelöset werden, wenn diese Aufgabe aufgelöset wird. Wer z. B. diese Aufgabe: einen jeden Satz, dessen Inhalt Wahrheit ist, zu beweisen, auflösen kann, der kann auch die auflösen: beweisen, dass zwei mal zwei vier ist, weil zwei mal zwei ist vier ein Satz, und Wahrheit ist. Eine solche Aufgabe, die mehr andre unter sich enthält, heisst eine **allgemeine** Aufgabe, die unter ihr enthaltenen hingegen **besondere** Aufgaben. Allgemeine Aufgaben enthalten aber alle diejenigen unter sich, von deren Begriffen der eine unter dem einen Begriff der allgemeinen Aufgabe enthalten, und der andre mit dem andern Begriff der allgemeinen Aufgabe identisch ist.

3. Kant sagt nun (C. 19): man gewinnt sehr viel, wenn man eine Menge von Untersuchungen unter die Formel einer einzigen Aufgabe bringen kann. Das heisst, wenn man eine grosse Anzahl Aufgaben so unter eine einzige Aufgabe bringen kann, dass sie alle als besondere Aufgaben in dieser einzigen, als ihrer **allgemeinen**, enthalten sind; so hat man dadurch schon viel gewonnen, dass man nur noch statt der grossen Menge Aufgaben, nur eine einzige aufzulösen hat. Der einfachste Ausdruck der allgemeinen Aufgabe aber heisst ihre **Formel** Es ist gut, dass man die allgemeine Aufgabe auch durch eine Formel angiebt, wodurch nun sowohl für den, der die Aufgabe auflösen will, als auch für den, der die Auflösung prüfen will, genau bestimmt wird, ob der Aufgabe ein Genüge geschehen sei.

4. **Die allgemeine Aufgabe der reinen Vernunft**, das heisst, diejenige Aufgabe, in welcher alle übrigen enthalten sind, die die Vernunft, in so fern sie es nur mit der Erkenntniss *a priori* zu thun hat, entwerfen kann, ist nun in der Formel begriffen:
Wie sind synthetische Urtheile *a priori* möglich?

d. i. synthetische Urtheile *a priori* begreifen, oder die Möglichkeit des Gegenstandes synthetischer Urtheile *a priori* einsehen. Hier ist **synthetische Urtheile** *a priori* der eine Begriff, und **begreifen** der andere Begriff oder das Zeitwort der Aufgabe. Synt**he**

Aufgabe.

tifche Urtheile aber find folche, deren Prädicat nicht in dem Begriff fteckt oder das Subject ausmacht; fo fteckt das Prädicat Urfach nicht in dem Begriff Veränderung, der das Subject ift, in dem Urtheil, jede Veränderung muſs ihre Urfache haben, f. fynthetifche Urtheile (M. I. 21. C. 19. Pr. 41).

5. Wenn man diefe allgemeinen Aufgaben der reinen Vernunft auflöfet, fo begreift man dadurch zugleich jeden einzelnen fynthetifchen Satz *a priori*, oder fieht ein, wie er einen wirklichen Gegenftand haben kann. Bis auf Kant hatte man fich diefe allgemeine Aufgabe nicht in die Gedanken kommen laſſen, und das ift die Urfache des fchwankenden Zuftandes, worin fich die Metaphyfik bis auf ihn befand, ihrer Ungewiſsheit und aller ihrer Widerfprüche. Die Metaphyfik beftehet nehmlich aus lauter folchen fynthetifchen Sätzen *a priori*. Man behandelte aber diefe Sätze auf die nehmliche Weife als die analytifchen, deren Wahrheit fogleich erhellet, wenn man den Begriff des Subjects entwickelt, und findet, daſs entweder der Begriff des Prädicats darin enthalten ift, oder das Gegentheil des Prädicats einem im Begriff enthaltenen Merkmale widerfprechen würde. Da nun in den fynthetifchen Sätzen das Prädicat nicht in dem Subject zu finden ift, fo kann weder Identität noch Widerfpruch zwifchen den beiden Begriffen des fynthetifchen Satzes ftatt finden. Daher verunglückten die bisherigen Beweife in der Metaphyfik, und andre Philofophen geriethen gar darauf, den Sätzen, welche die Metaphyfiker behaupteten, zu widerfprechen, und das Gegentheil derfelben zu behaupten; andere aber bezweifelten endlich fogar jede Behauptung, und behaupteten weiter nichts, als daſs alles zweifelhaft fei, und daſs man nichts als wahr behaupten müſſe.

6. Man muſs aber die beiden Aufgaben:

Ob fynthetifche Sätze *a priori* möglich find, und

Wie fynthetifche Sätze *a priori* möglich find,

wohl unterfcheiden. Daſs fie möglich find, folgt ja fchon aus ihrer Wirklichkeit. Was aber wirklich ift, muſs auch möglich feyn. Nun wird ein jeder von einem Theil der folgenden drei Sätze die unstreitige Gewißheit zugeben, und von einem Theil derselben wenigstens eingestehen, daß sie von vielen als Wahrheit zugestanden werden:

a. Zwischen zwei Puncten ist nur Eine gerade Linie möglich.

b. Es ist einerlei bei jeder Bewegung, ob ich den Körper als in Bewegung und den Raum, worin er sich bewegt, als in Ruhe, oder ob ich den Raum als in entgegengesetzter Bewegung und den Körper darin in Ruhe, beides nur mit gleicher Geschwindigkeit, betrachte.

c. Eine jede Veränderung muß eine Ursache haben.

Dies sind also drei wirkliche, folglich auch drei mögliche Sätze. Niemand aber wird die Prädicate derselben aus ihren Subjecten entwickeln können; sie sind also synthetisch. Auch sind es allgemeine Sätze, und die zugleich Nothwendigkeit aussagen, folglich sind sie *a priori*. Wir haben hier also drei synthetische Sätze *a priori* vor uns, sie sind daher auch möglich, und es ist von ihnen nur die Frage: wie sind sie möglich? Ist diese Frage einmal aufgelöset, so muß auch daraus hervorgehen, unter welchen Bedingungen sie zu gebrauchen sind, wie weit ihr Gebrauch reicht, und welches die Grenzen sind, über die hinaus sie nicht weiter gebraucht werden können (P. 41.).

7. Diese Aufgabe muß nun aufgelöset werden können, wenn es eine Metaphysik geben soll, die eigentlich eine Wissenschaft aller der synthetischen Sätze *a priori* ist, bei denen die Verbindung zwischen Prädicat und Subject sich auf Begriffen gründet. Ein solcher Satz ist z. B. der in 6, c. Denn wäre die Metaphysik eine Wissenschaft, die bloß aus analytischen Sätzen bestände, so behauptete sie von jedem Begriffe nur das, was in ihm liegt, das wäre aber eine bloß **logische** Analyse, und dadurch noch keine Wahrheit gefunden. Dann wäre immer noch nachzuweisen, wo der Begriff her wäre. Wäre er nur aus der Erfahrung entsprungen, so wäre er ein Naturbegriff und **physisch**, folglich nicht metaphysisch, oder etwas,

aller Erfahrung liegt, nicht erfahren werden kann. Wäre aber der Begriff *a priori*, so wäre immer noch die Frage: wo ist er her, giebt es auch ein wirkliches Object für diesen Begriff, ist er nicht ein bloſses Gedankending, ein bloſses Hirngespinst? Die Behauptung: dieser Begriff *a priori* hat ein Object, welches Kant die objective Gültigkeit deſſelben nennt, ist aber schon wieder ein synthetischer Satz *a priori*. Wir sehen also hieraus, daſs obige Aufgabe entweder aufgelöſet werden muſs, oder daſs wenigstens genugthuend bewiesen werden muſs, daſs alle synthetischen Sätze *a priori* lauter Hirngespinste und Chimären sind. Wer keins von beiden thut, und doch ein System der Metaphysik aufstellt, der errichtet ein Gebäude, das kein Fundament hat, und das früh oder spät, aber gewiſs einmal einstürzen muſs, wenn der critische Philosoph seine Stützen erschüttert; oder ohne Bild, der hat eine eitele, grundlose Philosophie und falsche Weisheit. Solche Philosophen heiſsen **Dogmatiker**. Es giebt zwar noch eine Claſſe von vermeintlichen Philosophen, nehmlich die sogenannten **Popularphilosophen**. Das sind diejenigen, welche ihre synthetischen Sätze *a priori* auf die Beſtimmung der allgemeinen Menschenvernunft gründen wollen. Sie sagen: daſs alle Veränderung eine Urſache haben muſs, das lehrt der geſunde Verſtand, dafür braucht es keines Beweiſes, das nimmt der gröſste Theil der Menſchen für wahr an, und dabei kann man ſich beruhigen. Allein der geſunde Verſtand heiſst dann ſoviel als ihr eigener Verſtand, das heiſst, es ſoll alles darum wahr ſeyn, weil ſie es behaupten; oder ſoll etwas darum wahr ſeyn, weil es die **meiſten** Menſchen für wahr annehmen, dieſe Regel wäre ſehr miſslich, weil es nicht die Menge iſt, welche die Wahrheit im rechten Lichte, ohne Täuſchung ſieht. Kant ſagt daher, die allgemeine Menſchenvernunft iſt ein Zeuge, deſſen Anſehen nur auf dem öffentlichen Gerüchte beruhet, oder dem man nur trauen kann, weil es ſo heiſst, daſs man ihm trauen könne, der aber auch nicht mehr Glauben verdient, als das öffentliche Gerücht: „was du auf die Ausfage diefes Zeugen gründeft, das kann mich Ungläubigen nicht gewinnen." (*Quodcunque oftendis mihi fic incredulus odi*. Horat.) (P. 42).

8. David Hume griff wirklich den Satz (6, c) an, und bemühete fich zu zeigen, dafs diefer **Satz der Verknüpfung der Veränderungen mit ihren Urfachen** (*Principium caufallitatis*) ein blofses Hirngefpinft, eine Chimäre fei. Er glaubte, ob er wohl fich unfere Aufgabe nicht in ihrer Allgemeinheit dachte, herauszubringen, dafs ein folcher Satz, wie der der Caufalität, gänzlich unmöglich fei, und hätte ers getroffen, fo wäre alle Metaphyfik eine blofs eingebildete Wiffenfchaft. Hume fchliefst nehmlich nach feinen Grundfätzen, nach welchen alle unfre Begriffe allein aus der Erfahrung entfpringen, fo (*Effais fur l' Entend. hum.* 7. *Eff*. II. Tom. II. p. m. 165. Man vergleiche auch den Art. *A priori*): „Jede Idee ift die Copie einer Impreffion, oder einer Empfindung, die vorherging; und wo keine Impreffion ift, da ift auch ficherlich keine Idee. Nun giebt es keine Operation, weder in den Körpern, noch in den Geiftern, welche an und für fich allein die geringfte Impreffion von Kraft, oder **nothwendiger Verknüpfung** hervorbrächte. Alfo giebt es auch keine, die eine Idee derfelben erzeugte. Nur erft nach mehrern gleichförmigen Erfahrungen, in denen auf denfelben Gegenftand immer daffelbe Ereignifs erfolgt, fangen wir an, die Ideen der **Urfache** und **Verknüpfung** zu faffen. Die neue Empfindung, die unfere Seele alsdann erhält, ift nichts anders als ein **gewohntes Verhältnifs** zwifchen den Gegenftänden, die auf einander folgen; und diefe Empfindung ift das Urbild (*l'archetype*) der Idee, nach deren Urfprung wir forfchen. Da diefe Idee nicht aus einem einzigen Fall, fondern aus einer Mehrheit ähnlicher Fälle entfteht, fo mufs fie das Refultat des Umftandes feyn, in welchem fich diefe Mehrheit der Fälle von der Einheit jedes einzelnen Falles unterfcheidet; nun ift diefer Umftand gerade diefer **gewohnte Uebergang der Einbildungskraft**, welcher die Objecte mit einander verknüpft; nur hierin unterfcheiden fich

Aufgabe.

mehrere Fälle von Einem Falle, mit dem fie in jedem andern Punct-übereinftimmen.. Das erftemal, als wir fahen, dafs die Bewegung einer Billardkugel, durch den Stofs, einer andern Kugel mitgetheilt wurde, war diefer Fall allen denen, die uns jetzt aufftofsen können, vollkommen ähnlich: der ganze Unterfchied beftehet darin, dafs wir damals das eine Ereignifs nicht von dem andern ableiten konnten (d. h. nicht fagen konnten: das eine ift die Wirkung des andern); da wir diefes hingegen jetzt, nach einer langen Folge gleichförmiger Erfahrungen, im Stande find."

9. Hume leitet alfo die nothwendige Verknüpfung zwifchen der Wirkung und ihrer Urfache aus der Erfahrung ab, welche aber nie Nothwendigkeit geben kann. Folglich behauptet er damit, dafs diefe' Nothwendigkeit nur eine Scheinnothwendigkeit fei, und läugnet fchlechtweg alle fynthetifchen Sätze a priori. Er ftellte fich aber nicht vor, wie weit fich feine Behauptung erftreckte, und dafs er damit nicht blofs alle reine Philofophie zerftöhre, fondern auch alle reine Mathematik. Denn die reine Mathematik beftehet ebenfalls aus lauter fynthetifchen Sätzen a priori, deren (6, a) einer ift. Hätte Hume diefes bedacht, fo würde er wahrfcheinlich einen andern Weg eingefchlagen haben, jene Schwierigkeit zu löfen (M. I. 22. C. 19. Pr. 43.).

10. Löfet man nun die Aufgabe: wie find fynthetifche Sätze a priori möglich? fo zeigt man dadurch zugleich die Möglichkeit aller der Wiffenfchaften, die blofs fynthetifche Sätze a priori enthalten, nehmlich die der reinen Mathematik und reinen Naturwiffenfchaft; zu der erftern gehört z. B. der Satz (6, a), zu der andern, der Satz (6, b). Mit der Auflöfung unfrer allgemeinen Aufgabe find folglich auch die befondern aufgelöfet:

a. Wie ift reine Mathematik möglich?

b. Wie ift reine Naturwiffenfchaft möglich?

Aufgabe.

Unter der reinen Mathematik wird nehmlich die Wiffenfchaft aller Erkenntnifs *a priori* aus der Conftruction der Begriffe verftanden (f. Acroamatifch 1.). Die reine Naturwiffenfchaft ift die Wiffenfchaft aller Erkenntnifs *a priori* der Natur. Diefe Wiffenfchaften find möglich, denn fie find wirklich vorhanden, und es läfst fich alfo fragen, wie fie möglich find. Beide haben das befondere, dafs fie die Wirklichkeit ihrer Behauptungen durch finnliche Darftellung vermittelft der Einbildungskraft (Confrucion in derfelben) nachweifen können. Denn die Wahrheit des mathematifchen Satzes, dafs zwifchen zwei Puncten nur Eine gerade Linie möglich ift, fehen wir mit Ueberzeugung ein, wenn wir uns in Gedanken zwei Puncte vorftellen, und uns zwifchen beiden Puncten mehr als Eine gerade Linie vorzuftellen bemühet find. Die reine Naturwiffenfchaft möchte vielleicht mancher für keine wirkliche Wiffenfchaft halten, allein aufserdem dafs fie Kant fchon aufgeftellt hat (Metaphyfifche Anfangsgründe der Naturwiffenfchaft, von Imanuél Kant. Riga 1786. 8), dafs fie Gren auch unter dem Titel der allgemeinen Naturlehre fchon von der empirifchen Phyfik abgefondert hat (Grundrifs der Naturlehre in feinen mathematifchen und chemifchen Theilen, neu bearbeitet von Fr. Albr. Carl Gren. Halle 1793. 8. I. Th. S. 21 — 252), darf man nur die verfchiedenen Sätze nachfehen, die im Anfange der eigentlichen Phyfik, die fich auf Erfahrung gründet, vorkommen, fo wird man fich überzeugen, dafs diefe Sätze zufammen eine Wiffenfchaft ausmachen, die nicht zur empirifchen oder Erfahrungsphyfik gehört, da fie fich nicht auf Erfahrung gründen. Solche Sätze find z. B. die drei Gefetze der Mechanik, oder desjenigen Theils der reinen Naturwiffenfchaft, in dem unterfucht wird, was daraus entftehet, wenn Materie, die in Bewegung ift, durch ihre eigene bewegende Kraft, auf eine andre wirkt. Diefe drei Gefetze der Mechanik find:

. a. das Gefetz der Beharrlichkeit derfelben Quantität Materie: Bei aller Veränderung, die die Materie leiden mag, bleibt dennoch die Menge der

Aufgabe. 391

felben im Ganzen diefelbe, fie wird weder vermehrt, noch vermindert (N. 116.);

b. das Gefetz der Trägheit: Alle Veränderung der Materie (aus der Ruhe in Bewegung, oder aus der Bewegung in Ruhe, und wenn fie in Bewegung ift, in eine gröfsere oder geringere Bewegung, oder aus einer Richtung in die andere) hat eine äufsere Urfache, d. i. eine folche, die nicht in einem innern Sinn (in unfern Gedanken und unferm Willen) zu fuchen ift, fondern in einer Materie liegen mufs (N. 119);

c. das Gefetz der Gleichheit der Wirkung und Gegenwirkung: In aller Mittheilung der Bewegung find Wirkung und Gegenwirkung einander jederzeit gleich. Stöfst nehmlich ein Körper einen andern, fo leidet er von dem letztern denfelben Stofs, mit dem er diefen ftöfst (N. 121.).

Diefe Sätze, fo wie der (6, b.) können nicht aus der Erfahrung entfpringen, weil fie allgemein und nothwendig find (f. a priori), fondern machen mit noch einer Anzahl anderer zufammen eine eigene Wiffenfchaft aus, welche eben reine oder rationale Naturwiffenfchaft (*Physica pura f. rationalis*) heifst, und die aller empirifchen oder Erfahrungsphyfik zum Grunde liegt (C. o*.). Wir fehen alfo hieraus, dafs reine Mathematik und reine Naturwiffenfchaft möglich find, nur nicht wie fie möglich find. Ob aber die Metaphyfik, die auch aus fynthetifchen Sätzen *a priori* beftehen müfste (7), möglich fei, das fcheint zweifelhaft zu feyn, nach dem, was Hume darüber gefagt hat, und nach dem fchlechten Fortgang zu urtheilen, den fie feit mehreren taufend Jahren gemacht hat. Denn in der Mathematik kann man einen Euclid aufzeigen, und dem, der nach der Möglichkeit der reinen Mathematik fragt, antworten: hier ift fie vorhanden, und folglich mufs fie möglich feyn. Aber in der Metaphyfik kann man kein einziges Buch der Art aufweifen, und fagen: hier findet man etwas unumftöfslich bewiefen, was kein Menfch aus der Erfahrung wiffen kann, und nun kein Menfch mehr läugnen oder auch nur bezweifeln wird, z. B. dafs ein Gott ift, u. f. w. (Pr. 33.).

11. Allein wenn es auch bisher noch keine feftfte-
hende Metaphyfik gegeben hat, fo ift es doch nicht
zu läugnen, dafs es metaphyfifche Sätze in der menfchlichen Vernunft giebt, z. B. die Fragen nach der
Freiheit des Willens, dem Dafeyn Gottes,
und der Unfterblichkeit der Seele. Diefe Fragen find von der Art, dafs die Erfahrung fie nicht beantworten kann, die alfo wo anders her, als aus der
Erfahrung ihre Auflöfung erwarten. Man kann daher
fragen: wie kömmt die Vernunft auf diefe Fragen? und
wie find fie zu beantworten? Wir fehen daraus, dafs
in einer jeden Vernunft eine natürliche Metaphyfik
(*metaphyfica naturalis*) liegt, das heifst eben, dafs
die Vernunft, wenn man auch alle Metaphyfik aufgeben wollte, fich dennoch mit ihren obigen Fragen nicht
abweifen läfst. Und fo entfteht daher wieder die befondere Aufgabe:

 Wie ift Metaphyfik als Naturanlage möglich?

d. i. wie entfpringen obige Fragen aus der Vernunft
eines jeden Menfchen (M. I. 24, C. 21. Pr. 47.)?

 12. Nun finden fich aber in jener natürlichen Metaphyfik auch Widerfprüche; denn der Eine behauptet,
es giebt eine Freiheit des Willens, einen Gott,
und eine Fortdauer nach dem Tode, der Andere
läugnet alles diefes. Bei diefer Ungewifsheit und diefen Widerfprüchen dringt die Vernunft auf Entfcheidung
und Auflöfung diefer Widerfprüche, und es mufs folglich entfchieden werden können, ob man den Forderungen der Vernunft hierin Gnüge leiften könne oder
nicht, und im letztern Falle, warum diefes nicht
möglich fei. Diefe Unterfuchung würde folglich unfre
Vernunftkenntniffe entweder erweitern, oder der Vernunft in Anfehung ihrer Wifsbegierde Grenzen fetzen,
und folglich, auf eine oder die andere Art, eine wif-
fenfchaftliche Metaphyfik liefern, von der alfo ebenfalls
die befondere Aufgabe ift:

 Wie ift die Metaphyfik als Wiffenfchaft möglich? (M. I. 25. C. 22.)

Aufgabe.

13. Wenn wir alſo das Vermögen unſrer Vernunft unterſuchen, und nachforſchen, wie ſie auf obige Fragen kömmt, und ob ſie im Stande ſei, ſie zu beantworten, oder nicht, ſo muſs nothwendig eine Wiſſenſchaft daraus entſtehen, welche Metaphyſik heiſst; und die Frage: wie iſt ſie möglich? wird mit unſrer allgemeinen Aufgabe zugleich mit aufgelöſet. Gebraucht man aber die Vernunft, wie bisher, in Anſehung dieſer Fragen, ohne alle Prüfung ihres Vermögens und ihrer Grenzen, ſo bleibt ſie in ewigem Streite mit ſich ſelbſt, und es entſpringen daraus entweder partheiiſche und einſeitige Behauptungen, ohne Fundament, oder eine gefährliche Zweifelſucht (Scepticismus), weil man jenen einſeitigen Behauptungen, die ſich auf keine Prüfung des Vernunftvermögens gründen (und daher der Dogmatismus heiſsen), eben ſo ſcheinbare entgegenſetzen kann, und daher endlich nicht weiſs, woran man ſich halten ſoll, folglich in eine unvermeidliche Zweifelſucht fallen muſs (M. I. 26. C. 22).

14. Es iſt ſchon *a priori* einzuſehen, daſs die wiſſenſchaftliche Metaphyſik nicht von groſser Weitläuftigkeit ſeyn kann, weil die Vernunft es bloſs mit ſich ſelbſt zu thun hat. Beträfe dieſe Wiſſenſchaft die Natur, ſo müſste ſie ſo weitläuftig ſeyn, als die Natur ſelbſt unerſchöpflich iſt. Allein die Vernunft iſt nur ein einzelnes Vermögen, deren Fragen über ſich ſelbſt und das, was ſie *a priori* fragt, nebſt der Beantwortung derſelben begrenzt und nicht von groſsem Umfang ſeyn können. Es muſs ohne groſse Weitläuftigkeit können unterſucht werden:

a. wie weit ihr Vermögen in Anſehung der Erfahrung reicht;

b. wie groſs ihr Umfang iſt;

c. welches ihre Grenzen ſind, oder wie weit ſie über alle Erfahrung hinaus reicht, um Erkenntniſse hervorzubringen (M. 127. C. 23.).

15. Das iſt es, was nun Kant in der Critik der Vernunft hat leiſten wollen, und was alles mit der

Auflöfung der Aufgabe: wie' find fynthotifche Sätze *a priori* möglich?' und der darin enthaltenen 4 Frägen:

1. Wie ift reine Mathematik möglich?
2. Wie ift reine Naturwiffenfchaft möglich?
3. Wie ift Metaphyfik überhaupt möglich?
4. Wie ift Metaphyfik als Wiffenfchaft möglich?

geleiftet wird. Um ihm aber zu folgen, und ihn wenigftens zu verftehen, muſs man

a. thun, als wäre noch gar keine Metaphyfik vorhanden, wie es fich denn auch wirklich fo verhält, und als müfste alfo alles von vorn unterfucht werden. Man mufs fich folglich nicht durch die Verfuche der Philofophen vor Kant irren laffen; fondern, ohne Anfangs mit ihm zu ftreiten, ganz nüchtern ihm folgen, feine Beweife prüfen, und fich bemühen, bei dem Sinne feiner Worte zu bleiben;

b. fich nicht abfchrecken laffen, wenn auch zuweilen die Gegenftände die Unterfuchung fchwierig machen, und es fchwer hält, fich anfänglich alles lichtvoll zu denken; oder wenn auch diefe oder jene Behauptung einer bisherigen Vorftellung zuwider laufen, oder der Vernunft zu widerftehen fcheinen follte (M. I. 28. C. 23.).

II.

16. Practifche Aufgabe der reinen Vernunft. Hierunter verfteht Kant diejenige Aufgabe, in welcher alle übrigen enthalten find, die die Vernunft, in fo fern fie es mit der Willensbeftimmung *a priori* zu thun hat, aufgeben kann. Nach den Grundfätzen der critifchen Philofophie kann nehmlich der Wille nicht etwa bloſs dadurch zum Wollen beftimmt werden, dafs ich von irgend einem Gegenftande, nach deffen Befitz und Genufs ich trachten könnte, einfehe, es dient zu meinem Wohl; denn alsdann wäre weder meine Gefinnung, aus der mein Streben darnach entfpränge, noch mein Streben felbft moralifch, fondern bloſs egoiftifch. Denn, gefetzt, ich nähme

Aufgabe.

auch dabei auf die Wohlfahrt meiner Nebenmenfchen Rückficht, fo wäre doch nicht diefe, fondern **meine eigene** Wohlfahrt, mein letzter Zweck, und ich thäte Andern nur wohl um mein felbft willen, welches nicht **moralifch** fondern **egoiftifch** wäre. Die für Andere noch fo wohlthätige Handlung würde fogleich aufhören, und unterbleiben, wenn fie mit meinem Wohl in keinem Zufammenhange weiter ftände, oder demfelben wohl gar zuwider wäre. Sollte aber die Wohlfahrt andrer der letzte Zweck meiner Thätigkeit feyn, fo wäre immer die Frage warum? Warum find Andere beffer als ich, warum foll ich ihrer Wohlfahrt die meinige nachfetzen? Nennt man das aber **edel und tugendhaft gefinnt** feyn, fo fragt fichs: wenn bin ich tugendhaft? Du magft nun hierauf antworten, wenn du deine Wohlfahrt, oder wenn du Andrer Wohlfahrt beförderft, fo find wir in beiden Fällen wieder auf der Stelle, von der wir ausgingen, denn im erften Fall handelft du **egoiftifch** oder **felbftfüchtig**, und im andern frage ich: warum bift du thöricht genug, Andrer Wohlfahrt die deinige aufzuopfern?

17. Nach den Grundfätzen der kritifchen Philofophie ift es nun zwar das Sittengefetz, durch welches die Vernunft den Willen, aber ganz rein *a priori*, zum wollen beftimmt, das heifst, nach welchem fich die Vernunft unabhängig von allem Einflufs der Erfahrung durch den Willen äufsert. Diefes Sittengefetz wird nehmlich nicht irgend **wozu**, fondern um fein felbft willen erfüllt, und befteht in der Allgemeinheit und (moralifchen) Nothwendigkeit derjenigen Sätze, die den Willen beftimmen (der **Maximen**). Die Allgemeinheit einer folchen Maxime beftehet aber darin, dafs fie Willensbeftimmung eines jeden Willens feyn foll, und die moralifche Nothwendigkeit darin, dafs das Gegentheil derfelben, als Grundfatz der Willensbeftimmung eines **jeden** Willens, entweder nicht **denkbar** ift, oder doch nicht **gewollt** werden kann. Wenn wir das Sittengefetz übertreten, fo machen wir nur jedesmal eine Ausnahme für uns, und können weder **wollen**, noch fogar es uns jedesmal als möglich **denken**, dafs alle Menfchen fo handeln follen.

18. Allein wenn wir auch das Sittengesetz auf das vollkommenste und blofs um desselben willen erfüllten, so wäre dennoch unser vernünftiger Wille noch nicht befriedigt. Denn wir sind bedürftige Wesen, die nicht von sich selbst abhängen, und daher Wünsche haben, deren Befriedigung nicht bei ihnen selbst steht. Stünde es in unsrer Gewalt, unsre Wünsche zu erfüllen, so fragt sichs: wann würden wir sie erfüllen, vorausgesetzt dafs wir immer vollkommen sittlich gut gesinnt wären und handelten? Antwort: wir würden nichts anders wollen, als was dieser vollkommensten Sittlichkeit nach zur Befriedigung unsrer Bedürfnisse erlaubt wäre; es wollen, und den Willen unbefriedigt lassen, wäre aber ein Widerspruch. Daraus folgt, dafs wir neben dem Sittengesetze noch eine andre Willensbestimmung haben, die uns unsre Natur auflegt, die wir zwar dem Sittengesetze nachsetzen, aber nicht ganz aufgeben können, nehmlich die Befriedigung unsrer Bedürfnisse und daraus entspringenden Wünsche. Die vollkommenste Erfüllung des Sittengesetzes von bedürftigen Wesen heifst **Tugend**, und die vollkommenste Befriedigung ihrer dem Sittengesetze nicht zuwiderlaufenden Wünsche heifst **Glückseligkeit**. Tugend und Glückseligkeit sind also zusammen der letzte Zweck des Willens eines bedürftigen Wesens, folglich das **höchste Gut des Menschen**, d. i. dasjenige, wonach zu trachten, ihm seine Vernunft aufgiebt. Die (allgemeine) practische Aufgabe der reinen Vernunft, die alle besondern practischen Aufgaben in sich schliefst, ist:

strebe nach dem höchsten Gut.
(Pr. 225.)

19. **Anmerk.** Die beiden Aufgaben, die wir jetzt betrachtet haben, entspringen also zwar aus einerlei Vermögen, nehmlich aus der Vernunft, in so fern sie unabhängig von aller Erfahrung Erkenntnifs hervorbringt, oder den Willen bestimmt; allein sie sind in so fern von einander unabhängig, dafs die erste blofs das **Erkennen** *a priori*, die andere das **Wollen** *a priori* betrifft. Nun ist die Verknüpfung der beiden Elemente des höchsten Guts, Tugend und

Glückseligkeit, synthetisch, auch kann ich diese Verknüpfung nicht durch mich selbst hervorbringen, daher entstehen wieder über diese Aufgabe die speculativen Fragen: ob es möglich ist? und, wie es möglich ist? welches eigentlich Aufgaben der reinen speculativen Vernunft sind, die aber aus dem Schoofse der practischen Vernunft entspringen, nur aus *Datis* der practischen Vernunft aufgelöset werden können, und daher zur Critik der practischen Vernunft gehören, s. übrigens Gut, höchstes.

Kant. Crit. der reinen Vern. Einl. VI. S. 19—24.
Dess. Prolegom. §. 4. S. 33. §. 5. S. 41—43.
Dess. Metaphys. Anfangsgr. der Naturwiss. 3. Hauptst. Lehrs. 2. 3. 4. S. 116. 119. 121.
Dess. Crit. der pract. Vern. I. Th. II. B. II. Hauptst. V. S. 225.
Lambert. Organon. Dianoiol. §. 156. 163.

Aufklärung.

Die Befreiung von Vorurtheilen (U. 158.). Das ist die objective Bedeutung des Worts. Ein Vorurtheil ist nehmlich der Hang, sich mit seiner Vernunft leidend zu verhalten, oder das Urtheil Andrer zu seinem Urtheil zu machen. Dann urtheilt etwas anders vorher, ehe die Vernunft selbst urtheilt, und das darauf folgende Urtheil der Vernunft ist dann nicht ihr eigenes, sondern dieses fremde Urtheil, das ihr ein Andrer vorschreibt, und ihr daher gleichsam ein Gesetz aufdringt, wie sie urtheilen soll. Die Befreiung der Vernunft von diesem Hang, in ihrem Urtheilen so zu verfahren, oder einem fremden Gesetz zu folgen, heisst die Aufklärung.

2. Die Aufklärung ist zwar in Thesi leicht, das heisst, wenn man die Befreiung an und für sich selbst betrachtet, ohne auf das zu sehen, was sie voraussetzt, so ist nichts leichter, als dass die Vernunft sich selbst das Gesetz gebe, und sich dasselbe von nichts andern aufdringen lasse, sich kein Urtheil vorschreiben lasse, sondern selbst aus eigner Einsicht urtheile, so lange sie innerhalb ihren Schranken bleibt, und nicht wissen will,

was fie nicht wiſſen kann. Aber in Hypotheſi iſt die Aufklärung eine ſchwere und langſam auszuführende Sache, d. h. wenn man auf die Bedingungen ſieht, unter welchen die Aufklärung allein möglich iſt. Denn

a. es iſt kaum zu verhüten, daſs die Vernunft nicht immer darnach ſtreben ſollte, Dinge zu erfahren, die ſie nicht wiſſen kann, z. B. wie es jenſeit des Grabes mit den Menſchen ausſehen mag, oder auch in der Geiſterwelt;

b. es wird auch nie an Menſchen fehlen, die mit viel Zuverſicht verſprechen, daſs ſie die Wiſsbegierde der Vernunft befriedigen wollen.

Es muſs folglich nothwendig ſchwer ſeyn, die Vernunft dahin zu bringen, oder ſie dabei zu erhalten, daſs ſie innerhalb ihrer Grenzen bleibe, und ſich keine Erkenntniſs des Ueberſinnlichen aufſchwatzen laſſe. Dies Negative in der Denkungsart zu erhalten, und öffentlich zu äuſsern, nehmlich **nicht** über die Grenzen des Wiſſens hinausgehen zu wollen, und ſich **nicht vorurtheilen** zu laſſen, macht die eigentliche **Aufklärung** aus, und iſt ſehr ſchwer (U. 158.*).

3. Der Name **Aufklärung** drückt wörtlich das Bemühen aus, etwas **klar** zu machen; er iſt daher ſehr ſchicklich gewählt, denn alle Befreiung vom Hang, ſich mit ſeiner Vernunft leidend zu verhalten, hängt davon ab, daſs man ſie immer in Thätigkeit erhalte, ſich jede Erkenntniſs von einem Gegenſtande klar zu machen, in ſich alles aufzuklären.

4. Dasjenige Vorurtheil, das ſogar den weſentlichen Geſetzen des Verſtandes zuwider iſt, d. i. der **Aberglaube** (ſ. **Aberglaube**) heiſst vorzugsweiſe *(in ſenſu eminenti)* ein **Vorurtheil**. In dieſem Sinne kann man auch ſagen: die **Aufklärung** iſt die **Befreiung vom Aberglauben.** Denn der Aberglaube verſetzt in Blindheit, weil wider die Geſetze des Verſtandes erkennen, ganz im Finſtern tappen heiſst. Ja der Aberglaube fordert ſogar Blindheit zur Obliegenheit, indem er verlangt, daſs wir die Vernunft unterwerfen ſollen. Das heiſst, der Aberglaube macht das Bedürfniſs von etwas anderm, als unſrer Vernunft, geleitet zu werden, alſo ſich mit ſeiner

Vernunft leidend (paſſiv) zu verhalten, vorzüglich kenntlich. Und die Befreiung von dieſem Bedürfniſſe heiſst eben **Aufklärung**. Nun betrifft aber aller Aberglaube eigentlich das Ueberſinnliche und unſern Zuſammenhang mit demſelben, und in dieſem Sinne beſtehet die wahre Aufklärung darin, daſs man die Mittel zur moraliſchen Geſinnung nicht ſtatt der Geſinnung ſelbſt gelten laſſe, und moraliſch feſt daran halte, daſs man nur durch die letztere allein Gott unmittelbar wohlgefalle (R. 275.).

5. Und ſo iſt **Aufklärung**, im ſubjectiven Sinn des Worts, die **Maxime, jederzeit ſelbſt zu denken**. Wer nehmlich die Regel hat, jederzeit ſelbſt zu denken, d. i. den oberſten Probierſtein der Wahrheit nie in etwas anderm, als in ſich ſelbſt, nehmlich in ſeiner eigenen Vernunft zu ſuchen, der iſt **aufgeklärt**, dem fehlt es nicht an **Aufklärung**. Ein **aufgeklärter Mann** iſt alſo nicht derjenige, der eine Menge von Kenntniſſen beſitzt, oder ſehr **gelehrt** iſt, viel gelernt hat. Denn wenn dieſer alle ſeine Kenntniſſe nur in ſeinem Gedächtniſſe auflammelt, und nie ſelbſt darüber gedacht, ſondern ſie vielmehr auf Autorität angenommen hat, ſo iſt er voll Vorurtheile, und vielleicht voll Aberglauben, und folglich fehlt es ihm gänzlich an **Aufklärung**. Die Aufklärung beſtehet nicht in dem, was man durch das Erkenntniſsvermögen aufgeſammelt hat, ſondern in der Art, wie man das Erkenntniſsvermögen überhaupt gebraucht, daſs man nehmlich den negativen Grundſatz hat, ſich **nicht** von andern ſo **vordenken** zu laſſen, daſs man ihnen bloſs nachbete, ſondern daſs man ſelbſt denke (M. 1786. 329).

6. Die Probe, ob man über etwas **aufgeklärt** ſei, beſtehet darin, daſs man ſich ſelbſt frage, **ob man es wohl thunlich finde, den Grund, warum man etwas annimmt, oder auch die Regel, die aus dem, was man annimmt, folgt, zum allgemeinen Grundſatze ſeines Vernunftgebrauchs zu machen?** z. B. wer, unbekümmert um den moraliſchen Werth ſeiner Geſinnungen und ſeines Lebens, glaubt, er werde Gott ſchon dadurch wohlgefällig, daſs er an Chriſtum und ſein Verdienſt glaube, das h. Abendmal ge-

Aufklärung.

diefse und fleifsig bete; der frage fich nur, wenn er wiffen will, ob er hierin gehörig aufgeklärt fei, warum er das annehme? Gefetzt er fände, dafs er es deswegen annehme, weil er es von Kindheit an fo geglaubt, immer fo gehört, und dafs er feine Fehltritte vor Gott dadurch gut zu machen denke; fo frage er fich nur: ob er auch nach folchen Gründen jederzeit, z. B. auch in feinem Gewerbe, verfahren könne, ob auch da und überall das immer anzunehmen fei, was er von Kindheit an geglaubt und immer fo gehört, und dafs er feine Fehler in feiner Arbeit wodurch anders gut zu machen denke, als durch wirkliche Verbefferung der Arbeit? fo wird er gleich gewahr werden, dafs er im Aberglauben fteckt, weil fein Grund nicht allenthalben anzuwenden ift. Gefetzt ferner, es bilde fich Jemand ein, er fühle in fich den Gnadenbeiftand Gottes zum Guten; fo würde hieraus folgen, dafs man das Gefühl der Vernunft, die es unmöglich findet, den übernatürlichen Beiftand Gottes zu erkennen, vorziehen müffe. Ein folcher Menfch frage fich alfo nun felbft: ob er wohl in allen Fällen, z. B. auch in feinen Nahrungsgefchäften, nicht weiter der Vernunft oder feinem Verftande und feinem Nachdenken, fondern feinem Gefühle folgen wolle? fo wird er das gewifs nicht können, und gewahr werden, zumal wenn in fchwierigen Fällen feiner Nahrungsgefchäfte er weder aus noch ein wiffen follte, dafs fein Gnadengefühl lauter Schwärmerei ift. Man braucht alfo hier nicht grofse theologifche oder philofophifche Kenntniffe, um jene Meinungen von Gnadenmitteln und Gnadenwirkungen aus Gründen zu widerlegen, welche von diefen Gegenftänden felbft hergenommen oder objectiv find, fondern jene Probe wird uns fchon zurecht weifen können. Sich diefer Probe bedienen, heifst aber, fich feiner eigenen Vernunft bedienen, oder die Handlungsregel haben, fie in allem feinen Denken und Thun wirkfam zu erhalten. Wer fich alfo diefer Probe bedient, der hat den Willen, fich aufzuklären, und wer bei diefer Probe findet, dafs feine Gründe, warum er etwas annimmt, und die Regeln die daraus folgen, ihm als allgemeine vernünftige Grundfätze dienen können, der ift wirklich aufgeklärt, gefetzt, dafs es ihm auch an vielen Kenntniffen mangelt.

Aufklärung.

7. In einzelnen Subjecten Aufklärung durch Erziehung zu gründen, ist leicht; man muſs nur früh anfangen, die jungen Köpfe zu der Ueberlegung zu gewöhnen, ob ihre Gründe, oder daraus fliefsenden Regeln, allgemeine Grundſätze ihres Vernunftgebrauchs werden können. Ein ganzes Zeitalter, oder alle Menſchen einer Zeit aufklären, ist ſehr langwierig und ſchwer, denn es finden ſich viele äuſsere Hinderniſſe, welche jene Erziehungsart theils verbieten, theils erſchweren. So kann die Landesreligion der Aufklärung entgegen ſeyn, und die bürgerliche Aufrechthaltung derſelben ſie verbieten, z. B. durch Inquiſition; auch müſſen Eltern ſelbſt aufgeklärt ſeyn, deren Kinder aufgeklärt werden ſollen, weil das Anſehen der Eltern ſonſt ein groſses Hinderniſs der Aufklärung ist, und viele Vorurtheile aus dieſer Quelle ihren Urſprung nehmen.

8. Kant hat eine eigene Abhandlung über die Beantwortung der Frage: was iſt Aufklärung, geſchrieben (B. Monatsſchrift. IV. B. 6. St.), deren Hauptmomente ich hier angeben will.

I. Aufklärung ist der Ausgang des Menſchen aus ſeiner ſelbſt verſchuldeten Unmündigkeit. Unmündigkeit iſt das Unvermögen, ſich ſeines Verſtandes ohne Leitung eines andern zu bedienen. Selbſtverſchuldet iſt dieſe Unmündigkeit, wenn die Urſache derſelben Mangel der Entſchlieſsung und des Muths iſt. Habe Muth, dich deines eigenen Verſtandes zu bedienen (d. i. ſelbſt zu denken), iſt die Maxime der Aufklärung.

II. Faulheit und Feigheit ſind die Urſachen, warum viele Menſchen gern Zeitlebens unmündig bleiben, nachdem ſie die Natur ſchon längſt für mündig erklärt hat.

III. Es iſt alſo für jeden einzelnen Menſchen ſchwer, ſich aus der ihm beinahe zur Gewohnheit gewordenen Unmündigkeit herauszuarbeiten.

IV. Daſs aber ein Publikum ſich aufkläre, iſt eher möglich; ja, wenn man ihm nur Freiheit läſst, unausbleiblich. Denn es werden ſich immer einige Selbſtdenkende finden, welche die Maxime ſelbſt zu denken um fich her verbreiten. Aber ein Publikum kann nur langfam zur Aufklärung gelangen, weil, wenn es einmal unter das Joch der Unmündigkeit gebracht ift, es hernach felbft diejenigen, die es befreien wollen, zwingt, diefes Joch zu tragen.

V. Zu diefer Aufklärung aber wird nichts erfordert als **Freiheit**, von feiner Vernunft in allen Stükken **öffentlichen Gebrauch** zu machen. Der öffentliche Gebrauch feiner Vernunft muſs jederzeit frei feyn, der **Privatgebrauch** aber darf öfters fehr enge eingefchränkt feyn. Der öffentliche Gebrauch der Vernunft ift der, den Jemand als **Gelehrter** von ihr vor der ganzen Lefewelt macht; der Privatgebrauch derfelben ift der, den er in einem gewiffen ihm anvertrauten **bürgerlichen Poften** von ihr machen darf.

VI. Wollte aber eine Gefellfchaft fich eidlich unter einander verpflichten, in gewiffen Dingen bei einer einmal feftgefetzten Einficht und Ueberzeugung zu bleiben, um fo eine unaufhörliche Obervormundfchaft über jedes ihrer Glieder und das unter ihnen ftehende Volk zu führen; fo ift ein folcher Vertrag null und nichtig. Denn er wäre gefchloffen, um auf immer alle weitere Aufklärung in diefen Dingen vom Menfchengefchlecht abzuhalten. Das wäre ein Verbrechen wider die menfchliche Natur, deren urfprüngliche Beftimmung im Fortfchreiten beftehet. So etwas kann ein Volk nicht über fich felbft feftfetzen, und alfo auch kein Monarch feinem Volke als Gefetz vorfchreiben.

VII. Wir leben jetzt in keinem **aufgeklärten** Zeitalter, wohl aber in einem Zeitalter der **Aufklärung**. Noch fehlt fehr viel daran, daſs fich die Menfchen ihres eigenen Verftandes, ohne Leitung eines Andern (Symbole) in Religionsfachen bedienen könnten.

VIII. Ein Fürft (wie Friedrich), der erklärt, daſs er es für **Pflicht** halte, und nicht als **Toleranz** anfehe, dem Menfchen in Religionsdingen nichts vorzufchreiben, verdient als ein folcher geprielen zu werden, der, wenigftens von Seiten der Regierung, die Menfchen für mündig erklärte.

Aufklärung. Auflöfung.

IX. Der Hauptpunct der Aufklärung ift aber vorzüglich die Religion, aber auch in Anfehung der Gefetzgebung hat es keine Gefahr, wenn die Regierung den Unterthanen erlaubt, von ihrer eigenen Vernunft öffentlichen Gebrauch in Rückficht derfelben zu machen.

X. Ein gröfserer Grad bürgerlicher Freiheit fcheint der Freiheit des Geiftes des Volks vortheilhaft, und fetzt ihr doch unüberfteigliche Schranken. Denn wenn die Regierung zu ohnmächtig ift, um das Volk in Schranken zu halten, fo mufs fie die Aufklärung hindern; ift fie aber mächtig genug, und darf fie fich vor dem Volke nicht fürchten, fo darf fich auch die Freiheit des Geiftes ausbreiten. Wenn die Natur den Hang und Beruf zum freien Denken ausgewickelt hat, fo wirkt es auch auf die Sinnesart des Volks, diefes wird nach und nach der Freiheit zu handeln würdiger, und endlich wirkt es fogar auf die Grundfätze der Regierung, die es dann zuträglicher findet, den Menfchen, der nun mehr als Mafchine ift, feiner Würde gemäfs zu behandeln.

Kant. Crit. Urtheilskr. I. Th. §. 40. S 168 f.
Deff. Reli. innerh. der Grenz. IV. Stück. II. Th. §. 3. S 275.
Deff. Abh. Was heifst: fich im Denken orientiren, in der Berlin. Monatsfchr 1786. S. 329 *)
Deff. Beantwortung der Frage: Was ift Aufklärung? Berlin. Monatsfchr. IV. B. 6. St.

Auflöfung.

Solution, *folutio, diffolution*. Diefen Namen führet der chemifche Einflufs der ruhenden Materien auf einander, fo fern er die Trennung der Theile einer Materie zur Wirkung hat. (N. 95.). So wird z. B. ein Stück Silber in Scheidewaffer aufgelöfet, d. h. das Silber verbindet fich mit dem falpeterhalbfauern Gas aus der Salpeterfäure, wodurch die Verbindung der Theile des Silbers aufgehoben wird, und eine Trennung derfelben entfteht, welches eben die chemifche

Wirkung des Scheidewaſſers auf das Silber iſt, und Auflöſung heiſst.

2. Da hierbei der vorige Zuſammenhang der Theile getrennt werden, und alſo ein Körper in die Zwiſchenräume des andern eindringen muſs, welches einen flüſſigen Zuſtand des eindringenden Körpers vorausſetzt, ſo muſs bei jeder Auflöſung wenigſtens der eine Körper flüſſig ſeyn. Daher der chemiſche Grundſatz: *corpora non agunt*, *niſi fluida*, die Körper wirken nicht chemiſch auf einander, wenn ſie nicht flüſſig ſind (Gehler phyſ. Wörterb. Art. Auflöſung).

3. Wenn alle und jede Theile zweier ſpecifiſch verſchiedenen Materien in derſelben Proportion wie die Ganzen mit einander vereinigt werden, ſo iſt die Auflöſung abſolut vollkommen, oder vollſtändig, und kann auch die chemiſche Durchdringung genannt werden. Aus dergleichen abſoluten Auflöſungen entſtehen durchſichtige Körper, z. B. das Glas aus einer abſoluten Auflöſung der Erden durch Alkalien auf dem trockenen Wege, d. i. durch Schmelzung, wo einer oder beide Körper erſt durch Feuer flüſſig gemacht werden (N. 95).

4. Alle Auflöſungen ſind Wirkungen der Anziehung zwiſchen den Theilen der Körper, Wirkungen der Attraction bei der Berührung, folglich nimmt die Kraft der Auflöſung mit der vermehrten Summe der Berührungspuncte in den Oberflächen der aufgelöſten Theilchen der Materie zu ſ. Anziehungskraft. Wenn Auflöſung erfolgen ſoll, ſo muſs die Anziehung zwiſchen den Theilen verſchiedener Körper ſtärker ſeyn, als der Zuſammenhang der Theile jedes Körpers unter ſich, und die repulſiven Kräfte der Theile beider Materien gegen einander, zuſammengenommen ſind.

5. Ob die auflöſenden Kräfte, die in der Natur wirklich anzutreffen ſind, eine vollſtändige Auflöſung zu bewirken vermögen, mag aber unausgemacht bleiben, weil das in die empiriſche Chemie gehört. Es fragt ſich hier nur, ob eine ſolche abſolute Auflöſung auch nur denkbar ſei. Nun iſt offenbar, daſs, ſo lange die Theile einer aufgelöſeten Materie noch Klümpchen (*moleculae* ſ. Atomen)

Auflöfung.

find, die Auflöfung derfelben nicht minder möglich fei, als die Auflöfung der gröfsern Theile war. Ja, die Auflöfung mufs wirklich fo lange fortgehen, wenn die auflöfende Kraft bleibt, bis kein Theil mehr da ift, der nicht aus dem Auflöfungsmittel (f. Auflöfungsmittel) und der aufzulöfenden Materie, in der Proportion, darin beide zu einander im Ganzen ftehen, zufammengefetzt wäre. Weil es alfo in folchem Falle keinen Theil von dem Volumen der Auflöfung geben kann, der nicht auch einen Theil des Auflöfungsmittels enthielte, fo mufs diefes, als ein ununterbrochen zufammenhängendes Ganzes (Continuum) das Volumen ganz erfüllen. Eben fo, weil es keinen Theil eben deffelben Volumens der Auflöfung geben kann, der nicht einen proportionirlichen Theil der aufgelöfeten Materie enthielte, fo mufs diefes auch als ein Continuum den ganzen Raum, der das Volumen der Mifchung ausmacht, erfüllen. Wenn aber zwei Materien, und zwar jede derfelben ganz einen und denfelben Raum erfüllen, fo **durchdringen** fie einander. Alfo würde eine vollkommen **chemifche** Auflöfung eine (**chemifche**) **Durchdringung** der Materien feyn, welche dennoch von der **mechanifchen** gänzlich unterfchieden wäre. Bei der **mechanifchen** Durchdringung wird nehmlich gedacht, dafs bei der gröfsern Annäherung **bewegter** Materien die repulfive Kraft der einen die der andern gänzlich überwiege, fo dafs fie die Ausdehnung der einen oder beider auf nichts bringen könne. Bei der **chemifchen** Durchdringung hingegen bleibt die Ausdehnung, nur dafs die Materien nicht aufser einander, fondern in einander einen der Summe ihrer Dichtigkeit gemäfsen Raum einnehmen. Man nennt diefes die **Intusfufception** der Materien. Gegen die Möglichkeit diefer **vollkommenen** Auflöfung und alfo der chemifchen Durchdringung ift fchwerlich etwas einzuwenden, obgleich fie eine **vollendete** Theilung ins Unendliche enthält. Diefe vollendete Theilung ins Unendliche fafst in diefem Falle keinen Widerfpruch in fich, weil die Auflöfung eine Zeit hindurch continuirlich, mithin gleichfalls durch eine unendliche Reihe Augenblicke mit **Zunehmung der Gefchwindigkeit** (Acceleration) gefchieht. Ueberdem wächft die Summe der Oberflächen der noch zu theilenden Materie, fo wie die Theilung zunimmt, folglich auch die anziehende Kraft der Flächen, und dadurch die Schnelligkeit der Auflöfung, und da die auflöfende Kraft continuirlich wirkt, fo wird die gänzliche ins Unendliche gehende Auflöfung in einer anzugebenden endlichen Zeit vollendet. Die Unbegreiflichkeit einer folchen chemifchen Durchdringung zweier Materien ift auf Rechnung der Unbegreiflichkeit der Theilbarkeit eines jeden Continuum überhaupt ins Unendliche zu fchreiben. Wollte man aber diefe vollftändige Auflöfung nicht zugeben, fo mufs man annehmen, fie gehe nur fo weit, bis gewiffe kleine Klümpchen (*molecular*, Atomen) der aufzulöfenden Materie in dem Auflöfungsmittel in gefetzten Weiten von einander fchwimmen. Dann kann man aber nicht den mindeften Grund angeben, warum diefe Klümpchen nicht gleichfalls aufgelöfet werden. Wollte man fagen, das Auflöfungsmittel wirke nicht weiter; fo mag das in der Natur, fo weit die Erfahrung reicht, auch feine Richtigkeit haben. Es ift hier aber die Rede von der Möglichkeit einer auflöfenden Kraft, die auch jedes noch nicht aufgelöfete Klümpchen auflöfe, bis die Auflöfung vollendet ift.

6. Das Volumen, was die Auflöfung einnimmt, kann der Summe der Räume gleich feyn, welche die einander auflöfenden Materien vor der Mifchung einnahmen. Es kann aber auch kleiner oder gröfser feyn, nachdem die anziehenden Kräfte gegen die zurückftofsenden im Verhältniffe ftehen. Diefes kann auch allein einen hinreichenden Grund angeben, warum die aufgelöfete Materie fich durch ihre Schwere nicht wiederum vom auflöfenden leichtern Mittel fcheide. Denn die Anziehung des letztern, da fie nach allen Seiten gleich ftark gefchiehet, hebt ihren Widerftand felbft auf. Wollte man eine gewiffe Klebrigkeit im Flüffigen annehmen, welche die Theile der andern Materie damit verbände, fo ftimmt das nicht mit der grofsen Kraft zufammen, die dergleichen aufgelöfete Materien, z. B. die Säuern, mit Waffer verdünnt, auf metallifche Körper ausüben, an die fie fich nicht blofs anlegen, wie

es bei einer klebrichten Materie, in der fie blofs fchwimmen, gefchehen müfste, fondern die fie mit einer groffen Anziehungskraft von einander trennen, und im ganzen Raume des Auflöfungsmittels verbreiten.

7. Es ift problematifch, ob die Kunft chemifche Auflöfungskräfte, die eine vollftändige Auflöfung bewirken, in ihrer Gewalt habe oder nicht. Allein demohngeachtet könnte fie die Natur in ihrer vegetabilifchen und animalifchen Operation beweifen. Vielleicht dafs fie dadurch Materien erzeugt, die, ob fie zwar gemifcht find, doch keine Kunft wiederum fcheiden kann. Diefe chemifche Durchdringung könnte auch felbft da angetroffen werden, wo die eine beider Materien durch die andere eben nicht getrennt und im buchftäblichen Sinne aufgelöfet wird, fo wie etwa der Wärmeftoff die Körper durchdringt. Denn, wenn fich der Wärmeftoff etwa nur in die leeren Zwifchenräume der Materie, die er erwärmt, vertheilte, fo würde die fefte Subftanz felbft kalt bleiben, weil diefe nichts von ihm einnehmen könnte. Auch könnte man fich fogar einen fcheinbarlich freien Durchgang gewiffer Materien durch andere auf folche Weife denken, z. B. der magnetifcher Materie. Die magnetifche Materie bedürfte dann nicht folcher offenen Gänge und leeren Zwifchenräume im Eifen, wie Euler annimmt. Und fo vermeiden wir auch hier das abfolut Leere in der Naturwiffenfchaft. Es ift alfo nicht nöthig, mit Gehler Haarröhrchen anzunehmen, um das Eindringen des flüffigen Körpers in des feften innern Theile zu erklären.

Kant. metaphyf. Anfangsgr. der Naturwiff. Allgem. Anmerk. zur Dynamik. 4. S. 95. ff.
Gehler. phyf. Wörterb. Art. Auflöfung.

Auflöfungsmittel,

auflöfendes Mittel, auflöfendes Medium, Menftruum, *menftruum*, *menftrue*, heifsen diejenigen Körper, welche andere aufzulöfen gefchickt find; vornehmlich nennt man die flüffigen fo, welche man zur Auflöfung der feften gebraucht. Bei jeder Auflöfung wirken eigentlich beide Körper in einander, der aufgelöfete Körper löfet jederzeit auch das Menftruum auf. Man muſs daher mit dem Wort Auflöfungsmittel nicht den falfchen Begriff verbinden, als ob das Auflöfungsmittel fich allein thätig, und der fefte Körper oder die aufzulöfende Materie nur leidend verhielte. Sie wirken beide in einander. Bisweilen find beides flüffige Körper, und dann ift es gar nicht mehr fchicklich, den einen als Auflöfungsmittel, den andern als aufgelöftwerdenden zu betrachten. Wenn hingegen der eine feft ift, fo muſs der flüffige den ftärkern Zufammenhang feiner Theile trennen, und in diefer Rückficht etwas mehr thun, als in jener. Hier ift es fehr fchicklich, den flüffigen das Auflöfungsmittel zu nennen; man muſs nur nicht vergeffen, daſs der fefte Körper ebenfalls wirkt, und das Menftruum auflöfet (Gehler Art. Auflöfung. K. 98).

2. Der Name Menftruum kommt von dem Wahn der Alchymiften her, daſs eine vollkommene Auflöfung einen philofophifchen Monat, oder 40 Tage Zeit erfordere. (Gehler. Art. Auflöfungsmittel).

Kant. metaphyf. Anfangsgr. der Naturw. Allgem. Anmerk zur Dynam. 4. S. 96 ff.
Gebler. phyf. Wörterb. Art. Auflöfung und Auflöfungsmittel.

Aufmunterung,

excitatio, encouragement. Die Erweckung der Thätigkeit eines vernünftigen Wefens, fo daſs es dadurch bewogen wird, einem gewiffen Zwecke nachzuftreben. Zur Aufmunterung, fittlich gut zu handeln, dienen unter andern Beifpiele. Sie fetzen nehmlich die Thunlichkeit deffen aufser Zweifel, was das Gefetz gebietet; und machen das anfchaulich, was die practifche Regel allgemeines ausdrückt, wodurch das vernünftige Wefen bewogen wird, dem Beifpiele zu folgen und auch fittlich gut zu handeln.

Kant. Grundl. zur Metaph. der Sitten. II. Abfchn. S. 30.

Aufruhr.

S. Rebellion.

Aufstand.

S. Rebellion.

Augenblick.

S. Zeit.

Ausdehnung,

Extenfion, *extenfio*, *extenfion*, *etendue*, *expanfion*. So heifst in der Geometrie der Raum, und in der Chronometrie die Zeit, die eine ftetige Gröfse (*continuum*) einnimmt. Diefer Raum, oder diefe Zeit, gehört zur reinen Anfchauung, die *a priori*, oder auch dann noch als eine blofse Form der Sinnlichkeit im Gemüth ftatt findet, wenn die empirifche ftetige Gröfse, die ihn einnahm, nicht mehr vorhanden ift. Man mufs folglich unter Ausdehnung nichts anders als die Oerter in einer Anfchauung verftehen, in welcher die Theile einer empirifchen ftetigen Gröfse fich befinden, und welche Oerter ebenfalls zufammen eine ftetige Gröfse ausmachen, die aber nicht weiter zufällig, fondern nothwendig da ift. In diefer Ausdehnung wird nun nichts angetroffen, was zur Empfindung gehört, folglich ift fie rein, und zwar eine reine Anfchauung (C. 35. 66.). In diefer weitern Bedeutung des Worts fagt man: die Mathematik des Ausgedehnten *mathefis extenforum*).

2. Man kann in diefer Ausdehnung, mithin auch in den empirifchen Gröfsen, die fie enthält (d. i. einer folchen, die mit Empfindung verbunden ift, und Körper, äufsere Erfcheinung, Materie, erfüllter Raum heifst, nichts als blofse Verhältniffe erkennen, nehmlich der Oerter derfelben: ob z. B. diefe Oerter neben einander, oder über einander, oder nach einander liegen. Die Ortveränderung fetzt fchon etwas voraus, das in dem Ort ift. Wenn aber der Geometer in Gedanken einen Punct fich bewegen läfst, um dadurch eine Linie zu erzeugen, oder eine Linie, um dadurch eine Fläche zu erzeugen, oder eine Fläche,

um dadurch einen Raum zu erzeugen, fo fetzt das nichts voraus, fondern ift die reine Erzeugung des (leeren, abfoluten Raums felbft. Man nennt das die reine Conftruction durch Bewegung. Man denke fich nehmlich einen Punct, der fich fortbewegt, ein folcher Punct ift aber kein Körper, auch kein Repräfentant eines Körpers, fondern der Uranfang aller Ausdehnung. Wenn fich nun diefer Punct fortbewegt, fo entfteht ein Element der Ausdehnung nach dem andern in meiner Vorftellung, und fo die Ausdehnung nach Einer Dimenfion, oder eine Linie in ftetigem Zufammenhange. Der Punct hat nehmlich nicht etwa einen Weg durchlaufen, und müfste Spuren von fich zurücklaffen, wenn die Linie vorhanden feyn follte, fondern man mufs thun, als wenn noch kein Raum da wäre, weil er erft auf diefe Weife erzeugt wird; und diefes ift auch in der That der Fall, ob es gleich in der Erfahrung mit folcher Schnelligkeit und dunkelm Bewufstfeyn vor fich gehet, dafs es uns vorkömmt, als ob der Raum wirklich aufser uns vorhanden wäre. Eben fo verhält es fich mit Erzeugung der Fläche, wenn fich die Linie nicht nach der Länge, fondern nach der Queere fortbewegt, und mit dem Raum, wenn fich die Fläche fo fortbewegt, als wenn fie fenkrecht auf einer geraden Linie aufgerichtet, nach der Richtung derfelben fortginge. Zur Bewegung eines Objects im Raum mufs alfo fchon Raum vorhanden feyn, und diefe Bewegung gehört folglich nicht in die Geometrie; überdem kann auch nicht *a priori*, fondern nur durch Erfahrung erkannt werden, dafs etwas beweglich fei. Aber Bewegung als Befchreibung (oder Erzeugung) eines Raums ift ein reiner Actus der fucceffiven Synthefis des Mannichfaltigen (einer folchen, die nach und nach gefchieht) in der äufsern Anfchauung überhaupt durch productive Einbildungskraft (oder diejenige, welche das Object der Anfchauung erzeugt) und gehört nicht allein zur Geometrie, fondern fogar zur Transfcendentalphilofophie (welche von der Erzeugung der Vorftellungen *a priori* handelt), indem durch diefe Erzeugung die Ausdehnung und die ganze Geometrie

Ausdehnung. 411

als reine Wissenschaft möglich wird. Schultz (Anfangsgründe der reinen Mathesis, von I. Schultz. Königsberg. 1793) hat einen Versuch gemacht, die reine Bewegung aus der Geometrie herauszuschaffen. Es ist zu verwundern, daß dieser sonst so gründliche Kenner der critischen Philosophie dennoch den richtigen Begriff der reinen transscendentalen Bewegung verkannt hat, die aus der Geometrie nicht verbannt werden kann, weil sie in derselben zu Hause (*conceptus domesticus*) ist. Seine Geometrie zeigt daher allerdings von großem Scharfsinn, aber sein Unternehmen kann ihm nicht gelungen seyn, und wenn es den Schein hat, so liegt es vielleicht darin, daß die ersten beiden Lehrsätze aus Begriffen, und nicht aus Construction der Begriffe bewiesen sind. *Quod pace tanti viri dixerim!* (C. 155*).

3. Nach den Vorstellungen der Philosophen vor Kant ist die Ausdehnung in die Länge, Breite und Dicke eine Eigenschaft, die an dem Körper auch unabhängig von unserm Vorstellungsvermögen vorhanden ist, so daß, wenn auch kein Wesen mit einem solchen Vorstellungsvermögen, als wir haben, vorhanden wäre, es dennoch in die Länge, Breite und Dicke ausgedehnte Dinge gäbe. Dieses behauptete Cartesius (*Princip. Philos. P. II. I.*). Sein Grund ist theologisch, weil Gott uns sonst betröge, welches sich von Gott nicht denken lasse. Dieser Grund fällt aber gänzlich über den Haufen, wenn man bedenkt, daß die Erkenntniß ja nichts weiter ist, als die Beziehung unsrer Vorstellungen auf einen Gegenstand, der selbst vermittelst des Erkenntnißvermögens, (nehmlich der productiven Einbildungskraft, obwohl vermittelst einer Affection des Gemüths und eines dadurch gelieferten Stoffs, dessen weiterer Ursprung unerklärbar ist) erzeugt wird. Dahingegen Cartesius sich diese Gegenstände als Dinge an sich (s. An sich) dachte, die vor dem Wirken des Erkenntnißvermögens so vorhanden wären, wie wir sie anschauen. Wir wissen also nur nicht, was uns afficirt (s. Afficiren) und verursacht, daß wir empfinden, welches letztere ohne allen Zweifel nicht unsere eigene Wirkung ist. Denn es ist nicht in unserer Gewalt, zu machen, daß wir jene Empfindung haben und

nicht diefe; fondern diefes hängt von etwas ab, was nicht unfer Gemüth ift. Allein was diefes fei, zu wiffen, das liegt jenfeits der Grenze aller finnlichen Erkenntnifs, und ift daher für Wefen, die blofs finnlich erkennen, oder deren Erkenntnifs nur auf Erfahrung eingefchränkt ift, nicht möglich. Denn gefetzt, wir könnten erkennen, was das fei, was uns afficirt, welches auch wirklich in der Erfahrung der Fall ift, z. B. wenn uns eine Hand berührt, oder eine fchöne Gegend in die Augen fällt, fo ift doch diefes wieder eine Erkenntnifs vermittelft der Sinne, und es ift von ihr wiederum die Frage: was ift das, was uns aficirt, wenn uns z. B. eine Hand berührt? denn die Hand felbft ift ausgedehnt und folglich im Raum, folglich eine finnliche Vorftellung, die aufser unfrer Vorftellung nicht als ausgedehnt vorhanden feyn kann. Wenn alfo Cartefius eine andere Erkenntnifs von Gott verlangte, nehmlich die des Dinges an fich, vorausgefetzt, dafs die Körper keine wirklichen Dinge an fich find; fo verlangte er etwas, wovon wir im Grunde nicht einmal einen Begriff haben, fondern worauf uns blofs die Befchaffenheit unfers Verftandes hinleitet. Der Verftand denkt nehmlich die Aficirung als Wirkung, und fragt daher nothwendig nach der Urfache derfelben; wenn er diefe aber auch fände, fo würde er doch wieder nach der Urfache diefer Urfache fragen, und fo feine Fragen ins Unendliche fortfetzen. Endlich kömmt die Vernunft, und will die unendliche Reihe von Wirkungen und Urfachen vollenden, und legt mit der abfoluten Urfache, Gott, dem Verftande zwar ein Stillfchweigen auf, aber befriedigt ihn nicht, weil er eine abfolute Urfache nicht begreift, fondern blofs bedingte Urfachen kennt, und daher gern wieder nach der Urfache Gottes fragen möchte.

4. Locke ift derfelben Meinung als Cartefi... Denn (*Eff. fur l'Entend. hum. Liv. II. chap. VIII. §.* (erklärt er diejenigen Eigenfchaften des Körpers, die f... gar nicht von ihm trennen laffen, und deren eine (Ausdehnung ift, für urfprüngliche und erft... Er meint nun (§. 12.), es fei evident, dafs ein folc...

Ausdehnung.

Gegenſtand aufser uns, wie (in 3) Carteſius meint, vorhanden fei, von dem gewiſſe kleine unmerkliche Körperchen in unſre Sinne kommen, und dadurch im Gehirn gewiſſe Bewegungen verurſachten, welche die Begriffe hervorbrächten, die wir von jenen urſprünglichen und erſten Eigenſchaften hätten. Allein dadurch wird im geringſten nicht erklärt, was die Ausdehnung an und für ſich ſei, und wie ſie entſtehe, ſondern die Vernunft mufs ſie für eine Wirkung Gottes, das ift, für unbegreiflich erklären. Ferner wird dadurch der Frage nicht Genüge gethan, wie es zugehe, dafs wir zwar die empiriſche Ausdehnung, d. i. die Materie, die den Raum erfüllt, mit dem Raum, den ihre Oberfläche einſchliefst, aber nicht die reine Ausdehnung, oder den Raum, den die Materie und der Raum, den ihre Oberfläche einſchliefst, erfüllt und einnimmt, wegdenken können. Und, was ſehr merkwürdig ift, ſo können von dem leeren Raume, da er kein Körper ift, auch keine Körperchen ausſtrömen, die unſre Sinne rührten, oder ſollten etwan leere Räumchen von ihm ausgehen, das heifst kleine Nichtschen, die auf unſre Sinne wirken?

5. Wolf ift ebenfalls der Meinung, dafs die Ausdehnung zu den Körpern als Dingen an ſich gehört, und ſagt (Vernünft. Ged. von Gott, der Welt und der Seele des Menſchen §. 1775.): „Die Seele ſtellet ſich alles haarklein vor, was in körperlichen Dingen angetroffen wird, von dem gröfsten an bis auf das kleinſte, nur kann man die vielen kleinen Figuren, Gröfsen und Bewegungen nicht von einander unterſcheiden, und aus ihrer Verwirrung entſtehet die Empfindung, welche wir nicht erklären können." Allein dadurch wird die Schwierigkeit nicht aus dem Wege geräumt, worin die Ausdehnung überhaupt beſtehe, und wie wir dazu kommen, dafs wir ſie nicht gänzlich wegdenken können.

6. Obigem Einwurfe von der Unmöglichkeit, dafs der Raum, als ein Nichts, doch auf unſre Sinne wirken müſſe, wenn die Ausdehnung aufser uns wirklich vorhanden ſei, zu begegnen, behaupten Leibnitz und Wolf, dafs wenn keine Körper vorhanden wären, auch kein Raum da ſei, dafs alſo die Ausdehnung des Körpers vom Raume, den er

einnehme, eigentlich nicht verfchieden fei. Wenn man fich einen Körper vorftellt, fagt Leibnitz (*Effais fur l'Entendem. humain. Liv. II. ch. IV. p.* 63), fo mufs man fich nicht zwei Ausdehnungen, die eine abftract, die andere concret, gedenken, indem die concrete nur durch die abftracte zur Ausdehnung wird." Die Widerlegung diefer unrichtigen Vorftellung im Artikel Raum.

7. Kant fagt, die Ausdehnung ift eine Eigenfchaft, die aus dem finnlichen Erkenntnifsvermögen entftehet, und vermittelft deren Erzeugung reine Anfchauungen und durch diefe empirifche Anfchauungen und Erfahrungsgegenftände in Raum und Zeit möglich werden. Vermittelft der Ausdehnung wird es uns möglich, dafs wir uns gewiffe Empfindungen als Körper, andere als Gedanken vorftellen, wovon die erftern in die Länge, Breite und Dicke ausgedehnt find, und eine Zeitlänge ausdauern, die letztern aber blofs fich in eine Zeitlänge ausdehnen. S. übrigens **Anfchauung** und **Raum**.

Kant. Crit der rein. Vern. Elementarl. I. Th §. 1. S. 35. — II. Abfchn. §. 8. 11. S. 66. — II. Th. I. Abth. I. Buch. II. Haupft. II. Abfchn. §. 24. *** S. 155*)
Cartefii Princ. Phil. p. II. §. 1.
Locke *Effais fur l'entend. hum. liv. II. ch. VIII.* §. 9.
Wolf vernünftige Gedanken von Gott, der Welt und der Seele des Menfchen. §. 773.
Leibnitz *Effais fur l'ent. hum. liv. II. ch. IV. p.* 83. *edit. de Rafpe.*

Ausdehnungskraft.

S. **Elafticität**.

Ausführlichkeit,

(logifche) des Begriffs, *conceptus completus, concept complete*, ein Kunftwort, deffen fich die Logiker bedienen, um die Klarheit und Zulänglichkeit der Merkmale eines Begriffs damit zu bezeichnen, und man fagt daher von dem Begriff eines Gegenftandes, er fei ausführlich, wenn man hinlängliche Merkmale davon angeben kann, und diefe klar find (C. 755.*).

Ausführlichkeit.

2. Die gewöhnliche Art, einen Begriff ausführlich zu machen, ist diese, dafs man

a. diejenigen Merkmale zu entdecken sucht, die aufser ihm in keinem andern Begriff angetroffen werden;

b. so viele Merkmale zu entdecken sucht, als zusammen genommen keinem andern Begriff zukommen;

c. sich diese Merkmale klar machet, so dafs man sie hinlänglich von andern unterscheiden kann. Z. E. die Tugend ist die gesetzmäfsige Gesinnung aus Achtung fürs Gesetz. Hier haben wir von dem Begriff Tugend folgende Merkmale: 1. Gesinnung, 2. gesetzmäfsige Gesinnung, 3. aus Achtung, 4. aus Achtung fürs Gesetz. Von diesen Merkmalen ist jedes für sich zwar auch in andern Begriffen enthalten, die nicht die Tugend sind. Denn Gesinnungen sind auch ein Merkmal des Lasters, gesetzmäfsige Gesinnungen sind auch ein Merkmal der Legalität, oder äufsern Gesetzlichkeit, welche noch nicht Tugend ist, weil sie auch aus Furcht oder Hoffnung entspringen kann; aus Achtung kann sich der Lasterhafte vor dem Tugendhaften bücken, aus Achtung fürs Gesetz kann er vor einer groben Lasterthat zurückschaudern, und sie hernach doch begehen. Aber zusammen sind diese Merkmale doch in keinem andern Begriff, als in dem der Tugend befindlich. Der Inbegriff dieser vier Merkmale giebt also einen ausführlichen Begriff von der Tugend, wenn man zugleich eine klare Vorstellung von jedem der vier Merkmale hat.

3. Nach Lambert (Organon. Dianoiol. §. 10) bestehet die Ausführlichkeit eines Begriffs in einer deutlichen Vorstellung der Merkmale desselben; allein wenn unter diesen Merkmalen einige fehlen, so ist der Begriff nicht ausführlich, und wenn man nur die Merkmale von andern unterscheiden kann, und sie zum Begriff zulänglich sind, so ist er schon ausführlich, gesetzt, dafs ich auch nicht alle mögliche Merkmale des Begriffs, und keine klare Vorstellung von den Merkmalen der Merkmale desselben, oder eine deutliche Vorstellung der Merkmale des Begriffs habe.

4. Man nennt das Verfahren, wodurch ein Begriff ausführlich gemacht wird, die **Entwickelung** deſſelben, und es iſt klar, daſs dieſes Verfahren nicht ins Unendliche gehet, ſondern ſeine Grenzen hat. Lambert unterſcheidet noch die **Vollſtändigkeit** des Begriffs von der **Ausführlichkeit** deſſelben, und ſetzt die letztere, wie wir geſehen haben, in der **Deutlichkeit** der Merkmale, und die erſtere in der **Zulänglichkeit** derſelben. Dieſer Unterſchied wäre nicht übel, dann fehlt es uns aber an einem Wort, welches die Vollſtändigkeit und Ausführlichkeit zuſammen ausdrückt; daher iſt es gut, wenn man das Wort **Deutlichkeit** des Begriffs für das braucht, was Lambert **Ausführlichkeit** nennt, und unter **Ausführlichkeit**, mit **Kant**, die Vollſtändigkeit und Deutlichkeit des Begriffs verſtehet. Dann iſt die Vollſtändigkeit des Begriffs die Zulänglichkeit ſeiner Merkmale, und die Deutlichkeit des Begriffs, die Klarheit ſeiner Merkmale. S. den Artikel: **Entwickelung** und **Definition**.

5. Es iſt nicht zu läugnen, daſs das Bemühen, einen Begriff ausführlich zu machen, oder die Entwickelung deſſelben, durchaus nothwendig iſt, um Licht in unſere Erkenntniſs zu bringen. Man hat ſie aber auch zur Aufführung gründlicher Theorien gemiſsbraucht, indem man ſich einbildete, unſre ganze Erkenntniſs beſtehe in dieſer Kunſt der Entwickelung der Begriffe. Ein Beiſpiel hiervon iſt das Verfahren der **Dialectiker**, die mit ihrer Logik alles erkennen und verſtehen wollten, und daher die Menſchen mit ihrer Scheinerkenntniſs blendeten und täuſchten, aber nie eine andre, als formale Wahrheit entdeckt haben. **Wolf** war auch auf dieſem Irrwege, indem er alle Schwierigkeiten in ſeine Erklärungen der Begriffe ſchob, den Begriff nach dem einrichtete, was er behaupten wollte, und daher alles, was er wollte, aus ſeinen Erklärungen herleiten konnte. Dieſer geübte Mathematiker bedachte nicht, daſs der Philoſoph ſo gut als der Mathematiker die Richtigkeit und Realität ſeiner Erklärung darthun, d. h. zeigen müſſe, daſs ſein Begriff einen wirklichen Gegenſtand habe, und kein Hirngeſpinſt enthalte.

Ausführlichkeit. Auslegung. 417

hört aber mehr als eine blofse Entwickelung des Begriffs, dazu wird eine Kunſt erfordert, von der die Logik nichts weifs, nehmlich, bei Begriffen *a priori*, eine auf Critik der Erkenntnifsvermögen gegründete Metaphyſik, und das ift es, was Kant hat liefern wollen.

Kant. Critik. der rein. Ver. Methodenl. I. Hauptſt. I. Abſchn. I. S. 755*)
Lambert. Organon. Dianoiologie. §. 10.

Auslegung.

der Offenbarung, *interpretatio revelationis, interpretation de la revelation*. Wir finden in dem aufgeklärteſten Welttheile (Europa) alle Menſchen in einer Kirche (Gſellſchaft zur Befolgung der Tugendgeſetze als des Willens Gottes) vereinigt. Das Inſtrument dieſer Vereinigung, oder dasjenige, was in dem Staat (der Gſellſchaft zur Befolgung der Rechtsgeſetze als des Willens des Souverains) das Geſetzbuch iſt, iſt in der Kirche die heilige Schrift. So wie es nehmlich in dem Staat an dem Naturrecht nicht genug iſt, weil ein jeder daſſelbe nach ſeinem Privatnutzen modeln würde; ſo iſt es auch in der Kirche nicht genug an der Vernunftreligion, weil ebenfalls ein jeder dieſelbe den Forderungen ſeiner phyſiſchen Selbſtliebe (der Befriedigung ſeiner Neigungen) gemäſs einrichten, und die Religion alſo ihren Zweck, Beſſerung aller Glieder der Kirche und Bewirkung der Befolgung der Tugendgeſetze aus Pflicht, nicht erreichen würde. So wie nun das ſtaatsbürgerliche Geſetzbuch von einem jeden Mitgliede des Staats (Staatsbürger) ſo befolgt werden mufs, als ſei der Wille des Souverains darin enthalten; ſo muſs auch die h. Schrift bei einem jeden Mitgliede der Kirche in dem Anſehen ſtehen, daſs ſie den Willen Gottes enthalte. Dieſes Anſehen der h. Schrift, oder der in derſelben enthaltenen Offenbarung, in dem Gemüthe jedes Einzelnen heiſst der Kirchenglaube; ſo wie man das Anſehen des Geſetzbuchs, welches in der Befolgung deſſelben durch einen jeden einzelnen Staatsbürger besteht, den **Staatsbürgergehorsam** nennen kann. Bei der h. Schrift nehmlich, welche Gesinnungen nach Tugendgesetzen zur Absicht hat, ist die Wirkung etwas **innerliches**, im Gemüth, ein **Ansehen**, welches der **Kirchenglaube** heifst, bei dem Gesetzbuche hingegen, welches blofs **äufserliche Handlungen** nach Rechtsgesetzen zur Absicht hat, ist die Wirkung etwas **äufserliches**, also eine **äufserliche That**, welche der **Staatsbürgergehorsam**, die Befolgung des bürgerlichen Gesetzes, genannt werden kann. Dieser Kirchenglaube ist **Volksglaube**, das ist, der Glaube derer, die nicht Religionsphilosophen sind, mithin gründet er sich bei ihnen nicht auf den Vernunfturfprung der in der h. Schrift enthaltenen Lehren, so wenig als der Volksgehorsam, oder der Gehorsam derer gegen das bürgerliche Gesetzbuch, die nicht Rechtsphilosophen sind, auf den Vernunfturfprung der im Gesetzbuch enthaltenen Gesetze. Beide, der Volksglaube und der Volksgehorsam fordern also eine **historische** Beglaubigung des Ansehens der h. Schrift und des Gesetzbuchs durch die **Deduction** (Nachweisung) ihres (das Ansehen derselben gründenden) Ursprungs; d. h. es muſs nachgewiesen werden, daſs die h. Schrift **inspirirt** und das Gesetzbuch vom Souverain, als solches, **promulgirt** sei. Bei einem Gesetzbuche ist die Promulgation oder öffentliche Bekanntmachung hinlänglich, das gesetzliche Ansehen desselben, zur Befolgung der darin enthaltenen Gesetze, zu gründen. Das Ansehen einer h. Schrift hingegen gründet sich auf der Ueberlieferung, daſs sie als solche von alten Zeiten her ist anerkannt worden, und da hier der Gesetzgeber weder auf Erden ist, noch den Verächter seiner Gesetze unmittelbar straft, so beruhet das Ansehen derselben auf Tradition, und folglich auf Geschichte.

Aber auch der **Sinn** der heiligen Urkunde, die den Willen Gottes (als das Fundament, worauf die Kirche errichtet ist) enthält, muſs erforscht werden. Das Bemühen, diesen Sinn anzugeben, heiſst die **Auslegung der Offenbarung**, und was ihn angiebt, der **Ausleger** derselben Solcher Ausleger giebt es eigentlich **fünf**, wovon zwei befugte oder gültige, drei aber un-

Auslegung.

befugte oder nur angebliche Ausleger der Offenbarung find. Die zwei gültigen Ausleger find:

I. der doctrinale, die Schriftgelehrſamkeit (*interpres divinus, qui fallere poteſt*);
II. der authentiſche, die reine Vernunftreligion (*interpres divinus, qui infallibilis eſt*);
die drei angeblichen Ausleger find:
III. der ſchwärmeriſche, das Gefühl;
IV. der geiſtlich deſpotiſche, die Kirche;
V. der weltlich deſpotiſche, der Staat.

I. Der doctrinale Ausleger eines Geſetzbuchs iſt der, welcher den Willen des Geſetzgebers aus den Ausdrücken, deren ſich derſelbe bedient hat, in Verbindung mit den ſonſt bekannten Abſichten des Geſetzgebers, herausvernünftelt. Der doctrinale Ausleger der h. Schrift muſs alſo auf dem hiſtoriſchen Wege, oder durch Geſchichte, Sprachkenntniſs, Alterthumskunde, Critik u. ſ. w., d. i. Gelehrſamkeit, nicht nur die Glaubwürdigkeit der h. Schrift, als eines Buchs, das die Offenbarung enthält, nachweiſen, ſondern auch den Sinn dieſer Offenbarung angeben. Da wir nun bei demjenigen Menſchen, welcher durch dieſe Schriftgelehrſamkeit die Gültigkeit und den Sinn der h. Urkunde erforſcht und angiebt, von allen andern Hülfsmitteln zur Auslegung z. B. von der Vergleichung des Sinnes der h. Schrift mit der Vernunftreligion abſtrahiren: ſo kann man ſagen, die Schriftgelehrſamkeit oder auch der Schriftgelehrte (abſtrahirt von allem dem, was derjenige, welcher die Schriftgelehrſamkeit beſitzt, ſonſt noch iſt) iſt der doctrinale Ausleger der h. Schrift (R. 162).

II. Der authentiſche Ausleger eines Geſetzbuchs iſt der untrügliche Ausleger deſſelben, und daher Niemand anders als der Geſetzgeber ſelbſt. Der authentiſche Ausleger der h. Schrift müſste alſo Gott ſelbſt ſeyn. Nun macht uns Gott (aufser der Offenbarung, denn dieſe ſoll eben erſt authentiſch ausgelegt werden,) ſeinen Willen nicht anders bekannt, als durch die reine Vernunftreligion. Religion iſt nehmlich die Erkenntniſs, daſs diejenigen Handlungsregeln (Maximen), der

Vernunft für abfolut oder unbedingt (d. i. ohne alle Rückficht auf ein wozu?) nothwendig erklärt werden, oder unfre Pflichten, der Wille Gottes find. Diefe Religion ift ein Product der Vernunft oder eine Vernunftreligion; denn die Befolgung des Sittengefetzes unfrer Vernunft, oder der Grundfatz unfre Pflichten zu erfüllen, fetzt fie nothwendig voraus. Es ift unmöglich, dafs ein Wefen, welches Bedürfniffe hat, die aus feiner Natur entfpringen, den Grundfatz habe, feine Pflichten in der finnlichen Welt, in welcher es fich vermöge feiner Natur befindet, zu erfüllen, ohne dabei voraus zu fetzen, dafs auch feine Bedürfniffe und feine daraus entfpringenden Wünfche dann, wenn er fie feinen Pflichten unterordnet, können und werden erfüllt werden. Denn er müfste fonft feine Pflichten erfüllen, ohne alle Rückficht auf feine Bedürfniffe und Wünfche. Das ift aber nicht möglich, weil wirklich bedürftig feyn, und die Befriedigung diefer Bedürfniffe nicht wünfchen, fich widerfpricht. Da nun die Befriedigung unfrer Wünfche nicht von unferm Willen, fondern von der Einrichtung und Regierung der Naturdinge abhängt, und diefelbe doch unfrer Befolgung des Moralgefetzes untergeordnet feyn foll, fo folgt, dafs fie, in diefem Fall, von dem Willen eines vernünftigen Wefens abhängen mufs, welches die gefammte Natur mit allen ihren Gefetzen in feiner Gewalt hat, und will, dafs wir jenen Grundfatz haben, und das Sittengefetz befolgen follen. Folglich kann Niemand das Sittengefetz aufrichtig befolgen, oder bemühet feyn, nach jenem Grundfatze zu handeln, ohne einen Gott zu glauben, denn jene Vorausfezzung fordert das Dafeyn Gottes. Gefetzt alfo auch, dafs der Tugendhafte fich diefes Glaubens nicht deutlich bewufst wäre, ja felbft theoretifch das Dafeyn Gottes läugnete, fo glaubt er dennoch in feinem Herzen an Gott, f. Gott. Diefer Glaube heifst der reine Religionsglaube oder der Vernunftglaube an Gott, welcher die ganze reine Vernunftreligion in fich enthält, die aus demfelben logifch entwickelt werden kann. Beide, der Religionsglaube und die Vernunftreligion heifsen rein, wenn ihnen nichts empirifches oder aus der Erfahrung abgeleitetes beigemifcht ift; wenn alfo weder die Befchaffen-

Auslegung.

heit der Natur, noch die Ausfprüche der Offenbarung auf fie einfliefsen. Der Glaube hingegen an das, was die Offenbarung lehrt, fo wie an die Offenbarung felbft (der Kirchenglaube), ift, weil er ein aufser der Vernunft liegendes Factum (nehmlich dafs eine Offenbarung vorhanden ift, und dies oder jenes lehrt) vorausfetzt, empirifch oder aus einer Erfahrung (vom Dafeyn und Inhalt einer Offenbarung) entfprungen. Der reine Religionsglaube ift *a priori*, denn er ift, wie wir gefehen haben, nothwendig und allgemein in jedem bedürftigen moralifchen Wefen. Der Offenbarungsglaube ift aber, eben weil er fich auf ein Factum gründet, zufällig; es ift fehr wohl möglich, dafs ihn Jemand nicht habe, z. B. wer nichts von einer Offenbarung weifs, oder fich nicht davon überzeugen kann, dafs eine Offenbarung möglich fei.

2. Der reine Religionsglaube, oder die aus demfelben entwickelte Vernunftreligion ift nun der authentifche Ausleger der Offenbarung, d. h. von der Vernunftreligion weifs ich gewifs, dafs fie der Wille Gottes ift, daher darf in der Offenbarung nichts zu finden feyn, was der Vernunftreligion widerfpricht, fonft würde fie der Tugendhafte entweder gänzlich verwerfen, und fie nicht für Offenbarung anerkennen; oder wenn er aus andern äufsern (Zeichen und Wundern) und innern Gründen (dem ganzen Geift der h. Schrift und der Pflichtwidrigkeit, die Kirche, wenn fie wirklich auf den Endzweck der Gottheit, Moralität, hinarbeitet, aufzulöfen, und in den ethifchen Naturzuftand zurück zu treten) fie für Offenbarung anerkennt, fo mufs fie zur Erfüllung aller Menfchenpflichten als göttlicher Gebote hinwirken, und folglich der reinen Vernunftreligion oder dem entfchiedenen Willen Gottes gemäfs ausgelegt werden. Das heifst, was die Offenbarung als den Willen Gottes von uns fordert, kann nie etwas Pflichtwidriges feyn, es müfste entweder etwas blofs Erlaubtes, oder unfre Pflicht felbft feyn. Stünde das blofs Erlaubte, was die Offenbarung von uns fordert, in gar keinem Zufammenhange weiter mit unfrer Moralität, als blofs dem, dafs es erlaubt wäre, fo würde folgen, dafs wir noch durch ein anderes Verhalten das leiften können, was wir doch nach der Vernunftreligion nur durch ein mo-

ralifches Verhalten leiften können, nehmlich den Willen Gottes erfüllen. Diefe Folgerung würde nun den moralifchen Lebenswandel entweder überflüfsig oder unzulänglich machen; im erftern Falle wäre fie der Moralität entgegen, im letztern Falle widerfpräche fie der reinen Vernunftreligion, welche die Moralität für zulänglich für die Erwartungen des Menfchen (nehmlich des Wohlgefallens Gottes, welches in der Regierung der Welt zur Wohlfahrt des moralifchen Menfchen beftehet, weil diefer den Willen Gottes befolgt) erklärt. Wenn daher die Offenbarung in der h. Schrift etwas fordert, was nach dem Sittengefetz der Vernunft blofs erlaubt ift, fo mufs es als Zweck oder als Mittel mit unfern Pflichten in Verbindung ftehen. Als Zweck ift es nicht möglich, weil Pflichterfüllung keinen Zweck haben kann, indem fie Zweck an fich felbft ift; denn man kann feine Pflicht nicht wozu erfüllen, weil man fonft nicht aus Pflicht, oder um der Pflicht willen, fondern nur um das wozu willen, welches wir zu erlangen wünfchten, alfo aus Neigung oder Abneigung, d. i. nicht moralifch (abfolut gut), fondern nur klug (relativ gut oder nützlich) handeln würde. Alle Pflichterfüllung, wenn fie diefen Namen verdienen foll, mufs daher blofs darum gefchehen, weil fie Pflicht ift. Folglich kann das Erlaubte, was die Offenbarung fordert, nur ein Mittel zur Pflichterfüllung feyn. Da nun der reine Religionsglaube die Moralität zur Grundlage hat, der empirifche Offenbarungsglaube aber nur als Mittel zur Pflichterfüllung dienen kann, fo kann er auch nur ein Hülfsmittel des reinen Religionsglaubens und der Vernunftreligion, nie aber der Zweck derfelben feyn.

3. Die reine Vernunftreligion ift alfo der authentifche Ausleger der Offenbarung, d. h. wenn fie etwas für den Sinn derfelben erklärt, fo erklärt damit der Gefetzgeber fein Gefetz felbft. Denn das Moralgefetz ift der unmittelbare Wille der Gottheit, fobald alfo eine Stelle der h. Schrift zu dem Sinne des Moralgefetzes gedeutet wird, fo find wir gewifs, dafs wir damit den Willen Gottes in diefer Stelle haben. So wie

Auslegung.

nehmlich weder ein Irrthum, noch ein Betrug entfteht, wenn der Gefetzgeber felbft einer Stelle feines Gefetzbuches, welche etwa fo dunkel ift, dafs der Sinn derfelben zweifelhaft, oder dafs es felbft wahrfcheinlich ift, fie habe urfprünglich von etwas anderm, etwa Temporellen handeln follen, einen andern Sinn giebt und fie felbft auslegt, und damit feinen Willen erklärt, fo ift die Auslegung der Offenbarung in der h. Schrift zum Zweck der reinen Vernunftreligion nie weder ein Irrthum, noch ein Betrug. Denn wir erhalten dadurch ftets den Willen Gottes, und erhalten ihn auch nicht unvollftändig, wie man meinen könnte, wenn man etwa fagen wollte, diefe Stelle enthält einen andern Willen, der nun wegerklärt wird; indem ja gezeigt worden, dafs die reine Vernunftreligion, in Anfehung deffen, was der Menfch zu thun hat, nicht unvollftändig ift, da die Offenbarung nichts zu derfelben hinzufetzen kann, was der Menfch aufser der Pflichterfüllung noch zu thun habe, als etwa folche Mittel, die fie befördern und zur Aufrechthaltung der fichtbaren Kirche abzwecken.

4. **Verhältnifs diefer beiden Ausleger zu einander.** Der doctrinale Ausleger ift der Zeit nach der erfte. Das heifst, die Gefchichte, welche das Hülfsmittel zur Unterfuchung des Urfprungs einer h. Schrift und der darin enthaltenen Offenbarung ift, die Kenntnifs der alten, jetzt todten Sprachen, worin die h. Schrift gefchrieben ift, und die in den Ländern gefprochen wurde, wo die h. Schrift zuerft anerkannt wurde, und andre Kenntniffe, d. i. die Schriftgelehrfamkeit mufs den Urfprung und den Sinn der Offenbarung zuerft erforfchen. Dann aber nimmt das Gefchäft des reinen Religionsglaubens oder der Vernunftreligion feinen Anfang. Diefer authentifche Ausleger ift der Würde nach der erfte d. i. der oberfte Ausleger. Der doctrinale Ausleger legt dem authentifchen die Refultate feiner Unterfuchungen zum Spruch vor, welcher, wenn er nichts der Vernunftreligion widerfprechendes darin findet, fondern dafs der Geift derfelben ift, die Offenbarungsbedürftigen zur

reinen Vernunftreligion hinzuleiten, in dem Ausspruch bestehet: die h. Schrift kann das Ansehen einer unmittelbaren göttlichen Offenbarung ferner behaupten, denn der Wille Gottes ist wirklich in derselben enthalten. Dieser Ausspruch ist hinreichend zur Erhaltung des Offenbarungsglaubens, da alsdann Niemand beweisen kann, dafs dasjenige, was Offenbarung seyn kann, und sein Ansehen als solche bisher unter uns behauptet hat, keine Offenbarung sei. Und so kann der Offenbarungsglaube alsdann denen, welche, wenn sie ihn verlören, in einen ethischen Naturstand treten, d. h. alle gemeinschaftliche Bearbeitung ihrer selbst und andrer zur moralischen Besserung aufgeben würden, ferner zur Stärkung ihres reinen Vernunftglaubens dienen. Denn diese haben eben so ein auf göttliches Ansehen gegründetes ethisches Gesetzbuch, oder eine h. Schrift nöthig, als diejenigen ein juridisches Gesetzbuch (Landrecht) nöthig haben, welche dem in aller Menschen Herzen geschriebenen Codex des Naturrechts nicht gehorchen, und ihre Pflichten als Staatsbürger nicht erfüllen würden. Da wir also nun in der h. Schrift eine von alten Zeiten her anerkannte Offenbarung vorfinden, und sie, ihren äufsern Merkmalen (Wundern und Zeichen) und ihrem Inhalt nach (Gottes Willen), Offenbarung seyn kann; so wäre es eine gänzliche Auflösung der Kirche, und ein unerlaubter Zurücktritt in den ethischen Naturstand, wenn man sie geradezu verwerfen wollte. Der Schriftgelehrte muſs daher, nachdem er zuerst ihr Ansehen beurkundet, und solches von dem reinen Religionsglauben zuoberst ist bestätigt worden, allerdings auch den Sinn jeder Stelle der Offenbarung erforschen, aber sodann auch dem Religionsphilosophen (welches er selbst in einer und derselben physischen Person seyn kann, obwohl in Rücksicht auf Auslegung in moralischen Person a lt) zur Prüfung und Entscheidung vor ...

5. Wenn also die Offenbarung et... dert, oder lehrt, so muſs die re... gion zu oberst entscheiden, ... der Offenbarung richtig verst...

Auslegung. 425

lehrt, das muſs entweder als Mittel auf Moralität abzwecken, oder ſich auf Moralität gründen, oder ſelbſt eine Pflicht ſeyn. Vorausgeſetzt alſo, daſs ein Buch die Offenbarung enthalte, ſo kann der b l o ſ s g e l e h r t e Ausleger deſſelben, wenn er auch mit allen Hülfsmitteln der gelehrten Auslegungskunſt, Sprachen, Alterthumskunde u. ſ. w. ausgerüſtet wäre, aber etwa keine practiſche Vernunft oder Anlage zur Moralität hätte, folglich des reinen Religionsglaubens unfähig wäre, nie wiſſen, ob er ſich nicht dennoch in dem Sinne der Urkunde irrte. Denn er könnte einen höchſt wahrſcheinlichen buchſtäblichen Sinn herausbringen, der aber doch der Moralität entgegen ſeyn, oder auch nur nichts für ſie enthalten könnte. Dann wäre aber das unmöglich der Sinn dieſer Stelle des Offenbarungstextes, und ſie müſste folglich einen den g e l e h r t e n R e g e l n der Exegeſe nach weniger wahrſcheinlichen, oder g e z w u n g en e n, aber doch dem m o r a l i ſ c h e n Inhalt nach richtigen Sinn haben; welches aber nur die reine Vernunftreligion beurtheilen kann. Bei dem reinen Religionsglauben allein weiſs man nur die allgemeinen practiſchen Regeln (Gebote oder Verbote), welche Gott unſern Handlungen vorſchreibt, mit Sicherheit, indem unſere eigene Vernunft ſie uns als Gottes Willen gebietet, und kann folglich mit ihm allein mit Sicherheit entſcheiden, ob die Erklärung einer Stelle der Offenbarung mit jenen Regeln zuſammenſtimmt, und daher den richtigen Sinn angiebt oder nicht.

6. Hierzu kömmt endlich noch, daſs die reine Vernunftreligion allein das dem Geiſte nach verſtehen kann, was die Offenbarung uns dem Buchſtaben nach lehrt und vorſchreibt. So lange nehmlich der Ausleger der Offenbarung bei dem buchſtäblichen Sinn derſelben ſtehen bleibt, weiſs er bloſs Lehren und Vorſchriften; erſt dann, wenn er ſich zum reinen Religionsglauben erhebt, ſieht er den Zweck, den Sinn, den eigentlichen Geiſt dieſer Lehren und Vorſchriften ein. Sähe er dann noch dieſen Sinn nicht ein, ſo müſste nicht zum Zweck einer Offenbarung oder die reine

Vernunftreligion mufs erft noch einen Sinn darin finden, das heifst, fie zu ihrem Zweck auslegen. So fammlet alfo der doctrinale Ausleger die Ausfprüche, Lehren und Vorfchriften der Offenbarung, um daraus ein Syftem zufammenzuftellen, für ein beftimmtes Volk und eine beftimmte Zeit, welches Syftem fich auf den Kirchenglauben gründet, oder welches auf das Anfehen der Offenbarung angenommen, im objectiven Sinne, der Kirchenglaube ift. Der authentifche Ausleger zeigt, was diefes Syftem für einen moralifchen Sinn und Zweck habe, und macht dadurch diefen Sinn für alle Welt gültig; dahingegen das Syftem felbft, als das einer unmittelbaren Offenbarung, nur für die zur Kirche gehörigen Mitglieder gültig ift. So wird alfo das kirchliche gemeine Wefen (die ethifche Gefellfchaft, welche die Kirche heifst) zur Religion hingeführt, die jederzeit auf Vernunft gegründet feyn mufs, weil fie für alle Menfchen gelten foll; die aber für diejenigen, welche das Anfehen der Offenbarung bedürfen, durch diefe eine befondere Stärke erhält (R. 162).

7. Beifpiel Um diefes an einem Beifpiele zu zeigen, nimmt Kant Pfalm 59, 11 — 16., wo ein Gebet um Rache, die bis zum Entfetzen weit geht, angetroffen wird. Die Stelle heifst nach Knapps Ueberfetzung: Gott läfst mich Rache*) fehn an meinen Feinden. Doch vertilg fie nicht! — fonft vergäfs es mein Volk: Sondern treib fie umher, durch deine Macht! Wirf fie hinab (in die Cifterne)! Herr unfer Schild! Sünde ifts, was ihr Mund, was ihre Lippen reden: Aber lafs fie gefangen werden in ihrem Stolz! Sie reden nichts als Fluchen und Läftern. Vertilg fie im Grimm, vertilg fie, dafs fie nicht mehr find! Und alle Welt erkenne, dafs Gott Herr über Jacob fei! Dann mögen fie wiederkommen am Abend, mögen umherlaufen wie Hunde, und die Stadt durchwandern; mö-

---

*) Luther überfetzt Luft; Michaelis und Knapp aber Rache.

Auslegung. 427

gen umherirren, nach Speife, hungrich und ohne Herberge! Michaelis (Moral 2ter Theil. S. 202) billigt diefes Gebet, und fetzt hinzu: „die Pfalmen find infpirirt: wird in diefen um Strafe gebeten, fo kann es nicht unrecht feyn: und wir follen keine heiligere Moral haben als die Bibel." Er will alfo nicht die reine Vernunftreligion zum Ausleger dulden, fondern das Sittengefetz der Vernunft foll vor der Auslegung des Schriftgelehrten und dem von ihm erforfchten buchftäblichen Sinne fchweigen; oder, wie vielleicht Michaelis behaupten würde, durch die Bibel mufs erft beftimmt werden, was reine Vernunftreligion ift. Das letztere ift aber ein Widerfpruch; denn die Bibel kann uns wohl die reine Vernunftreligion der Zeit nach zuerft in ihrer Lauterkeit gelehrt haben, aber darum kann diefe doch, ihrem Urfprunge nach, nicht aus der Bibel entfpringen, weil fie diefem ihren Urfprunge nach Offenbarungsreligion und nicht Vernunftreligion wäre. Kant fragt daher, ob die Moral nach der Bibel ausgelegt werden foll? dann wäre der Schriftgelehrte der oberfte Ausleger der Offenbarung, und der reine Religionsglaube wäre ein Unding; oder ob die Offenbarung nach der Moral, der Grundlage des reinen Religionsglaubens und dem Zweck der reinen Vernunftreligion ausgelegt werden, d. i. diefe der oberfte Schriftausleger feyn müffe? Offenbar widerfpricht der angeführten Stelle aus den Pfalmen eine andere im Neuen Teftamente, nehmlich Matth. 5, 43. 44. wenn die im Alten Teftamente buchftäblich verftanden wird, Chriftus fagt nehmlich: „Ihr habt gehört, dafs gefagt ift (nehmlich wie Matth. 5, 27. zu den Alten) du follft deinen Nächften lieben und deinen Feind haffen. Ich aber fage euch: Liebet eure Feinde; fegnet, die euch fluchen; thut wohl denen, die euch haffen; bittet für die, fo euch beleidigen und verfolgen." Diefe Stelle des Neuen Teftaments ift doch auch infpirirt, das heifst, beide follen eine göttliche Offenbarung enthalten, und können fich daher einander nicht widerfprechen. Es giebt daher hier der reine Religionsglaube den Anfchlag, nach ihm kann der buchftäbliche Sinn in der Stelle aus den Pfalmen, wenn fie zur Offenbarung als folcher gehören foll, nicht ftatt finden. Man muſs daher bei derfelben entweder eine moralifche, d. i. der reinen Vernunftreligion gemäfse Auslegung annehmen, oder zugeben, dafs diefe Stelle gar nicht im moralifchen, fondern im juridifchen Sinne zu verftehen, und in derfelben gar nicht von einem Gebete zu Gott, als dem moralifchen Oberherrn der Welt, die Rede fei. Soll eine moralifche Auslegung der Stelle ftatt finden, fo könnte man fagen, der Pfalmift gebrauche hier leibliche Feinde als ein Symbol der geiftlichen Feinde, der böfen Neigungen. Diefe müffe man allerdings wünfchen fo zu befiegen, dafs es uns ein moralifches Vergnügen mache, ihrer Herr geworden zu feyn. Und in dem Pfalm werde um Gottes Beiftand dazu gebeten.

8. Ift aber diefe Auslegung für manche Stellen zu gezwungen, fo bleibt noch die Annahme übrig, dafs in der ganzen Stelle keine moralifche, fondern jüdifch-theokratifche Vorftellung herrfche. Der Jude dachte fich nehmlich den Herrn Himmels und der Erden als das Oberhaupt feiner Staatsverfaffung (politifchen Regenten) und folglich als den oberften Richter. Der Pfalmift ftellt nun vor, wie er, im Procefs mit feinen Feinden, feine Klage über fie vor diefen oberften Richter bringt, und darauf anträgt, feine Gegner auf das härtefte zu beftrafen. Dadurch wird alfo gar nicht die Rachfucht, welche eine die Moralität angehende Gefinnung ift, gebilligt, fondern vielmehr ein Beifpiel davon gegeben, dafs man im Staate fich nicht gegen feine Feinde felbft Recht verfchaffen und fie beftrafen, fondern das Recht gegen fie und die Beftrafung derfelben bei dem Richter nachfuchen müffe. Diefe Vorftellung fichert wenigftens die Legalität der Forderung Davids, indem es dem Kläger erlaubt ift, auf noch fo harte Beftrafung des Beklagten bei dem Richter anzutragen, durch welche juridifche Erlaubnifs (Befugnifs), nicht die moralifche Erlaubnifs zur Rachfucht (welche eine Herzensgefinnung ift) gegeben wird. Nun ift aber der Geift des A. Teftaments hauptfächlich Legalität, fo wie der des N. Teftaments Moralität. Eben fo ift auch Röm. 12, 19. zu verftehen, wo es heifst: die Rache (die Befugnifs zu

Auslegung.

ftrafen) ift mein, ich will vergelten, fpricht der Herr (5 Mof. 32, 35). Man legt diefe Stelle gemeiniglich als moralifche Warnung vor Selbftrache aus*), ob fie gleich wahrfcheinlich nur andeutet, dafs die Chriften das in jedem Staat geltende Gefetz beobachten follten, die Genugthuung für Beleidigungen im Gerichtshofe des Staatsoberhaupts nachzufuchen, fo wie es in der jüdifchen Theokratie gewefen fei, da auch die Beftrafung des Beleidigers, Gottes, als des Staatsoberhaupts, Sache gewefen fei.

9. Diefe Behauptung Kants, dafs der reine Religionsglaube der oberfte Ausleger der Offenbarung feyn müffe, ift auch keine neue Maxime (Handlungsregel). Man hat es mit allen alten und neuern heiligen Büchern, von denen man behauptete, fie enthielten eine Offenbarung, fo gemacht. Vernünftige, wohldenkende Volkslehrer haben immer gefucht, den Sinn der Worte mit dem, was die reine Vernunftreligion fordert und vorausfetzt, in Uebereinftimmung zu bringen. So machten es z. B. die Moralphilofophen der Griechen und Römer mit ihrer fabelhaften Götterlehre, fie legten ihr einen moralifchen Sinn unter. Sie verwarfen nicht etwa den Volksglauben, den fie vorfanden, weil daraus vielleicht ein gänzlicher und dem Staat gefährlicher Unglaube, oder Atheismus entftanden wäre. Sondern fie erklärten den Polytheismus (die Vielgötterei) für eine fymbolifche Vorftellung (oder Perfonificirung) der Eigenfchaften des einigen göttlichen Wefens. Sie gaben den mancherlei lafterhaften Handlungen und wilden aber doch fchönen Träumereien ihrer Dichter einen myftifchen Sinn, und machten dadurch alles moralifch. Auch die fpätern Juden und felbft die Chriften deuteten auf diefe Weife, jene das A. Teftament und die Träume ihrer Rabbinen, diefe das N. Teftament, welches aber

---

*) *Semleri paraphrafis epistol. ad Romanos ad h. L p.* 320. *Ultianis enim quafi amor hoc fuadet, ut irae obfequamur; quod Paulus vetat.*

bei manchen, z. B. einem Origines und andern Kirchenvätern, oft fehr gezwungen ausfiel. So deutete Luther das hohe Lied von der wechfelfeitigen Liebe Chrifti und der Kirche zu einander, welche unter dem Symbol der Wechfelliebe zwifchen einem Bräutigam und feiner Braut vorgeftellt würden. Eben fo deuten die Muhammedaner ihren Koran, z. B. in den Stellen, wo er das aller Sinnlichkeit geweihete Paradies befchreibt, und die Indier ihre heiligen Bücher, die fie Bedas nennen.

10. Wie ift es aber möglich, dafs der moralifche Sinn nicht zuweilen dem buchftäblichen Sinne des Volksglaubens z. B. der Indier, Muhammedaner und dergl. ganz entgegen ift; fo dafs fich letzterm allemal ein moralifcher Sinn unterlegen läfst? Daher, weil lange vorher, ehe ein folcher Volksglaube entftand, die Anlage zu einer moralifchen Religion fchon in der menfchlichen Vernunft verborgen lag. Diefe Anlage äufserte fich freilich anfänglich blofs durch gottesdienftliche Gebräuche, z. B. Opfer, Reinigungen u. dergl., woraus eben ein folcher Volksglaube entfprang. Endlich veranlafsten jene rohe Aeufserungen der moralifchen Anlage des Menfchen angebliche Offenbarungen, und legten fo unvermerkt auch etwas von dem Character ihres eigenen überfinnlichen Urfprungs (nehmlich aus der im Menfchen befindlichen Anlage zur Moralität) in diefe Dichtungen (einer Offenbarung), die das Fundament des Volksglaubens find. So mufs fich alfo jeder Glaubensfatz in einem folchen Volksglauben mit den moralifchen Glaubensfätzen in Uebereinftimmung bringen laffen, da nothwendig in dem erftern etwas von dem Character der moralifchen Anlage zu finden feyn mufs, aus der er entfprungen ift.

11. Aber kann man eine folche moralifche Auslegung nicht der Unredlichkeit befchuldigen? kann man nicht den Einwurf machen, dafs derjenige, welcher einer Stelle der Offenbarung einen folchen Sinn unterlegt, vorfätzlich täufche, indem er Andere wolle glauben machen, dafs die Stelle einen Sinn habe, von dem er doch felbft wohl wiffe, dafs er nicht darin liege?

Auslegung. 435

Die Antwort ift: Nein. Denn man will mit der moralifchen Auslegung oder Deutung einer Stelle der Offenbarung zu einem Sinn, der mit den allgemeinen practifchen Regeln der reinen Vernunftreligion zufammenftimmt,

a. nicht behaupten, dafs die Verfaffer der heiligen Bücher und Symbole (Glaubensbekenntniffe) des Volksglaubens wirklich diefen Sinn haben ausdrücken wollen. Denn es ift ja die doctrinale Auslegung, welche diefen Sinn beftimmen mufs, und die blofse Vernunft kann nicht (a priori) wiffen, was ein Menfch müffe gedacht haben, als er eine Stelle feines Buches niederfchrieb. Das kann nur die doctrinale Auslegung, oder diefer Menfch felbft als authentifcher Ausleger feiner eigenen Werke angeben. Was aber Göttliches (zur reinen Vernunftreligion gehörendes) in dem Vortrage des Schriftftellers liege, was alfo darin Offenbarung feyn könne, das kann allerdings die blofse Vernunft, ohne alle hiftorifchen Beweife, folglich ohne alle Schriftgelehrfamkeit, entfcheiden. Es kömmt nur darauf an, ob der moralifche Sinn, den wir einer Stelle der Offenbarung geben, der einzige ift, nach dem wir aus derfelben etwas für unfere Befferung ziehen können. Uebrigens kann man zugeben, dafs der menfchliche Schriftfteller etwas anders unter der zu erklärenden Stelle verftanden habe, und dafs folglich der moralifche Sinn derfelben nicht der einzige fei. Denn es kann uns zum Zweck der Religion (obwohl nicht zu andern Zwecken) gleichgültig feyn, wie fich der Menfch das dachte, was er Behufs der Religion, als Offenbarung niederfchrieb; uns liegt blofs daran, wie wir uns das denken müffen, was darin Göttliches, d. i. auf unfere Befferung abzweckendes ift (R. 47*).

b. Durch die moralifche Auslegung nimmt man alfo nur die Möglichkeit an, dafs eine Stelle in einem h. Buche, das Offenbarung enthält, fo verftanden werden könne. Es ift fogar Pflicht, in der h. Schrift denjenigen Sinn zu fuchen, der mit dem Heiligften, was die Vernunft lehrt, in Harmonie ftehet (oder fie κατα ἀναλογιαν της πιστιως zu erklären, Röm. 12, 6.), denn man erreicht dadurch den Zweck der Offenbarung, und das ift alles, was von einem Lehrer der Religion gefordert werden kann, der nicht die Gefchichte der Privatmeinungen der erften Lehrer der geoffenbarten Religion, fondern was in ihren Reden Göttliches ift, vortragen foll. Es kömmt nehmlich hierbei alles darauf an, dafs der Zweck, Befferung der Menfchen, erreicht werde, hiernach mufs man in der Religion (obwohl nicht in der Gefchichte, Hermeneutik u. f. w.) alles beurtheilen. So machte es Jefus felbft (nach Luc. 9, 50), wo er von Jemanden, deffen Bemühungen von denen der Jünger Jefu abwichen, aber daffelbe Ziel (Bewirkung des Glaubens an den Lehrer der göttlichen Religion) erreichen mufsten, fagt: wehret ihm nicht, denn wer nicht wider uns ift, der ift für uns (R. 106.). Da nun die Moralität der Menfchen doch die Endabficht der ganzen Offenbarung feyn mufs, fo kann uns jeder hiftorifche Sinn einer Stelle (das, was fich der menfchliche Verfaffer dabei gedacht hat), wenn er gar nicht auf das Moralifche abzweckt, in Rückficht auf den eigentlichen Zweck der Offenbarung fehr gleichgültig feyn. Lefen wir daher die Offenbarung als folche, fo ift es uns fchon hinreichend, wenn das, was wir in derfelben lefen, einen auf Moralität abzweckenden Sinn haben kann. Und wir ziehen dann mit Recht zu unfrer Abficht diefen Sinn einem jeden andern blofs hiftorifchen vor, der nichts Moralifches enthält, auf nichts Moralifches führt, und daher, in Rückficht auf Moralität, **todt ift an ihm felber** (Jac. 2, 17.) (R. 157. ff.).

12. Wird alfo eine Schrift als **göttliche Offenbarung** angenommen, fo ift diefes nur unter der Vorausfetzung möglich, dafs fie, **als von Gott eingegebene (infpirirte) Schrift, auf Moralität abzwecke**, oder nützlich fei: „zur Lehre, zur Strafe, zur Befferung, zur Züchtigung in der Gerechtigkeit (Ermahnung zu einem tugendhaften Leben" (2 Tim. 3, 16.). Die Vernunftreligion ift alfo das Kriterium oder Princip aller Schriftauslegung zu dem Zweck einer wahren Religion, und alfo der Geift Gottes (der unfehlbare Führer zur Moralität), der uns in alle (zur Religion gehö-

rende) Wahrheit leitet" (Joh. 16. 13.). Diefer Geift Gottes (die ächte reine Vernunftreligion, die in der Offenbarung zu finden ift) belehrt uns über den Willen Gottes und belebt uns mit Grundfätzen zu Handlungen (eben durch die Vorftellung, dafs diefe Grundfätze der Wille des Herrn der Welt find). Er bezieht alles, was die Schrift von der Art enthalten mag, dafs es nur der Offenbarungsglaube (welcher, weil er fich auf ein Factum gründet, auch der hiftorifche Glaube genannt werden kann) annimmt, auf die Regeln (moralifche Vorfchriften) und Triebfedern (der Pflicht, oder) des reinen Religionsglaubens (welcher, weil er blofs aus der Moralität entfpringt, auch der moralifche Glaube heiffen kann). In jedem Kirchenglauben ift daher die Beziehung auf den reinen Religionsglauben dasjenige, was darin eigentlich Religion ift. Alles Forfchen und Auslegen der Schrift mufs daher von dem Grundfatze ausgehen, diefen Geift darin zu fuchen, und man kann das ewige Leben (den Weg zum höchften Gut, zur Beftimmung des Menfchen) (Joh. 5, 39) nur darin finden, fo fern fie von diefem Grundfatze zeugt (R. 161. f.).

III. Der fchwärmerifche Ausleger ift derjenige, welcher fich anmafst, das innere Gefühl, d. i. die Art, wie ein Menfch in Anfehung feiner Luft oder Unluft afficirt wird, an die Stelle des authentifchen Auslegers zu fetzen, und daher mit gänzlicher Verachtung des doctrinalen Auslegers das Amt des authentifchen Auslegers ufurpirt. Das Gefühl, das manche daher das innere Licht nennen, foll, nach der Behauptung mancher, den wahren Sinn der h. Schrift, fo wie den göttlichen Urfprung derfelben erkennen. Nun ift nicht zu leugnen, dafs wer fie lieft, oder ihren Vortrag hört, Achtung für ihre Vorfchriften und einen Antrieb fie zu befolgen fühlen mufs. Denn da die h. Schrift uns das Moralgefetz vorhält, wir uns aber daffelbe nicht ohne Achtung oder moralifches Gefühl vorftellen können (f. Achtung), fo mufs uns auch der Inhalt der h. Schrift, wenn wir uns denfelben vorftellen, mit Ach tung erfüllen, und wir können nicht anders, als diefen Inhalt für den Willen Gottes erkennen. Auch wird derjenige, welcher ihre Lehren befolgt, oder das thut, was fie vorfchreibt, allerdings, durch feine Zufriedenheit mit fich felbft, finden, dafs fie von Gott fei (Joh 7, 17.). Aber eben fo, wie wir aus dem Gefühl nicht die Erkenntnifs der Gefetze, und dafs diefe moralifch find, ableiten können, fondern das Gefühl vielmehr auf diefe Erkenntnifs folgt; eben fo wenig kann aus diefem Gefühl abgeleitet werden, dafs etwas der Wille Gottes fei, welches daffelbe ift mit der Forderung, dafs etwas durchs Moralgefetz vorgefchrieben fei, noch weniger aber kann daraus gefolgert werden, dafs etwas die unmittelbare Wirkung Gottes (Offenbarung) fei. Das Gefühl der Achtung und Ermunterung zum Guten, das fich bei der Lefung der h. Schrift, oder Anhörung ihrer Lehren in uns regt, können wir auch nicht etwa für die untrügliche unmittelbare Wirkung des Einfluffes Gottes auf die Abfaffung der h. Schrift halten; a) weil wir fonft diefe Wirkung nur Einer Urfache zufchreiben würden, da doch, wenn die Urfache einer Wirkung uns unbekannt ift, mehrere Urfachen derfelben ftatt finden können; b) weil wir wiffen, dafs die Moralität des Gefezzes, und alfo der Lehre, welche in der h. Schrift vorgetragen wird, die Urfache unfers Gefühls ift; c) weil es fogar Pflicht ift, diefes Gefühl von dem Einflufs der Moralität des in der h. Schrift enthaltenen Gefetzes auf uns abzuleiten, indem fonft aller Schwärmerei Thür und Thor geöffnet werden würde, wenn wir das Gefühl des Einfluffes Gottes auf uns, fo wie die Wirkung einer Natururfache, zu erkennen behaupten wollten. Zugleich würde dadurch das moralifche Gefühl jedes Schwärmers in diefelbe Claffe gefetzt, und fo um feine ganze Würde gebracht werden. S. Achtung.

2. Ein Gefühl ift aber, als folches, nichts objectives (etwas, was allgemein in jedem Wefen feyn müfste), fondern fubjectiv (blofs eine Modification des innern Sinnes des Fühlenden). Es gilt alfo nur blofs für denjenigen, der es hat. Folglich kann Niemand fein Gefühl als einen Erkenntnifsgrund für Andre gebrauchen, und ihnen zu-

muthen, ihre Ueberzeugung von der Aechtheit einer Offenbarung, oder dem Sinne derselben, auf fein Gefühl zu gründen. Das Gefühl kann überhaupt nichts lehren, man kann nichts dadurch erkennen, fondern es ift nur ein Zuftand des Gemüths (R. 164. f.).

IV. Aber es treten noch zuweilen zwei andre Prätendenten zum Amte der Ausleger auf, welche doch weniger felbft auslegen, als über ftreitige Auslegungen zu entfcheiden, fich herausnehmen, und dadurch in der That fich der Würde nach über alle andere Ausleger erheben, und ihnen Gefetze vorfchreiben. Der eine ift der geiftlich defpotifche, oder derjenige, der fich anmaßt vorzufchreiben, wie der doctrinale Ausleger auslegen foll, und daher auch das Amt des authentifchen Auslegers ufurpirt. Das gefchieht, wenn die größere Anzahl der Schriftgelehrten (Kleriker, Geiftliche) ihre Auslegung gegen die von der ihrigen abweichende Meinung der geringern Anzahl mit Gewalt durchfetzt, und den Sinn der h. Urkunde nach der Mehrheit der Stimmen entfcheidet. Denn da bei der doctrinalen Auslegung öfters der Sinn einer Stelle der h. Schrift zweifelhaft ift, fo gerathen die Ausleger darüber in Streit, was der Verfaffer eines Buchs wohl gemeint habe. Man fühlt dann, daß der authentifche Ausleger entfcheiden müffe, und da im Staat der Sinn des Gefetzes nach der Mehrheit der Stimmen der Repräfentanten des Souverains entfchieden wird; fo glaubt man, daß auch in der Kirche der Sinn des Gefetzbuchs nach der Mehrheit der Stimmen der Repräfentanten der Kirche (d. i. durch die Pluralität der in einer Synode oder in einem Concilium verfammelten Kleriker oder Geiftlichen) müffe entfchieden werden. Allein zwifchen einem Staat und einer Kirche ift der Unterfchied, daß in dem erftern der Gefetzgeber in den Repräfentanten wirklich vorhanden, und alfo ihre Auslegung nach der Pluralität wirklich authentifch ift; dahingegen in der Kirche Gott der Gefetzgeber ift, und hier es unmöglich nach der Pluralität der Geiftlichen auszumitteln, was der Wille Gottes fei. Denn diefe größere Anzahl kann gerade den Gefinnungen nach die verderbtern, oder den Kenntnissen nach die unwissendern in sich safsen, und daher den Willen Gottes am wenigsten treffen. Ja, da gemeiniglich die Anzahl der gelehrten und vortrefflichen Menschen in jeder Menschenclasse die kleinere ist, so folgt, dass gerade für das Gegentheil des göttlichen Willens, oder für etwas, das nicht Wille Gottes ist, durch die Mehrheit werde entschieden werden. Die Erfahrung hat das auch bestätigt, indem eben daher die vielen Satzungen und ungegründeten Meinungen in den christlichen Glauben gekommen sind, und die sogenannten, durch die Kirche (eigentlich Mehrheit der die Kirche repräsentirenden Kleriker) verdammten Ketzer die Wahrheit auf ihrer Seite hatten. Die durch die Geistlichen repräsentirte Kirche ist also ein unbefugter Ausleger der h. Schrift, und da er die auf ächte Gelehrsamkeit, ja selbst dem Vernunftglauben gegründete Auslegung, und ihre Vertheidiger unterdrückt, und letztere wohl gar verfolgt, so kann er der geistlich despotische Ausleger genannt werden.

V. Der weltlich despotische Ausleger, oder derjenige, der sich anmaſst vorzuschreiben, wie der authentische und doctrinale Ausleger auslegen sollen, und daher nicht das Amt eines authentischen Auslegers usurpirt, sondern einen neuen Ausleger vorstellt, der blofs darum, weil er die Gewalt zu zwingen hat, auch zu einer ihm gefälligen Auslegung zwingen will, und darum auch der schimärische Ausleger genannt werden kann. Dieser Ausleger ist der Staat, und seine Auslegung ist die unausstehlichste von allen. Denn der Staat, als solcher, ist weder Schriftgelehrter, noch Religionsphilosoph, und fordert darum nicht blofs den blinden Gehorsam, den die Kirche will, dessen Grundlage der sogenannte Köhlerglaube ist, sondern gleichsam das Verschliefsen aller Sinne gegen Gründe, und also einen sinnlosen Gehorsam, der sich auf das *sic volo, sic jubeo, stat pro ratione voluntas* gründet, und meint also, seine Glieder zum Glauben dressiren zu können, daher auch Kant die Orthodoxie, die daraus entspringt, die **brutale** nennt. Der Staat, wenn er sich das Amt eines Auslegers der h. Urkunde, oder welches eben so viel ist, das Amt gewisse Lehren und Symbole

Auslegung. Ausrottungskrieg.

durch feine in Händen habende Gewalt vorzufchreiben, anmaſst, thut etwas, wovon er nichts verfteht, und wovon er nicht einmal weifs, was er thut. Denn er glaubt nicht, dafs er die Schrift auszulegen fich anmafse, fondern fetzt gewiffe Kleriker dazu feft, welche den Sinn der h. Urkunde beftimmen, und daher die Offenbarungslehren für andre unter weltlicher Autorität vorfchreiben follen. Diefe bekommen das Monopolium der Auslegung, aus ihren Händen foll ein jeder andrer (Kleriker oder Laye) den Sinn des göttlichen Worts erhalten, ohne zu wiffen, warum gerade aus ihren Händen; denn follte es um der Gründe willen gefchehen, die fie haben, fo bedürfte es dazu nicht der Gewalt der weltlichen Macht. Wenn nun der Staat auf diefe Weife verfährt, fo meint er, die Kirche lege aus, und er felbft beftimmt doch, wer der Repräfentant der Kirche hierin feyn foll, und macht fich eben dadurch zum oberften aber ganz fchimärifchen) Ausleger der h. Schrift. Der Staat mufs fich alfo nie in die Auslegung der h. Schrift mifchen, fondern nur dafür forgen, dafs es nicht an gelehrten und rechtfchaffenen Schriftgelehrten und Religionsphilofophen fehle, und dafs fie nicht etwa ihre Streitigkeit da führen, wo die Gemeinde (die Glieder der Kirche) unterrichtet, gebeffert und getröftet werden foll, d. i. von den Kanzeln. Uebrigens aber follte fich der Staat nie in ihre Streitigkeiten mifchen, und für die eine Parthei zur Unterdrückung der andern erklären (R. 164.).

Kant. Relig. innerh. der Grenz. III. M. I. Abth. VI. S. 157 — 166. — I. St. VI. S. 47*). — II. Str. II, Abfchn. S. 106. 107.

Ausrottungskrieg,

bellum internecinum, guerre d'extermination, d'extirpation. So heifst ein Krieg, welcher nur durch die phyfifche Vertilgung des einen Theils der Krieg führenden Mächte geendigt wird*). Der Ausrottungkrieg kann

---

*) So fagte *Louvois* zu *Meinders*, den der grofse Churfürft Friedrich Wilhelm 1679 nach Frankreich gefchickt hatte: *Bellum geri*

aber auch die phyſiſche Vertilgung beider Theile treffen. Ein ſolcher Krieg muſs ſchlechterdings unerlaubt ſeyn. Denn durch einen ſolchen Krieg würde allem Recht ein Ende gemacht, und der Friede nicht eher erfolgen, als bis kein Rechtsverhältniſs mehr ſtatt finden könnte. Folglich muſs auch der Gebrauch der Mittel zu einem ſolchen Kriege unerlaubt ſeyn.

2. Die Mittel, deren man ſich in einem Ausrottungskriege bedient, ſind Meuchelmord, Giftmiſcherei, Brechung der Capitulation, Anſtiftung des Verraths in dem bekriegten Staat u. ſ. w. Dieſe Mittel müſſen ſchlechterdings den Untergang derer nach ſich ziehen, gegen die ſie gebraucht werden. Denn ſie ſind **niederträchtig**, d. h. der Feind kann ſich dagegen nicht ſchützen, weil ſie nicht den Muth, ſondern nur die Verſchlagenheit des Angreifers vorausſetzen. Sie verderben aber auch die Sittlichkeit der Nationen, die ſich derſelben bedienen, indem ſie bald nicht bloſs im Kriege, ſondern auch im Frieden werden gebraucht werden.

Kant. Zum ewigen Frieden. I. Abth. 6. S. 12.
Doff. Met. Anfangsgr. der Rechtsl. II. Th. II. Abſchn. §. 57. S. 222.

Auſser

mir, ἰξωθεν, *extra nos*, *hors de nous*. Dieſer Ausdruck kann zweierlei bedeuten, entweder

1) daſs der Gegenſtand, von dem er gebraucht wird, **nicht ich ſelbſt**, ſondern **von mir** (dem Subject) **unterſchieden** (*a nobis diverſum*) ist. Das **Object** iſt nicht zugleich das **Subject**; oder

2) daſs der Gegenſtand, von dem er gebraucht wird, ſich in einer **andern Stelle** des Raums oder der Zeit befindet. Im erſtern Sinne ſage ich, die **Dinge an ſich**

---

vel ad plane perdendum hoſtem, vel ut in ejus ditione miles alatur. Der erſtere iſt der **Ausrottungskrieg**, und mit ihm drohete Louvois dem Churfürſten. *Pufendorf. de reb. geſt. Frid. Wilh. M. XVII. 71.*

Aufser. Autokratie.

find **aufser mir**, d. i. nicht blofs Vorftellungen meines Erkenntnifsvermögens, folglich nicht etwas von mir felbft; im andern Sinne ift das Buch, das ich lefe, aufser mir, oder in einer andern Stelle des Raums, und der Kaifer Auguftus ift aufser mir, oder war in einer andern Zeit vorhanden, als ich. Ein **Vernunftbefitz** in der metaphyfifchen Rechtslehre ift der Befitz von etwas, das nicht **aufser mir** ift, im erftern Sinn des Worts. Der Befitz von etwas, das **aufser mir** ift, in der zweiten Bedeutung, ift ein **empirifcher Befitz**.

> Kant. Metaphi. Anfangsgr. der Rechtsl. I. Th. I. Hauptft. §. 1. S. 56.

Autokratie,

Fürftengewalt, Selbftherrfchaft, Alleinherrfchaft, ἀυτοκράτεια, *autocratia*, *autocratie*. Eine Herrfchergewalt, die keine andre neben ihr weiter vorausfetzt.

1. Man kann fich nehmlich eine Herrfchergewalt denken, die einer andern unterworfen ift, und eine Herrfchergewalt, neben der es noch eine andre giebt; die erftere ift der **Monarchie** entgegengefetzt, die letztere der **Ariftokratie**.

2. So gebraucht Kant das Wort, wenn er die **Autokratie der Materie** in folchen Erzeugungen, welche von unferm Verftande nur als Zwecke begriffen werden, als ein Wort ohne Bedeutung, verwirft. Materie ift ein Aggregat vieler Subftanzen aufser einander; nun beftände jene Autokratie der Materie darin, dafs diefes Aggregat die alleinige Urfache aller der Erzeugungen aus ihm wäre, die von unferm Verftande nur dadurch begriffen werden können, wenn er fich diefelben als Zwecke denkt. Dann hätte nehmlich die Materie keinen andern Herrfcher neben fich, aus deffen Verftande fich die zweckmäfsige Einrichtung deffen, was doch Zweck ift, erklären liefse; diefes ift aber widerfprechend, weil Zwecke nur durch einen Verftand möglich find, und nicht durch ein blofses Aggregat aufser einander befindlicher Subftanzen. **Zweck** ift das, was nur als Product einer Urfache im in-

nern Sinn vorgestellt werden kann; Materie ist aber das, was blofs im äufsern Sinn vorhanden ist. Folglich widerspricht sich der Begriff einer Autokratie der Materie (U. 372.).

3. Kant nennt nun diejenige Form der Beherrschung eines Staats, wo nur Einer herrscht, eine **Autokratie** weil der Herrscher Niemand neben sich hat, dessen Wille mit dem seinigen zusammen verbunden herrschte; sondern er herrscht selbst, ohne dafs, wie in der Aristokratie, noch mehrere dabei concurriren. In diesem Sinne nennen sich manche regierende Herrn **Selbstherrscher.** (Z 25.).

4. Der Ausdruck **Monarchie** statt **Autokratie** ist nicht dem Begriffe der letztern angemessen; denn **Monarchie** bedeutet die höchste Herrschaft, **Autokratie** aber die völlige, oder **Alleinherrschaft.** Der **Autokrator** hat alle Gewalt, der **Monarch** hat die höchste Gewalt, der erste ist der wirkliche Souverain, der letztere repräsentirt ihn blofs (K. 209.).

Kant. Critik der Urtheilskr. §. 80. S. 372.
Dess. Schrift zum ewigen Frieden I. Definitivart. *** S. 25.
Dess. Metaph. Anfangsgr. der Rechtsl. II. Th. I. Abschn. §. 51. S. 209.

Autonomie

des Willens, *autonomia, autonomie.* Die Eigenschaft des Willens, sich selbst ein Gesetz zu seyn (G. 98.) (unabhängig von aller Beschaffenheit der Gegenstände des Wollens. G. 87.).

1. Die ganze practische Gesetzgebung, d. i. diejenige, durch welche uns das Sittengesetz gegeben wird, gründet sich, in so fern wir diese Gesetzgebung an und für sich selbst betrachten (objectiv), auf einer Regel, von der sich alle Sittengesetze müssen ableiten lassen. Diese Regel soll aber nicht etwa dazu dienen, uns eine Anweisung zu seyn, wie wir unsre Wünsche befriedigen können. Denn die Sittlichkeit hat es gar nicht mit Erfüllung der Wünsche zu thun, vielmehr fordert sie die Aufopferung eines jeden Wunsches, der sich nicht mit ihr verträgt. Die Regel der Sittlichkeit gehet also nicht auf Gegenstände, die

Autonomie. 441

wir begehren möchten, die unfern Willen zum Wollen beftimmen könnten. Da nun auf diefe Weife der Wille, in fo fern ihn blofs das Sittengefetz beftimmen foll, keinen Gegenftand des Begehrens hat, fo bleibt weiter nichts übrig, als die Form feines Wollens, nehmlich dafs er nicht anders wolle, als fo, dafs es Gefetz fei, fo zu wollen, wie er will. Dies ift nun der oberfte Grundfatz oder das Princip der Sittlichkeit, welches fich fo ausdrücken läfst:

Handle nur nach derjenigen Maxime, durch die du zugleich wollen kannft, dafs fie ein allgemeines Gefetz werde.

Diefe Regel hat die Form der Allgemeinheit, d. h. fie ift fo gefafst, dafs davon keine Ausnahme gilt, dafs es kein Wefen geben kann, welches darnach zu handeln nicht nöthig hatte, und eben das macht fie fähig, ein Gefetz zu feyn; denn ein Gefetz für den Willen ift eine folche Regel, die für jeden Willen, ohne Ausnahme, gilt. Da diefes Gefetz durch den Willen, der ihm unterworfen ift, eben fo allgemein befolgt werden follte, als die Naturwirkungen ohne Ausnahme nach den Naturgefetzen gefchehen; fo kann obiges Princip auch fo ausgedrückt werden:

Handle, als ob die Maxime deiner Handlung zum allgemeinen Naturgefetze werden follte.

2. Die practifche Gefetzgebung gründet fich aber fubjectiv (d. h. wenn wir blofs auf das Subject Rückficht nehmen, dem es gegeben wird, oder das es giebt, und nicht auf die Gefetzgebung an und für fich) auf den Zweck diefes Subjects. Was kann nehmlich der Wille für einen Zweck haben bei allen feinen Handlungen? Denn diefer Zweck mufs auch die Regel für feine Handlungen beftimmen. Da nun aber bei der Sittlichkeit weder Furcht noch Hoffnung den Willen beftimmen follen, fo fallen alle Zwecke, die ihren Grund in den Naturtrieben, und folglich in der Erfahrung haben, weg. Dann bleibt alfo nichts übrig, als der Menfch felbft, oder er mufs fein eigener Zweck feyn. Da fich nun diefes aber

mit jedem Menschen so verhält, so ist dieser subjective Grund der Handlungen zugleich ein objectiver, daraus entspringt also ein andrer Ausdruck des obersten Grundsatzes der Sittlichkeit, nehmlich der:

> Handle so, dafs du die Menschheit, sowohl in deiner Person, als in der jedes andern, jederzeit zugleich als Zweck, niemals blofs als Mittel brauchest.

Ein vernünftiges Wesen hat nehmlich allein Zwecke, oder alle Zwecke, die sich denken lassen, sind nur in vernünftigen Wesen, als Subjecten der Zwecke denkbar, und ein vernünftiges Wesen ist nicht etwa blofses Mittel zu einem andern Zwecke, sondern Zweck an sich selbst.

3. Hieraus folgt nun, wenn wir beide obersten Grundsätze zusammen nehmen:

a aus dem zweiten in (2), dafs der Wille eines jeden vernünftigen Wesens gesetzgebend sei, weil der Grund seiner Gesetze in nichts anderm als in seiner eigenen Person liegt, nehmlich ein vernünftiges Wesen, es sei dasselbe nun selbst, oder ein andres, nie blofs als Mittel, sondern als Zweck an und für sich zu brauchen;

b. aus dem ersten in (1), dafs der Wille eines vernünftigen Wesens allgemein gesetzgebend sei, weil er sich nach keinen andern Maximen zu Handlungen bestimmt, als nach solchen, durch die er wollen kann, dafs diese Maxime ein allgemeines (für alle vernünftigen Wesen geltendes) Gesetz werde.

4. Diese Idee nun von dem Willen des vernünftigen Wesens, dafs er ein allgemein gesetzgebender Wille sei, und er folglich in den Gesetzen, die er befolgt, lediglich von sich selbst abhängt, heifst die Autonomie des Willens (M. II, 91 G. 70 und giebt ebenfalls einen Ausdruck des obersten Grundsatzes der Sittlichkeit, nehmlich den:

> Handle nur nach demjenigen Gesetze, durch welches du dich als allgemein

Autonomie.

gesetzgebend betrachten kannst. (M. II. 95. G. 72.).

Dieser Grundsatz heisst das **Princip der Autonomie des Willens** (M. II. 96. G. 73.).

5. Der Wille muſs hiernach als einem Gesetz unterworfen angesehen werden, von dem er sich selbst als Urheber (als gesetzgebend) betrachten kann. Alle andern Maximen aber, die damit nicht bestehen können, müſſen verworfen werden. Gesetzt, es hätte jemand folgende Maxime:

die Unwahrheit zu sagen, wenn es sein Vortheil erfordert,

so frage ich, kann diese Maxime mit der eigenen allgemeinen Gesetzgebung zusammen bestehen? Hier findet sich nun gleich,

a. daſs es nicht die eigene Gesetzgebung ist, die das Gesetz giebt, sondern die Selbstliebe, denn der Vortheil dictirt das Gesetz;

b. daſs es kein allgemeines Gesetz ist, denn nur in dem einzelnen Fall, wenn es sein Vortheil erfordert, soll es gelten.

Hieraus sehe ich nun, daſs die Maxime kein Sittengesetz ist. Es fragt sich aber, ob sie nicht mit der eigenen allgemeinen Gesetzgebung bestehen kann. Da findet sich aber:

daſs wenn es allgemeines Gesetz wäre, daſs ein Mensch dann, wenn es sein Vortheil erforderte, die Unwahrheit sagen könnte, es einem solchen Menschen in diesem Fall gar nicht als Zweck, sondern bloſs als Mittel, das seinem Vortheil dienstbar wäre, dienen würde.

Dies widerspricht aber meiner **eigenen** allgemeinen Gesetzgebung, bei der ich eben darum mein eigener Gesetzgeber bin, weil ich mich als vernünftiges Wesen, als Zweck an und für sich, betrachte. Folglich ist jene Maxime verwerflich (M. II. 92. G. 70.).

6. Diese Eigenschaft des Willens, daſs er **allgemein gesetzgebend** ist, schliefst bei seiner Gesetzgebung alles Interesse aus, weil sonst dieses, und nicht der Wille, das Gesetz geben würde. Daher haben die Formeln, welche Sittengesetze aussagen (die **Imperativen**) gar

keine Bedingungen (fie find nicht hypothetifch); folche Sätze aber nennt man categorifche Sätze. Darum fagt man, der oberfte Grundfatz des Sittengefetzes ift ein categorifcher Imperativ (M. II. 93. G 71.).

7. Ein Wille, der unter Gefetzen ftehet, kann vermittelft eines Intereffe an diefes Gefetz gebunden feyn, z. B. der menfchliche Wille, durch die Achtung, am Sittengefetz, f. Achtung. Allein ein Wille, der zu oberft gefetzgebend ift, kann von keinem folchen Intereffe abhängen. Denn hinge ein Wille von einem folchen Intereffe ab, fo würde es immer noch ein anderes Gefetz bedürfen, welches das Intereffe gefetzmäfsig machte, und daffelbe unter eine Maxime brächte, die als allgemeines Gefetz gelten könnte. Das heifst, alles Intereffe am Gefetz ift nicht zu oberft gefetzgebend, fondern allein der vom Intereffe unabhängige Wille (M. II. 94. G. 72).

8. Und fo unterfcheidet fich denn Kants Theorie der Sittlichkeit von jeder andern durch diefe Autonomie des Willens. Bei jeder andern Theorie fragt man nehmlich nach einem Warum? Warum ift es Gefetz, nicht zu lügen? und weifs darauf immer eine Antwort, z. B. um bei Ehren zu bleiben und Zutrauen zu behalten, um alfo durch ein Intereffe den Willen an das Gefetz zu knüpfen. Das nennt Kant aber Heteronomie, oder Abhängigkeit des Willens von einem Gefetz, das er fich nicht felbft giebt. Da er hingegen behauptet, der Wille giebt fich das Sittengefetz, ohne dafs ihn ein andres Warum daran knüpft, als dafs es Gefetz ift. Das Gefetz intereffirt, weil es Gefetz ift, und blos durch diefes reine Intereffe am Gefetz ift der Wille daran gebunden, obwohl von diefem Intereffe nicht abhängig, fondern das Gefetz gehet vor dem Intereffe her, und entfpringt nicht aus dem Intereffe, fondern unmittelbar aus dem Willen, welche Befchaffenheit des Willens eben feine Autonomie heifst (M. II. 96. G. 93).

9. Diefe Autonomie des Willens ift der Grund der Würde der menfchlichen und jeder vernünftigen Natur. Denn Würde ift der Werth von etwas, das nicht wozu, fondern um fein felbft willen da ift. So

Autonomie.

etwas ift aber nur dasjenige, was Zweck an und für fich ift, das ift, das vernünftige Wefen, in fo fern es allen übrigen Dingen das Gefetz giebt, aber kein andres Gefetz annimmt, als das, was es fich felbft giebt, oder indem es fich nicht blofs wozu brauchen läfst, fondern Zweck an fich ift. Diefe Befchaffenheit ift aber eben die Autonomie des Willens, auf die fich folglich die Würde der Menfchen gründet. (M. II. 107. G. 79.).

10. Es mufs aber bewiefen werden:

I. dafs gedachtes Princip der Autonomie des Willens das alleinige Princip der Moral fei (P. 58.);

II. dafs es auch Realität habe, und kein Hirngefpinft fei.

(M. II. 116. G. 87),

I. Das erfte läfst fich leicht beweifen, wenn man nur den Begriff von Sinnlichkeit zergliedert. Denn da findet fich, dafs alles, wovon man fonft die Sittlichkeit ableiten wollte, nichts als Heteronomie ift; nehmlich alles das giebt keinen categorifchen (unbedingten) Imperativ, fondern nur bedingte (hypothetifche), mithin kann es niemals moralifch feyn, die Regel ift nicht an fich, fondern wozu gut. Wenn ich nun aber das, wozu es gut ift, nicht wollte, fo fiele auch die Regel weg; oder es müfste eine Regel da feyn, die es mir zum Gefetz machte, den Gegenftand zu wollen, das wäre dann entweder eine unbedingte Regel, oder der Cirkel ginge von neuem an, und es gälte von ihr wieder das vorige.

II. Dafs aber diefes Princip kein Hirngefpinft ift, folgt

a. daraus, dafs die Autonomie des Willens nichts anders ift, als die Freiheit deffelben. Der Begriff der Freiheit ift daher auch der Schlüffel zur Erklärung der Autonomie des Willens. Die Freiheit ift nehmlich in negativem Verftande die Eigenfchaft des Willens, dafs er unabhängig ift von fremden ihn beftimmenden Urfachen (alfo keiner Heteronomie unterworfen ift). Daraus folgt der pofitive Begriff der Freiheit des Willens, dafs, da er von allen fremden Gefetzen unabhängig ift, und der Begriff des Wirkens den des Wirkens nach Gefetzen in fich fchliefst, folglich der Wille nicht ohne Gefetze wirken kann, er fich felbft ein Gefetz seyn muſs. Das ift aber Autonomie des Willens, die folglich mit Freiheit des Willens identifch ift. So find alfo die Principien in (1) und (4) einerlei, und ein freier Wille und ein Wille unter eigenen Gefetzen und unter fittlichen Gefetzen ift eins und daffelbe (M. II, 128. G. 97. P. 59).

b. Dafs aber diefe Freiheit kein Hirngefpinft fei, da doch in der Natur alles nothwendig ift, folgt aus dem Dafeyn der fittlichen Gefetze. Diefe find nun ohne Freiheit des Willens nicht möglich. Wir können alſo als moralifche Wefen nicht blofs zur Natur oder finnlichen Welt gehören, fonft müſten wir alle Sittlichkeit aufgeben, und es könnte kein Unterfchied ftatt finden zwifchen gut und böfe. Folglich müffen wir als moralifche Wefen zu einer andern Reihe der Dinge gehören, wo das eiferne Gefetz der Nothwendigkeit nicht herrfcht. Das wäre eine intelligibele Welt der Dinge an fich, von der wir nichts erkennen und begreifen, die aber die Vernunft fich nicht nehmen läfst, weil es hier auf keine Speculation ankömmt, die fich abweifen läſst, fondern auf das Handeln, das fich nicht auffchieben läfst, und wir müffen uns daher bei jeder moralifchen Handlung als Dinge an fich, als Glieder einer intelligibeln Welt betrachten. S. An fich.

11. Wären wir nun blofs Glieder der intelligibeln Welt, fo wie Gott, fo würden alle unfre Handlungen der Autonomie des Willens jederzeit gemäfs feyn; denn wir hätten da kein andre Gefetz, als unfer eigenes. Aber wir fchauen uns zugleich als Glieder der finnlichen Welt an, und als folche ift noch ein andres Gefetz in unfern Gliedern, wie Paulus fagt, und dadurch wird unfer eigenes Gefetz ein Gebot für uns, indem es jenem Gefetz der Triebe entgegen ift, und daher follen alle unfre Handlungen einer Autonomie jederzeit gemäfs feyn. Diefes categorifche oder unbedingte follen giebt nun den categorifchen Imperativ der Sittlichkeit, und wir fehen nun, wie er möglich ift.

Autonomie. Axiomen.

lich dadurch, dafs ein unbedingter, intelligibeler Wille durch fein unbedingtes Gefetz den empirifchen Willen, der durch Naturtriebe und Erfahrungsgründe zum Wollen beftimmt wird, befchränkt und fich unterwirft (G. II. 144. G. III.). Uebrigens läfst fich nur die Realität der Autonomie des Willens aus dem Dafeyn des Sittengefetzes einfehen, aber nicht begreifen, wie fie möglich fei. Denn das hiefse die Freiheit begreifen, welches unmöglich ift, da wir nie etwas anders begreifen können, als aus feinen Urfachen, die aber stets mit Nothwendigkeit verknüpft find, und aller Freiheit entgegen find.

Kant. Grundleg. zur Met. der Sitt. II Abfch S. 70 ff. — Die Auton. des Willens. S. 87. III. Abfchn. — Einth. der Princ. der Sittlichk. S. 93. — Der Begriff der Freih. als Schl. zur Aut. des Willens. S. 97. ff. III. Abfchn. — Wte ift ein categor. Imperat. möglich. S. 111
Deff. Crit. der pract. Vern. I. Th. I. B. I. Hauptft. §. 7. Anm. S. 58. — §. 8. S. 59.

Autonomie

des Gefchmacks. S. Gefchmacksurtheil.

Axiomen,

ἀξιώματα, *axiomata*, *axiomes*, find fynthetifche Grundfätze *a priori*, fo fern fie unmittelbar gewifs find (C. 760.); z. B. dafs drei Puncte jederzeit in einer Ebene liegen, oder dafs zwifchen zwei Puncten nur Eine gerade Linie möglich ift.

I. Dafs zwifchen zwei Puncten A und B nur Eine gerade Linie möglich ift, ift
1. ein Grundfatz der Geometrie, denn
a) er enthält die Gründe andrer Sätze in fich, z. B. des Satzes, dafs wenn zwei Triangel (Fig. 7.) ABC und DEF über einander gelegt werden, und die Seite AB fo auf die Seite DE fällt, dafs der Punct A auf D, und der Punct B auf E falle, weil nehmlich die Seite AB der Seite DE gleich ift; ferner weil der Winkel BAC dem Winkel EDF, und die Seite AC der Seite DF gleich ift, auch die

Seite AC auf DF, und der Punct C auf F fällt, nach obigem Grundſatze auch BC auf EF fallen muſs. Denn zwiſchen B und C, welche zugleich die Puncte E und F find, iſt, nach dieſem Grundſatz, nur Eine gerade Linie möglich, fiele die Linie BC nun nicht auf EF, ſo müſsten nothwendig zwei verſchiedene gerade Linien zwiſchen den beiden Puncten ſtatt finden.

b. er iſt nicht in höhern und allgemeinern Erkenntniſſen gegründet, ſondern in der unmittelbaren Anſchauung. Ich kann mir in Gedanken ſchlechterdings nicht zwiſchen den Puncten A und B zwei verſchiedene gerade Linien ſinnlich machen.

2. Dieſer Grundſatz iſt aber auch *a priori*, denn ich brauche nicht aus meinen Gedanken hinaus zu gehen, und zu verſuchen, ob es auch ſich in der Natur wirklich ſo verhält; ſondern ich weiſs es gewiſs, es iſt nicht anders möglich, und es muſs allenthalben in der Natur ſich ſo finden; weder auf dem Monde, noch auf der Sonne, wenn wir dahin verſetzt werden könnten, würde es anders ſeyn. Der Grundſatz iſt alſo nothwendig, denn das Gegentheil von ihm iſt nicht möglich, und er iſt allgemein, denn es gilt von ihm keine Ausnahme, folglich iſt er *a priori*, oder bloſs in der Beſchaffenheit unſrer Sinnlichkeit gegründet, weswegen uns eben das Gegentheil nie vorkommen kann.

3. Dieſer Grundſatz iſt ferner ſynthetiſch, d. i. das Prädicat, daſs nur Eine gerade Linie zwiſchen zwei Puncten möglich iſt, liegt nicht in den Begriffen des Subjects, weder in dem Begriffe der beiden Puncte, noch in dem Begriffe der geraden Linie, noch in der Verbindung aller dieſer Begriffe mit einander. Denn der Begriff des Puncts iſt, daſs er das im Raum iſt, was keine Theile hat, der Begriff der Linie, daſs ſie eine Länge ohne Breite iſt, und dieſe iſt gerade, wenn ihre Theile alle nach dem Endpuncte zugekehrt ſind. Allein alle dieſe Begriffe enthalten, weder einzeln, noch zuſammen etwas, woraus man folgern könnte, daſs zwiſchen den beiden Endpuncten einer geraden Linie nur Eine gerade Linie möglich. Denn ohne ſich die gerade Linie in Gedanken zu ziehen, iſt

Axiomen. 449

es nicht möglich, zu wiffen, ob nicht von einem Endpuncte aus die Theile mehrerer gerader Linien dem andern Endpuncte zugekehrt seyn können. Ja es ift nicht einmal möglich, aus den angeführten Begriffen eine gerade Linie kennen zu lernen, wenn man fie fich noch nie finnlich vorgeftellt hätte. Hieraus folgt, dafs in dem Grundfatze, von dem wir fprechen, das Prädicat nicht in dem Subject liegt, fondern dafs Prädicat und Subject nur mit einander verknüpft werden können, weil die finnliche Darftellung, wenn wir nehmlich die Linie in Gedanken ziehen, uns dazu berechtigt. Diefe finnliche Darftellung (die Conftruction) der geraden Linie ift das dritte vermittelnde Erkenntnifs, wodurch es uns möglich wird, Prädicat und Subject fynthetifch mit einander zu verbinden.

4. Diefer Grundfatz ift endlich unmittelbar gewifs, d. h. ich brauche gar keine Mittel, mich von der Gewifsheit deffelben zu überzeugen, fondern ich darf mir das, was er ausfagt, nur in Gedanken finnlich vorftellen, fo fehe ich gleich ein, dafs es nicht anders feyn kann. Ich kann Prädicat und Subject unmittelbar mit einander verbinden, auch ohne alle andere vermittelnde finnliche Darftellungen (Conftructionen) als der der geraden Linie felbft.

II. In der Philofophie giebt es keine Axiomen. Denn die Philofophie ift die Vernunfterkenntnifs nach Begriffen, aber nicht nach finnlichen Darftellungen a priori (Conftructionen). Nun laffen fich zwei Begriffe nicht fynthetifch und doch unmittelbar mit einander verknüpfen, ohne ein drittes vermittelndes Erkenntnifs. Diefes dritte vermittelnde Erkenntnifs kann aber nicht etwa auch ein Begriff feyn, denn diefer Begriff würde doch wieder etwas vorausfetzen, das ihn objectiv gültig machte, oder verurfachte, dafs er nicht für ein Hirngefpinft, fondern für einen Gedanken anerkannt werden müfste, der einen wirklichen Gegenftand hat. Dann wäre aber der Satz nicht unmittelbar gewifs, fondern erft vermittelft des Gegenftandes, auf den fich der vermittelnde Begriff bezöge.

2. Die Philofophie hat nun zwar auch fynthetifche Grundfätze a priori, aber fie unterfcheiden fich von

Mellins philof. Wörterb. 1. Bd. Ff

den Axiomen dadurch, dafs fie nicht unmittelbar gewis
find, z. B. der Satz: alles, was gefchieht, hat
feine Urfache. In diefem Satze liegt auch das Prädicat Urfache nicht in dem, was gefchieht, auch ift die
Behauptung nothwendig und allgemein, folglich ift es,
da auch mehr andre Sätze (nehmlich alle diejenigen,
die eine Urfache vorausfetzen) davon abgeleitet werden,
ein fynthetifcher Grundfatz *a priori*. Allein das dritte,
worauf fich die Verknüpfung des Prädicats mit dem
Subject gründet, ift, dafs in jeder Erfahrung die Zeit
auf eine nothwendige Weife beftimmt werden mufs.
Da alles, was gefchieht, auf etwas anders folgt, und
vor etwas anderm hergehet, und auch unfre Wahrnehmungen auf einander folgen, fo würden wir nicht unfre
(fubjectiven) Wahrnehmungen von der (objectiven) Folge
der Befchaffenheiten auf einander unterfcheiden können,
und nicht wiffen, ob B auf A wirklich, oder nur in unfrer Wahrnehmung folgte, ob die Folge in uns, oder
in den Dingen liege, wenn nicht die Zeitfolge als
nothwendig beftimmt würde. Das gefchieht nun durch
den Begriff der Urfache und Wirkung, indem das, was
ich Urfache nenne, nichts anders als die Vorftellung
von etwas ift, was nothwendig vor etwas andern
hergehet, das ich Wirkung nenne, und das nothwendig auf die Urfache folgt. Ich erkenne alfo die Gewifsheit jenes philofophifchen Grundfatzes aus der Nothwendigkeit deffelben, wenn ich Erfahrung und fubjective Wahrnehmung von einander foll unterfcheiden können. Folglich kann ich einen folchen Grundfatz nicht
unmittelbar aus einem dritten Begriff ableiten.

3. Discurfive Grundfätze, oder folche, die fich
auf Begriffen gründen, find alfo ganz etwas anders, als
intuitive Grundfätze, oder folche, die durch unmittelbare Anfchauung erkannt werden. Die letztern find
Axiomen, daher kann man auch die Axiomen durch
intuitive Grundfätze erklären. Die Axiomen find
ohne allen Beweis gewifs, man darf fich nur den Satz
durch die Einbildungskraft vorftellen. Die discurfiven
Grundfätze aber erfordern jederzeit noch eine befondere
Art von Beweis, welchen Kant eine Deduction nennt.
Der Beweis des Grundfatzes kann nehmlich nicht ob-

jectiv, d. h. aus einem höhern Satze, von dem er abgeleitet würde, geführt werden, denn sonst wäre er ein Lehrsatz und jener höhere Satz der Grundsatz. Der Grundsatz aber ist ja derjenige Satz, der aller Erkenntnifs seines Gegenstandes zum Grunde liegt. Aber er kann doch subjectiv bewiesen, d. h. gezeigt werden, dafs ohne ihn die Erkenntnifs des Gegenstandes nicht möglich wäre. So würde es unmöglich seyn, die (objective) Folge in der Erfahrung von der (subjectiven) Folge im Gemüthe zu unterscheiden, ohne den Satz des zureichenden (metaphysischen) Grundes. Ein solcher Beweis heifst die Deduction des Grundsatzes, und ist nöthig, weil sonst der Grundsatz falsch und erschlichen seyn könnte (M. I. 213. C. 188.). Die Axiomen oder mathematischen Grundsätze sind also evident, d. i. anschauend gewifs, die discursiven oder philosophischen Grundsätze sind zwar auch gewifs, aber doch nicht so einleuchtend, wie die Axiomen, s. Apodictisch. Man drückt die evidente Gewifsheit eines Axioms gemeiniglich damit aus, dafs man sagt, es ist so gewifs, als zweimal zwei vier ist. Das kann man aber von keinem synthetischen Satze der reinen aber transfcendentalen Vernunft, d. i. der, welche die Möglichkeit synthetischer Sätze *a priori* aus Begriffen erkennt, sagen. Dafs alles, was geschieht, eine Ursache hat, ist wohl nicht so einleuchtend gewifs, als dafs 2 mal 2 vier ist, sonst hätte es Hume nicht bezweifelt.

4. Die Philosophie hat also keine Axiomen, und darf niemals ihre Grundsätze so schlechthin gebieten, sondern mufs jederzeit ihre Wahrheit deduciren, wenn sie dieselben so gebrauchen will, um andre Sätze daraus abzuleiten, dafs Jedermann diesen Gebrauch ihr zugestehen soll. Kant giebt zwar ein Princip der Axiomen der Anschauungen, d. h. aller wahren Axiomen an (C. 202); allein dieses Princip ist selbst kein Axiom, und bedarf daher auch einer Deduction, die Kant geführt hat. Dieses Princip soll nur die Möglichkeit der Axiomen überhaupt angeben. Denn sogar die Möglichkeit der Mathematik, die auf Anschauungen beruhet, so wie diese wieder auf Axiomen beruhen, mufs die Transfcendentalphilosophie, d. i. die Philosophie von der Möglichkeit der Er-

Axiomen. Axiomen der Anschauung.

kenntnifs *a priori*, zeigen (M. I. 877. C. 760.). S. den folgenden Artikel.

> Kant. Crit. der rein. Vern. Elementarl. II. Th. I.
> Abth. II. B. II. Hauptst. S. 188. — Methodenl. I.
> Hauptst. I. Abschn. 2. S. 760. ff.

Axiomen der Anschauung,

axiomata intuitionis, axiomes d'intuition.

1. Sie find wahre Axiomen (f. den vorhergehenden Artikel); nehmlich die Axiomen der Mathematik, welche, vermittelst der Construction, in der Anschauung des Gegenstandes, die Prädicate mit dem Subject, *a priori* und unmittelbar, verknüpfen, z. B. dafs zwei Puncte jederzeit in einer Ebene liegen, welches ich unmittelbar einsehe, wenn ich mir drei Puncte in allen möglichen Lagen gegen einander in Gedanken sinnlich vorstelle, und eine Ebene durchlege.

2. Die Philosophen (man f. Lamberts Organon. Dianoiol. §. 146. Meiers Auszug aus der Vernunftlehre) nahmen vor Kant Axiom und Grundsatz für gleichbedeutende Wörter, da doch Axiom nur eine Art der Grundsätze ist. Die unmittelbare Gewifsheit eines Grundsatzes kann nehmlich entweder auf der Construction *a priori* oder auf einem Begriff beruhen, im ersten Fall verdient er allein den Namen eines Axioms, im letztern nur den eines Princips überhaupt (im weitern Sinne des Worts, f. Anfang) oder eines discursiven oder philosophischen Grundsatzes.

3. Kant hat (C. 202.) das Princip aller Axiomen der Anschauung angegeben, oder den philosophischen Grundsatz aufgestellt, nach welchem alle Axiomen der Anschauungen für die ganze Natur gültig sind. Es heifst:
Alle Anschauungen find extensive Gröfsen.
sollte aber nach Kants Prolegomenen (S. 91.) heifsen:
Alle Erscheinungen find, als Anschauungen im Raum und in der Zeit, extensive Gröfsen.
(M. I. 236. C. 202.) Kant will sagen, alles, was uns in die Sinne fällt, oder was wir sinnlich wahrnehmen, mufs immer als eine ausgedehnte Gröfse wahrgenommen werden.

Axiomen der Anschauung.

Daher kann uns keine sinnliche Vorstellung vorkommen, welche nicht so beschaffen wäre. Die philosophischen Grundsätze unterscheiden sich nun dadurch von den Axiomen, dafs sie jederzeit noch einer Deduction bedürfen (s. den vorhergehenden Artikel Axiomen); so auch dieser.

4. Diese Deduction ist nun folgende: Alle Erscheinungen enthalten eine Anschauung in Raum und Zeit, denn Erscheinung ist der unbestimmte Gegenstand, der unsre Sinnlichkeit so afficirt (s. Afficiren), dafs dadurch eine Anschauung desselben entspringt, die allein unter den Bedingungen der Anschauungen, Raum und Zeit, möglich ist. Raum und Zeit sind aber extensive Gröfsen, folglich müssen alle Erscheinungen, als Anschauungen in Raum und Zeit, extensive (ausgedehnte) Gröfsen seyn (M. I. 237. C. 202. Pr. 91).

5. Alle Erscheinungen werden demnach als Aggregate oder eine Menge vorhergegebener Theile (s. Aggregat) angeschauet, welches eben nicht der Fall bei jeder Art Gröfsen, z. B. der intensiven, sondern nur bei denen ist, die uns extensiv als solche vorgestellt und apprehendirt werden (s. Apprehension). Unter dem Begriff einer extensiven (ausgedehnten) Gröfse ist nehmlich eine solche zu verstehen, in welcher die Vorstellung der Theile die Vorstellung des Ganzen möglich macht, und also nothwendig vor dieser hergehet (M. I. 238. C. 203). Ich kann mir z. B. keine Linie, so klein sie auch sei, vorstellen, ohne sie in Gedanken zu ziehen, d. i. von einem Puncte an alle Theile nach und nach zu erzeugen, und dadurch allererst diese Anschauung zu verzeichnen. Eben so ist es auch mit jeder, auch der kleinsten Zeit bewandt. Ich denke mir darin den successiven (auf einander folgenden) Fortgang von einem Augenblick zum andern, wo, durch alle Zeittheile und deren Hinzuthun, endlich eine bestimmte Zeitgröfse erzeugt wird.

6. Wir können also keine Erscheinungen anschauen, als so, dafs die Axiomen der Geometrie (Mathematik der Ausdehnung) und Arithmetik (Mathematik der Gröfse überhaupt) dabei zum Grunde liegen (M I. 239 C. 204.). Die Axiomen drücken aber aus, wie sinnliche Anschauung *a priori* allein möglich ist, oder die Bedingungen derselben, oder wie allein das reine Bild (Schema) der äufsern Er-

fcheinung zu Stande kommen kann, z. E. zwifchen zwei Puncten ift nur eine gerade Linie möglich. Es kann uns alfo in der Erfahrung nichts vorkommen, was fich nicht nach diefem Axiom richten müfste, eben fo ift es auch mit dem Axiom, zwei gerade Linien fchliefsen keinen Raum ein. Das find die Axiomen der Geometrie, welche eigentlich nur Gröfsen *quanta*) als folche (nehmlich in der Ausdehnung) betreffen.

7. Kant meinte, es gäbe in der Arithmetik keine Axiomen der Anfchauung, allein Schultz hat diefe Axiomen erft nachher entdeckt (f. Prüfung der Kant. Crit. Th. I S. 219.). Man fehe unten den Artikel Zahlformeln.

8. Auf diefem Grundfatze (3) beruhet alfo die Anwendbarkeit der ganzen reinen Mathematik auf Gegenftände der Erfahrung. Es ift nehmlich die Frage, wie kann die Mathematik der Ausdehnung und Gröfse überhaupt, die alle ihre Sätze *a priori* behauptet, auf Gegenftände der Erfahrung gehen; wie ift es möglich, dafs in der Erfahrung fich alles fo finden mufs, wie es die Arithmetik und Geometrie behaupten, die beide doch ihre Behauptungen nicht aus der Erfahrung hergenommen haben? Antwort: die Gegenftände der Erfahrung find ja nicht Dinge an fich, die unabhängig von unferm Erkenntnifsvermögen vorhanden find, fondern Erfcheinungen oder finnliche Vorftellungen, auf die fich am Ende alles unfer Denken beziehet. Diefe finnlichen Vorftellungen müffen fich aber nach den Gefetzen unfers Erkenntnifsvermögens richten, und angefchauet werden. Nun giebt es für uns aber keine andern Anfchauungen, als folche, welche der Verftand fich als ausgedehnte Gröfsen denkt, folglich müffen auch alle Erfcheinungen fowohl dem Raume nach, die Körper, als auch der Zeit nach, die Gedanken, ausgedehnt feyn, einen Raum erfüllen, oder eine Zeitlang dauern, folglich der Mathematik der Ausdehnung und Gröfse überhaupt unterworfen feyn.

Kant. Crit. der rein. Vern. Elementarl. II. Th. I Abth. II. B. II. Hauptft. III. Abfchn. I. S. 202. ff.
Deff. Prolegom. §. 24. S. 91.

Ende der erften Abtheilung.

Erklärung

der

im Texte und im Regifter gebrauchten Buchftaben.

C. bedeutet Critik der reinen Vernunft.
E. — — Kant, über eine Entdeckung.
G. — — Grundlegung zur Met. d. Sitt.
K. — — Kants Metaphyf. Rechtslehre.
M. I. — — Marginalien, erfter Theil.
M. II. — — Marginalien, zweiter Theil.
N. — — Metaphyf. Anfangsgr. der Naturlehre.
P. — — Critik der practifchen Vernunft.
Pr. — — Prolegomena.
R. — — Religion innerhalb der Grenzen.
S. — — Kants fämmtliche kleine Schriften. Königsb. und Leipzig 1797. I. Bd. II. Bd. III. Bd.
U. — — Critik der Urtheilskraft.
W. — — Gegenwärtiges Encyclopädifches Wörterbuch der crit. Philof.
Z. — — Zum ewigen Frieden.

Die Zahlen bei den Buchftaben zeigen die Seitenzahlen, bei M aber die Nummer der Marginalien an.

Die Figuren auf der Kupfertafel

gehören

Fig. 1. . . . zu . . S. 44. 207.

— 2. . . . . . . - 70.

— 3. . . . . . . - 97.

— 4. . . . . . . - 97.

— 5. . . . . . . - 97.

— 6. . . . . . . - 99.

— 7. 8. und 9. gehören zur zweiten Abtheilung und Fig. 10. S. 447. ftehet auf der Kupfertafel zur zweiten Abtheilung.

Register

welches dient,

das Wörterbuch als Commentar über Kants Schriften zu gebrauchen.

C.		W.		C.		W.
Vorrede erste Ausgab. 12,		85.		62,		83.
				63,		83.
				64,		85.
				65,		409.
C. Vorr. zweite Ausg. VIII.		359.		67,		259.
				68,		322. 329. 330.
				71,		262.
C. 1,		W. 2. 10.		72,		270. 272.
2,		1.		73,		271.
3,		12.		74,		262.
4,		14.		75,		272.
5,		15.		76,		77.
6,		18.		77,		40.
7,		18.		79,		282.
10,		190.		89,		36. 122.
15,		200.		92,		76. 263.
19,		384. 385. 389.		93,		263.
20*),		391.		95,		64.
21,		392.		101,		318.
22,		392. 393.		104,		139.
23,		393. 394.		105,		366.
27,		354.		107,		36.
29,		254. f.		108,		37.
31-37,		78.		115,		261.
32,		85.		131. f.		324.
33,		85.		133, f.		325.
34,		89. 265.		135,		326.
35,		78. 409.		137,		22. 327.
36,		39. 79.		138. f.		325. 527.
41,		256. 317.		155*)		411.
42,		132*).		160,		332. 333.
43,		272.		162,		330.
44,		80. 132*). 134.		179,		155.
50,		154. 269.		180,		155.
51,		40. 270.		185,		451.
58,		79.		189,		195.
59,		80. 132*). 261.		190,		197.
60,		20. 81. 85.		191,		198.
61,		82.		199,		319.

C.	W.		C.	W.	
202,	329. 451. 452. 453.		377,	273.	
203,	453.		379,	215.	
204,	453.		380, f.	38.	
213,	15.		393,	101.	
218,	156.		394,	288.	
219,	332. 368.		403,	240. 241.
220,	163.		448,	299.	
222,	141. 149.		450,	300.	
224,	40. 167.		451,	301.	
225,	167.		452,	301.	
227,	168.		454,	290.	
228,	168.		455,	290.	
229,	46.		456,	291.	
230,	49.		462,	291.	
231,	224.		463,	291.	
232,	226.		465,	38.	
233,	171.		470,	374.	
234,	171.		472,	292.	
235,	333.		473,	292.	
236,	173.		480,	292.	
237,	333.		481,	292.	
240,	182.		482,	38.	
243,	171.		486.	43.	
244,	179. 183.		502.	354.	
245,	173.		503.	354.	
247,	180.		537,	217.	
249,	181.		543,	217.	
252,	178.		544.	218.	
253, f.	44. 179.		548,	292.	
254,	178.		549,	293.	
256,	184. 186.		550,	293.	
258,	186. 188.		551,	293.	
259,	189.		552,	293.	
281,	44.		576,	233.	
283,	173.		581,	294.	
298,	265.		588,	294.	
306,	134.		656,	125.	
307,	131. 136.		674,	320.	
310,	140.		685,	90.	
312,	263.		687,	91.	
316,	130,		688,	94. 95.
323,	263.		689,	96.	
326,	130.		690,	99.	
356,	206.		692,	102.	
358,	210.		708,	220.	
362,	210.		725,	282.	
365,	215.		755*),	414.	

C.760, W. 101. 447.
. 762, . 75.
. 763, . 75.
. 764, . 321.
. 768, . 301.
. 786, . 399.
. 832, . 220.
. 833, . 220.
. 860, . 352.
. 861, . 353. 369.
. 862, . 369.
. 863, . 353.
. 869, . 282.
. 877, . 278.

E. 26, W. 42.
. 41, ff. . 141.
. 56, . 134.
. 68, . 20. 231.

G. 14. W. 69.
. 16, . 51.
. 17, . 221.
. 20, . 56.
. 30, . 408.
. 32, . 282.
. 38, . 69.
. 38 "), . 234.
. 47, . 254.
. 50 *), . 222.
. 63, . 254.
. 70, . 412. 443.
. 71, . 444.
. 72, . 444.
. 79, . 445.
. 87, . 440. 445.
. 93, . 414.
. 97, . 446.
. 98, . 440.
. 111, . 447.

K. 45. W. 247.
. 56, . 438. f.
. 71, . 296.
. 77, . 335.
. 98, . 231. 232.
. 102, . 252.

K. 106, W. 125.
. 114, . 125.
. 120, . 246. 247.
. 135, . 251.
. 145, . 247.
. 209, . 358. 440.
. 222, . 237. f.

M. I. 1, W. 2. 3. 10.
. 2, . 2. 5.
. 3, . 14. 16.
. 4, . 5.
. 5, . 14. 16.
. 6, . 12.
. 7, . 14.
. 8, . 18.
. 9, . 18.
. 11, . 192.
. 16, . 200.
. 17, . 200.
. 21, . 385.
. 22, . 389.
. 24, . 392.
. 25, . 392.
. 26, . 393.
. 27, . 393.
. 28, . 394.
. 38, . 78.
. 39, . 39. 79.
. 63, . 40.
. 69, . 80.
. 70, . 80.
. 71, . 81.
. 72, . 82.
. 73, . 83.
. 74, . 83.
. 79, . 272.
. 84, . 40.
. 120, . 37.
. 121, . 37.
. 149, . 326.
. 153, . 325.
. 154, . 325.
. 172, . 332. 333.
. 213, . 451.
. 215. 195.
. 216, . 196.

460   Register.

M. L 217. W. 197.		M. L 427. W. 215.	
. 218.	. 197.	. 428.	. 216.
. 219,	. 198.	. 429,	. 38.
. 236,	. 452. 453.	. 430,	. 39.
. 237,	. 453.	. 501,	. 299.
. 239,	. 453.	. 502,	. 299.
. 256,	. 159.	. 503,	. 300.
. 259,	. 163.	. 505,	. 300.
. 262.	. 164.	. 506,	. 301.
. 264,	. 47.	. 507,	. 290.
. 265,	. 47. 165.	. 508,	. 290.
. 270,	. 214.	. 509,	. 290.
. 271,	. 224.	. 510,	. 290.
. 272,	. 225.	. 511,	. 291.
. 273,	. 226.	. 512,	. 291.
. 275,	. 171.	. 519,	. 291.
. 276,	. 171.	. 520,	. 291.
. 278,	. 173.	. 522,	. 291.
. 279,	. 173.	. 523,	. 291.
. 283,	. 182. 272.	. 524,	. 291.
. 285,	. 171.	. 530,	. 291.
. 287,	. 179.	. 531,	. 291.
. 288,	. 183.	. 532,	. 291.
. 289,	. 173.	. 533,	. 291.
. 291,	. 180.	. 540,	. 292.
. 292,	. 181.	. 541,	. 292.
. 294,	. 178.	. 540,	. 292.
. 295,	. 45 178.	. 604,	. 214.
. 297,	. 44. 179.	. 605,	. 214.
. 303,	. 184.	. 606,	. 214.
. 304,	. 186.	. 616,	. 217.
. 305,	. 186.	. 617,	. 217.
. 306,	. 188.	. 624,	. 217.
. 307,	. 189.	. 625,	. 218.
. 350,	. 134.	. 626,	. 217.
. 352,	. 136.	. 631,	. 292.
. 360,	. 202.	. 633,	. 293.
. 398,	. 208.	. 635,	. 293.
. 399,	. 209.	. 637,	. 293.
. 400,	. 209.	. 638,	. 293.
. 401,	. 209.	. 670,	. 294.
. 402,	. 210.	. 678,	. 294.
. 407,	. 210.	. 741,	. 83.
. 410,	. 211.	. 811.	. 93. 94.
. 411,	. 212.	. 813,	. 95.
. 412,	. 211.	. 815,	101.
. 413,	. 214.	. 816,	102.

Regifter. 461

M I. 1001. W. 352.	N. 60, W. 306.
	. 61, . 308.
M. II. 31. W. 221.	. 63, . 312.
. 44, . 221.	. 67, . 312.
. 91, . 442.	. 68, . 312.
. 92, . 413.	. 70, . 313.
. 93, . 414.	. 71, . 313. 381.
. 94, . 444.	. 72, . 316.
. 96, . 443 444.	. 96, ff. 403. 404.
. 107, . 445.	. 96 98, 408
. 116, . 445.	. 100, . 373.
. 128, . 446.	. 101, . 374 376. 378.
. 144, . 447.	. 104, . 381.
. 323, . 295.	. 116, . 391.
. 324, . 295.	. 117, . 328.
. 325, . 295.	. 119, . 391.
. 326, . 295.	. 121, . 391.
. 450, . 237.	
. 452, . 237.	P. 18. W. 354.
. 453, . 248.	. 22, . 321.
. 454, . 238.	. 23, . 321.
. 456, . 237.	. 58, . 445.
. 457, . 237.	. 59, . 446.
. 461, . 235.	. 83, . 223.
. 462, . 235.	. 126, . 159. 69.
. 463, . 235.	. 133, . 57. 254. f.
. 464, . 85.	. 134, . 58. 60.
. 465, . 239.	. 135, . 58. 60.
. 510, . 85.	. 136, . 58.
. 737, . 296.	. 137, . 57. 58.
. 738, . 296.	. 138, . 54 57.
. 739, . 296.	. 139, . 54. 57.
. 740.46. . 297.	. 140, . 254. f.
. 749. 2, . 85.	. 141, . 54.
. 765, . 273.	. 142, . 54.
. 835, . 297.	. 143, f. . 55.
. 836, . 297.	. 144, . 60.
. 841, . 298.	. 145, . 61.
. 889-91. 298.	. 146, . 61.
. 902, . 336.	. 147, . 61. 63.
. 907, . 335.	. 148, . 63.
	. 149, . 63.
N. 34. W. 302.	. 150, . 63. 64.
. 52. . 302.	. 151, . 64.
. 53 . 304.	. 152, . 64.
. 54 . 305.	. 158, . 58.
. 59. . 306.	. 176, . 154.

P. 176. W. 154.
. 204, . 295.
. 205, f. . 295.
. 225, . 396.
. 244, . 382.
. 246, . 282.
. 253, . 202.
. 254, . 228.

Pr. 24. W. 190.
. 25, . 201.
. 30, . 190.
. 31, . 193.
. 33, . 391.
. 41, . 385.
. 42, . 388.
. 43, . 389.
. 47, . 392.
. 49, . 319.
. 52-71, . 85.
. 62, . 133*).
. 89, . 17.
. 91, . 453.
. 96, . 156.
. 104, . 141.
. 105, . 141.
. 112, . 4.
. 118, . 367.
. 119, . 367.
. 136, . 38.
. 173, . 282.
. 174, . 282.
. 205, . 140.

R. 10. *), W. 66.
. 11, . 65.
. 13, . 242.
. 14, . 243.
. 15, . 243. 244.
. 16, . 244. 245.
. 17, . 240.
. 18, . 242.
. 47*), . 431.
. 49-64. . 247-50.
. 81*), . 285.
. 95, . 125.
. 106, . 437.

R. 107, W. 437.
. 157, ff. . 432.
. 161, f. . 433.
. 162, . 419. 426.
. 164, f. . 435.
. 200*), . 282.
. 229, . 107. 108.
. 250, . 110.
. 257, . 286.
. 359*), . 287.
. 260, . 111. 204. 287.
. 262, . 111.
. 263, . 111.
. 264, . 112.
. 267, . 31.
. 270, . 112. 115.
. 271, . 116.
. 273, . 116.
. 275, . 117. 399.
. 276, . 117.
. 278, . 118.
. 279, . 248.
. 281, . 118.
. 282, . 119.
. 283, . 119.
. 284*), . 120.
. 286, . 120.
. 286*), . 205.
. 296, . 115.
. 307, . 204.
. 308*), . 205.

U. XVII. W. 328.
. 7, . 233.
. 9, . 336.
. 10, . 237.
. 11, . 438.
. 14, . 254. f.
. 15, . 69. 237.
. 16, . 56. 57.
. 18, . 235.
. 20, . 235.
. 23, . 85.
. 24, . 128.
. 25, . 129.
. 87, . 334.

U. 95, W. 69.
. 96, . 67.
. 113, . 240,
. 121, . 188.
. 158, . 20.
. 201, . 361.
. 225, . 241.
. 234, . 296.
. 238, . 250.
. 249, . 273.
. 269, . 152.
. 313. f. . 297.
. 317. f. . 298.

U. 369, W. 335.
. 371, . 336.
. 372, . 440.
. 379, . 398.
. 385, . 335. 236.
. 443, . 282.
. 448, . 150. 151.
. 450, . 152.

Z. 12. W. 276. 437. f.
. 13, . 276.
. 14, . 277.
. 25, . 355. 440.

Folgende größtentheils, nicht dem sorgfältigen Corrector, sondern dem Abschreiber des Manuscripts zuzurechnende Fehler, sind zu verbessern. Der Verf. hat aber nur Zeit gehabt, die Aushängebogen bis M genau durchzusehen.

Seite 1 Zeile 9 statt hinten lies hinter.
— 40 — 3 von unten, st. La Nie l. Locke.
— 42 — 4 st. von l. vor.
— 43 — 14 von unten, st. a l. C.
— 75 — 8 — — st. Affinität l. S. Affinität.
— 80 — Ueberschrift. st. Aesthetik l. Aesthetik.
— 85 — 15 von unten, st. 74; l. 74.
— 87 — 22 st. sie l. ihn.
— 97 — 8 st. durchlaufen l. durchlaufe.
— 117 — 7 von unten, st. Verletzung l. Versetzung.
— 119 — 3 — — st. Sürrogat l. Surrogat.
— 121 — 14 st. C. S. 89. 4 l. C. 89, 4.
— 127 — 11 st. objectiv l. subjectiv.
— 130 — 2 von unten, st. kounte l. könnte,
— 134 — 8 des Textes von unten st. (15 l. (Analogie, 15.
— 161 — 16. 17. st. das ist beide in Verknüpfung mit einem, der l. das ist eine Verknüpfung zwischen beiden.
— 164 — 11 von unten, st. nnn l. nur.
— 165 — 10 — — st. Aber l. Allein.
— — — 1 — — st. oder sich l. oder die sich.
— 166 — 8 st. von l. bei.
— 172 — 11 von unten, st. stimmt mit l. stimmt dann mit.
— 183 — 1 — — st. P. l. Pr.
— 233 — 17 st. 21 l. U.
— 386 — 15 von unten, st. P. l. Pr.
— 588 — 4 st. P. l. Pr.
— 393 — 3 von unten st. 127 l. I, 27.
— 396 — 10 — — st. Pr. l. P.
— 408 — 16 st. K. l. N.
— 439 — 17 von unten, st. Aristokratie l. Autokratie.
— 447 — 6 st. III l. 111.
— — — 6 von unten, st. Fig. 7. l. Fig. 10.

www.ingramcontent.com/pod-product-compliance
Lightning Source LLC
Chambersburg PA
CBHW051900300426
44117CB00006B/468